무아·윤회 문제의 연구

|불|광|학|술|총|서|

무아·윤회 문제의 연구

호진 지음

불광출판사

높고 넓은 세계를 볼 수 있게 해주신
Roger Leverrier 교수님께 이 책을 바칩니다.

머리말

완벽한 이론은 없다.
역설적이지만
완벽하지 않기 때문에
발전할 수 있다.

무아설(無我說, anātman)은 불교의 핵심 교리로서 고유한 것이다. 윤회설(輪廻說)은 유아설(有我說, ātman)과 함께 불교 이전에 성립되었다. 이 두 교리는 다른 바탕에서 이루어져 한자리에 모였다. 무아설과 윤회설은 양립할 수 없다. 그러나 불교는 이 두 교리를 양립시키지 않으면 안 된다. 불교가 시작된 이래 이 문제는 계속해서 불교사상가[論師]들을 괴롭혀 왔다. 그들은 이 문제를 해결하기 위해 많은 노력을 기울여야 했다. 그 덕택으로 윤회설은 인도의 다른 어느 종교나 철학에서보다 불교에서 많이 발달될 수 있었다. 그렇지만 아직도 이 문제가 완전히 해결된 것은 아니다. 무아·윤회의 양립 문제는 지금도 보다 좋은 설명을 요구하고 있다. 이 요구에 대한 답은 무엇인가. 불교는 앞으로도 계속해서 그 답을 모색해야 할 것이다.

이 책은 1981년에 학위논문으로 제출했던 *Le Problème de l'anātman et du saṃsāra dans le sūtra du bhikṣu Nāgasena*(『나선비구경(那先比丘經, *Milindapañha*)』의 무아와 윤회 문제)를 번역한 것이다. 이 연구를 통해 윤회사상의 기원과 불교에서 야기된 문제 그리고 불교가 이 문제를 해결하기 위해 제시한 교리들을 추구했다.

1991년 8월
호진

다시 쓰는
머리말

　　　　　　학위 논문이었던 이 책의 번역 출판은 생각조차 하지 못했다. 왜냐하면 번역할 만한 가치가 있다고 생각되지 않았기 때문이었다. 유학을 끝내고 귀국한 뒤 거의 10년이 지나서야 번역 생각을 했다. 그 이유도 단순했다. 그 동안 대학에서 가르치면서 소논문과 잡문 쓰기와 다른 일에 얽매여 제대로 된 책을 쓰지 못했으므로 '이 논문이라도 번역해볼까.'라는 생각을 했던 것이다.

　　한글 번역본과 프랑스어본을 합쳐서 300권만 찍기로 출판사와 구두 계약을 했다. 내가 제시한 조건은 저자가 150권, 출판사에서 150권을 가지기로 하고 출판 비용을 보탠다는 것이었다. 한글·프랑스어 합본을 내기로 한 이유는 우리나라 사람이 프랑스어로 쓴 불교 논문으로는 이것이 처음일 것이므로 약간이나마 자료적인 가치가 있을 것이라고 생각했기 때문이었다. 또 한 가지 이유가 있었다. 대학에 제출했던 학위논문의 복사본은 국내에 단 두 권뿐이었다. 한 권은 모교인 동국대학교 도서관에 기증했고 다른 한 권은 내가 가지고 있었다. 그래서 책으로 만들어 몇몇 도서관과 사람들의 손에 들어가게 하고 싶었다. 그렇게 하지 않으면 이 논문은 흔적도 없이 사라져 버릴 것이 틀림없었다.

　책을 낸 출판사는 내가 제의했던 출판비의 도움은 사양했다. 그 대신 한글본을 따로 만들었다. 책이 나오자 즉시 상당한 관심을 불러 일으켰다. 사람들이 무아와 윤회 문제에 그렇게 흥미를 보일 것이라고는 생각조차 하지 못했다. 역시 뜻밖의 일은 몇 년 전에 출판된『근현대 한국불교 명저 58선』(윤창화 저, 민족사, 2010)에 포함된 것이다. 지난 100년 동안 간행된 약 1만 2천 종의 불서들 가운데서 58선(選)에 들 수 있게 된 사실이 이해가 되지 않아 저자에게 그 이유를 물어보기까지 했다. 저자는 "『무아·윤회 문제의 연구』가 한국불교 역사상 처음으로 '무아설과 윤회설의 양립(兩立)'에 문제가 있다는 것을 알게 해 준 책이기 때문"이라고 설명했다.

　『근현대 한국불교 명저 58선』의 저자가 말해 주지 않았더라면 나는 이 사실을 끝까지 알지 못했을 것이다.『윤회와 반윤회』(정세근 저, 충북대학교출판부, 2008)에서도 "무아와 윤회 문제를 본격적으로 다룬 글은 윤호진의 책이 최초이다."라고 썼다. 이 저자는 서문에 "(자신이 쓴 책의) 집필 동기를 마련해준 윤호진 스님(다른 세 명의 교수 포함)에게 감사한다."라는 말까지 했다.

　나는 이들의 이와 같은 말과 글을 듣고 읽으면서 우리가 무아설과 윤회설의 양립에 문제가 있다는 사실을 지금까지 인식하지 못했던 이유를 생각해 보았다. 대승불교권에서는 진아(眞我)를 가르치고 있기 때문이었을 것이다. 진아란 아뜨만[我]의 다른 표현이라고 할 수 있으므로 대승불교도들에게는 '무아와 윤회의 양립'이 처음부터 문제로 제기될 수 없었던 것이다. 정세근 교수는 『윤회와 반윤회』에서 "윤회와 무아 이론의 대립은 2000년대에 들어서면서 우리 철학계의 가장 열띤 토론의 주제였던 것 같다. 양립 가능성과 불가능성을 놓고 철학자들은 깊은 이야기를 나누었다."라고 썼다. 이 사실 역시 나를 어리둥절하게 만들었다. 불교학계에서가 아니라 철학계에서 왜 이 문제가 '가장 열띤 주제'가 되었는가.

무아와 윤회의 양립 문제는 불교의 발상지인 인도에서 붓다의 생존 당시에 이미 제기되었다. 붓다의 열반 후에도 수백 년 동안 이 문제로 인해 여러 가지 설(說)이 나왔고, 이것은 부파의 발생 이유가 되기도 했다. 현대불교학이 시작된 유럽의 불교학자들 사이에서도 초기에 이 문제는 '가장 열띤 주제' 가운데 하나였다.

문제를 풀기 위해 무엇보다 중요한 일은 문제의 인식이다. 문제의 인식은 문제를 풀기 위한 첫걸음이 된다. 제기된 문제에 대해 당장 바람직한 답을 얻지 못한다 해도 그 문제는 공동관심사가 될 수 있고 문제를 풀기 위한 노력도 모아질 수 있게 된다.

의도했던 일은 아니었지만 『무아·윤회 문제의 연구』가 '문제제기'를 하는 데 어떤 역할을 할 수 있었다는 사실이 기쁘다.

이 책이 출판된 지도 벌써 20년이 넘었다. 다시 손질을 해야겠다고 생각한 것은 이미 오래 전이었다. 때 늦은 감이 있지만 다행스럽게도 그 기회를 가질 수 있게 되었다. 1년이라는 시간을 바쳐 연구하고 보완했다. 이 책이 '30대의 학생이 쓴 논문'이었다는 사실을 새삼스럽게 알 수 있었다. 여러 부분에서 부족한 점을 발견했다.

이번에 특별히 노력을 기울인 부분은 『우빠니샤드』의 윤회와 해탈(mokṣa), 그리고 초기불교의 무아와 열반이다. 『우빠니샤드』에서 윤회와 범아일여(梵我一如) 문제에 대해서는 전보다 깊이 탐구했다. 초기불교 부분은 핵심에 있어서는 전과 동일하지만 좀 더 구체적으로 세밀하게 추구했다. 그러나 만족스러울 정도는 아니라는 것을 말하지 않을 수 없다. 이것은 내 능력의 한계이다.

연구자들이 아닌 일반 독자들은 먼저 제3장과 제4장을 읽어 주기 바란다. 제2장은 '무아·윤회의 문제'가 제기되기 이전의 내용이고, 제5장은 제3장과 제4장의 내용과 관련된 자료들의 출처를 추구한 부분이기 때문에 중복된 내용이 많고 복잡하다. 군더더기 말을 붙이는 이유는 독자들의 '독서의욕' 상실을 우려한 필자의 노파심 때문이다.

『무아·윤회 문제의 연구』에 관심을 가지고 재출판의 뜻을 내어준 불광출판사와 치밀한 교정으로 좋은 책을 만드는 데 도움을 준 선정화(禪定華) 정선경 씨에게 감사를 표한다.

2015년 5월
기림사 동암에서
호진 합장

차례

머리말 ∷ 6

다시 쓰는 머리말 ∷ 8

1장   **서론** :: 19

2장   **윤회사상의 기원** :: 25

    1. 윤회의 의미 :: 26
    2. 윤회사상의 맹아 :: 36
       1) 자료 :: 36
       2) 『베다』에서 :: 37
       3) 『브라흐마나』에서 :: 39
    3. 윤회사상의 출현 :: 47
       1) 『우빠니샤드』에서 :: 47
       2) 윤회사상의 발상 :: 53
       3) 윤회의 형태 :: 60
          (1) A형 윤회 :: 61
          (2) B형 윤회 :: 66
       4) 윤회의 구성요소 :: 70
          (1) 아뜨만 :: 70
          (2) 까르만 :: 75

(3) 브라흐만 ∷ 80

5) 해탈 ∷ 84

(1) A형 해탈 ∷ 85

(2) B형 해탈 ∷ 92

3장 　초기 불교의 무아·윤회설 ∷ 103

1. 자료 ∷ 104

2. 무아설 ∷ 108

1) 연기법 ∷ 108

2) 무아설 ∷ 111

(1) 괴로움 ∷ 111

(2) 무아설 ∷ 117

(3) 무아설의 실천 ∷ 126

3. 윤회설 ∷ 133

1) 윤회의 의미 ∷ 133

2) 윤회의 내용 ∷ 138

3) 윤회의 주체 ∷ 143

(1) 문제의 제기 ∷ 143

(2) 뿟갈라설 ∷ 148

(3) 식설 ∷ 150

(4) 상속설 ∷ 154

4) 업설과 과보설 ∷ 157

(1) 업설 ∷ 157

(2) 과보설 ∷ 162

　4. **열반설** ∷ 171

　　1) **열반의 의미** ∷ 171

　　2) **유여의열반** ∷ 173

　　3) **무여의열반** ∷ 180

　　4) **열반의 상태** ∷ 187

　　　(1) 소멸상태로서의 열반 ∷ 187

　　　(2) 존재상태로서의 열반 ∷ 190

　　　(3) 무기로서의 열반 ∷ 193

　　5) **열반의 길** ∷ 198

4장　『나선비구경』의 무아·윤회설 ∷ 207

　1. **경의 소개** ∷ 208

　　1) **구성과 내용** ∷ 208

　　2) **나가세나의 생애** ∷ 218

　　3) **밀린다의 생애** ∷ 223

　　4) **경의 성립연대** ∷ 229

　　5) **대론서로서의 문제점** ∷ 234

　　　(1) 메난드로스와 불교 ∷ 234

　　　(2) 대론서로서의 문제점 ∷ 237

　　　(3) 대론의 성립문제 ∷ 242

　　　(4) 논서로서의 『나선비구경』 ∷ 247

　2. **무아설** ∷ 252

1) 수레의 비유 ∷ 252

2) 베다구 ∷ 259

3) 호흡 ∷ 264

3. 영혼의 문제 ∷ 266

1) 영혼의 문제 ∷ 266

2) 기억의 문제 ∷ 275

3) 존재의 문제 ∷ 283

4. 윤회설 ∷ 287

1) 윤회설 ∷ 287

2) 업설과 과보설 ∷ 297

　(1) 업설 ∷ 297

　(2) 과보설 ∷ 303

3) 시간의 문제 ∷ 309

5. 열반설 ∷ 313

1) 열반의 의미 ∷ 313

2) 열반의 내용 ∷ 315

3) 열반의 길 ∷ 324

　(1) 길의 특성 ∷ 324

　(2) 길의 내용 ∷ 329

5장 『나선비구경』의 무아·윤회설의 자료출처 ∷ 341

1. 무아설의 자료출처 ∷ 343

1) 무아설 ∷ 343

(1) 뿟갈라설의 배척 ∷ 343

(2) 식설의 추가 ∷ 348

(3) 무아설의 채택 ∷ 353

2) 정신현상 ∷ 358

2. 윤회설의 자료출처 ∷ 364

1) 상속설 ∷ 364

2) 시간의 문제 ∷ 374

3) 의도와 업의 관계 ∷ 377

3. 열반설의 자료출처 ∷ 382

1) 열반설 ∷ 382

2) 출가의 길과 재가의 길 ∷ 391

3) 열반의 길 ∷ 395

6장 결론 ∷ 401

약어 ∷ 418

참고문헌 ∷ 419

1. 경전·인도고전
2. 저서 및 논문
3. 사전

찾아보기 ∷ 432

제 1 장

서론

붓다(Buddha)는 불교를 한마디로 정의해서 '괴로움[苦, duḥkha]과 해탈에 대한 가르침'이라고 했다. 붓다의 표현을 빌리면 "나는 단지 괴로움과 괴로움으로부터 해탈하는 것만을 가르친다."는 것이다. 불교의 모든 교리와 실천 방법은 이 하나의 목표에 초점이 맞추어져 있다. 붓다는 이 목적을 달성하기 위해 먼저 괴로움의 원인을 찾아내고 그 원인을 제거할 수 있는 방법을 고안해 내었다. 그리고 그것을 실천함으로써 목적을 성취할 수 있도록 했다.

경전에 의하면 괴로움의 원인에는 여러 가지가 있다. 그 가운데 가장 직접적인 것은 욕망이다. 욕망 때문에 모든 괴로움이 발생한다는 것이다.[2] 그리고 이 욕망 역시 발생 원인이 있다. 그것은 '내[我]가

---

1 *Mahāvastu*(Ⅰ), p.246; Alfred Foucher, *La vie du Bouddha*, Paris, 1949, p.338; I. B. Horner 譯, *Majjhimanikāya*, PTS, Ⅰ, 1976, p.180;「大正」1권, 東京, 1969, p.476c(「中阿含」8권, 35경, 「阿修羅經」): 如大海水鹹皆同一味 我正法律亦復如是無欲爲味.「南傳」4권, 東京, 1970, p.357.

2 「大正」2권, p.289b(「雜阿含」39권, 1099경); 同, p.631a(「增一阿含」17권, 25경, 1); André Bareau, *Le bouddhisme*(*Les religions de l'Inde*, Ⅲ), Paris, 1966, p.41; É. Lamotte, *L'Histoire du bouddhisme de l'Inde*, Louvain-La-Neuve, 1976, p.28.

존재한다는 생각'이다. 결국 '내가 존재한다는 생각'은 괴로움의 근본 원인이다.[3] 그래서 불교는 '나[我]란 무엇인가'라는 문제를 규명할 필요가 있게 되었다. '나'를 알아본 결과, '나'라는 것은 '고정 불변한 어떤 것'이 아니라 몇 종류의 요소들이 임시로 모여 이루어진 실체(實體)가 없는 존재, 즉 '무아적(無我的)인 것'이었다.[4] 우리 존재가 무아적이라는 것을 확실히 이해할 때 그 어디에도 더 이상 욕망을 일으킬 수 없게 된다. 욕망이 사라지면 괴로움 역시 사라진다.[5] 따라서 무아설(無我說)은 불교의 핵심교리로서 불교를 가장 불교답게 하는 것이다.[6]

불교에서 또 하나의 중요한 교리는 윤회설(輪廻說)이다. 이 사상은 불교 이전에 성립되었다.[7] 그러나 불교는 윤회설을 처음부터 외래적인 것이 아닌 불교 고유의 사상으로 생각했다. 사실 불교는 윤회사상을 전제로 해서 출발했다.[8] 어떤 경(經)에서 붓다가 "비구들아, 나는 단 한 가지 사실, 즉 업(業, 윤회의 동의어)만을 가르친다."[9]라고 말하는 것을 보아도 알 수 있다. 불교의 거의 모든 교리는 이 윤회사상 위에 세워

---

3 Louis de La Vallée-Poussin, *Le dogme et la philosophie du bouddhisme*, Paris, 1930, p.139; Walpola Rahula, *L'enseignement du Bouddha*, Seuil, Paris, 1961, p.53; 『大正』2권, p.1a(『雜阿含』1권, 2경); 同, p.7b-c(『雜阿含』2권, 33경).
4 이 책 3장, 2, 2) '무아설' 참조.
5 Paul Oltramare, *L'Histoire des idées théosophiques dans l'Inde*(II), Paris, 1923, p.217; 이 책 제3장, 2, 3) '무아설의 실천' 참조.
6 A. Bareau, *Bouddha*, Paris, 1962, p.31; W. Rahula, 위의 책, p.77; P. Oltarmare, 위의 책, p.199.
7 이 책 2장, 3 '윤회사상의 출현' 참조.
8 이 책 3장, 3, 1) 참조.
9 *Mahāvastu*(I), p.246; La Vallée-Poussin, *Dogmatique bouddhique, la négation de l'âme et la doctrine de l'acte*, JA, 1902-II, p.225.

져 있다. 윤회설은 불교와 불가분의 관계를 가지고 있다.[10] 불교의 모든 교리는 윤회를 인정하는 데서 그 존재 이유를 가지게 된다. 왜냐하면 불교의 궁극 목적이 바로 윤회에서 벗어나는 것이기 때문이다.

한마디로 무아설과 윤회설은 불교라는 하나의 건축물을 세우고 있는 두 개의 기둥이라고 할 수 있다. 무아설을 포기할 때 불교는 더 이상 불교가 아니다. 역시 윤회설을 제거해 버릴 때 불교라는 구조물은 붕괴되고 만다. 불교는 이 두 교리 가운데 어느 하나도 포기할 수 없다.

그런데 문제는 이 두 교리가 양립할 수 없다는 점이다. 무아의 입장에서는 윤회의 주체를 인정할 수 없다. 윤회의 주체를 인정한다는 것은 고정 불변하는 실체적인 '아[我]'를 인정하는 것이 되고 결국 무아설을 포기한다는 것을 의미하기 때문이다. 무아설을 내세우면 당장 문제가 야기된다. 무엇이 윤회하며 누가 과보를 받으며 누가 열반을 성취하는가. 루이 드 라 발레 뿌쌩(Louis de La Vallée-Poussin)이 지적한 것처럼, "(실체적인) '나[我]'를 부정하는 것은 과보와 윤회를 부정하는 것으로서 죽음이 바로 열반, 즉 다시 태어나지 않는 것이 될 것이다."[11] 이처럼 이 두 교리는 양립하지 않는다. 그렇다고 해서 이들 중 어느 하나를 포기할 수도 없다. 유일한 해결책은 이 두 교리를 모두 살리는 것이다. 무아설과 윤회설의 양립은 초기불교에서부터 후

....

10 Alfred Foucher, *Les vies antérieures du Bouddha*, Paris, 1955, p.26.
11 La Vallée-Poussin, *Bouddhisme, opinion sur l'histoire de la dogmatique*, Paris, 1930, pp.55-56; A. Bareau, *Bouddha*, p.32.

기불교에 이르기까지 가장 해결하기 어려운 문제가 되었다. 그래서 여러 가지 해결책이 모색되었다.

'무아와 윤회 문제'를 말할 때는 과거뿐 아니라 현재까지도 많은 경우『나선비구경(那先比丘經)』(또는『밀린다빵하(Milindapañha)』)의 설명에 의거하고 있다.[12]『나선비구경』은 정통적인 경전도 아니고 상당히 후기에 저작된 것이다. 그런데도 왜 이처럼 중요한 문제를 위해 이 '경(經)'의 도움을 받아야 하는가. 그 이유는 말할 것도 없이 이 문제에 대해『나선비구경』보다 더 나은 설명을 내놓는 '경전'이 없기 때문일 것이다.

이 연구에서 추구하려고 하는 것은 바로 이 점이다.『나선비구경』에서 설명하고 있는 무아설과 윤회설의 내용은 어떠한가, 두 교리를 어떻게 양립시키고 있는가, 초기경전에서 설하고 있는 내용과 비교해서 얼마나 정통적인 입장을 취하고 있는가, 교리적으로는 얼마나 튼튼한 근거를 가지고 있는가 등등에 대해 탐구하려고 한다.

문제를 좀 더 잘 이해하기 위해 먼저 윤회사상의 기원부터 추구(推究)할 필요가 있다. 따라서 인도의 고대문헌들인『베다(Veda)』·『브라

---

12 고대 학자로서는 Vasubandhu와 Buddhaghosa를 들 수 있다. Vasubandhu는 그의 *Abhidharmakośa*, 제9장에서『나선비구경』을 인용하고 있고(La Vallée-Poussin 譯, vol. V, p.263, 1923-1931, Paris);『大正』29권, p.155c(『阿毘達磨俱舍論』, 30권,「破執我品」제9. 玄奘 譯), Buddhaghosa는 그의 여러 저술에서 *Milindapañha*(『나선비구경』의 빨리어본)를 약 20여 회나 인용하고 있다(水野弘元,「ミリンダ問經類について」,『駒澤大學硏究紀要』, 제17호, 1959, 3), pp.45-46 참조). 현대 학자로서는 Hermann Oldenberg(A. Foucher 譯), *Bouddha, sa vie, sa doctrine, sa communauté*, Paris, 1903, pp.253-256과 p.261; La Vallée-Poussin, *Nirvāṇa*, Paris, 1925, pp.105-107; W. Rahula, 앞의 책, p.58; A. Foucher, *La vie du Bouddha*, p.25 이하; P. Oltrmare, 앞의 책, p.216 등.

흐마나(Brāhmaṇa, 梵書)』·『우빠니샤드(Upaniṣad, 奧義書)』를 통해서 윤회사상의 기원과 그 구조 및 기능 등에 대해 자세히 추구하고자 한다. 그 다음 초기불교 문헌 가운데 가장 중요한 경전인 『아함경(阿含經)』을 중심으로 불교의 핵심교리인 무아설에 대해 알아볼 것이다. 아울러 윤회설에 대해서도 추구할 것이다. 역시 무아설과 윤회설이 일으킨 문제와 그것을 해결하기 위해 모색된 교리들, 그리고 무아·윤회의 양립이라는 문제가 어떻게 해결될 수 있었는가에 대해서도 알아보려고 한다. 마지막으로 『나선비구경』에서 말하고 있는 '무아와 윤회의 양립 문제'를 다룰 것이다. 먼저 『나선비구경』의 위치를 알기 위해 이 경의 내용과 성립연대, 경의 성격 등에 대해 추구할 것이다. 『나선비구경』에 대한 이와 같은 연구는 이 경에 나오는 여러 가지 교리의 위치를 가늠하도록 해줄 것이다. 그 다음 『나선비구경』의 무아와 윤회에 대한 설명과 이 두 교리를 어떻게 양립시키고 있는가에 대해 자세히 고찰할 것이다.

　이상의 추구에서 나온 결과를 가지고 위에서 얻은 초기경전의 무아·윤회설과 비교 검토할 것이다. 이렇게 함으로써 우리는 무아·윤회를 위해 『나선비구경』이 제시하고 있는 설명들을 좀 더 잘 이해할 수 있게 될 것이고, 결국 불교의 난제(難題) 가운데 하나인 '무아·윤회'에 대한 나름대로의 답을 얻게 될 것이라고 생각한다. 이 연구는 무아·윤회문제에 초점이 맞추어지겠지만 이것을 중심으로 관련된 여러 가지 교리를 가능한 한 폭넓게 추구해 보려고 한다.

제 2 장

윤회사상의 기원

1. 윤회의 의미

윤회(輪廻), 즉 saṃsāra라는 말은 'saṃ'과 'sāra'라는 두 개의 단어로 이루어져 있다. 'saṃ'은 '함께'라는 의미이고, 'sāra'는 어원 'sṛ'에서 유래된 것으로 '달리다, 빨리 움직이다, 흐르다, 건너다'라는 뜻을 가지고 있다.[1]

saṃsāra는 일반적으로 윤회(transmigration), 재생(再生, renaissance), 재화신(再化身, réincarnation), 전생(轉生, métempsychose)으로 번역된다. 그러나 saṃsāra의 글자 그대로의 의미는 '함께 흐르는 것', '일련의 상태를 건너는 것'이다.[2] 윤회설에 의하면 현재 생(生)은 수없는 생(生) 가운데 하나의 생이다. 하나의 생, 그것은 "윤회라는 (큰) 강물 속의 하나의 물결에 지나지 않는다."[3] 좀 더 명확하게 말하면 윤회란 "한

....
1 A. Bergaigne, *Manuel pour étudier la langue sanskrite*, Paris, 1971, p.218; L. Renou, *Dictionaire Sanskrit-Français*, Paris, 1972, p.858.
2 Masson-Oursel, *L'Inde antique et la civilisation indienne*, Paris, 1933, p.162.
3 Renou, *L'Inde classique*(Ⅰ), p.558(§1147).

인간이 죽은 후 그가 전생에 행한 행위[業, karman]에 따라 결정된 새로운 모습으로 지상에 다시 오는 것이다."[4]

『바가바드 기따(Bhagavad-Gītā)』는 이것을 간결하게 설명하고 있다. "태어난 자는 틀림없이 죽는다. 그리고 죽는 자는 틀림없이 다시 태어난다."[5] "다시 몸을 받는 영혼은 낡은 육체를 버리고 새 육체로 바꾸어 입는다. 마치 사람이 낡은 옷을 버리고 새 옷으로 바꾸어 입는 것처럼."[6]

윤회설은 몇 가지 요소로 이루어져 있다. 즉 재생(Punar-janman) 사상, 재생하게 하는 원인인 까르만(業, karman) 사상, 앞의 두 요소와 밀접한 관계를 가지고 있는 해탈(mokṣa) 사상 그리고 재생의 주체인 아뜨만(ātman, 我)과 아뜨만이 해탈에 이를 때 결합하게 되는 브라흐만(brahman, 梵)이다.

윤회의 원리는 간단하다. 영혼은 다른 생(生)에서 정해진 기간이 지나면 (아직) 남아 있는 까르만을 가지고 이 지상이나 다른 곳에 가게 된다. 이 남아 있는 까르만이 새로운 생을 결정짓는다. 다시 태어날 세계, 종족, 사회적인 계급, 성(性), 모습 등은 모두 이 까르만에 의해 결정된다.[7] 까르만이 남김없이 소멸되면 윤회는 끝나게 된다. 이것이 해탈이다.

....
4 Helmuth von Glasenapp(A. -M. Esnoul 佛譯), *La philosophie indienne*, Paris, 1951, p.40.
5 Shrī Aurobindo, *Bhagavadgītā*, Ⅱ, 27, Paris, 1970, p.46; A.C. Bhaktivedanta, *Bhagavadgītā*, Paris, 1975, p.83.
6 Shrī Aurobindo, 위의 책, Ⅱ, 22, p.45; Bhaktivedanta, 위의 책, p.76.
7 Renou, 앞의 책(Ⅰ), p.558(p.§1148). 『大正』1권, p.704c(『中阿含』44권, 170경, 「鸚鵡摩納經」); 『南傳』11권(하), pp.275-276.

윤회사상은 인도의 거의 모든 종교와 철학의 밑바탕이 되었다. 그러나 각 종교와 철학에서 내세우는 윤회설에는 차이점이 있다. 그것은 윤회설을 그들 자신의 중심 사상이나 교리의 근본 원칙에 맞추어 사용했기 때문이다. 예를 들면 힌두교나 자이나교는 윤회할 수 있는 주체로서 아뜨만이나 지와(jīva, 靈魂)를 내세운다. 그러나 불교는 그와 같은 존재를 인정할 수 없다. 자이나교에 의하면 까르만은 미세한 물질적인 입자로 이루어져 있을 뿐 아니라 영혼에 달라붙어 영혼과 결합한다.[8] 역시 그것은 무게까지 가지고 있다.[9] 그러나 불교는 까르만을 '일종의 행위' 또는 그 결과로서 초래되는 어떤 '에너지[業力]'라고 생각한다.[10] 해탈에 대해서도 힌두교에서는 '범아일여(梵我一如) 상태'를 가리키는데,[11] 자이나교에서는 '영혼이 모든 업에서 벗어나 우주의 정상에 올라가 그곳에서 영원한 안락을 누리는 것'이라고 생각한다.[12] 그러나 아뜨만도 지와도 인정하지 않는 불교의 열반(涅槃)은 이들과 동일한 의미를 가질 수 없다.

윤회 사상은 인도인들에게는 거의 모든 문제를 푸는 열쇠 같은 역할을 한다. 예를 들면 인간의 사후운명에 대한 의문에 답을 준다. 그리고 인간조건의 불평등과 자연의 신비에 대한 설명도 가능하다. 그것은 『우빠니샤드』에서 쁘라와하나 자이왈리(Pravāhana Jaivali) 왕이

---

8 A. Guérinot, *La religion Djaïna, histoire·doctrineculte·coutumes·institutions*, Paris, 1926, p.94 와 pp144-145.
9 H. Zimmer(Marie-Simone Renou 譯), *Les philosophies de l'Inde*, Paris, 1963, p.204.
10 中村元, 『佛教語大辭典』, 東京, 1981, pp.406.
11 Renou, *L'Inde classique*(I), p.341, §687; Glasenapp, 앞의 책, p.47.
12 Guérinot, 위의 책, p.94; Glasenapp, 앞의 책, p.52. Guérinot

제기한 질문에도 어렵지 않게 답을 줄 수 있다. "존재들이 이 세상을 떠나 어디로 가는지 너는 아는가.", "그들은 어떻게 (이 세상으로) 되돌아오는지 너는 아는가."[13]

윤회가 없다면, "죽은 후 보상도 벌도 없다. 공덕을 닦기 위한 모든 노력도 헛된 것이다. 해탈을 얻기 위해 이 생(生)에서 고행하는 것 역시 아무 의미가 없다. 모든 악으로부터의 해방은 죽음과 함께 선한 자와 악한 자에게 똑같이 이루어진다. 인생의 유일한 목표는 오직 감각적인 만족을 취하는 것뿐이다."[14]라고 말하는 '외도(外道)'들의 주장이 정당화될 수 있을 것이다.

인간조건의 불평등에 대해서도 윤회설이 주고 있는 설명만큼 명료한 것은 다른 곳에서 찾기 어려울 것이다. 『중아함(中阿含)』의 「앵무경(鸚鵡經)」에서 한 바라문이 붓다에게 다음과 같이 질문했다. "고따마시여, 어떤 인연으로 저 중생들은 다 같이 사람 몸을 받았으면서도 지위가 높거나 낮으며 얼굴이 아름답기도 하고 밉기도 합니까. 고따마시여, (세상에는) 목숨이 짧은 이와 긴 이가 있고, 병이 많은 이와 적은 이가 있으며, 얼굴이 단정한 이와 단정하지 않은 이가 있고, 위엄과 덕망이 있는 이와 없는 이가 있으며, 비천한 종족과 존귀한 종족이 있고, 재물이 있는 이와 없는 이가 있으며, 나쁜 지혜를 가진 이와 착한 지혜를 가진 이가 있습니다. … (이것은 왜 그렇습니까)." 이와 같은

---

13 *Chāndogya Upaniṣad*, Ⅴ, 3, 1-2; *Bṛhadāraṇyaka Upaniṣad*, Ⅵ, 2, 1-2; *Kauṣitaki Upaniṣad*, Ⅰ, 1.
14 Glasenapp, 앞의 책, p.108.

여러 가지 문제에 대해서 붓다는 단 한마디로, "그것은 그들이 전생에 지은 업(業) 때문이다."라고 답함으로서 바라문의 의문을 풀어 줄 수 있었다.[15]

이보다 더 까다로운 문제들도 있다. "육체적으로 닮았고 똑같은 교육을 받았을 뿐 아니라 (동일한 환경에서 성장한) 두 쌍둥이가 종종 완전히 다른 개성을 나타내는데, 그 이유는 무엇인가."[16] 이 외에도, 갓 태어난 짐승들이 아무도 가르쳐 주지 않는데도 어미젖을 빤다든지, 오리 새끼가 알에서 나오자마자 바로 연못으로 뛰어 들어가 헤엄을 치는 일 같은 것도 윤회설로 쉽게 설명할 수 있다.[17]

윤회설은 혼돈에서 질서를 이끌어낸다. 그것은 하나의 간단한 형식 속에 다양한 현상들을 포섭한다. 윤회설이 나오자 이것은 거의 모든 인도 종교와 철학사상을 지배하게 되었고 그들의 근본바탕이 되었다.[18]

윤회사상은 인도종교와 철학에 있어서 핵심적인 것이다. 이 사상이 없다면 인도의 종교와 철학은 그 존재 이유를 잃어버리고 말 것이다. 인도의 거의 모든 종교와 철학의 궁극적인 목적은 윤회에서 벗어나는 것, 즉 해탈을 성취하는 것이므로 윤회가 없다면 해탈을 위한 노력은 의미가 없게 된다. 이것을 르네 그루쎄(René Grousset)는, "(인

---

15 『大正』1권, p.704c (『中阿含』44권, 170경, 「鸚鵡經」); 同, 1권, p.891a 이하(No.80, 「業報差別經」).
16 Narada Thera(A. Migot 佛譯), *La doctrine bouddhique de la Renaissance*, Paris, 1953, p.15.
17 A. Foucher, *Les vies antérieures du Bouddha*, Paris, 1955, p.13.
18 Mircea Eliade, *Histoire des croyances et des idées religieuses*(I), Paris, 1976, p.253; L. de Milloué, *Le Brahmanisme*, Paris, 1905, p.135; A. Guérinot, 앞의 책, p.1.

도의) 모든 사상의 존재 이유는 오로지 인간을 윤회의 악몽에서 해방시킬 수 있는 지적(知的), 고행적(苦行的), 신비적(神秘的) 수단을 추구하는 것일 뿐이다.”[19]라고 말했다.

윤회사상은 인도인들에게 사상체계를 구분할 수 있는 중요한 척도가 되었다. 즉 모든 사상은 윤회설을 '받아들이는 체계'와 그것을 '받아들이지 않는 체계'로 나누어졌다. 불교와 자이나교 경전에서는 윤회설을 수용하는 사람들을 '작용론자(kāriyavādin)'라 하고 그 반대자들을 '무작용론자(akāriyavādin)'라고 부르기도 했다.[20]

윤회사상은 알프레드 푸쉐가 말한 것처럼 '인도 사상의 한 특징'으로서 이것은 "외적인 혼돈 속에 감추어져 있는 비밀스러운 질서를 추구한다. (이 추구는) 서구인들이 하고 있는 것처럼 수학적으로 계산된 물리적인 관계 속에서가 아니고 (우주 만물에) 내재하는 정의(正義)에 대한 믿음에 근거를 둔 윤리 법칙 속에서 행해지는 것이다.”[21] 윤회설은 "종교적인 교리 또는 윤리적인 공리(公理) 그 이상이다. 이것은 힌두정신의 필수 불가결한 부분이다.”[22]

윤회 사상의 기원에 대한 학자들의 주장은 서로 엇갈린다. 어떤 학자들은 그것이 인도 바깥에서 들어왔다고 믿었고 다른 학자들은

---

19 René Grousset, *Les philosophies indiennes*(I), Paris, 1931, p.8.
20 Glasenapp, *La philosophie indienne*, pp.101-102.
21 Foucher, 앞의 책, pp.21-22.
22 Oltramare, 앞의 책(I), p.95; Sylvain Lévi, *Mémorial S. Lévi*(*La transmigration des âmes dans les croyances hindoues*), Paris, 1937, pp.28-29.

인도 자체에서 발생한 것이라고 생각했다. 윤회사상이 외부에서 들어왔다고 생각하는 사람들은 그 발상지를 그리스라고 주장했다. 왜냐하면 "고대 그리스는 윤회사상을 알고 있었을 뿐 아니라 큰 목소리로 윤회사상을 주장하고 있었기 때문이다. 플라톤(Platon, 기원전 427-347?)과 핀다로스(Pindaros, 기원전 5세기)는 윤회를 믿었고, 피타고라스(Pythagoras, 기원전 582-500)는 윤회 사상을 그의 학파의 교의(敎義, dogme)로 삼았다."[23]

처음에는 이 주장이 상당히 그럴 듯하게 받아들여졌다. 그러나 연구가 진전되면서 윤회사상의 맹아(萌芽)인 '재생신앙'은 인도와 그리스에만 있었던 것이 아니라 세계 도처에 존재했다는 사실을 알게 되었다. 프랑스의 갈리아(Gaulois) 족과 아프리카의 여러 부족들에게서도 이 신앙을 볼 수 있었다.[24] 그래서 재생신앙은 원시종교 신앙의 하나라고 생각하게 되었다. 결국 인도의 윤회사상은 인도 바깥에서 들어온 것이 아니라 인도 내부에서 형성된 것이라는 데 의견의 일치를 보게 되었다.[25]

인도 내부에서 형성되었다는 학자들의 일치된 견해에도 불구하고

....

[23] S. Lévi, 앞의 책, p.25.
[24] Foucher, 앞의 책, p.12; E. Henseler, *L'âme et le dogme de la transmigration dans les Livres sacrés de l'Inde ancienne*, Freibourg(Suisse), 1928), pp.41-51.
[25] Renou, *L'Inde classique*(I), p.344(§695); J. Gonda(L. Jospin 譯), *Les religions de l'Inde*(I), Paris, 1962, p.249; Vallée-Poussin, *Nirvāṇa*, p.29; A. M. Boyer, *Études sur l'origine de la doctrine du saṃsāra*, JA, 1901(II), pp.451-499. L. de Milloué는 *Le Brahmanisme*(p.89)에서, "피타고라스와 플라톤이 윤회(métempsychose) 교리를 가르쳤다는 사실에서 인도가 윤회사상을 그들로부터 차용했다고 단정할 수는 없다. 차용한 것으로 한다면 그 반대로 말하는 것이 더욱 그럴듯할 것이다."라고 썼다.

그들이 주장하는 내용은 서로 엇갈린다. 한편에서는 이 사상이 인도 토착인들의 원시신앙에서 나왔을 것이라고 주장하고,[26] 다른 편에서는 외래 민족인 아리아인들이 인도에 침입해 들어온 뒤 그들의 추구를 통해서 성립되었을 것이고 주장한다.[27]

윤회사상이 인도 토착인들로부터 나온 것이라고 생각하는 사람들은 이 사상이 아리아인들의 가장 오래된 문헌인『베다』와『브라흐마나』에 나오지 않고 있다는 사실을 지적한다.[28] 이와 반대로 이 사상이 아리아인들에 의해 이루어졌다고 주장하는 학자들에 의하면 고대 힌두문헌 속에서 이 사상이 점차로 발달해 온 자취를 엿볼 수 있다는 것이다.[29]

이 두 주장 가운데 어느 쪽이 더 사실에 가까운지 한 마디로 단정 짓기는 어렵다.[30] 그러나 어느 한 쪽을 택해야 한다면 두 번째 주장 편에 서야 할 것 같다. 윤회사상은 아리아인들이 인도에 들어온 후 오랜 시간 동안 기울인 그들의 끈질긴 추구에 의해 이루어졌을 것이라는 주장이 더 설득력을 가지기 때문이다.

윤회사상이 고대 인도인들에 의해 이루어진 것이 아니라는 근거로서『베다』와『브라흐마나』에 이 사상이 나오지 않는다는 사실을 내세우지만 그것은 이 시기에 아직 윤회사상이 형성되지 않았기 때문이라고 할 수 있을 것이다. 아래에서 이 문제에 대해 자세하게 추구

....

26 R. Grousset, 앞의 책(I), p.7.
27 Auguste M. Boyer, 위의 논문, p.451.
28 H. Zimmer, 앞의 책, p.200.
29 Boyer, 위의 논문, p.451; C. Formichi, *La pensée religieuse de l'Inde avant Bouddha*, Paris, 1930, p.191; Renou, 위의 책(I), p.341(§688); Eliade, 앞의 책(I), pp.252-253.
30 Glasenapp, 앞의 책, pp.40-41; Filliozat, *Les philosophies de l'Inde*, Paris, 1970, p.17.

하겠지만 이 시기의 힌두들은 사후(死後) 문제에 대해서는 관심을 가지고 있지 않았다.

게다가 윤회사상은 원시종교에서 볼 수 있는 것과 같은 막연한 재생신앙과는 구별되어야 한다. 루이 드 라 발레뿌생이 지적한 것처럼 이 사상은 "(그 결과를) 보상받는 윤리적인 행위[業]에서 윤회의 동력(動力)과 원칙을 인정하고 있다."[31] 역시 윤회사상은 재생신앙만이 아니고 여러 가지 요소들로 이루어진 복합적인 사상체계이다. 이와 같은 요소들이 없었다면 재생사상은 하나의 막연한 미신적인 신앙 수준에 머물렀을 뿐 인도의 모든 종교와 사상의 토대가 된 '체계적인 사상'으로 정립되지는 못했을 것이다.

윤회사상을 이루는 이 요소들은 브라흐마나 시대와 우빠니샤드 시대를 통해서 어렵게 그리고 천천히 이루어졌다. 또한 이들 각 요소들은 시대와 용도(用途)를 달리해서 여러 계층에서 성립되었다.[32] 그러다가 어느 순간 이들은 하나로 결합되면서 '윤회설'이라는 체계적인 형태로 나타나게 되었다.

만약 윤회사상이 인도 바깥에서 도입되었다면 그것을 위해 고대 인도인들이 여러 가지 초안을 만들고 구상을 하느라 그토록 많은 시간과 노력을 기울일 이유가 없었을 것이다. 뽈 올트라마르가 지적한

----

[31] La Vallée-Poussin, *Le dogme et la philosophie du bouddhisme*, Paris, 1930, p.67.
[32] Carlo Formichi에 의하면 브라흐만[梵]은 사제(司祭) 계층에서 나온 '사제적 사상'이고, 아뜨만은 철학자 계층 나온 '자연주의적 사상' 또는 '在家의 사상'이다. 반면 까르만은 통치계층(ksatriya)에서 나온 '半 사제적, 재가적 사상'이다(앞의 책, p.64, p.130, p.192); Glasenapp, 앞의 책, p.40.

것처럼 "하나의 복잡하고 명확한 신앙이 한 '집단(cercle, 圈)'에서 다른 집단으로 전해질 때는 받아들이는 쪽은 그것을 있는 그대로 일괄적으로 취하거나 아니면 적어도 기본적인 윤곽은 고정된 채로 받아들인다."[33] 그런데 윤회설의 경우에서는 이것과 완전히 다르다. 인도의 고대 문헌들에 의하면, "먼저 모호하고 불명확한 사상이 차츰차츰 형성되면서 형체를 이루어 가다가 마침내 몇 세기 후에 하나의 치밀한 이론체계가 이루어지는 것을 볼 수 있다. 이 체계는 오랫동안의 준비와 숙고(熟考) 끝에 초안이 만들어진 다음 마침내 하나의 엄격한 틀 속에 구체화되었던 것이다."[34] 그것은 "실로 몇 세대에 걸친 사상가들의 노작(勞作)이었다."[35]

"윤회사상의 원칙 가운데 특별하게 힌두와 브라흐만 사상의 자연적인 발전에 의해서 설명되지 않는 것은 아무것도 없다."[36] 설사 '재생사상'을 힌두사회의 바깥, 예를 들면 몇몇 학자들이 말하는 것처럼 애니미즘 신앙 같은 것에서 빌려 온 것이었다고 해도 힌두 자신들의 노력과 탐구가 없었더라면 이 재생사상은 세계의 다른 곳에서 존재하고 있는 것처럼 여전히 일종의 미신 상태로 남아 있게 되었을 것이다. 그것은 현재 볼 수 있는 것과 같은 하나의 완전한 사상체계로 형성되지는 못했을 것이다.

---

33 Oltramare, 앞의 책(I), pp.96-97.
34 E. de Henseler, *L'âme et le dogme de la transmigration dans les Livres sacrés de l'Inde ancienne*, Fribourg, 1928, p.9; Renou, *L'Inde classique*(I), p.341(§688).
35 La Vallée-Poussin, *Nirvāṇa*, p.31.
36 Oltramare, 앞의 책(1), p.96.

2. 윤회사상의 맹아

1) 자료[37]

인도의 가장 오래된 성전은 『베다(Veda)』이다. 이것은 4종으로 이루어져 있다. 『리그베다(Ṛgveda)』는 신(神)들에 대한 찬송과 기도를 위한 1,017개의 찬가(讚歌)로 이루어져 있다. 대부분 태양신(Sūrya), 벼락 신(Indra), 폭풍 신(Rudra), 불 신(Agni, 火神), 비 신(Parjanya, 雨神)과 같은 자연현상이 의인화(擬人化)된 신들이다. 『사마베다(Samaveda)』는 대부분 『리그베다』에 포함되어 있는 찬가에다 제사지낼 때 읊을 수 있게 가락(melody)을 붙여 놓은 것이다. 『야주르베다(Yajurveda)』는 제사 의식[祭式]과 관계가 있는 여러 가지 내용들로 구성되어 있다. 역시 대부분 『리그베다』에서 가져온 것이다. 끝으로 『아타르바베다(Atharvaveda)』는 주문(呪文, 呪詞)들을 모아 놓은 것이다. 그 내용은 재앙(災殃)을 물리치고 주술(呪術)을 행할 수 있는 방법들이다. 이들 4종 베다를 본집(本集, saṃhitā 또는 mantra)이라 한다. 일반적으로 『베다』라고 말할 때는 이들 4종 본집을 가리킨다.

본집에는 한 개 또는 몇 개씩의 『브라흐마나(Brāhmaṇa, 梵書, 祭儀書)』가 붙어 있다. 그것들은 본집에 대한 여러 가지 설명과 해석 등으로 이루어져 있는데 제사의 실행 방법과 규정이나 찬가의 의미와 목적을 설명한 것이다. 넓은 의미의 『베다』 문헌의 일부이다.

....

37 *Veda*와 *Brāhmaṇa*에 대해서는 특히 Glasenapp(R. Sailley 佛譯), *Les littératures de l'Inde*, Paris, 1963, pp.38-67과 Renou, *L'Inde classique*(I), pp.270-294(§513-§575) 참조.

지금까지 『베다』와 『브라흐마나』에 대한 학자들의 많은 연구가 있었지만 아직도 확실한 성립연대를 말하기는 어렵다. 대부분의 학자들은 『베다』를 기원전 1500(또는 기원전 1200)년에서 기원전 1000년, 『브라흐마나』를 기원전 1000년에서 기원전 800년 또는 기원전 800년에서 기원전 600년 사이에 성립된 것으로 보고 있다.[38]

2) 『베다』에서

베다 시대의 사람들은 유목민으로 호전적(好戰的)이었으며 성격은 활동적이고 낙천적이었다. 그들은 물질적으로 행복한 삶의 조건을 추구하는 데 몰두하였다. 그들의 생각과 관심은 오로지 현세의 생활에 쏠려 있었다.[39]

그들은 착하고 아름다운 아내[妻]와 많은 자식과 풍부한 황금을 소유하는 것 이외의 다른 일에는 관심이 없었다. 『리그베다』에 의하면 아름답고 양순한 아내는 '고향, 가장 좋은 안식처, 최상의 즐거움'이었다. 그들은 인드라 신에게 자신들의 아내가 10명의 아들을 낳아서 남편이 그 가족의 열한 번째 남자가 될 수 있도록 간청했다.[40] 그

----

[38] Glasenapp(R. Sailley 譯)의 *Les littératures de l'Inde*, pp.38-67; 같은 저자, *La philosophie indienne*, Paris, 1951, pp.33-39; Renou, *L'Inde classique*(I), pp.270-294(§513-§575); Étienne Lamotte, *Histoire du Bouddhisme indien*, Louvain, 1976, pp.1-29; Zimmer, 앞의 책, p.481.
[39] Formichi, 앞의 책, p.25; Glasenapp, 앞의 책, p.50; 같은 저자, *Brahma et Bouddha*, Paris, 1937, p.51 이하.
[40] *Ṛgveda*, Ⅲ, 53, 11, 6과 Ⅹ, 85, 45; Formichi, 앞의 책, p.25; Louis Renou, *Hymnes spéculatifs du Veda*, Paris, 1979, p.90.

들이 드리는 기도는 특히 천수(天壽)를 누릴 수 있게 해 달라는 것이었다. 즉 100년을 사는 것이었다. "오, 마루뜨(Marut, 폭풍 신)들이여! 내가 올리는 이 기도를 꼭 들어 주소서. 옮길 수 있는 (신들의) 힘으로 우리가 100번의 겨울을 건널 수 있도록 해주소서!"[41] "우리로 하여금 신들이 설치한 '떠오르는 이 빛나는 눈[太陽]'을 100번의 가을 동안 볼 수 있게 해주소서! 우리가 100번의 가을 동안 살 수 있게 해 주소서!"[42] "백 번의 충만한 가을 동안 살게 해 주소서!"[43]

한 마디로 베다 시대의 사람들은 다음 생의 삶에 대해서는 별로 관심을 갖고 있지 않았다. 이 시기에는 "사자(死者)들에 대한 두려움은 막연한 신앙심을 갖게 했지만 생존의 조건이나 그 지속기간에 대해서 명확한 생각은 전혀 없었다."[44] 실뱅 레비(S. Lévi) 역시, "베다 시대의 아리아인들은 사자들의 조건과 불사(不死)에 대해 명확한 생각을 가지고 있지 않았다."[45]고 같은 주장을 했다. 따라서 『베다』에서는 우리의 주제, 즉 사후의 생존문제와 관계가 있는 윤회에 대해서는 아직 관심이 없었음이 분명하다. 이 점에 대한 학자들의 주장은 일치한다. 즉 "『베다』에서는 윤회에 대해 분명하게 말해 놓은 것을 전혀 볼 수 없다."는 것이다.[46] 실뱅 레비에 의하면 "내세 문제는 『리그베다』의 영

....

41 *Ṛgveda*, Ⅴ, 54, 15.
42 *Ṛgveda*, Ⅶ, 66, 16.
43 Oltramare, 앞의 책(I), p.40; *Ṛgveda*, Ⅹ, 18, 4; Ⅹ, 85, 39; J. Gonda(鎧淳 譯), 『インド思想史』, 東京, 1981, p.56.
44 Oltramare, 앞의 책(I), p.46; J.Gonda, 앞의 책, p.57.
45 Lévi, *Mémorial S. Lévi(La transmigration des âmes dans les croyances hindoues)*, p.27.
46 Milloué, 앞의 책, p.74.

역이 아니다. 『베다』는 그것을 다른 (시대) 사람들에게 넘겨주었다."⁴⁷

3) 『브라흐마나』에서

브라흐마나(Brāhmaṇa, 梵書) 시대로 넘어가자 상황은 달라졌다. 사후의 문제는 매우 중요하게 되었다. 이 시대의 사상가들에게 사후 생존의 유무는 문제로 제기되거나 토론의 대상이 되지 않았다. 왜냐하면 "그들에게 (사후의) 생존은 논쟁의 여지가 전혀 없는, 이미 알려진 일차적인 사실이었기 때문이다." 따라서 이 시기에 사상가들이 몰두했던 문제는 "사후(死後)의 삶이 얼마나 행복하고 (얼마나) 지속될 수 있는가."라는 것이었다."⁴⁸

그들은 영혼(âme)이 갈 저승이 존재한다는 것에 대해서는 의심을 하지 않았지만, "아직 영혼이 기체(基體, substrat, 육체)를 떠나 완전히 별도로 존재할 수 있다는 것을 믿지 못했다. 그래서 그들은 저승에서 영혼이 다시 사용할 새로운 육체를 만드는 일에 골몰했다."⁴⁹ 그들은 그와 같은 육체를 얻기 위해서 이 세상에서 제사(祭祀)를 지내야 한다고 생각했다. 이 세상에서 지내는 제사가 죽은 후에 살아남을 수 있는 미래의 육체가 된다고 생각했던 것이다. 『샤따빠타 브라흐마나』는 이렇게 설명했다. "제사의 음식[祭物]은 그(제사를 지내는 사람)의 육체가

....
47 Lévi, 위의 책, p.26.
48 Oltramare, 앞의 책, p.47.
49 Oltramare, 앞의 책, p.51.

된다. 그는 제물로 변해서 이 죽음(의 강을) 건넌다. … 그가 이 세상에서 바친 제사 음식은 저 세상에서 그의 육체(ātman)가 된다. 이것을 아는 사람이 죽으면 이 제사 음식물[祭物]은 그의 뒤에 있다가 그를 부른다. 이리 오너라. 여기에 있는 나는 너의 몸이다."[50] "틀림없이 제사는 우리의 구원이다."[51] "제사는 천상으로 향하는 배[船]다."[52] 제사를 지냄으로써 다음 생의 삶이 보장된다는 것은 제사에 대한 보상으로 어떤 신과 같은 존재가 개입한다고 생각한 것이 아니라 제사 (또는 祭物) 그 자체가 제사를 지낸 사람의 육체가 된다는 것이었다. 역시『샤따빠타 브라흐마나』에 의하면 "이것을 아는 자는 자기 자신에게 제사를 드리는 것이지 (신들에게 드리는 것이 아니다). 이 육체, 즉 나의 (새) 육체는 이 다른 육체(즉 제사)에 의해서 만들어진다."[53] 그러나 제사의 결과로서 만들어진 이 육체는 시간에 의해서 파괴된다. 그것을 다음과 같이 설명한다. "낮과 밤은 그들의 순환에 의해서 (즉 시간이 흐름에 따라) 다른 세계에서 그 사람의 선행(善行)의 결과를 파괴한다."[54] "그들(시간)은 (선행의) 보물(즉 제사의 결과)을 빨아 먹는다. 그는 보물을 다 빨아 먹힌 뒤에 죽는다."[55]

다른 세상에서 누릴 수 있는 삶의 길이는 이 세상에서 행한 제사[祭物]의 양에 달려 있다. 이 세상에서 많은 제사를 드리면 저승에서

---

50 *Śatapatha Brāhmaṇa*(이하 ŚB), XI, 2, 2, 5 이하. Oltramare, 앞의 책, p.50과 p.52.
51 ŚB, Ⅰ, 5, 2, 1; Oltramare, 앞의 책, p.54.
52 ŚB, Ⅱ, 3, 3, 15 이하; Oltramare, 앞의 책, p.54; *Aitareya Brāhmaṇa*, Ⅲ, 2, 29.
53 ŚB, XI, 2, 6, 13. Oltramare, 앞의 책, pp.51-52.
54 ŚB, Ⅱ, 3, 3, 11. Oltramare, 앞의 책, p.53.
55 *Taittirīya Brāhmaṇa*, Ⅲ, 10, 11, 2-3.

오래 살 수 있고 적게 드리면 저승에서 오래 살 수 없다. 다른 세계(저 승)에서 장수를 보장하는 제사를 많이 드리기 위해서는 무엇보다도 이 세상에서 오래 살아야 한다. 그렇기 때문에 이 세상에서 누린 삶의 길이가 저승의 삶의 길이와 밀접한 관계를 가지게 된다.『샤따빠타 브라흐마나』에 의하면, "20세 전에 죽는 사람에게 보장되는 거주지는 밤과 낮의 세계이다. 20세에서 40세 사이에 죽으면 반태음월(半太陰月: 新月에서 滿月)의 세계로 간다. 60세에서 80세 사이에 죽으면 계절의 세계로 간다. 80세에서 100세 사이에 죽으면 해[年]의 세계'로 간다. 오직 100세 또는 그 이상 사는 사람만이 불사(不死)를 얻는다."[56]

『브라흐마나[梵書]』의 여러 곳에서 말하는 바에 따르면 사자(死者)들은 두 개의 길[二道]을 따라간다. 즉 신들의 길과 조상들의 길이다. 신들의 세계(Devaloka, 神道)로 가는 자는 영원히 살고 조상들의 세계(Pitṛloka, 祖道)로 가는 자는 정해진 삶을 산다. "신들은 죽지 않는다. … 조상들은 죽는다."[57] 위에서 본『샤따빠타 브라흐마나』의 구절(X, 2, 6, 8)을 통해 다음과 같이 생각할 수 있다. 즉 "이 세상에서 100세 또는 그 이상을 산 자는 신들의 세계로 갈 수 있고 100세 이하로 산 자는 조상들의 세계로 간다." 조상들의 세계는 태양의 이쪽 편에 있고 신들의 세계는 태양의 저쪽 편에 있다.[58] "(태양의) 이쪽 편에 있는 존

....
56 ŚB, X, 2, 6, 8; S. Lévi, *La doctrine du sacrifice dans les Brāhmaṇa*, Paris, 1966, p.94.
57 ŚB, Ⅱ, 1, 3, 4; 같은 책, Ⅱ, 1, 4, 9.
58 두 세계는 태양에 의해서 나누어진다. 그러나 그것들은 모두 천상에 위치하고 있다. A. M. Boyer, 앞의 논문, p.487 참조.

재들은 죽는다. 그러나 (태양의) 다른 편에 사는 존재들은 신들이다."[59] 그들은 죽지 않는다.

신들의 세계에 있는 존재가 죽지 않는 것은 낮과 밤, 즉 시간이 태양의 저쪽에는 존재하지 않기 때문이다. 조상의 세계에 살고 있는 존재가 죽는 것은 시간이 존재하는 태양의 이쪽 세계에 살고 있기 때문이다. 『샤따빠타 브라흐마나』에 의하면 "낮과 밤은 그 순환에 의해서, 사람들이 (이승에서) 지은 선행(善行)의 결과를 다른 세계(저승)에서 파괴한다. 그런데 낮과 밤은 (태양의) 이쪽에 있다. 천상에 간 사람에게는 낮과 밤이 다른 쪽에 있다. 그렇기 때문에 낮과 밤이 선행의 결과를 파괴하지 못한다."[60]

신들의 세계로 간 사람은 죽음으로부터 해방되었으므로,[61] 이것은 후기에 나타날 해탈과 비슷한 상태라고 할 수 있다. 그렇다면 조상들의 세계로 간 존재는 어떻게 되는가. 이 문제가 바로 우리가 추구하려고 하는 주제와 밀접한 관계를 가지고 있다.

위에서 이미 본 바와 같이 조상들의 세계로 간 존재는 그가 이 세상에서 지은 공덕(제사의 결과)에 해당하는 시간만큼만 그곳에서 살다가 죽는다. 이 두 번째의 죽음을 초래하는 원인들은 여러 가지가 있지만 그 가운데 가장 중요한 것은 시간과 굶주림이다. 시간은 이승의 삶을 침식(侵蝕)하는 것처럼 저승의 삶도 침식한다. 죽음은 시간 때

....
59 ŚB, Ⅱ, 3, 3, 7; 같은 *Brāhmaṇa*(Ⅱ, 3, 3, 11); Oltramare, 앞의 책, p.53 참조.
60 ŚB, Ⅱ, 3, 3, 11 이하.
61 신들의 세계에 가는 자는 그 자신이 신이 된다. ŚB(Ⅲ, 1, 1, 8)에 의하면 "(그들은) 신들의 곁에 가서 그들 중의 하나가 된다."

문에 존재한다. 시간은 죽음과 같은 것이다.『샤따빠타 브라흐마나』 (X, 4, 3, 1)는 이것을, "해[年 = 시간]는 확실히 죽음과 같은 것이다."라고 표현한다. 시간이 죽음의 원인이라고 하는 이유는 시간이 저승의 음식인 제사의 결과를 파괴해서 마침내 그것이 고갈(枯渴)되어 저승의 존재는 굶어 죽게 되기 때문이다. 따라서 굶주림은 두 번째 죽음의 유일한 원인이 된다.『샤따빠타 브라흐마나』는 이것을 "저승에서는 오직 하나의 죽음이 있을 뿐이다. 그것은 굶주림이다."[62] "굶주림, 그것은 죽음이다."[63]라고 말한다.

그런데 그 사람이 저승에서 죽음을 맞이할 때 그는 어떻게 되는가. 브라흐마나 시대의 인도 사상가들은 이승에서의 죽음에 대해서는 많이 생각했지만 저승의 죽음에 대해서는 거의 관심을 가지지 않았다.『브라흐마나』에서 이 문제를 다루고 있는 곳을 찾기란 매우 어렵다. "이렇게 알지 못하고 이 의례(儀禮, 제사)를 행하지 않는 자들은 죽어서 다시 태어난다. 그리고 되풀이해서 죽음의 먹이가 된다."[64] "이렇게 아는 저 존재는 반복되는 죽음을 당당하게 몰아내고 완전한 삶으로 간다."[65] 이와 같이 말하고 있는 곳이 있기는 하지만, 그러나 여기서는 단지 '되풀이되는 죽음(punar-mṛtyu)'에 대해서만 말하고 있을 뿐 하나의 저승에서만 죽음이 반복되는 것인지 아니면 저승에

....

62 ŚB, XⅢ, 3, 5, 1-2.
63 ŚB, X, 6, 5, 1; S. Lévi, *La doctrine du sacrifice dans les Brāhmaṇa*, pp.94-95.
64 ŚB, X, 4, 3, 10. 유사한 문장들은『브라흐마나』에서 매우 드물다. 그래서 S. Lévi는 자신의 책에 이 구절을 인용하면서, "그렇지만 이 예들은 흔하지 않다. 너무나 귀하기 때문에 나는 그것을 하나밖에 찾아내지 못했다."라고 썼다. 위의 책, p.96.
65 ŚB, X, 2, 6, 19.

서 죽어 또 다른 세상으로 가서 거기에서 죽음을 당하게 되는지에 대해서는 말하고 있지 않다. 자료의 다른 부분에서는 이것보다 한 걸음 더 발전된 설명을 볼 수 있다. "봄은 겨울로부터 삶을 되찾는다. 왜냐하면 봄은 겨울로부터 재생하기 때문이다. 그것이 그렇다는 것을 아는 자는 이 세상에 다시 태어난다."[66]

"이 세상에 다시 태어난다."라는 이 생각을 과연 윤회사상의 싹[萌芽]이라고 볼 수 있을까. 사실 이것은 부와예(Boyer)의 주장처럼[67] '윤회사상의 개념'과 동일한 것 같이 보인다. 글라제나프(Glasenapp)는 이와 같은 생각들이 "좀 더 뒷날 영혼의 윤회설을 준비했다."[68]고 보았다. 레비(Lévi)와 드 밀루에(de Milloué)도 같은 주장을 했다.[69] 그러나 푸쉐(Foucher)는 (『우빠니샤드』 이전의 문헌들에서는) "사후(死後)의 인간 운명에 관해서 윤회와 전혀 관계가 없고 명료하지 못한 생각들만 볼 수 있을 뿐이다."[70]라고 말하면서, 이와 같은 것을 윤회의 맹아라고 보지 않았다.

지금까지 추구해온 것으로 미루어 보면, 인간이 죽은 후에 이 세상에 다시 돌아온다는 『브라흐마나』의 막연하고 모호한 생각과 윤회

....

66 Le printemps vraiment reprend vie de l'hiver, car il renaît de lui ; en verité il renaît dans ce monde-ci, celui qui sait que cela est ainsi(ŚB, I, 5, 3, 14). 『브라흐마나』에서 윤회사상의 맹아(萌芽)를 볼 수 있다고 믿는 대부분의 학자들은 그들이 주장하는 것을 뒷받침하기 위해 이 구절을 취하고 있다. Boyer, 앞의 논문, p.477; Oltramare, 앞의 책(I), p.96 참조.
67 A. M. Boyer, Étude sur l'origine de la doctrine du saṃsāra, JA, 1901(II), p.495.
68 Glasenapp(A. -M. Esnoul 佛譯), La philosophie indienne, p.37.
69 Lévi, Mémorial S. Lévi(La transmigration des âmes dans les croyances hindoues), Paris, 1937, p.27; Milloué, Le Brahmanisme, Paris, 1905, p.74.
70 Foucher, Les vies antérieures du Bouddha, Paris, 1955, p.28.

설 사이에는 큰 차이가 있다고 말하지 않을 수 없다. 윤회설에서 중요한 것은 '저 세상에서 죽은 뒤 이 세상으로 되돌아온다는 사상'이지만 이것보다 더 중요한 것은 존재를 재생하게 하는 까르만(karman, 業)에 대한 과보의 개념이다. 이 개념 없이는 재생사상은 하나의 사상체계가 될 수 없다. 그것은 단지 애니미즘[精靈信仰]이나 토테미즘(totemism)에서 볼 수 있는 일종의 미신에 불과할 뿐이다. 꼬삼비(Damodar D. Kosambi)는 바로 이 점을 지적했다. 그의 표현에 의하면 '까르만 사상에 근거한 윤회설'은 "결정적으로 원시적 재생(再生) 개념에서 벗어나게 되었다."[71]

『브라흐마나』에서는 비록 '까르만'이라는 말이 사용되기는 했지만 의미는 아주 다르다. 이 말은 '제사행위'를 가리키는 것일 뿐 '보편적 윤리 행위'의 의미는 아니었다. 『브라흐마나』에서는 '제사행위(karman)'는 권장되었다. 제사를 많이 하면 할수록 좋은 결과를 거두게 되고 제사에 의해서 불사(不死), 즉 해탈을 이룰 수 있다고 믿었다. 까르만(제사행위)의 결과가 고갈되면 저승에서 죽게 되고 이 세상에 다시 태어나게 된다는 것이었다. 그러나 윤회설에서 말하는 까르만[業]은 이와 반대로 까르만을 지으면 윤회를 하게 되고 까르만이 고갈될 때 해탈(mokṣa)에 이르게 된다.

『브라흐마나』에서는 까르만이 선(善)으로 간주되지만 윤회설에서 까르만은 악(惡)이다. 까르만 때문에 해탈을 이룰 수 없기 때문이다.

....

[71] Damodar D. Kosambi(C. Malamoud 佛譯), *Culture et civilisation de l'Inde ancienne*, Paris, 1966, p.142.

게다가 『브라흐마나』에 의하면 선과 악은 오로지 제사와 관계되는 것일 뿐 보편적인 윤리와는 관계가 없다. 그것을 『샤따빠타 브라흐마나』가 "사람이 행하는 모든 선(업)은 제단(祭壇) 위에서 이루어진다. 사람이 행하는 모든 악(업)은 제단 바깥에서 이루어진다."[72]라고 하는 것에서 알 수 있다. 여기서는 선악이란 보편적인 행위가 아니고 제사라는 특수한 행위일 뿐이다. 실뱅 레비의 설명에 의하면 "『브라흐마나』에서 윤리라는 말을 절대로 착각해서는 안 된다. 이 성전(聖典)의 편찬자들은 모든 일을 (제사) 의식(儀式)의 관점에서만 보고 평가한다. 선행이란 (제사) 의식의 규정에 맞는 행위이고 악행이란 이 규정을 어기는 행위이다."[73]

여기에서, 윤회의 핵심 요소들인 브라흐만(brahman)과 아뜨만(ātman)의 문제는 제쳐두고라도 다른 세계에서 죽은 후에 이 세상으로 되돌아온다는 브라흐마나적인 사상과 윤회사상 사이에는 큰 차이가 있다는 것을 알 수 있다. 그렇지만 '저 세상에서 이 세상으로 돌아온다'는 『브라흐마나』의 이 사상이 윤회사상과 전혀 관계가 없는 것이라고 생각해야 할 것인가.

윤회와 같은 사상이 갑자기 성립된 것이 아니라 인간 지성의 발달과 더불어 긴 시간을 통해 발전된 것이라고 한다면 『브라흐마나』에 나오는 이 '되돌아온다는 사상'은 다음 시기에 나타날 윤회사상의 싹

---

[72] ŚB, X, 1, 2, 7.
[73] Lévi, *La doctrine du sacrifice dans les Brāhmaṇa*, p.100; Milloué, *Le Brahmanisme*, p.70 이하.

이라고 생각할 수 있을 것이다. 오귀스뜨 부와예도 바로 이 점을 지적했다. "다른 생(生)에서 다시 죽는다는 막연한 사상이 이 세상으로 되돌아온다는 사상에 의해 분명해질 때, 이 뒤 사상은 앞 사상보다 상위(上位)의 사상임에 틀림없다. 그리고『우빠니샤드』에서는 사실 그것이 그렇게 되었다."[74]

3. 윤회사상의 출현

1)『우빠니샤드』에서

각『베다』가『브라흐마나』를 가지고 있는 것처럼 각『브라흐마나』역시『아란야까(Aranyaka, 森林書)』라는 부분을 가지고 있다.『우빠니샤드』는 이『아란야까』의 한 부분이다.[75]『우빠니샤드』에는『베단따(Vedānta)』, 즉 '베다의 끝'이라는 명칭이 붙여져 있다. 왜냐하면『우빠니샤드』는『베다』의 (마지막) 부록(附錄)이기 때문이다.[76] 이처럼『우빠니샤드』는『베다』의 한 부분으로 생각되고 있지만『베다』또는『브라흐마나』와는 사상적으로 한 자리에 놓일 수 없다.『우빠니샤드』는 새로운 사상 경향을 나타내고 있다.『베다』와『브라흐

---
[74] Boyer, 앞의 논문, pp.495-497; Renou, *L'Inde classique*(I), pp.341-342(§688) 참조.
[75] Formichi, 앞의 책, p.131; Renou, *L'Inde classique*(I), pp.294-295(§576-§577). *Aranyaka*는 *Brāhmaṇa*와 *Upaniṣad* 사이의 연결선에 불과하다. J. Gonda(Jospin 譯), *Les religions de l'Inde*(I), p.239.
[76] Glasenapp, *Les littératures de l'Inde*, p.68; 같은 저자, *La philosophie indienne*, p.39와 p.120; Renou, 위의 책, p.295(§578).

마나』는 제사문제에 전념하고 있지만 『우빠니샤드』는 철학적 사색에 몰두했다.

『우빠니샤드』에서 다루고 있는 주제는 다양하다. 그러나 그들의 주된 관심사는 '전체는 하나(Tout-Un)라는 교리'에 대한 설명으로서 이를 위해 브라흐만(brahman) 또는 아뜨만(ātman)이 우주와 각 존재의 궁극적 본질이라는 것이다."[77]

『브라흐마나』에서 가장 중요시되었던 제사가 『우빠니샤드』에서는 예비적인 '저급수단(低級手段)'으로 간주되었다. 그 대신 '개적(個的)인 영혼(ātman, 我)'과 '우주적인 영혼(brahman, 梵)'이 본질적으로 동일하다[梵我一如]는 지식이 초세속적인 '고급수단'으로 생각되었다.[78] 한마디로 『우빠니샤드』 사상의 두 중심 축(軸)은 아뜨만[我]과 브라흐만[梵]이었다. 여기에서 문제는 아뜨만과 브라흐만이 동일하다는 것을 입증하고 그것이 가지고 있는 결과를 이끌어내는 것이었다.[79] 역시 새로운 주제들인 윤회(輪廻, saṃsara)와 업(業, karman) 사상이 모습을 나타내었다. 이 두 사상은 후기 인도사상의 발달을 위해 가장 중요한 요소가 되었다. 지금부터 이 문제에 대해 살펴볼 것이다.

『우빠니샤드』는 대부분 사제계층(司祭階層)의 바깥에서 이루어졌다. 철학적인 사색은 더 이상 어떤 특수 계급이나 남성의 독점물이

---

[77] Glasenapp, *La philosophie indienne*, pp.39-40 ; P. Lebail, *Six Upaniṣad majeures*, Paris, 1971, p.47 ; J. Varenne, *La religion védique*(*Histoire des religions*[I]), Paris, 1970, p.588.
[78] Glasenapp, *Les littératures de l'Inde*, p.69.
[79] Renou, *Anthologie sanskrite*, Paris, 1947, p.63.

될 수 없었다.⁸⁰ 『우빠니샤드』에서 중요한 역할을 맡은 인물들 중에는 왕은 물론이고⁸¹ 노예 계급인 슈드라(Śudra)와⁸² 여자까지도 포함되어 있었다. 바라문인 가르기야(Gargya)는 브라흐만[梵]의 문제에 대한 토론에서 아자따샤뜨루(Ajātaśatru) 왕에게⁸³ 패배를 당했다. 그러자 그는 왕에게 "나를 제자로 받아주십시오."라고 요청했다. 아자따샤뜨루 왕은 가르기야 바라문에게 "바라문이 끄샤뜨리야에게 브라흐만[梵]을 설명해 달라고 하는 것은 세상이 거꾸로 된 것이다. (그러나) 나는 당신에게 가르쳐 주겠다."라고 답했다.⁸⁴ 여자의 경우로서는 가르기 와짜끄나위(Gārgī Vācaknavī)가 유명한 바라문들과 함께 토론회에 참석했다.⁸⁵ 또 다른 예는 당대의 가장 유명한 바라문이었던 야쟈왈끼야(Yajñavalkya)의 아내 마이뜨레이(Maitreyī)가 남편으로부터 아뜨만의 신비에 대한 고급 교리를 배웠다.⁸⁶

다른 『베다』문헌들과는 달리 『우빠니샤드』에 보이는 이와 같은 '세속화'는 단순히 시대적 결과만은 아니었다. 『우빠니샤드』는 『브라흐마나』에서 주도적 역할을 맡았던 계층과는 다른 계층의 집단이 중심이

---

80 Filliozat, *Les philosophies de l'Inde*, p.13; Glasenapp, *La philosophie de l'Inde*, p.39; C. Formichi, 앞의 책, pp.147-158.
81 *Chāndogya Upaniṣad*(이하 ChU), Ⅶ, 1, 1 이하.
82 ChU, Ⅳ, 2, 1 이하.
83 Renou에 의하면, "(이 왕을) 사람들은 때때로 잘못 알고 불교경전에 나오는 마가다의 아자따샤뜨루(Ajātaśatru)와 동일인으로 보려 했다."(Renou 譯, *Kauṣitaki Upaniṣad*, pp.60-61의 註 13). 실제로 D. D. Kosambi는 "이 王(*Bṛhadāraṇyaka Upaniṣad*의 Ajātaśatru)은 붓다의 동시대인이었다."라 쓰고 있다(*Culture et civilisation de l'Inde ancienne*, Paris, 1970, p.137). Renou의 주장이 옳다.
84 *Bṛhadāraṇyaka Upaniṣad*(이하 BĀU), Ⅱ, 1, 14-15; 同, Ⅵ, 2, 1 이하.
85 BĀU, Ⅲ, 6, 1과 Ⅲ, 8, 1 이하.
86 BĀU, Ⅱ, 4, 1이하; 同, Ⅳ, 5, 1 이하.

되어 이루어지게 되었다는 것을 나타낸다.[87]

『우빠니샤드』는 그 종류가 많아서 성립 연대와 내용과 형식이 실로 다양하다. 중세기까지 이루어졌을 뿐 아니라 실제로 현재까지도 계속 만들어지고 있다. 뽈 르바유(Paul Lebail)에 의하면 "많은 수의 『우빠니샤드』가 현존하고 있다. 그것들은 이론의 여지없이 최근에 저작된 것이다."[88] 현재 알려져 있는 『우빠니샤드』의 수는 약 250종류이다. 이 외에도 더 있을 수 있다.[89] 그러나 전통적으로 내려오는 『우빠니샤드』의 목록에는 108개가 포함되어 있다.[90]

이처럼 많은 수의 『우빠니샤드』 가운데 가장 오래되었을 뿐 아니라 정통성이 있다고 인정되고 있는 것은 14종이다. 이것을 학자들은 일반적으로 세 그룹으로 나눈다.

(1) 가장 오래된 『우빠니샤드(Upaniṣad)』로서 산문으로 되어 있다: 『브리하다란야까(Bṛhadāranyaka) 우빠니샤드』, 『찬도기야(Chāndogya) 우빠니샤드』, 『따이띠리야(Taittirīya) 우빠니샤드』, 『아이따레야(Aitareya) 우빠니샤드』, 『까우쉬따끼(Kauṣitaki) 우빠니샤드』, 『께나(Kena) 우빠니샤드』.

---

87 Renou, *L'Inde classique*(I), p.299(§ 589); Formichi, 앞의 책, p.158.
88 P. Lebail, 앞의 책, p.37; J. Varenne, 앞의 책, p.588.
89 J. Herbert, *Spiritualité hindoue*, Paris, 1972, p.367; J. Varenne, 앞의 책, p.588.
90 J. Masui와 R. Daumal, *Approche de l'Inde(Tableau du développement de la tradition hindoue)*, p.29; P. Lebail, 앞의 책, p.37; J. Filliozat, *Les philosophies de l'Inde*, p.13.

(2) 약간 연대가 낮은 것으로서 운문으로 되어 있다 : 『까타(Kāṭha) 우빠니샤드』, 『이샤(Iśa) 우빠니샤드』, 『슈웨따슈와뜨라(Śvetāśvatra) 우빠니샤드』, 『문다까(Muṇḍaka) 우빠니샤드』, 『마하나라야나 (Mahānārāyana) 우빠니샤드』.

(3) 가장 늦게 성립된 것으로서 산문으로 되어 있다 : 『쁘라슈나(Praśna) 우빠니샤드』, 『마이뜨리(Maitri) 우빠니샤드』, 『만두끼야 (Māṇḍūkya) 우빠니샤드』.[91]

이들 『우빠니샤드』의 성립연대는 『베다』와 『브라흐마나』의 경우처럼 정확하게 알 수 없다. 기원전 1000년에서 기원전 200년 사이를 넘나든다.[92] 폰 글라제나프에 의하면 "(가장 오래된 『우빠니샤드』는) 붓다 이전 시대인 기원전 1000년에서 기원전 500년 사이에 성립되었을 것이다."[93] 장 필리오자(Jean Filliozat)도 동일한 연대를 말하고 있다.[94] 대부분의 학자들은 가장 오래된 『우빠니샤드』의 연대를 기원전 9세기에서 기원전 7세기로 보고 있다.[95] 학자들 가운데 가장 낮은 연

---
91 H. von Glasenapp, *Les littératures de l'Inde*, p.69와 pp.72-73 ; Formichi, 앞의 책, p.133 ; L. Renou, *L'Inde classique*(I), pp.295-297(§579-583), 外. 몇몇 학자들, 예를 들면 O. Lacombe(*L'Absoulu selon le Védānta*, p.9)와 P. Lebail(앞의 책, p.38)는 *Praśna Upaniṣad*를 제2그룹으로 분류하고 있다.
92 Glasenapp(*Les littératures de l'Inde*, p.69)와 Filliozat(*La doctrine classique de la médecine indienne*, pp.68-72)는 가장 오래된 *Upaniṣad*는 기원전 1000년까지 올라간다고 보고 있다. 그리고 A. -M. Esnoul(*L'Hindouisme, textes recueillis et présentés*[Paris, 1972], p.1)에 의하면 "고대의 마지막 『우빠니샤드』는 기원전 4세기에서 기원전 3세기경에 이루어졌다."
93 Glasenapp, *Les littératures de l'Inde*, p.69.
94 Filliozat, *La doctrine classique de la médecine indienne*, pp.68-72. 같은 저자의 *Les philosophies de l'Inde*, pp.13-14.
95 Zimmer(앞의 책, p.481), 기원전 800년 ; Eliade(*Histoire des croyances et des idées*

대를 말하고 있는 루이 르누(Louis Renou)와 안 마리 에눌(Anne-Marie Esnoul)에 따르면 기원전 6세기경이지만 역시 붓다 이전이다.[96]

이 여러 주장들 사이에는 제법 큰 차이가 있다. 그러나 제1그룹에 속하는 『우빠니샤드』들, 그 중에서도 특히 『브리하다란야까 우빠니샤드』와 『찬도기야 우빠니샤드』가 붓다 이전에 성립되었다는 사실에 대해서 모든 학자의 주장은 일치하고 있다. 이것을 좀 더 구체적으로 설명한 다모다르 꼬삼비에 의하면, "가장 오래된 『우빠니샤드』에는 불교 또는 반(反) 바라문적인 다른 종파들에 대한 어떠한 언급도 없다."는 것이다.[97]

제2그룹의 『우빠니샤드』들은 붓다와 동시대이거나 이것보다 조금 후에 성립되었다. 그 증거로서 폰 글라제나프는 제2그룹에 속하는 『까타 우빠니샤드』에서 볼 수 있는 '불교교리에 대한 논쟁'을 제시했다.[98] 그래서 그는 『까타 우빠니샤드』가 "기원전 5세기 이전에 성립되었을 수는 없다."고 생각했다.

제3그룹의 『우빠니샤드』는 '명백히 (초기) 불교 이후'의 것이다. 이

....
religieuses(I), p.254, 註34), 기원전 800-기원전 500년; Formichi(앞의 책, p.132), 기원전 8세기; J. Masui와 R. Daumal(앞의 논문, p.29); Grousset(앞의 책, p.6), 기원전 7세기 초; Lacombe(앞의 책, p.9 註4)는 가장 오래된 『우빠니샤드』(즉 14種) 가운데서 가장 연대가 낮은 두 개를 제외한 모든 『우빠니샤드』는 붓다 이전에 성립된 것이라고 보았다.

96 Renou, *L'Hindouisme*, Paris, 1974, p.8; 같은 저자, *L'Inde classique*(I), p.298(§588). Renou는 그의 책 *L'Hindouisme*(p.8)에서, "그렇지만, 이 문헌들이 준비된 (연대)는 (이보다) 훨씬 높이 올라간다."라 하고 있다. 그는 *Les littératures de l'Inde*(p.123)에서 그 연대를 기원전 8세기에서 기원전 7세기로 잡고 있다. Esnoul은 *L'Hindouisme, textes recueillis et présentés*의 p.45에서는 기원전 6세기라고 생각하고 있지만, p.41에서는 기원전 600년(기원전 7세기)까지 올라갈 수 있다는 것을 암시하고 있다.
97 Damodar D. Kosambi, 앞의 책, p.137.
98 Glasenapp, *Les littératures de l'Inde*, p.72; Silburn, *Instant et Cause*, p.177.

것은 르네 그루쎄(R. Grousset)와 올리비에 라꽁브(O. Lacombe)의 주장이다.[99] 안 마리 에눌은 이것을 '소승(小乘)불교 전성기'라고 보았다.[100]

이 연구에서는 윤회사상이 붓다 이전에 나타났다는 사실을 확인하는 것이 중요한 만큼 가장 오래된『우빠니샤드』들이 붓다 시대보다 앞서서 성립된 것이기만 하다면 정확한 성립 연대를 알지 못한다 해도 그다지 문제될 것이 없다. 위에서 본 것처럼 가장 오래된『우빠니샤드』들은 붓다 이전에 성립되었다는 것이 모든 학자의 일치된 주장이다. 더욱이 초기불교 경전에 나오는 윤회사상은 가장 오래된『우빠니샤드』에서 볼 수 있는 윤회사상보다 훨씬 발달되어 있다. 따라서 이 연구를 위해서는 주로 제1그룹의『우빠니샤드』들, 즉 붓다 이전의『우빠니샤드』를 사용할 것이다. 부득이한 경우에는 붓다와 동시대 또는 그보다 조금 후기의 것으로 생각되는 제2그룹의『우빠니샤드』들도 참고하게 될 것이다.

2) 윤회사상의 발상

『브라흐마나』에서 불투명하게 나타났던 '재생' 사상을 윤회사상의 싹[萌芽]이라고 생각할 수 있을까. 위에

---

[99] René Grousset, *Les philosophies indiennes*(I), p.6; O. Lacombe, 앞의 책, p.8 註4; P. Lebail, 앞의 책, p.38.
[100] A. -M. Esnoul, *L'Hindouisme*, p.45.

서 본 것처럼 이 주제에 대한 학자들의 견해는 다양하다. 그러나 가장 오래된『우빠니샤드』에서 윤회사상이 분명하게 그 모습을 나타내고 있다는 사실에 대해서는 의심의 여지가 없다. 그렇지만 그것은 새로운 사상으로서 아직 소수의 사람들에게만 알려져 있었다.

전통적인 교육에 자만하고 있던 젊은 바라문 슈웨따께뚜 아루네야(Śvetaketu Aruneya)는[101] 쁘라와하나 자이왈리(Pravāhana Jaivali) 왕으로부터 윤회문제에 관한 몇 가지 질문을 받았으나 아무 대답도 할 수 없었다.[102] 슈웨따께뚜는 그의 스승이자 아버지인 가우따마(Gautama)에게, "끄샤뜨리야 계급에 속하는 사람이 저에게 다섯 가지 질문을 했습니다. 그러나 저는 그 중에서 단 한 문제에 대해서도 답을 할 수 없었습니다."라고 하면서, 왕이 그에게 제기했던 문제들을 말했다. 유명한 바라문인 가우따마 역시 왕이 말한 그 질문들에 대해 아무것도 알 수 없었다. 그는 슈웨따께뚜에게, "나 역시 그 가운데 단 한 문제도 모르겠다. 내가 그 문제들에 대해 알고 있었다면 어떻게 너에게 그것을 가르쳐주지 않았겠느냐."라고 고백했다. 가우따마는 바라문 신분인데도 불구하고 '제자로서'[103] 쁘라와하나 자이왈리 왕에게 가서 왕이 그의 아들에게 제기했던 문제들에 대해 답을 구했다. 그러자 왕은 그에게 "이 지식(connaissance)은 (지금까지) 바라문들에게 전해지지 않았다."[104]라고 말하면서 그 문제들에 대해 가르쳐 주

....
101 그는 스승 밑에서 12년 동안 모든 베다를 공부했다. ChU, Ⅵ, 1, 2.
102 ChU, Ⅴ, 3, 1-5; BĀU, Ⅵ, 2, 1-3; *Kauṣītaki Upaniṣad*(이하 KauU), Ⅰ, 1.
103 BĀU, Ⅵ, 2, 4와 7; KauU, Ⅰ, 1.
104 ChU, Ⅴ, 3, 7; BĀU, Ⅵ, 2, 8.

었다. 당대의 가장 유명한 바라문 야쟈왈끼야는 위데하(Videha)의 자나까(Janaka) 왕이 제기한 여러 가지 질문에 대해 거침없이 답변을 했다. 그러나 질문이 윤회문제[105]에 이르자 그는 갑자기 '두려워하면서', "이 왕은 노련하다. 왕은 나에게서 모든 교리를 끄집어내었다."라고 생각했다. 그러나 왕이 그에게 1,000마리의 암소를 주겠다고 제의하자 결국 윤회의 비밀을 누설하고 말았다.[106]

다른 곳에서 야쟈왈끼야는 윤회라는 말과 거의 동의어인 까르만[107]에 대해 아르타바가(Arthabhāga) 바라문에게 설명해 주지 않을 수 없는 상황이 되자,[108] 대중들 앞에서 공개적으로 까르만에 대해 말하기를 난처해 했다. 그곳에 모인 사람들은 모두 유명한 바라문들이었다. 야쟈왈끼야는 아르타바가의 손을 잡고 외진 곳으로 가서 단 둘이서 까르만에 대해 이야기를 나누었다.[109]

정통 바라문 교육을 받은 가우따마와 그의 아들이[110] 윤회사상에 대해 모르고 있었다는 사실, 야쟈왈끼야가 자나까 왕에게 윤회에 대해 말하기를 주저했다는 사실, 그리고 동시대의 유명한 바라문 사상가들이 까르만을 알지 못하고 있었을 뿐 아니라 야쟈왈끼야가 그들

---

105 원문은 '윤회'가 아니고 '해탈(délivrance)'이지만 KauU, Ⅰ,1과 함께 생각하면 이렇게 표현할 수 있다: "Son of Gautama is there a conclusion (of transmigration) in the world in which you will put me?" *The thirteen principal Upanishads* by R. E. Hume, Oxford, 1968, p.302.
106 BĀU, Ⅳ, 3, 33; 同, Ⅳ, 3, 9-16; 同, Ⅳ, 4, 2-8 이하. Le roi m'a délogé de toutes mes doctrines.
107 Gonda(Jospin 佛譯), 앞의 책(Ⅰ), p.249.
108 BĀU, Ⅲ, 1, 1 이하.
109 BĀU, Ⅲ, 2, 13.
110 ChU, Ⅵ, 1, 1 이하.

앞에서 그것에 대해 말하기를 꺼려했다는 사실 등에서 무엇을 추측할 수 있겠는가. 윤회사상은 아직 극소수의 사람들에게만 알려져 있었을 뿐 아니라 전통적인 사상에 대한 위험 사상으로 여겨지고 있었다는 것을 알 수 있다.

인간의 운명이 의식(儀式)이나 제사에 의해서가 아니라 오직 자신의 행위인 '까르만(행위)'에 의해서 결정된다고 하는 사상은 정통사상에 대한 큰 도전이 아닐 수 없다. 따라서 그것은 위험한 사상이었을 것이다. 이와 같은 이유로 윤회사상은 정통사상가들 가운데에서 나올 수는 없었다고 해야 할 것이다. 이에 대해 카를로 포르미끼(Carlo Formichi)는 "문헌들은 윤회사상의 기원이 명백하게 끄샤뜨리야 계급에서 나왔다는 것을 입증해주고 있다."[111]라고 말하면서, 쁘라와하나 왕이 "(윤회에 대한) 이 지식은 (지금까지) 바라문들에게 전해지지 않았다."라고 했던 말을 증거로 제시했다. 그렇지만 이 문제에 대해 좀 더 주의를 기울인다면 포르미끼의 이 주장은 사실과 다소 다르다는 것을 알 수 있다.

아래에서 자세하게 보게 되겠지만 가장 오래된 『우빠니샤드』에서 윤회의 비밀을 누설한 두 사람 가운데서 한 사람은 사실 끄샤뜨리야 계급 출신이다. 그러나 다른 한 사람은 바라문 계급에 속한 사람이다. 첫 번째 경우는 한 끄샤뜨리야(쁘라와하나 왕)가 윤회사상을 한 바라문(가우따마)에게 가르쳐 주었고,[112] 두 번째 경우는 한 바라문(야자왈

---

111 Formichi, 앞의 책, p.192. ChU, V, 3,7; BĀU, Ⅵ, 2, 8.
112 BĀU, Ⅵ, 2, 1-8 이하; ChU, V, 3, 1-7; KauU, Ⅰ, 1.

끼야)이 그것을 끄샤뜨리야(자나까 왕)에게 가르쳐 주었다. 게다가 그는 처음으로 까르만뿐 아니라 까르만설(說)을 갖춘 거의 완성된 윤회설을 말했다.[113]

이와 같은 사실은 윤회사상이 어느 한 계층만의 독점적인 사상이 아니었다는 것을 알게 한다. 야쟈왈끼야가 그 당시의 전통적인 종교에 대해 개혁적인 경향을 가진 바라문이었다는 것을 생각한다면 윤회사상은 그 시대의 몇몇 진보적인 탐구자들로부터 나와서 점차로 발전한 것이라고 말할 수 있을 것이다.[114]

윤회에 대한 발상(發想)은 어떻게 시작이 된 것일까. 어디로부터 또는 어떻게 해서 『우빠니샤드』의 사상가들이 윤회에 대한 생각을 하게 되었을까. 『브라흐마나』에서 겨우 윤곽이 잡힌 '재생사상'을 계승해서 발전시킨 것일까. 아니면 몇몇 학자들이 생각하고 있는 것처럼 토착인들의 원시신앙을 가지고 『우빠니샤드』의 사상가들이 나름대로 발전시킨 것일까.

윤회설이 맨 처음 분명하게 모습을 나타낸 가장 오래된 『우빠니샤드』에 의하면, 『브라흐마나』의 재생사상이 발달하고 거기에다 『우빠니샤드』 사상가들의 생각이 보태져서 이 사상이 이루어지게 되었을 것이라고 추측하게 된다. 쁘라와하나 자이왈리 왕이 슈웨따께뚜 아

---

113 BĀU, IV, 3, 1-10 이하. 그리고 BĀU, III, 2, 13.
114 Glasenapp, La philosophie indienne, pp.87-89.

루네야 바라문에게 했던 질문에서 그것을 엿볼 수 있다.[115]

① 그대는 인간들이 이 세상을 떠나 어디로 가는지 아십니까.
② 그대는 그들이 어떻게 다시 이 세상에 돌아오는지 아십니까.
③ 그대는 신들의 (세계로 가는) 길과 조상들의 (세계로 가는) 길, 이 두 길이 어떻게 갈라지는지 아십니까.
④ 그대는 어떻게 저 세상이 가득차지 않는지 아십니까(BĀU: 이처럼 많은 사람들이 끊임없이 들어가는데도 어떻게 저 세상이 가득차지 않는지 그대는 아십니까).
⑤ 다섯 번째 공물(供物)을 올릴 때, 어떻게 물[水]이 사람의 말을 하게 되는지 그대는 아십니까.

이 질문들 가운데서 ①·②·④의 내용은 이전의 어느 때보다도 재생사상에 관심을 보이고 있다. 그 대신 ③과 ⑤의 질문들은 아직도 『브라흐마나』의 주제(主題)인 제사문제에 머물고 있다. 여기에서 알 수 있는 것은 『우빠니샤드』 사상가들이 지금까지와는 다른 설명들을 찾고 있지만 아직 『브라흐마나』의 사고 영역을 벗어나지 못하고 있다는 것이다. 이와 같은 사실로 미루어 보아 『우빠니샤드』의 내세(來世) 문제에 대한 탐구는 『브라흐마나』의 사상에서 완전히 벗어난 것이 아니라 그것을 계승해서 발전시킨 것이라고 생각된다.

....
115 ChU, V, 3, 2-3; BĀU, VI, 2, 2; KauU, I, 1.

또 한 가지 주목해야 할 사실은 『우빠니샤드』의 윤회와 까르만[業]에 대한 설명과 비유들이 자연현상의 관찰에서 나온 것이라는 점이다.[116] 『찬도기야 우빠니샤드』에 의하면[117] 사람이 죽어 화장을 하면 사자(死者)는 연기가 되어 달[月]에 올라갔다가 비가 되어 지상으로 다시 돌아와서 쌀과 보리 등의 곡식이 되고, 그것은 남자에게 먹힌 뒤 정액(精液)이 되어 여자에게 주어져 다시 태어나게 된다는 것이다. 이것은 『샤따빠타 브라흐마나』의 저자들이 자연현상을 보고 생각한 것을 거의 그대로 옮긴 것처럼 보인다. "비가 오면 (땅에서) 식물이 돋아난다. (짐승들이) 그 식물을 먹고 물을 마시면 즙(汁, nutritif)이 나온다. 이 즙에서 정액(精液)이 나오고, 이 정액에서 (다시) 짐승들이 나온다."[118]

역시 『브리하다란야까 우빠니샤드』는 아뜨만이 어떻게 윤회하는가를 설명하기 위해 한 마리의 풀벌레가 한 풀잎 위에서 다른 풀잎으로 옮겨 가는 모습을 비유로 들고 있다.[119] 같은 『우빠니샤드』는 까르만을 조각가가 새로운 상(像)을 만들기 위해 사용하는 재료에 비유한다.[120]

이와 같은 모든 사실에는 애니미즘과 같은 원시종교에서 볼 수 있는 신비적이고 모호한 것은 아무 것도 없다. 지금까지 보아온 문헌들 속에서 윤회와 관계된 모든 질문은 "(인간이) 죽은 후에 어떻게 되는가."라는 것이었다. 쁘라와하나 왕이 젊은 바라문 슈웨따께뚜에게

....
116 BĀU, Ⅵ, 2, 15; ChU, Ⅴ, 10, 3 이하; KauU, Ⅰ, 2.
117 ChU, Ⅴ, 10, 6.
118 *Śatapatha Brāhmaṇa*, Ⅲ, 7, 4, 4.
119 BĀU, Ⅳ, 4, 3.
120 BĀU, Ⅳ, 4, 4.

한 질문도, 아르따바가가 야쟈왈끼야에게 한 질문도, 역시 자나까 왕이 야쟈왈끼야에게 한 질문도 모두 같은 것이었다. 이와 같은 사실에서 윤회사상은 『우빠니샤드』 사상가들의 오랜 시간에 걸친 끈질기고도 집요한 탐구에서 나온 결과라는 것을 알 수 있다.

3) 윤회의 형태

가장 오래된 『우빠니샤드』에서 윤회에 대해 구체적으로 언급하고 있는 곳은 다음과 같다.

① 『브리하다란야까 우빠니샤드(Bṛhadāranyaka Upaniṣad, 이하 BĀU)』, VI, 2, 2와 16(A形)

② 『찬도기야 우빠니샤드(Chāndogya Upaniṣad, 이하 ChU)』, V, 10, 3-9

③ 『까우쉬따끼 우빠니샤드(Kauṣītaki Upaniṣad, 이하 KauU)』, I, 2

④ 『브리하다란야까 우빠니샤드』, IV, 4, 1-8(B形)

이 가운데서 ①·②·③의 내용은 거의 동일하다. 그러나 ④의 내용은 매우 다르다. ①·②·③에서는 질문의 시작에서부터 "인간들이 이 세상을 떠나서 어디로 가는가. 그들은 어떻게 다시 이 세상에 돌아오는가."[121]라는 말로써 바로 윤회문제로 들어간다. 그런데 ④에서

....
121 ChU, V, 3, 2; BĀU, Ⅵ, 2, 2; KauU, Ⅰ, 2.

는 먼저 아뜨만에 대해 말하면서 간접적으로 윤회문제에 접근한다.[122] 그리고 앞의 세 경우에는 까르만 사상이 개입되어 있지 않은 윤회인데, 네 번째 경우에는 까르만 사상이 결합되어 있는 윤회를 말하고 있다. 이 두 가지 윤회설은 상당히 다르다. 따라서 가장 오래된 『우빠니샤드』의 윤회설에는 두 가지 큰 흐름이 있다는 것을 알 수 있다. 편리상 앞의 세 자료에 나오는 윤회설을 'A형'이라 하고, 네 번째 자료에 나오는 윤회설을 'B형'이라 부르기로 한다.

(1) A형 윤회

『브리하다란야까 우빠니샤드』와 『찬도기야 우빠니샤드』의 내용은 거의 동일하다. 그러나 『까우쉬따끼 우빠니샤드』의 경우 전체적인 줄거리는 같지만 중간 과정에 대한 설명이 생략되었다.

　이 세 『우빠니샤드』에서 설명하고 있는 윤회의 내용은 다음과 같다.[123] 즉 윤회 세계에 들어가는 존재들은 마을에 사는 속인들로서 (신들에게) 제사를 지내고 공물(供物)을 올리고 보시행을 하는 사람들이다.[124] 죽은 뒤 화장을 하면, 그들은 (화장불의) "연기 속으로 들어간다. 그 연기에서 밤[夜]으로, 밤에서 어두운 15일[黑月, kṛṣṇakṣa, 보름 다음날부터 그믐날까지]로, 어두운 15일에서 태양이 남쪽을 향해 내려가는 여섯 달로 간다. 그들은 (여섯) 달로부터 조상들(mânes, fathers)의 세계로,

---

122　BĀU, Ⅳ, 3, 34; 同, Ⅳ, 4, 1 이하.
123　BĀU, Ⅵ, 2, 16; ChU, Ⅴ, 10, 3-4. KauU. Ⅰ, 2.
124　BĀU, Ⅵ, 2, 16; ChU, Ⅴ, 10, 3. BĀU는 보시 대신 고행(苦行, mortification)으로 되어 있다.

조상들의 세계[祖道]에서 (허공으로, 허공에서, ChU)[125] 소마(Soma)의 왕인 달[月]로 간다. 달에 도착하면 그들은 (신들의) 음식물이 된다. 거기에서 신들은 … 이 음식물을 먹는다. "그들[死者]은 (자신들이 행한 선행의, good works) 남은 것이 모두 고갈될 때까지 거기에 머문다(ChU)."[126]

이 단계가 끝나면 다시 지상으로 내려온다. "그들은 (달에서) 허공 속으로 되돌아간다. 그리고 허공에서 공기 속으로, 공기에서 비[雨] 속으로, 비에서 땅 속으로 되돌아간다. 땅에 되돌아가서 그들은 음식물이 된다."

『찬도기야 우빠니샤드』에서는 사자(死者)들이 달에 올라갈 때는 『브리하다란야까 우빠니샤드』에서 설명한 것과 거의 같은 '길[道]'을 따라 올라간다. 그러나 지상으로 되돌아오는 길은, "같은 길을 통해서 되돌아온다."라고 하면서도 실제로는 좀 다르다. "(달에서) 허공으로, 허공에서 바람 속으로 들어간다. 그들은 바람이 되었다가 연기가 된다(devenir, become). 연기가 되었다가 안개가 되고, 안개에서 구름이 된다. 그들은 구름에서 비가 되어 (땅 위에) 떨어진다. 그러면 (그들

---

125 ChU, Ⅴ, 10, 4. 이 부분은 BĀU에 없다. 여기서 허공은 '땅[大地]과 하늘[天] 사이의 공간'이다. 松濤誠達, 『ウパニシャドの哲人』, 東京, 1980, p.293.
126 이 구절은 ChU에만 있다. 이해하기 어렵다. Senart에 의하면 자신이 '끝까지'라고 번역한 sampata는 '나머지(reste)'라는 의미로서 교리적으로는 'karman의 나머지'로밖에 설명될 수 없다. 그러나 정황상 그렇게 단정할 수 없기 때문에 그는 'jusqu'au bout(끝까지)'라는 표현을 사용한다고 밝히면서, "그들은 그곳에서 끝까지 머문다."라고 번역했다(그의 책, p.68의 註2). 그러나 Hume(앞의 책, p.233)은 '(善行의) 나머지(residue [of their good works])'라고 생각했다. 이 내용은 Taittirīya Brāhmaṇa(Ⅲ, 10, 11, 2-3)의 내용과 유사하다. 死者들이 생전에 행한 제사 행위가 죽은 뒤에 신들의 음식물이 되는데, 死者들은 이 음식이 남아 있을 때까지만 신들과 함께 있다. 이 책 2장 2, 3) 참조.

은) 땅 위에 쌀·보리·풀[草]·나무·깨·콩(이 되어) 나타난다."[127]

이들이 재생하기 위해서는 다음 단계가 특히 어렵다. 『브리하다란야까 우빠니샤드』에서는 이 단계를 "그것(즉 死者들의 변신인 쌀과 보리 등의 음식물)은 남자에게 주어지고, 남자로부터 여자에게 주어져서 다시 태어난다. 이처럼 그들은 여러 거주처에 다시 올라가면서 계속해서 돌고 돈다."[128]라고 짧게 말하고 있다. 이것을 『찬도기야 우빠니샤드』는 좀 더 구체적으로 설명한다. "누군가(남자)가 (쌀과 보리 등을) 음식으로 먹고 (그것이 변해 만들어진) 정액(精液)을 (여자에게) 사정(射精)해 줌으로서 다시 삶으로 되돌아온다(revenir à la vie)."[129]

윤회설을 위해서 가장 중요한 요소인 까르만에 대해서는 A형 윤회와 관계된 자료 가운데 거의 언급이 없다. 『찬도기야 우빠니샤드』는 단지 한마디의 설명만을 주고 있을 뿐이다. "좋은 행동을 한 자들은 좋은 생(生)을 얻게 된다. 그들은 브라흐만·끄샤뜨리야·바이샤로 태어난다. 반대로 나쁜 행동을 한 자들은 나쁜 생을 받게 되는데, 개·돼지·천민(Caṇḍāla)으로 태어난다.[130]" 『까우쉬따끼 우빠니샤드』에서는 다른 설명 없이 두 문장으로 말하고 있다. "달[月]이 제기한 질

....
127 ChU, V, 10, 5-6. "그들은 연기·안개·구름이 된다(devenir)."를 松濤誠達은 "연기·안개의 모습을 취(取)해서 나타난다."라고 번역했다(그의 책, pp.292-293).
128 BĀU, VI, 2, 16.
129 ChU, V, 10, 6. R.E. Hume(p.233)과 松濤誠達(p.293)번역이 더 구체적이다. for only if some one or other eats him as food and emits him as semen, does he develop further. "음식을 남자가 먹어 그것이 정액이 되고, 그 정액을 여자에게 주어 사람으로 태어난다."는 내용은 5 제화설(五祭火說)에서 더욱 분명하게 설명되고 있다(BĀU, VI, 2, 12-13과 ChU, V, 7, 1-2와 8, 1-2).
130 ChU, V, 10, 7-9).

문에 합당한 대답을 하는 자는 누구나 (신들의 세계로 가게 되지만), 대답을 하지 못하는 자는 비가 되어(become rain) 아래로 내려온다. 그러면 그(들)은 각각 자신들의 업과 지혜에 따라 벌레·날벌레·물고기·새·사자·곰·뱀·호랑이·사람 등의 여러 가지 조건을 가진 다른 존재로 이 세상에 다시 태어난다."¹³¹

지금까지 추구한 것에서 다음과 같은 점들을 확인할 수 있다.

① A형 윤회에서는 아뜨만과 같은 불변적인 존재가 없다. 죽은 사람[死者]은 화장장의 연기 속으로 들어가서(entrer, pass) 밤·반달(15일)·6개월 등의 모호(模糊)한 (세계)를 거쳐 달에 도착한 다음 신들의 음식물이 되었다가 다시 지상으로 내려온다. 올라 갈 때와 달리 바람·연기·안개·구름·비가 된다(devenir, become). 비는 쌀·보리·콩 등의 음식물이 되고 이것들은 남자에게 먹혀져 정액으로 변하고 그것이 여자에게 주어져 다시 태어나게 된다. 이 과정에서 육체가 연기로 변할 때 아뜨만과 같은 정신적인 것이 연기 속에 들어가는가, 달에서 지상으로 내려오는 것은 신들이 먹고 남긴 부분인가, 신들은 물질적인 부분만 먹고 정신적인 부분을 남겨 두는가, 땅으로 내려올 때 그 정신적인 것이 구름과 비와 식물로 변하는가, 이와 같은 의문에 대해서는 약간의 암시조차 없다.

....
131 KauU, 1, 2. Hume, 앞의 책, p.303; 佐保田鶴治, 앞의 책, p.163.

② 반드시 달[月]에 올라갔다가 땅위에 내려오게 되는데, 그들이 거쳐야 하는 과정은 일괄적으로 정해진 것이다. 다른 길은 없다. 역시 달에 올라가기 위해서는 반드시 육체가 화장되어 연기로 변해야 한다.

③ 지상에 되돌아와서 식물이 되고,[132] 반드시 남자에게 먹혀야 하고, 그것이 정액으로 바뀌어야 한다. 여자와 다른 동물에게 먹힌 식물(즉 존재들)은 다시 태어날 수 없게 된다.

④ 새로운 삶의 결정은 까르만설과 같은 법칙에 의해서가 아니라 우연에 의해 이루어진다. 예를 들면 달에서 비[雨]가 되어 아래로 내려오다가 바다에 떨어진다면 식물이 될 기회를 잃어버리게 될 것이다. 설사 식물이 된다 해도 남자에게 먹힐 기회를 만나지 못하면 다시 태어날 수 없게 된다.

A형 윤회의 설명에는 윤회를 위해 필수적인 까르만에 대한 개념이 들어 있지 않다. 만약 A형 윤회설에 까르만설이 적용된다면 달에 올라갔다가 내려오는 길과 방법도 여러 가지가 있어야 할 것이고, 쌀·콩 등의 음식물이 될 때도 까르만의 법칙이 적용되어야 할 것이다. 어떤 비는 쌀이 되고 어떤 비는 콩이 되고 어떤 비는 나무가 되는 것처럼 구분되어야 할 것이다. A형 윤회에는 까르만의 개념과 그 역

....
132 BĀU와 ChU에서는 식물의 단계는 윤회에 있어서 반드시 거쳐야 하는 것으로 되어 있다. 그러나 KauU(5, 7)에서는 식물의 단계는 윤회의 세계로 되돌아올 수 없는 세계처럼 설명되고 있다. 즉 "어떤 존재들은 태(胎) 속에 들어가서 다시 태어나고, 어떤 존재들은 식물이 되어 버린다."라고 한다.

할이 끼어들 여지가 전혀 없는 것 같다.[133]

『찬도기야 우빠니샤드』와 『까우쉬따끼 우빠니샤드』에서 짧게 언급된 까르만설은 '존재가 어떻게 윤회하는가'를 설명하기 위한 것이라기보다는 과보에 대한 것으로서 권선징악적(勸善懲惡的)인 점에 초점이 맞추어진 것처럼 보인다.[134]

(2) B형 윤회

B형 윤회는 다음과 같이 전개된다. '나이[年齡]나 병에 의해서' 육체가 실신상태에서처럼 넘어지면[135] "아뜨만은 눈이나 머리(정수리) 또는 몸의 다른 부분을 통해 (육체에서) 빠져나간다."[136] 이렇게 되면 육체는 "마치 뱀의 허물이 개미집 위에 (버려져) 누워 있는 것처럼"[137] 그렇게 누워 있게 된다. 모든 감각은 아뜨만과 함께 육체에서 빠져나가 그들의 근원으로 되돌아간다.[138] 즉 "목소리는 불[火] 속으로, 호흡은 공기 속으로, 눈(시각)은 태양 속으로, 정신은 달 속으로, 귀(청각)는 공중으로 되돌아간다.[139] 모든 감각 또는 그 기능을 잃어버린 아뜨만에게 마

---

133 Senart 번역의 ChU, pp.68-69, 註4에서는 'A형 윤회'의 문제점, 특히 까르만에 대해 언급하고 있다. Glasenapp(*La philosophie indienne*, p.42)에 의하면, "최고(最古)의 우빠니샤드기에는 아직 생물과 무생물에 대한 구별을 하지 못했다."는 것이다.
134 위의 註130–註131에서 그 출처와 註132 내용 참조할 것.
135 BĀU, Ⅳ, 3, 36과 同, 4, 1.
136 BĀU, Ⅳ, 4, 2.
137 BĀU, Ⅳ, 4, 7.
138 BĀU, Ⅳ, 4, 2.
139 BĀU, Ⅲ, 2, 13. 감각(기능)들이 원점으로 되돌아간다는 사상은 베다 시대와 브라흐마나 시대에 이미 존재했다(*Ṛgveda*, Ⅹ, 16, 3; *Śatapatha Brāhmaṇa*, Ⅹ, 3, 3 ,8). Oltramare, 앞의 책(Ⅰ), pp.50-51.

지막으로 남는 것은 생전에 지었던 까르만뿐이다. 이 까르만은 아뜨만에 달라붙는다.[140] 그리고 새로운 생(生)을 위해 아뜨만을 조종한다.

까르만은 새로운 생을 위한 동력(動力)이고 재료이다. 새로운 생은 전적으로 까르만에 달려 있다. 좋은 까르만을 행하면 좋은 생(生)이 되고 나쁜 까르만을 행하면 나쁜 생이 된다.[141] 『브리하다란야까 우빠니샤드』는 이것을 간단하지만 명확하게 설명했다. "사람은 그의 행동(karman)에 따라, 그리고 그의 처신(處身)에 따라 그대로 된다. 착한 일을 하면 선인이 되고 악한 일을 하면 악인이 된다. 잘 처신하면 덕(德)이 있게 되고 나쁘게 처신하면 악하게 된다. … 사람은 그의 까르만에 따라 (그 결과를) 거둔다."[142]

아뜨만이 한 생에서 다른 생으로 옮겨 가는 것을 풀벌레가 풀잎[葉]에서 풀잎으로 옮겨 가는 비유로 설명하고 있다. "마치 풀벌레가 한 풀잎의 끝에 도달하면 몸을 움츠려 다시 (다른 잎으로) 나아가는 것처럼, 이 아뜨만도 몸을 흔들어 '죽은 육신(non-être)'을 버리고 (몸을) 움츠려 다시 (다른 몸으로) 나아간다."[143]

지금까지 추구한 'A형'과 'B형'의 윤회를 비교하면 다음과 같은 차이점이 있다.

....
140 BĀU, Ⅳ, 4, 2. É. Senart의 번역, BĀU의 p.79, 註2.
141 BĀU, Ⅲ, 2, 13.
142 BĀU, Ⅳ, 4, 5; ChU, Ⅴ, 10, 7.
143 BĀU, Ⅳ, 4, 3. '죽은 존재는 'non-être, 非存在'로 되어 있다. Senart(譯者)는 이것을 'ce qui n'existe pas'(존재하지 않는 것) 또는 avidyā(無明)라고 註를 달았다. BĀU, Ⅳ, 3, 36(떨어지는 망고 열매의 비유)과 BĀU, Ⅳ, 4, 4(예술가가 만든 像의 비유)에서 비슷한 내용의 비유를 들고 있다.

① A형에서 필수불가결한 요소였던 달[月]이나 식물과 같은 매개체는 B형에서는 필요하지 않다.

② A형에서는 윤회가 우연적인 요소에 의해서 이루어지게 되지만 B형에서는 까르만과 같은 보편적인 법칙에 의해서 진행된다.

③ A형에서는 윤회의 주체가 되는 아뜨만과 같은 존재가 없지만 B형에서는 그와 같은 존재가 있다.[144]

결론적으로 말하면 A형은 윤회설이라고 할 수 없는 내용이다. 윤회의 주체인 아뜨만도 그 동력인 까르만도 포함되지 않았다. 단지 '재생사상' 한 가지뿐이다. 게다가 이 사상도 『브라흐마나[梵書]』의 신과 제사의 영향권에 머물고 있는 것이다. 반면 B형은 윤회설에 필수적인 요소들인 아뜨만·까르만설과 재생사상을 모두 갖춘 것으로서 원초적인 상태이기는 하지만 '완전한 윤회설'이라고 할 수 있는 것이다.

오래된 『우빠니샤드』에서는 아직 윤회의 세계(gati)가 후기에 볼 수 있는 것과 같은 다양하고 구체적인 상태로 이루어지지 않았다. 초안이라고 할 수 있는 간단한 내용밖에 볼 수 없다. 『브리하다란야까 우빠니샤드』에 의하면 "3도(三道)가 있다. 인간의 도(인간의 세계), 조상의 도(조상의 세계, 祖道), 신의 도(신의 세계, 神道)가 그것이다."[145]라는 것이

---

144 이 책 2장, 3, 4), (1) 참조.
145 BĀU, Ⅰ, 5, 16.

다. 이 3도 가운데서 신도(神道)는 해탈의 세계와 같은 것이다.[146] 그러므로 2도(道)만 남아 있다. 그러나『찬도기야 우빠니샤드』는 여기에 두 개의 다른 세계를 보태고 있다. 즉 동물의 세계와 벌레의 세계이다.[147]

인간의 세계[人間道]에 태어나기 위해서는 선을 행해야 한다. 악을 행하면 동물의 세계에 태어나게 된다.[148] 벌레의 세계는 특별히 '제3의 길'이라 불린다.[149] 이 세계는 "기어 다니고 날아다니는 벌레들과 무는 벌레들의 세계이다."[150] 이곳에 떨어진 존재들은 윤회와 해탈의 길에서 제외된다. 즉 "이 두 길(윤회와 해탈)을 모르는 존재들"이다.[151] 그들은 "끝없이 (그런 상태로) 되돌아오도록 되어 있다." 그들은 "태어나라, 그리고 죽어라!"[152]라는 법칙만을 따른다. 이 세계는 윤회의 세계가 아니다. 따라서 오래된『우빠니샤드』에서 말하는 윤회에는 3개의 세계, 즉 동물의 세계, 인간의 세계, 조상의 세계가 있을 뿐이다. 제2기에 속하는『슈웨따슈와따라(Śvetāśvastara) 우빠니샤드』[153]에서는 이것을 한마디로 분명히 했다. "그(아뜨만)는 모든 형태, 즉 세 가지 특성을 받아 세 가지 길 즉 신의 길, 인간의 길, 동물의 길을[154] 따라간다. 호흡의 주인인 그(아뜨만)는 그 자신의 업에 따라 윤회한다."

....
146　ChU, Ⅴ, 10, 2.
147　ChU, Ⅴ, 10, 7과 8. 역시 KauU, Ⅰ, 2.
148　ChU, Ⅴ, 10, 7.
149　ChU, Ⅴ, 10, 8.
150　BĀU, Ⅵ, 2, 16.
151　BĀU, Ⅵ, 2, 16; ChU, Ⅴ, 10, 8.
152　ChU, Ⅴ, 10, 8.
153　Śvetāśvatara Upaniṣad(이하 ŚvU)(Aliette Silburn 譯), Ⅴ, 7, Paris, 1948.
154　위의 책, p.69의 註3.

4) 윤회의 구성요소

　　　　　　　　윤회설을 위해서는 재생사상이 핵심적인 요소이지만 이 외에도 없어서는 안 될 다른 요소들이 있다. 즉 아뜨만·까르만·브라흐만이다. 아뜨만은 윤회의 주체이고 까르만은 윤회를 하게 하는 동력이다. 그리고 브라흐만은 아뜨만이 궁극적으로 도달해야 할 목표이다.

(1) 아뜨만

『베다』의 아뜨만(Ātman)은 생(生)의 '호흡', 즉 '바람[風]'을 가리킨다. 그러나 이 '바람'은 신들의 호흡과 같은 '바람'이다.[155] 『브라흐마나』에서 아뜨만은 제사(祭祀) 또는 제사의 결과에서 생긴 존재를 의미했다. 왜냐하면 "제사는 살아 있는 모든 존재의 생존 조건이므로 그것을 모든 '존재의 영혼'으로서 아뜨만이라고 불렀다. 역시 "사람들이 올리는 제물(祭物)이 다른 세계에서 그들의 아뜨만이 되기 때문이었다."[156]

　『베다』와 『브라흐마나』에 의하면 아뜨만은 불변적인 존재가 아니다. 그것은 육체의 소멸과 함께 사라져 버리는 것이고,[157] 제사의 결과가 다하면 소멸되는 것이었다.[158] 그러나 『우빠니샤드』에서 말하는

155　*Ṛgveda*, VII, 87,2(Hoāng Sy Qūy, *Le moi qui me dépasse selon le Vedānta,* Saigon, 1971, p.22); *Ṛgveda*, X, 16, 3(J. Gonda, *Les religions de l'Inde*[1], Paris, 1962, p.242).
156　Oltramare, 앞의 책(I), p.50; Silburn, *Instant et cause,* pp.74-75; ŚB, XI, 2, 2, 5 이하; 同, XI, 1, 8, 6.
157　Gonda(Jospin 佛譯), 앞의 책(I), p.242. *Ṛgveda*(X, 16, 3): "아뜨만은 바람 속으로 사라진다."
158　Oltramare, 앞의 책, pp.50-53. 역시 Boyer, 앞의 논문, pp.475 이하 참조.

아뜨만은 다르다. 그것은 글자 그대로 어떤 것의 '자아(自我)'이다. 좀 더 정확히 말하면 실체적이고 영속적인 성질을 가진 '개체의 영혼(靈魂)'이다.[159]

가장 오래된 『우빠니샤드』에 의하면 아뜨만은 존재들의 내부에 있으면서 그들을 살도록 하는 존재이다. "그것에 의해서 모든 것은 산다. 그것은 유일한 실재(實在)다. 그것이 아뜨만이다."[160] "살아 있는 영혼에 의해 버려진 존재는 죽는다. (그러나) 영혼은 죽지 않는다. 모든 것이 사는 것은 이 미세한 본질에 의해서다. 그것은 유일한 실재다. 그것이 아뜨만이다."[161]

『우빠니샤드』의 사상가들은 아뜨만을 개체적인 영혼처럼 생각했지만 그것을 완전한 정신적인 존재로는 생각하지 않았다. 그들에 의하면 아뜨만은 어떤 크기를 가지고 있다. 『까타 우빠니샤드』에서는 아뜨만을 "엄지손가락만큼 크다."라고 표현하고 있다.[162] 『찬도기야 우빠니샤드』는 "이 영혼(ātman)은 쌀알보다도 밀알보다도 겨자씨보다도 좁쌀보다도 좁쌀의 눈(核)보다도 작다."라고 묘사했다.[163] 다른 『우빠니샤드』에서는 이보다 섬세한 존재로 나타내고 있다. "하나의 머리카락 끝을 100등분하고 다시 (그 가운데서 하나를) 100등분하면 이것이 아뜨만(âme individuelle)의 (크기)이다."[164]

....

159 Grousset, *Les philosophies indiennes*(I), p.10. Renou, *L'Inde classique*(1), p.340(§685).
160 ChU, Ⅵ, 8, 7; 역시 同, Ⅵ, 9, 3; 同 Ⅵ, 10, 3; 同, Ⅵ, 14, 3; 同, Ⅵ, 15, 3 참조.
161 ChU, Ⅵ, 11, 3.
162 *Kaṭha Upaniṣad*(이하, KaU) Ⅳ, 12와 Ⅵ, 17; ŚvU, Ⅲ, 13.
163 ChU, Ⅲ, 14, 3; BĀU, Ⅴ, 6, 1.
164 *Śvetāśvatara Upaniṣad*, Ⅴ, 9.

아뜨만은 크기를 가지고 있기 때문에 아뜨만이 들어가 있을 장소가 있어야 했다. 그래서 대부분의 『우빠니샤드』들은 "이 아뜨만은 (사람의) 심장 속에 들어 있다."[165]고 생각했다. 그러나 어떤 곳에서는 아뜨만은 "눈 속에 들어 있다,"[166] "몸 위에 올라타고 있다."고 설명하기도 했다.[167] 『브리하다란야까 우빠니샤드』에 의하면 사람이 살아 있는 동안에 아뜨만은 육체를 떠날 수 있다.[168] 잠잘 때 아뜨만은 육체에서 나와서 자신이 가고 싶은 곳으로 여기저기 돌아다닌다. 그러나 아뜨만은 끈에 묶여 있는 새처럼 '호흡에 묶여 있기 때문에' 육체로 되돌아와야 한다.[169] 사람이 마지막 숨을 거두려 할 때 아뜨만은 그의 까르만과 함께 육체를 떠난다.[170] 아뜨만이 육체를 떠날 때는 아무 곳으로나 나갈 수 없다. 왜냐하면 아뜨만은 크기를 가진 실체이기 때문이다. 그래서 그것은 '눈으로나, 머리로나[171] 육체의 어떤 다른 부분을 통해서' 나가야 한다.[172]

아뜨만이 어떤 크기를 가지고 있긴 하지만 아뜨만은 누구에게 붙잡히거나 파괴되거나 죽임을 당할 수 없다. 오래된 『우빠니샤드』들은 여러 곳에서 이 사실을 말하고 있다. "그것(ātman)은 파괴될 수 없

....
165 ChU, Ⅲ, 14, 3; 同, Ⅲ, 14, 4; 同, Ⅷ, 3, 3; 同, Ⅷ, 13, 3; KaU, Ⅵ,17.
166 ChU, Ⅳ, 14, 1; BĀU, Ⅱ, 3, 5.
167 BĀU, Ⅳ, 3, 35; KaU(Ⅲ, 3)는 육체는 수레[車]이고 아뜨만은 이 수레를 타고 있는 것에 비유했다. Renou(佛譯), p.13과 R. E. Hume, 앞의 책, p.351.
168 BĀU, Ⅳ, 3, 11-13.
169 ChU, Ⅵ, 8, 2.
170 BĀU, Ⅳ, 4, 2.
171 '머리'는 두개골의 봉합부분을 가리킨다. Taittirīya Upaniṣad, Ⅰ, 6, 1 참조.
172 BĀU, Ⅳ, 4, 2. 火葬를 할 때 육체가 반쯤 타면 육체에서 나올 수 없는 아뜨만을 강제로 끌어내기 위해 나무토막으로 두개골을 쳐서 깨뜨린다. Mémorial S. Lévi, p.36 참조.

다."¹⁷³ "아뜨만은 쳐서 죽이거나 불구(不具)로 만들 수 없다."¹⁷⁴ "이 아 뜨만은 불멸이다. 그것은 성질상 파괴될 수 없다."¹⁷⁵ "늙음도 죽음도 고통도 굶주림도 목마름도 모른다."¹⁷⁶ 아뜨만은 어떠한 것에 의해서도 영향을 받지 않는다. 비록 까르만이 아뜨만을 윤회하게 하지만 아뜨만의 성질을 바꿀 수는 없다. 『브리하다란야까 우빠니샤드』에 의하면 "아뜨만은 선행에 의해서 커지지도 않고 악행에 의해서 작아지지도 않는다. … 까르만은 아뜨만을 커지게 할 수도 없고 작아지게 할 수도 없다."¹⁷⁷ 아뜨만은 모든 것을 차단하는 제방(堤防)과 장벽처럼 생각된다. 그래서 "이 제방은 낮과 밤(시간)도 넘지 못한다. 늙음도, 죽음도, 고통도, 선행도, 악행도 그것을 넘지 못한다."¹⁷⁸

아뜨만은 개체의 영혼과 같은 것이지만 일반적인 의미의 영혼과는 다르다. 아뜨만 그 자체는 무엇을 볼 수도 말할 수도 들을 수도 생각할 수도 없다. 이와 같은 모든 기능을 가지고 있는 것은 아뜨만이 아니고 '감각들(sens)'이다.¹⁷⁹ 육체가 죽으면 감각들은 아뜨만과 헤어진다. "목소리는 불 속으로 들어가고, 호흡은 공기 속으로, 눈(시각)은 태양 속으로, 정신은 달[月] 속으로, 귀(청각)는 공간 속으로, 육체는 땅 속으로 들어간다."¹⁸⁰ (인간은) 여러 감각 기관의 기능 없이도 살 수

....
173 BĀU, Ⅲ, 9, 26; 同, Ⅳ, 4, 22; 同, Ⅳ, 5, 15.
174 ChU, Ⅷ, 10, 2와 4; KaU, 2, 19.
175 BĀU, Ⅳ, 5, 14; 역시 同, Ⅲ, 9, 26 참조.
176 ChU, Ⅷ, 1, 5; 同, Ⅷ, 7, 1과 3; 同, BĀU, Ⅲ, 6, 1.
177 BĀU, Ⅳ, 4, 22와 23.
178 ChU, Ⅷ, 4, 1.
179 BĀU, Ⅳ, 4, 1과 2. Senart(譯), BĀU의 p.79, 註2 참조.
180 BĀU, Ⅲ, 2, 13. 이와 같은 發想은 이미 Ṛgveda(X, 16, 3)에 있었다. 그것이 Śatapatha

있다는 사실을 장님·귀머거리·벙어리의 예를 들어 재미있게 설명해 놓은 곳도 있다.[181]

아뜨만은 어떠한 감각 기능도 가지고 있지 않지만 육체와 결합하면 감각의 지배 아래에 놓이게 된다. 『찬도기야 우빠니샤드』에 의하면, "아뜨만은 육체와 결합하면 쾌락과 고통의 지배 아래 놓이게 된다. 아뜨만이 육체와 합칠 때 쾌락과 고통에서 해방될 수 없다. 그러나 아뜨만이 육체를 벗어나면 쾌락도 고통도 그에게 영향을 미치지 못한다."[182]

지금까지 추구해 온 것을 요약하면 다음과 같다. 즉 아뜨만은 순수한 정신적인 존재가 아니다. 지극히 미세하지만 크기를 가지고 있다. 그래서 아뜨만은 심장(心臟) 속에 머물고 있다.[183] 역시 아뜨만은 육체적인 기능도 아니다.[184] 인간이 죽어 육체가 사라져 버린 뒤에도 아뜨만은 혼자 존재할 수 있다. 아뜨만은 물질적인 것도 아니다. 폰 글라제나프의 표현대로 그것은 '미세한 실체적인 어떤 것처럼' 생각된다.[185]

....

Brāhmaṇa(X, 154, 2)에서 더욱 발전했다. Oltramare, 앞의 책, pp.50-51. 특히 註2 참조.
181 BĀU, VI, 1, 7-13; ChU, V, 1. 6-15.
182 ChU, VIII, 12, 1.
183 위의 註163 참조.
184 Oltramare, 앞의 책(I), p.77.
185 Glasenapp, *La philosophie indienne*, p.43 : comme *quelque* chose d'une substance subtile. 역시 R. Grousset, *Les philosophies indiennes*(I), p.10 참조.

(2) 까르만

karman은 '하다, 완수하다, 생산하다, 준비하다, 만들다'라는 의미를 가진 'kr'가 어근으로, 일반적으로 '일·행동·행위' 등으로 번역된다.[186] 그러나 일반적으로 업(業)이라는 말로 나타낸다. 까르만의 개념은 그 근거가 간단하고 논리적이다. 즉 "자기가 행동하고 자기가 그 결과를 받는다[自業自得]."라는 것이다. 이것을 윤회설과 더불어 설명하면 이렇게 된다. "다음 생을 결정하는 까르만은 그 앞 생[前生]에서 지은 것이다. 현재의 생은 이전에 지은 까르만의 결과이고 동시에 어느 날 다시 태어날 (미래 생의) 상태를 결정한다."[187]

까르만(karman)사상은 재생신앙을 하나의 진정한 이론으로 만드는 데 결정적인 역할을 하게 되었다.[188] 까르만사상이 포함되지 않은 '재생신앙'은 애니미즘의 영역에 머물게 될 뿐 아니라 인도의 모든 종교와 철학의 바탕이 될 수 없다. 역시 까르만설 없이는 바르게 사는 사람들이 당하는 고통이나 이해할 수 없는 불행 또는 보상되어야 할 공덕 등을 설명하기는 어렵다.[189] 까르만 법칙 덕택으로 혼돈에서 질서가 나타나게 되었다. 실뱅 레비가 지적한 것처럼 "그것은 하나의 형식에 한없이 다양한 현상을 포섭했고 삶과 죽음의 비밀을 설명해 주었다. 그래서 행복과 불행은 더 이상 우연의 장난이 아닌 것으로

....

186 Renou, *Dictionnaire Sanskrit-Français*, p.180과 p.203.
187 Gonda(Jospin 佛譯), *Les religions de l'Inde*(1), p.250.
188 Renou, *L'Inde classique*(I), p.342(§689).
189 Gonda, 앞의 책(1), p.249.

되었다."¹⁹⁰

역시 인간이 이전에 지은 까르만을 소비하기 위해서는 '다시 태어나야 하므로' 윤회설의 존재이유가 굳어지게 되었다.¹⁹¹ "존재들이 윤회한다는 이 신앙은 까르만의 필연적인 귀결이다. 까르만이 그 결과[果報]를 갖도록 하기 위해서, 역시 까르만이 결과가 되도록 하기 위해서, 이 결과가 끼어들 수 있는 연속적인 생(生)을 인정해야 한다."¹⁹² 이와 같이 까르만설은 윤회설을 위해 없어서 안 될 필수적인 요소가 되었다. 그렇기 때문에 까르만이라는 말은 종종 윤회라는 말과 동의어로 사용되었다.¹⁹³ 까르만사상의 출현은 인도의 모든 종교와 철학을 크게 변화시켰을 뿐 아니라 그것은 그들의 중심 사상이 되었다.¹⁹⁴

까르만(karman)이라는 말은 『우빠니샤드』 이전에 이미 존재했다. 그러나 『베다』와 『브라흐마나』에서는 이것은 의식(儀式)행위 특히 제사를 가리켰다.¹⁹⁵ 오래된 『우빠니샤드』에서도 까르만은 여전히 『베다』와 『브라흐마나』에서와 같은 의미로 사용되었지만¹⁹⁶ 한편으로 '보편적

....
190 Lévi, *Mémorial S. Lévi*, pp.28-29.
191 Eliade, *Histoire des croyances*(I), p.253; Gonda, 앞의 책, pp.249-250; Renou, *La civilisation de l'Inde ancienne*, Paris, 1950, p.47.
192 Renou, *L'Inde classique*(I), p.558(§1147).
193 Gonda(Jospin 譯), *Les religions de l'Inde*(I), p.248.
194 Oltramare, 앞의 책(I), p.98; Renou, *L'Inde classique*(I), p.555(§1142).
195 Eliade, *Histoire des croyances*(I), p.252; L. Silbum, *Instant et cause*, p.54 이하; Renou, *L'Inde classique*(I), p.555(§1142); Renou, *Dictionnaire Sanskrit-Français*, p.180과 p.202; Lévi, *Mémorial S. Lévi* (*La transmigration des âmes dans les croyances hindoues*), pp.31-32.
196 ChU, Ⅶ, 3, 1; 同, Ⅶ, 4, 1; 同, Ⅷ, 1, 6; BĀU, Ⅰ, 5, 1; Senart 佛譯, BĀU의 p.92, 註1과 Formichi, 앞의 책, p.196 참조.

행위'를 나타내게 되었다. 특히 '윤리적인 행위'의 의미를 가지게 되었다.[197] 윤회설에서 필요한 것은 바로 이와 같은 까르만으로서 그것이 처음으로 모습을 나타낸 것은 『브리하다란야까 우빠니샤드』와 『찬도기야 우빠니샤드』에서이다. 대부분의 학자들은 이 사실에 동의한다.[198] 그런데 '까르만'이 어떻게 해서 '제사'라는 '특수행위'에서 '보편행위'를 의미하게 되었는지 확실하게 알 수 없다. 단지 몇몇 학자들의 주장에 의하면 "제사행위가 어떤 결과를 초래한다면 제사행위가 아닌 다른 행위들도 결과를 야기(惹起)할 수 있을 것"이라고 생각하게 되었다는 것이다.[199]

까르만에 대한 최초의 설명을 볼 수 있는 곳은 『브리하다란야까 우빠니샤드』 제3장 2의 13이다. 위데하(Videha) 국의 자나까(Janaka) 왕이 많은 바라문을 초청해 그의 궁전에서 큰 제사를 지낸 뒤 종교와 철학 문제에 대한 토론회를 개최했다.[200] 그 자리에서 자라뜨까라와 아르따바가(Jāratkārava Ārtabhāga) 바라문이 야쟈왈끼야(Yājñavalkya) 바라문에게 질문했다. "사람이 죽은 후 목소리는 불 속으로 들어가고, 호흡은 공기 속으로, 눈(시각)은 태양 속으로, 정신은 달[月] 속으로, 귀(청각)는 공간 속으로, 육체는 땅 속으로, 영혼(âme)은 허공 속으

---

[197] Formichi, 앞의 책, p.196; Renou, *L'Inde classique*(I), p.342(§689).
[198] 몇 학자를 들어보면, Glasenapp, *La philosophie indienne*, pp.40-41; Silburn, 앞의 책, p.119; Gonda, 앞의 책(I), p.228; Formichi, 앞의 책, p.159와 p.191; Renou, *L'Inde classique*(I), p.342(§689).
[199] Mircea Eliade, *Histoire des croyances*(I), p.252; 역시 S. Lévi, *Mémorial S. Lévi*, p.31과 H. von Glasenapp, *Brahma et Bouddha*, p.84.
[200] *Bṛhadāraṇyaka Upaniṣad*, 3장(1-9편) 전체를 통해 9명의 바라문들이 많은 주제를 가지고 열띤 토론을 벌였다. M. Senart 譯, pp.41-64

로, 머리털[頭髮]은 풀[草] 속으로, 몸털[體毛]은 나무[樹木]속으로 들어가고, 혈액과 정액(精液)은 물속에 가라앉는다. 그때 이 사람은 어떻게 되는가." 야쟈왈끼야는 이 질문에 대해 대중 앞에서 공개적으로 대답하기를 꺼려했다. 다른 바라문들이 혼란스러워할 것을 우려했던 것이다. 그는 아르따바가에게 아무도 없는 곳으로 가서 그들끼리만 이야기하자고 요청했다. "친구 아르따바가여, 내 손을 잡으시오. 이것에 대해서는 우리 두 사람만 알아야 합니다. 우리는 그것을 공개적으로 말해서는 안 됩니다." 야쟈왈끼야는 외진 곳으로 가서 아르따바가에게 말했다. "선업(善業)에 의해 선인이 되고 악업(惡業)에 의해 악인이 된다."[201] 이 한마디가 전부였다.

사실 여기에서 까르만이라는 말이 '제사행위'라는 특수행위를 의미하는 대신 '보편적 행위'를 나타내고 있는 것을 볼 수 있다. 얀 곤다(J. Gonda)가 말한 것처럼 까르만의 이 새로운 의미와 함께 "인간의 미래가 주문이나 주술적인 의식 또는 제사나 어떤 전능한 존재에게 달려 있는 것이 아니라 인간 자신의 행위(karman)에 의해서 좌우된다."[202]고 생각할 수 있게 되었다.

그러나 이와 같은 짧은 설명만으로는 까르만의 기본원칙은 알 수 있지만 그 내용에 대해서는 거의 알 수 없다. 야쟈왈끼야는 다른 기회에 좀 더 구체적인 설명을 했다. "사람은 그의 행동(karman)에 따라, 그리고 그의 처신(處身)에 따라 그대로 된다. 선을 행하는 사람은

---

201 BĀU, Ⅲ, 2, 13: On devient bon par l'action bonne, mauvais par l'action mauvaise.
202 Gonda, *Les religions de l'Inde*(I), p.248.

선하게 되고 악을 행하는 사람은 악하게 된다. 잘 처신하면 덕(德)이 있게 되고 나쁘게 처신하면 악하게 된다. … 사람은 그의 까르만에 따라 (그 결과를) 거둔다."[203] 가장 오래된 『우빠니샤드』에 나오는 까르만에 대한 설명은 이것이 전부다. 제2기에 속하는 자료들 가운데 『슈웨따슈와따라 우빠니샤드』도 간단한 내용을 말하고 있을 뿐이다. "숨[呼吸, souffles]의 지배자인 그(아뜨만)는 자신의 까르만에 의해 윤회한다." "여러 상황에서 아뜨만은 그의 까르만(ses actes)에 일치하는 형태들을 차례차례로 취한다."[204]

이 설명들만으로 까르만의 일반원칙인 '심은 대로 거둔다.'라든지, "모든 것은 까르만에 의해서 결정된다."라는 것은 짐작할 수 있지만 이 대원칙 외에는 거의 알 수 없다. 가장 오래된 『우빠니샤드』는 무엇이 좋은 까르만이고 무엇이 나쁜 까르만인지, 어떤 까르만을 지으면 어떤 과보를 받게 되는지 등에 대해서는 명확하게 말하지 않았다.[205] 후기 인도의 문헌들 특히 불교경전과[206] 『마누(Manu) 법전』[207]에서 볼 수 있는 까르만설[業說]과는 비교도 할 수 없을 정도이다. 이것은 새로운 사상이기 때문에 원칙만 발견되었을 뿐 아직 자세한 내용은 찾지 못했기 때문일 것이다.

----

203 BĀU, Ⅳ, 4, 5; ChU, Ⅴ, 10, 7.
204 Śvetāśvatara Upaniṣad, Ⅴ, 7과 11-12. Kauṣitaky Upaniṣad, Ⅰ, 2.
205 ChU에서 이 문제와 관계된 약간의 내용을 볼 수 있다. 예를 들면 ChU, Ⅴ, 10, 9; 同, Ⅴ, 11, 5; 同, Ⅵ, 15, 2와 3. 그러나 이것만으로는 보편적인 원칙을 말할 수 없다.
206 이 책 3장, 3, 4) 참조.
207 Loi de Manou(A. Loiseleur Deslongchamps 佛譯), Paris, 1976, pp.356-372.

(3) 브라흐만[208]

아뜨만[我]이 개체적인 영혼이라면 브라흐만[梵]은 우주적인 영혼이다.[209] 브라흐만은 "태초에 혼자 존재했던 최초의 원리이고 모든 현상 속에 내재한 유일한 실체(實體)이다. 또한 경험적인 현실세계를 유지하는 힘이고 모든 것, 존재하는 것, 유일한 실재(Seul-Réel)이고 변하는 모든 것 가운데서 변하지 않는 근본"이다.[210]

이와 같은 개념은 베다 시대의 사상가들에게는 아직 완전하게 인식되지 못했다. 그래서 그들은 브라흐만을 여러 가지 이름으로 불렀다. 때로는 '모든 것을 만든 자(Viśvakarman)' 또는 '만물의 주인 (Prajāpati)', 때로는 '일자(—者, Ekam)' 혹은 '그것(Tad)'이라고도 했다.[211]

제사(祭祀)가 중심이 되었던 브라흐마나 시대에는 베다의 문구·찬송·기도문 등에 신비로운 힘[力]이 있다고 믿고 제사의식(祭祀儀式)을 통해 그 힘을 나타내려고 했다. 베다에 대한 지식을 가지고 제사의식을 행할 수 있는 승려[祭官]들은 그 힘을 사용해서 신(神)들을 부릴 수 있었다.[212] '브라흐만'이라는 말은 기도문과 제사의식, 그리고 제사를 집행하는 제관(祭官)을 가리키는 이름이었다.[213] 역시 브라흐만은

....
208 'Brahman'이라는 말은 '견고하다, 확고하다, 굳세다, 확립하다, 받치다' 등의 의미를 가진 'bṛh'가 어근이다. J. Gonda, 앞의 책(I), p.46의 註1; Renou, *Dictionaire Sanskrit-Français*, p.516.
209 Renou, *L'Inde classique*(I), p.340(§685); Hoāng Sy Qūy, 앞의 책, p.71.
210 J. Gonda, 앞의 책(I), p.238.
211 Oltramare, 앞의 책, p.7. *Ṛgveda*, X, 81, 82(Viśvakarman); 同, X, 121(Prajāpati,); 同, I, 164, 6((Ekam); 同, X, 129(Tad).
212 Otto Hermann Straus(湯田豊譯), 『インド哲學』, 東京, 1987, pp.38-39.
213 Hoāng Sy Qūy, *Le moi qui me dépasse selon le Vedānta*, p.72; 高崎直道, 『古ウパニシャッドのアートマン觀』(中村元 編, 『自我と無我』, pp.177-78).

"모든 존재의 바탕이고 우주를 유지하는 신비한 힘이라고 생각되었다."[214]

우빠니샤드 시대에 들어와서 철학이 제사를 대신하면서 브라흐만[梵]은 아뜨만[我]과 함께 가장 중요한 두 주제 가운데 하나가 되었다. 이것에 다양한 이름과 설명이 주어졌다. 때로는 '허공'이라고 불렸다. "왜냐하면 모든 존재가 허공에서 나왔다가 다시 허공으로 되돌아가기 (때문이다)."[215] 호흡이라는 이름이 주어지기도 했다. "이 세상의 모든 존재는 호흡과 함께 삶 속으로 들어왔다가 호흡과 함께 삶을 떠나기 (때문이다)."[216] 또한 음식물이라고 불리기도 했다. "존재들은 음식물로부터 태어나서 음식물에 의해서 살다가 죽으면 다시 음식물 속으로 들어가기 (때문이다)."[217]

『우빠니샤드』의 사상가들은 모든 존재가 '그것'에서 나와서 '그것' 덕택으로 살다가 죽은 후에 '그것'으로 되돌아가는 '어떤 것'에 '브라흐만'이라는 이름을 주려고 했다. 이것을 『문다까 우빠니샤드』는 비유로써 설명했다. "거미가 거미줄을 토하고 그것을 다시 삼키는 것 같이, … 불멸의 존재(브라흐만)로부터 이 세상의 모든 것이 나왔다가 (그것에 되돌아간다).""거세게 타오르는 불에서 수많은 불티가 분출(噴出)하는 것 같이 브라흐만(Imperishable)으로부터 온갖 존재가 나왔다가 역시

---

214 ŚB, Ⅵ, 1, 1, 8; Hoāng Sy Qūy, 위의 책, p.72; J. Gonda, 앞의 책(I), p.46.
215 ChU, Ⅰ, 9, 1.
216 ChU, Ⅰ, 11, 5. 역시 Ⅳ, 10, 5; *Taittirīya Upaniṣad*, Ⅲ, 3 참조.
217 *Taittirīya Upaniṣad*, Ⅲ, 2. 역시 Ⅱ, 2 참조 .

거기로 (되돌아)간다."²¹⁸

모든 것은 브라흐만에서 나왔으므로 브라흐만은 모든 것의 근원이다. 그리고 이 모든 것은 브라흐만 그 자체이기도 하다. 『찬도기야 우빠니샤드』가 "존재하는 모든 것은 브라흐만이다."²¹⁹라고 말한 것이 바로 이것을 나타낸다. 그렇지만 사실 모든 것 자체가 브라흐만이라고 할 수는 없다. 땅·물·바람 등 그것들 자체는 브라흐만이 아니다. 왜냐하면 브라흐만은 모든 것 속에서 그것의 본질로서 내재하고 있는 것일 뿐이기 때문이다. 존재들 그 자체의 겉모습이 그들의 본질은 아니다. '땅 속에 있으면서 땅과 다른 것, 땅은 그를 알지 못하지만 땅이 몸이고 그 내부에서 땅을 제어하고 있는 것', 그것이 바로 브라흐만(아뜨만)이다.²²⁰ 브라흐만은 모든 존재와 사물을 연결시켜 주고 그것들에 생명을 주고 그것들을 움직이게 하는 존재이다. 그래서 『브리하다란야까 우빠니샤드』는 브라흐만을, "이 세계와 다른 세계와 모든 것을 연결시키는 이 끈[絲]과 … 내부의 주재자(主宰者, 즉 아뜨만)"라고 했다.²²¹

브라흐만이 존재하지 않는다면 우주의 질서는 유지될 수 없다. 태양과 달은 운행을 멈추게 되고 하늘과 땅은 존재하지 못하게 된다. 역시 강조차 흐를 수 없게 된다. 『브리하다란야까 우빠니샤드』의 설명에 의하면 "이 불멸적인 존재(Impérissable)의 명령에 의해 해와 달

---
218 *Muṇḍaka Upaniṣad*, Ⅰ, 1, 7; 同, Ⅱ, 1, 1(Hume, 앞의 책, p.367과 p.370); 같은 비유를 BĀU(Ⅱ, 1, 20)에서도 볼 수 있다. Oltramare, 앞의 책(1), pp.74-75.
219 ChU, Ⅲ, 14, 1.
220 BĀU, Ⅲ, 7, 3 이하. 계속해서 물·불 등 스무 가지를 똑같은 식으로 설명한다. 원문에는 아뜨만으로 되어 있지만 내용상 '브라흐만'으로 바꾸었다.
221 BĀU, Ⅲ, 7, 1.

은 나누어져 있고, 하늘과 땅도 나누어져 있다. 이 불멸적인 존재의 명령에 의해 순간(瞬間)과 시간, 낮과 밤, 반 달[半月]과 한 달, 계절과 해[年]가 나누어져 있다. (역시) 이 불멸적인 존재의 명령에 의해 어떤 강들은 설산(雪山, 히말라야)에서 동쪽을 향해 흐르고, 어떤 강들은 서쪽을 향해 흐른다."²²²

『우빠니샤드』의 사상가들은 브라흐만을 정의하는 데 열중했지만 궁극적으로 그것은 정의(定義)될 수 없는 것이라 생각했다. 그래서 "아니다, 아니다(neti, neti)."와 같이 부정사(否定詞)를 되풀이해서 그것을 설명하기도 했다.²²³ 야쟈왈끼야가 가르기(Gārgī, 여성 철학자)에게 설명한 것이 그 예이다. "가르기여, 사실 바라문들은 이 불멸적인 것(브라흐만)에 대해 이렇게 말한다. 그것은 거칠지도 섬세하지도 않다(ni), 짧지도 길지도 않다(ni), 불꽃(flamme)도 아니고 액체도 아니다, 색깔이 있는 것도 아니고(ni coloré) 어두운 것도 아니다, 공기도 아니고 허공도 아니다, 달라붙는 것(adhérent)도 아니다, 맛도 없고(sans) 냄새도 없다. 눈도 없고 귀도 없다, 목소리(voix)도 없고 지각(知覺, perception)도 없다. 열(熱)도 없고 호흡도 없고 입[口]도 없다. 완전히 불가측(不可測, échappant à toute mesure)적이고, 안쪽(내부)도 없고 바깥쪽(외부)도 없다. 그것은 (아무것도) 먹지 않고 (누구에게) 먹히지도 않는다."²²⁴

....
222 BĀU, Ⅲ, 8, 9. 佛譯(Senart, 앞의 책 p.55)과 英譯(Hume, 앞의 책, pp.118-119). 服部正明의 日譯을 취했음. 『世界の名著(1)』, 東京, 1981, p.74.
223 BĀU, Ⅲ, 4, 2; 同, Ⅳ, 2, 4; KaU, Ⅵ, 13.
224 BĀU, Ⅲ, 8, 8; *Maitry Upaniṣad*(Ⅵ, 17)에서도 거의 비슷한 설명을 하고 있다.

5) 해탈

윤회에서 벗어난 궁극의 경지를 나타내기 위해 해방(mukti), 독립(kaivalya), 최고의 행복(nishshareyasa) 등과 같은 표현이 사용되었지만 가장 자주 쓰인 단어가 '해탈'이었다.[225] 해탈(解脫) 즉 'mokṣa'라는 말은 '놓아주다, 해방하다, …에서 벗어나다'라는 의미를 가진 'muc'를 어근으로 한다.[226]

『베다』에서는 해탈이란 '일찍 죽지 않는 것'을 가리켰다. 그것은 지상에서 100년을 사는 것이었다. 『브라흐마나』에서 말하는 해탈이란 '저승에서 다시 죽지 않는 것', 달리 표현하면 '신들의 세계에 들어가는 것'이었다.[227] 그것은 제사를 지냄으로써 얻을 수 있었다.

『우빠니샤드』에서는 윤회사상의 출현과 함께 해탈의 의미가 바뀌었다. 해탈이란 '윤회의 굴레로부터의 해방'을 의미하게 되었다.[228] 이제 해탈을 위한 제사(祭祀)는 효력을 잃어버렸다. 그것은 오히려 해탈을 방해하는 한 원인이 되었다.[229] 그러나 우빠니샤드 시대는 아직 브라흐마나 시대의 절대적 권위였던 제사의식의 영향권에서 완전히 벗어나지 못했을 뿐 아니라 새로운 사상인 까르만·윤회사상도 겨우 그

....

225 Herbert, *Spiritualité hindoue*(Paris, 1972), p.127.
226 Renou, *Dictionnaire Sanskrit-Français*, p.570과 p.577; A. -M. Esnoul, *L'Hindouisme*, p.675.
227 이 책 2장, 2, 3) 참조. 역시 Boyer, 앞의 논문, pp.456-457과 Oltramare, 앞의 책, pp.57-58 참조.
228 Esnoul, 앞의 책, p.675; Grousset, *Les philosophies indiennes*(I), p.8.
229 BĀU, Ⅰ, 4, 15; 同, Ⅲ, 8, 10; ChU, Ⅷ, 1, 6; ChU, Ⅱ, 23, 1과 2, 특히 Senart 번역, ChU의 p.28, 註3 참조. J. Gonda(Jospin 佛譯), 앞의 책(I), pp.239-240; 이 책 2장, 2, 2) 와 3) 참조.

모습을 드러내던 시기였다. 그래서 『우빠니샤드』에서는 두 종류의 해탈을 볼 수 있다. 브라흐마나 기의 제사신앙을 바탕으로 한 해탈과 새로운 사상인 까르만과 윤회설이 결부된 해탈이다. 이들 해탈은 구원을 위한 새로운 경지로서 개체적 영혼인 아뜨만과 우주적 영혼인 브라흐만의 만남 또는 두 실체의 결합을 의미한다. 이것이 범아일여(梵我一如)이다. 학자들의 정의처럼, "『우파니샤드』는 아뜨만과 브라흐만(brahman)의 융합이 구원 또는 해방, 즉 해탈을 이루는 것"이다.[230] 편리상 '제사신앙을 바탕으로 한 해탈'을 'A형 해탈', '까르만과 윤회설이 갖추어진 해탈'을 'B형 해탈'이라 부르기로 한다.

(1) A형 해탈

'A형 해탈'은 『브리하다란야까 우빠니샤드』와 『찬도기야 우빠니샤드』 그리고 『까우쉬따끼 우빠니샤드』에서 볼 수 있다.[231] 앞의 두 자료에 나오는 내용은 거의 동일하고 매우 간단하다. 이와 반대로 『까우쉬따끼 우빠니샤드』의 내용은 구체적이고 상당히 장황하다. 먼저 앞의 두 『우빠니샤드』의 설명을 일별하고 세 번째 자료는 따로 추구하기로 한다.

『브리하다란야까 우빠니샤드』와 『찬도기야 우빠니샤드』에 의하

---

230 M. Eliade, *Yoga, immortalité et liberté*, Paris, 1972, p.121 ; R. Grousset, *Les philosophies indiennes*(I) pp.8-10 참조 ; J. Gonda(Jospin 譯), 앞의 책, pp.241-242.
231 BĀU, V, 10, 1 ; 同, VI, 2, 15 ; ChU, IV, 15, 5 ; 同, V, 10, 1-2 ; KauU, I, 2-7.

면,[232] 가정생활을 하면서 5제화(五祭火), 즉 다섯 종류의 제삿불[233]의 가르침을 알고 있는 사람들이나 숲속에서 수행 생활을 하면서 '신앙은 진리(la foi est la vérité)'라는 것을[234] 알고 있는 사람들은 죽어서 (화장을 하면) 불꽃 속으로 들어가고, 불꽃에서 낮으로,[235] 낮에서 차츰 차고 있는 반달[半月]로, 반달에서 태양이 북쪽을 향해 떠오르는 여섯 달로, 여섯 달에서 신들의 세계(devaloka, 神道)[ChU. the year, 歲]로, 신들의 세계에서 태양으로, 태양에서(ChU. 달로, 달에서) 번개[雷] 지역(région des éclairs)으로 들어간다. 번개 지역에 도착하면 한 정신적인 존재(un être spirituel)가 나타나 그들을 브라흐만의 세계로 인도한다. 이 브라흐만의 세계에서 그들은 영원히 산다. 그들에게 (이 세상으로) 되돌아오는 일은 없다."[236] 『찬도기야 우빠니샤드』의 설명은 약간 다르다. "그(도착자)들을 브라흐만에게 인도한다. 이것은 신들의 길이고 브라흐만의 길이다. 그 길을 따라간 존재들은 인간의 소용돌이[輪廻]

....
232 BĀU, Ⅵ, 2, 14-15; ChU, Ⅳ, 15, 5; 服部正明, 『世界の名著[1](バラモン教典)』, 東京, 1981, p.110.
233 5제화(五祭火)란 天界를 제1제화(祭火, Agni), 뇌우(雷雨, Pājanya)를 제2제화, 그리고 땅·남자·여자를 제3, 제4, 제5제화로 해서 여기에 공물(供物)을 바치면서 제사를 지낸다. BĀU, Ⅵ, 2, 9-13; ChU, Ⅴ, 4의 1-9.
234 ChU, Ⅴ, 10, 1에서는 '고행은 신앙이다(la mortification vaut la foi)'라고 되어 있다. Senart, 앞의 책, p.67.
235 "불꽃 속으로 들어가고, 불꽃에서 낮으로, 15일로, 6개월로 들어간다."라는 표현은 이해하기 어렵다. 松濤誠達은 이것을 "불꽃의 모습을 취해서 나타나고, 낮의 모습을 취해서 나타나고 …." 등으로 번역했다. 『人類の知的遺産[2](ウパニシャドの哲人)』, 東京, 1980, p.292.
236 BĀU, Ⅵ, 2, 14-15: dans ces mondes de Brahman, ils habitent des lointains insondables. Pour eux, pas de retour ici-bas. 역시 同, Ⅴ, 10, 1. ChU, Ⅴ, 10, 1-2: 그는 그들을 브라흐만에게 인도한다. 이것은 神道의 길이다(Il les conduit à brahman. Tel est le chemin de la voie des dieux).

로 되돌아오지 않는다. 그들은 되돌아오지 않는다!"[237]

이 두 『우빠니샤드』의 설명을 한마디로 요약하면 해탈이란 간단하다. 가정생활을 하면서 다섯 가지 불[五祭火]에 대해 알고 있는 사람들 또는 '신앙이 진리'라는 사실을 알고 있는 숲속의 수행자[林棲者]들이 죽으면 특별한 어떤 의식도 없이 정해진 몇 개의 과정을 자동적으로 거친 뒤 브라흐만의 세계에 도착하게 된다. 그리고 거기에서 영원한 삶을 살게 된다. 즉 윤회에서 벗어나 해탈을 이루는 것이다.

이들 두 『우빠니샤드』의 경우와는 달리 『까우쉬따끼 우빠니샤드』의 내용은 매우 장황하고 난삽하다. 때문에 요약·정리하는 수밖에 없다. 위의 두 자료에서도 그랬던 것처럼 이곳에서도 죽은 존재가 달과 신의 세계로 옮겨 다닐 때 '개체의 영혼'인데도 아뜨만이라는 명칭은 사용되지 않는다. 단지 '사자(死者, défun)'라고 불렸다. 『까우쉬따끼 우빠니샤드』에서 윤회와 해탈의 '비밀'을 누설한 사람은 브라흐만 출신이 아니라 한 나라를 통치하는 왕이다. 아루니(Āruṇi) 바라문은 자신이 해결하지 못한 문제를 풀기 위해 찌뜨라 강갸야니(Citra Gāṅgyāyani) 왕의 제자가 되었다.[238] 왕은 아루니 바라문에게 해탈에 대해 이렇게 설명했다.

사자(死者)들은 모두 '천상세계의 문'[239]인 달[月]로 올라간다.

---
237 ChU, IV, 15, 5-6.
238 *Kauṣītaki Upaniṣad*(이하 KauU), Ⅰ, 1. 아루니 바라문은 入門[義式의 상징인 '장작을 가지고' 왕을 찾아가 제자로 받아 주기를 청했다.
239 KauU, Ⅰ, 2.

달은 그들에게 질문한다. 그의 질문에 대답을 하지 못하는 존재들은 윤회의 세계인 지상으로 내려가게 하고, 대답을 하는 존재들은 신들의 세계로 (올라)가게 한다.[240] 달은 사자에게 "너는 누구냐."라고 묻는다. 사자는 이렇게 대답해야 한다. "달에서 (나의) 정자(精子)가 만들어졌다. 그대가 '나'를 남자의 몸속에 넣었고, 남자를 개입시켜 '나'를 여자의 태(胎)에 넣었다. 이렇게 해서 나는 태어났다. 12개월 또는 13개월 [1년] 동안 (어머니의 태에서) 자랐고, 12부분 또는 13부분으로 이루어진 아버지 (몸속에서 정자상태로?)와 함께 있었다. … 그러므로 계절인 내가 불사(不死)를 얻도록 해다오. 이 진실에 의해 이 고행에 의해 나는 계절이고 계절의 아들이다. 나는 누구인가. 나는 그대이다."[241] 이 대답을 듣고 달은 그를 신들의 세계로 가게 해준다.

신들의 세계에 들어간 사자(死者)는 불의 신인 아그니(Agni, 火神)의 세계, 바람의 신인 와유(Vāyu)의 세계(風神界), 물의 신인 와루나(Varuṇa, 水神)의 세계, 우레의 신인 인드라(Indra, 帝釋天)의 세계, 창조주인 쁘라자빠띠(Prajāpati, 生主神)의 세계를 거쳐 마지막으로 브라흐만 신[梵神]의 세계에 도착한다. 브라흐만[神]은

---

240 KauU, Ⅰ, 2. A형 윤회 참조. 이 책 2장, 3, 3), (1).
241 이 부분은 이해하기 어렵다. 내가 사용하고 있는 4종 번역본은 서로 차이가 심하다. 인용문은 나름대로 종합 정리한 것이다. L. Renou, KauU(Ⅰ, 2,) p.27, 1948, Paris: Je suis celui qui naît et qui renaît comme le douzième ou treizième mois du père aux douze ou treize parties. R. E. Hume, *The thirteen principal Upanishads*, pp.303-304; 佐保田鶴治,『ウパニシッド』, 東京, 1983, p.164; 松濤誠達,『人類の知的遺産[2](ウパニシッドの哲人)』, 東京, 1981, p.297.

(좌우에 있는 天女들에게) 말한다. "너희들은 빨리 그를 맞이하러 가도록 하라. … 그는 위자라(Vijarā) 강, 즉 '늙지 않는[不老] 강'에 도착했다. 그는 지금부터 늙지 않을 것이다."[242]

500명의 천녀(天女)들이 각 100명씩 과일·기름[塗油]·화환·의복·향가루[香粉]를 들고 그에게 간다. 그들은 브라흐만의 장신구(裝身具)를 가지고 그를 꾸민다. 브라흐만의 장신구로 꾸며지면 브라흐만을 알 수 있게 되고 그에게로 간다.[243] 그는 아라 호수를 건너고 예슈띠하(Yeṣṭiha, 時刻)를 거쳐 위자라 강을 건넌다. 거기에서 그는 생전에 지은 선업과 악업을 모두 버린다. 선업은 그의 사랑하는 친족들이 받고 악업은 그가 좋아하지 않는 친족들이 받는다.[244] 그는 낮과 밤(시간)을 내려다보고 또 선업과 악업과 일체의 상대적인 것을 내려다본다(즉 이것들의 영향권에서 벗어난다). 비유를 들면 수레를 타고 달리는 사람이 회전하는 두 개의 수레바퀴를 아래로 내려다보는 것과 같다. 그는 생전에 지은 선업과 악업을 완전히 모두 떠나 브라흐만을 알고 그에게로 간다.[245]

....
[242] 이 부분은 혼란스럽다. 틀림없이 원문이 난해한 것 같다. KauU, Ⅰ, 3. Hume, 앞의 책, p.304; 佐保田鶴治, 앞의 책, pp.164-165; 松濤誠達, 앞의 책, pp.297-298.
[243] KauU, Ⅰ, 3-4. 佐保田鶴治, 앞의 책, pp.164-165; 松濤誠達, 앞의 책, p.298; 앞의 책, p.304.
[244] 이와 같은 업(業)은 윤회설과 관계없는 것이다. 업은 다른 사람에게 줄 수 있는 선물과 같은 것이 아니다.
[245] KauU, Ⅰ, 4. 佐保田鶴治, 앞의 책, pp.164-165; 松濤誠達, 앞의 책, pp.298-99; Hume, 앞의 책, pp.304-305. 여기서 말하는 업-까르만은 祭祀의 결과를 말하는 것이라고 생각된다. 그것은 달에서 신들의 양식으로 사용된다.

사자(死者)는 마침내 아미따우자스(Amitaujas, 무한한 위력)라는 이름의 좌구(坐具, 의자)에 도착한다. 브라흐만[梵神]은 이 좌구에 앉아 있다. 사자는 먼저 한 발로 그 좌구 위에 올라간다. 그때 브라흐만이 "너는 누구인가."라고 묻는다. 사자는 이렇게 대답해야 한다. "나는 계절이다. 나는 계절의 아들이다. 나는 허공을 모태(母胎)로 하고 빛을 정액(精液)으로 하고 해[年, année]를 활력으로 해서 태어났다. 나는 각 존재의 자아(自我, Soi)이다. 그대 역시 각 존재의 자아이다. (그러므로) 그대는 (바로) 나이다." 브라흐만은 다시 그에게 "그러면 도대체 나는 누구인가."라고 묻는다. "실재(Réalité)이다."라고 대답해야 한다. "실재(實在)란 무엇인가."라고 다시 묻는다. 그[死者]는 이렇게 대답해야 한다. "그것은 신들(deva)과 다른 것, 호흡(prāṇa)과 다른 것이다. '그것'은 'sat(존재하는 것)'라 하고, '신들과 호흡'은 'tyam(그것)'[246]이라 한다. 한 마디로 하면 'satyam'이다. 이것은 존재하는 모든 것이다. 그대 역시 존재하는 모든 것이다."[247]

문답은 여기에서 끝나지 않는다. 브라흐만과 사자가 나눌 문답은 아직 열두 가지가 더 남아 있다. 브라흐만은 사자에게 묻는다. '너는 무엇으로 나의 남성명사(男性名詞)들을 얻는가.' 그는 '호흡으로 얻는다.'라고 답해야 한다. '너는 무엇으로 나

---

246 Renou에 의하면(그의 번역, KauU p.27, 註6), 'tyam'은 'tyad'의 '잘못된 형태'다.
247 KauU, Ⅰ, 5-6. 佐保田鶴治, 앞의 책, pp.166-167; 松濤誠達, 앞의 책, pp.300-301; Hume, 앞의 책, pp.305-306.

의 여성명사(女性名詞)들을 얻는가.' '말로 얻는다.' '너는 무엇으로 나의 중성명사(中性名詞)들을 얻는가.' '마음으로 얻는다.' '너는 무엇으로 냄새를 맡는가.' '코로 맡는다.' '너는 무엇으로 형상을 보는가.' '눈으로 본다.' '너는 무엇으로 소리를 듣는가.' '귀로 듣는다.' '너는 무엇으로 음식을 맛보는가.' '혀로 맛본다.' '너는 무엇으로 행동하는가.' '두 손으로 한다.' '너는 무엇으로 고락(苦樂)을 얻는가.' '몸으로 얻는다.' '너는 무엇으로 환희·애정(을 얻고) 생식(生殖)을 하는가.' '생식기로 한다.' '너는 무엇으로 걷는가.' '두 발로 걷는다.' '너는 무엇으로 사고·인식·욕망을 하는가.' '예지(叡智)로 한다.' 이 시험에 무사히 통과하면 브라흐만은 그에게 말한다. "(근본 요소인) 물[水]은 나의 세계(또는 領域)이다. (이제부터) 이것은 (모두) 너의 세계(또는 영역)이다."[248]

사자(死者)는 이렇게 해서 브라흐만과 똑같은 자리를 차지하게 된다. 그러나 여기서 사자(死者)는 브라흐만과 하나가 되는 것이 아니라 브라흐만의 세계에서 브라흐만과 동등한 자격으로 함께 '거주(居住)'하게 되는 것처럼 표현되고 있다. 브라흐만이 사자에게 "물[水]은 나의 세계(영역)이다. (이제부터) 이것은 (모두) 너의 세계(영역)이다."라고 말한 것은 그의 세계를 사자에게 넘겨주었다는 것이 아니다. 이것은 『브리

---

[248] KauU, Ⅰ, 5-6. 佐保田鶴治, 앞의 책, pp.167-168; 松濤誠達, 앞의 책, pp.301-303; Hume, 앞의 책, pp.306-307. Hume에 의하면(註2) "註釋書가 물(āpas)을 '근본 요소(the primary elements)'의 의미로 설명한다."는 것이다. 中村元, 『佛教語大辭典』, p.803.

하다란야까 우빠니샤드』에서 "(너는) 저 세상으로 되돌아가는 일이 없다."[249]라고 한 것과 같은 의미로서 윤회에서 벗어나 해탈을 성취한 것이라고 이해된다.

'A형 해탈'을 성취하기 위한 유일한 조건은 달[月]과 브라흐만[神]이 제기한 질문에 정확하게 대답하는 것이다. 질문들은 어렵거나 모호한 것은 거의 없다. 대부분 분명한 내용들이다. 이 해탈에서 까르만은 전혀 문제가 되지 않는다. 브라흐만과 사자(死者)는 우주적 영혼도 개체적 영혼도 아니다. 두 존재는 모두 인간의 모습을 하고 있다. 의자에 마주 (앉아) 긴 문답을 하기도 하고 상대편의 대답에 (만족해하면서) 그를 인정해 주기도 한다. 해탈이란 강·호수·정원·궁전과 많은 존재들(여러 신들과 많은 天女들)이 있는 천상에서 브라흐만 신(神)과 동등한 자격으로 그곳에 '영주(永住)'함으로서 윤회의 세계에서 벗어난 것[解脫]을 말하고 있다. 'A형 해탈'은 아직 브라흐마나 기(期)의 신들과 의식주의(儀式主義) 권에 머물고 있다는 것을 알 수 있다.

(2) B형 해탈

'B형 해탈'은 'A형 해탈'과는 완전히 다르다. 달[月]의 개입도 없고 의인화(擬人化)된 브라흐만도 야뜨만도 없다. '죽은 자[死者]' 역시 달[月]과 브라흐만의 질문에 대답할 수 있는 인간 비슷한 존재가 아니라 추

---

249 BĀU, Ⅵ, 2, 15; 同, Ⅴ, 10, 1; ChU, Ⅳ, 15, 6.

상적 성질을 가진 '존재'이다. B형 해탈은 우주적 영혼인 브라흐만(brahman, 梵)과 개체적 영혼인 아뜨만(ātman, 我)이 하나가 되는 것, 즉 범아일여(梵我一如, Tout soit Un)를 말한다.[250]

『브리하다란야까 우빠니샤드』에 의하면 태초에 오직 브라흐만 홀로 존재했다. 어느 순간 브라흐만은 분화(分化)하기 시작했다. 모든 것은 브라흐만에서 나왔다.[251] 따라서 브라흐만은 우주의 본체(本體)이고 아뜨만은 거기에서 떨어져 나온 개체(個體)이다. 이 개체들은 궁극적으로 브라흐만에 되돌아간다. 이것을 비유로, '거미가 거미줄을 토하고 그것을 다시 삼키는 것처럼,'[252] '강(江)들이 바다에서 나왔다가 다시 바다로 들어가는 것처럼,'[253] 모든 존재는 브라흐만으로부터 나왔다가 역시 브라흐만으로 돌아간다는 것이다.

아뜨만은 만물의 본체인 브라흐만에서 떨어져 나왔으므로 본질적으로 브라흐만과 동일하다. 그래서 여러 『우빠니샤드』는 기회 있을 때마다 이 사실을 강조하고 있다. 『브리하다란야까 우빠니샤드』에 의하면[254] "몸속에 있는 이 존재가 바로 아뜨만이다. 이것은 불사(不死)의 존재이고, 이것이 브라흐만이고, 이것이 모든 것이다." 계속해서 같은 내용을 14번이나 반복한다. 다른 곳에서는 "모든 활동과 욕망의 근원,

---

250 R. Grousset, 위의 책, p.33 참조.
251 BĀU, Ⅰ, 4, 10-11과 17. 브라흐만의 分化에 대해서는 같은 책, Ⅰ, 4, 3-4 外.
252 *Muṇḍaka Upaniṣad,* Ⅰ, 1, 7; BĀU, Ⅱ, 1, 20. "(큰) 불꽃에서 작은 불티들이 튀어 나오는" 비유도 있다: MuU, Ⅱ, 1, 1; BĀU, Ⅱ, 1, 20.
253 ChU, Ⅵ, 10, 1; MuU, Ⅲ, 2, 8.
254 BĀU, Ⅰ, 4, 10; Ⅱ, 5, 1-14; 同, Ⅳ, 4, 5: En vérité, il est brahman cet ātman. R. E. Hume, 앞의 책, pp.102-103. 同, Ⅳ, 1, 2 이하.

모든 후각(嗅覺)과 미각(味覺)의 근원은 나의 심장 속에 있는 이 아뜨만 (âme)이다. 이것은 브라흐만 그 자체이다."²⁵⁵라고 설명하기도 한다.

B형 해탈에서 말하는 아뜨만과 브라흐만의 결합, 즉 범아일여는 여러 『우빠니샤드』에서, '아뜨만이 브라흐만 속으로 들어가는 것'처럼 표현되고 있다. "나(ātman)는 브라흐만의 세계로 들어간다."²⁵⁶ "이 세상을 떠나 (죽은 뒤), 나는 브라흐만에 합류할 것이다."²⁵⁷ 브라흐만 속으로 들어간 아뜨만은 더 이상 자신의 특성을 가지지 않게 된다. 아뜨만은 소금 덩어리가 물속에서 녹아 버리는 것처럼 브라흐만 속에 완전히 용해되어 버린다는 것이다. 이것을 『브리하다란야까 우빠니샤드』에서 야쟈왈끼아(Yājñavalkya)가 "물속에 넣은 한 덩어리의 소금이 물속에서 녹으면 소금을 손으로 쥘 수 없게 된다. 그러나 그 물은 어느 부분을 맛보더라도 항상 소금 맛이다."²⁵⁸라고 설명했다. 이것을 다른 곳에서는 꿀벌들이 여러 가지 식물[花]로부터 즙(汁, 꿀)을 모아 꿀을 만들지만 일단 꿀이 만들어진 후에는 완전히 융합되어서 '이것은 어느 식물의 즙[蜜]이고 저것은 어느 식물의 즙이다'라고 가려낼 수 없는 것과 같다고 비유했다.²⁵⁹ 강(江)의 비유도 마찬가지다. 여러 강이 바다에 흘러 들어가 합쳐지면 하나의 바다가 된다. 바다에서 이

---

255 ChU, Ⅲ, 14, 3-4. 역시 BĀU, Ⅲ, 4, 1 참조. ChU Ⅲ, 12, 7-8은 이것을 "외부의 공간 (brahman)과 내부의 공간(ātman)은 동일한 것이다."라고 표현하고 있다.
256 ChU, Ⅷ, 13, 1.
257 ChU, Ⅲ, 14, 4: en sortant de ce monde, Je le joindrai. BĀU, Ⅳ, 4, 6; *Taittirīya Upaniṣad*, Ⅲ, 1.
258 BĀU, Ⅱ, 4, 12와 同, Ⅳ, 5, 13 이하; ChU, Ⅵ, 13, 1-2.
259 ChU, Ⅵ, 9, 1-2.

강 또는 저 강을 구별할 수 없게 된다.[260]

『우빠니샤드』에서 추구하는 이와 같은 '범아일여(梵我一如)'를 이루기 위해서는 제사·공물(供物)·고행·공덕과 같은 것은 아무런 도움도 되지 않는다. 필요한 것은 단지 '아는 것' 즉 지식이다.[261] 왜냐하면 '아는 것'은 '아는 대상'과 일체가 되므로 브라흐만과 일체가 되기 위해서는 브라흐만을 알아야 한다.[262] 『찬도기야 우빠니샤드』에 의하면 "가장 오래된 것과 가장 좋은 것을 아는 사람은 가장 오래된 것이 되고 가장 좋은 것이 된다."[263] 『문다까 우빠니샤드』는 이것을 좀 더 분명하게 "이 궁극적인 브라흐만을 아는 사람은 그 자신이 브라흐만이 된다."[264]라고 설명했다.

그러나 브라흐만은 불가지적(不可知的)인 것인데[265] 어떻게 알 수 있는가. 오직 간접적인 방법을 통해서만 가능하다. 즉 자신의 내부에 있는 아뜨만을[266] 앎으로서 브라흐만을 알 수 있다. 이 사실을 오래된 『우빠니샤드』의 여러 곳에서 설명하고 있다. "호흡의 호흡(즉 ātman), … 정

---

260 ChU, Ⅵ, 10, 1; MuU, Ⅲ, 2, 8.
261 BĀU, Ⅲ, 8, 10; ChU, Ⅱ, 22, 1-2. Gonda, 앞의 책(1), p.244. Glasenapp, *La philosophie indienne*, p.47. L. Renou, *L'Inde classique*(I), p.341, §687. 『문다까 우빠니샤드』에 의하면 지식에는 저급지식(aparāvidyā)과 고급지식(parāvidyā)이 있는데, 전자는 4베다를 비롯해서 발음학·문법학·제사의식 등에 대한 지식이고, 후자는 브라흐만(Imperishable)에 대한 지식이다(MuU, Ⅰ, 1, 3-5; 佐保田鶴治, 앞의 책, p.248).
262 Oltramare, 앞의 책(1), p.113; Gonda(Jospin 譯), 앞의 책(1), pp.244-246과 pp.252-253; Eliade, *Yoga*, p.123. Senart의 ChU, p.28. 註3: La connaissance de brahman, l'identification avec brahman donne seule le salut, l'immortalité, l'nirvāṇa(브라흐만을 아는 것, 즉 브라흐만과 하나가 되는 것만이 救援·不死·열반이다).
263 ChU, Ⅴ, 1, 1. Senart 譯, p.60.
264 *Muṇḍaka Upaniṣad*, Ⅲ, 2, 9. R. E. Hume 譯, p.377; *Kena Upaniṣad*, Ⅱ, 4.
265 이 책 2장, 3, 4), (3) 참조.
266 Chu, Ⅲ, 14, 3-4; 同, Ⅷ, 3, 2-3; BĀU, Ⅱ, 5, 1-14; 同, Ⅳ, 4, 5.

신의 정신(…)을 아는 자들, 그들은 태초(太初)의 브라흐만을 안다."²⁶⁷ "이 세계와 다른 세계와 모든 것들을 연결시키는 이 끈[絲]과 … 내부의 이 주제자(主宰者, 즉 아뜨만)를 아는 사람은 브라흐만을 안다."²⁶⁸

이와 같은 등식(等式)이 가능한 것은 아뜨만과 브라흐만이 동일한 성질로서 본질적으로 같은 것이기 때문이다. 『찬도기야 우빠니샤드』에서 바라문 아루네야는 그의 아들 슈웨따께뚜(Śvetaketu)에게 이것을 진흙과 구리[銅]의 비유로 설명했다. 즉 아뜨만이 한 덩어리의 진흙이거나 한 덩어리의 구리라면 브라흐만은 모든 진흙이고 모든 구리이다. 진흙과 구리를 알기 위해서 모든 진흙과 모든 구리를 알 필요는 없다. 한 덩어리의 진흙과 한 덩어리의 구리를 아는 것만으로 충분하다.²⁶⁹

그렇다면 아뜨만을 어떻게 알 수 있는가. 아뜨만은 "말로써도, 어떠한 감각기관으로써도, 고행으로써도 또는 제사(祭祀)에 의해서도 파악되지 않는다."²⁷⁰ 역시 "해설(解說, exégèse)에 의해서도, 지성(intellect, 知性)에 의해서도, 많은 연구에 의해서도 파악될 수 없다."²⁷¹ 『브리하다란야까 우빠니샤드』에 의하면 "오직 생각(pensée, 마음)을 통해서만 아뜨만을 볼 수 있다."²⁷² 그렇지만 아무 생각에 의해서나 볼

....
267 BĀU, Ⅳ, 4, 18과 23.
268 BĀU, Ⅲ, 7, 1: celui qui connaît ce fil, cet agent interne, celui-là connaît brahman. Senart 譯, p.50; MuU, Ⅲ, 2, 9.
269 ChU, Ⅵ, 1, 4-6: par un morceau dargile(cuivre), on connaît tout ce qui est argile(cuivre).
270 MuU, Ⅲ, 1, 8.
271 KaU, Ⅱ, 23. Renou 譯, p.12; *Muṇḍaka Upaniṣad*(이하 MuU), Ⅲ, 2, 3 참조.
272 BĀU, Ⅳ, 4, 19. Senart, 앞의 책, p.82: On ne peut le voir que par la pensée; Hume, 앞의 책, p.143: by the mind alone is it to be perceived. 이와 같은 내용은 오래된 우빠니샤드에서 거의 발견할 수 없다. 그래서 학자들은 이 문제를 위해 이 구절을 사용한다. R. Grousset, *Les poilosophies indiennes*(Ⅰ), pp.12와 23; Oltramare, 앞의 책, p.80, p.108, p.117.

수 있는 것이 아니다. 먼저 "악행을 그치고 감각기관을 억제하고 정신을 통일하고 마음을 고요히 해야 (한다). (이와 같은) 사람은 예지(叡智, prajñā)에 의해 그것(아뜨만)에 도달할 수 있다(그것을 알 수 있다)."[273] 『문다까 우빠니샤드』에 의하면 "맑고 깨끗한[澄淨] 지혜로 본성이 청정하게 되었을 때 명상에 의해 아뜨만을 본다(즉 아뜨만을 안다)."[274] 아뜨만을 '아는 것'은 "영감처럼 나타나는 직관적인 지각(知覺)에 의해서다."[275] 이 지각을 통해서 자신의 내부에 있는 아뜨만이 우주적인 브라흐만과 동일하다는 것을 깨닫게 된다. 그 순간 이 사람은 자신의 아뜨만이 브라흐만과 혼연일체, 즉 범아일여(梵我一如)가 되는 극적인 정신 상태를 체험하게 된다.[276] 학자들은 이 체험을 '신비적 동일화(unico mystica)'라고 표현하기도 한다.[277]

『문다까 우빠니샤드』는 이것을 활과 화살, 그리고 과녁의 비유로써 설명했다. 아뜨만을 명상하는 것[278]이 활이라고 한다면 아뜨만은 화살이고 브라흐만은 과녁이다. 화살이 활의 도움으로 과녁을 맞히

....
273 KaU, Ⅱ, 24. 佐保田鶴治, 『ウパニシャッド』, p.224, Renou 譯, p.12; Hume 譯, p.350. 부정문으로 된 원문을 이해하기 쉽게 긍정문으로 바꾸었음. Grousset, 위의 책, pp.9-10.
274 MuU, Ⅲ, 1, 8; Hume 譯, p.375; 佐保田鶴治, 위의 책, p.255. 아뜨만이라는 표현 대신 Hume은 "Him who is without parts," 佐保田鶴治는 "この渾一なる者(이 하나로 된 것)"이라고 번역했다.
275 J. Gonda, 앞의 책(Ⅰ), p.244: une connaissance intuitive qui se presente comme une inspiration; L. Renou, L'Inde classique(Ⅰ), p.341(§687). Otto Hermann Straus에 의하면 "解脫知는 知的인 것이 아니고, 오히려 內觀이고 直觀的 確信이다." 『インド哲學(Indische philosophie)』(湯田豊 譯), 東京, 1987, p.73.
276 J. Gonda는 앞의 책(pp.244-45)에서 이 문제에 대해 자세하게 추구했다.
277 J. Gonda, 앞의 책 p.245; 服部正明, 『世界の名著(バラモン教典)』pp.22-23; 湯田豊, 『インド思想史』, 東京, 1986, pp.30-31.
278 MuU, Ⅱ, 2, 4에서 "OM은 활[弓]이다."라 하고 同6에서는 "OM, 그것은 아뜨만(Soi)에 대한 명상이다."라고 설명한다. 그래서 여기에서 OM은 '아뜨만에 대한 명상'이라고 했다.

는 것처럼 아뜨만을 명상[靜觀]함으로써 아뜨만을 알 수 있게 되고 그것을 앎으로써 브라흐만과 하나가 된다.[279] 이 체험 상태를 『브리하다란야까 우빠니샤드』는 사랑하는 남녀가 포옹할 때 경험하는 몰아(沒我) 상태에 비유하고 있다. "마치 사랑하는 여자의 팔에 껴안긴 남자가 안과 밖에 대해 더 이상 아무것도 인식하지 못하는 것처럼 정신적인 아뜨만에 껴안긴 이 사람은 안과 밖에 대해 더 이상 아무 것도 인식하지 못한다. 그것은 그에게 모든 욕망이 채워진 지극히 행복한 상태이다. 그에게는 아뜨만에 대한 욕망을 제외하고는 더 이상 아무런 욕망이 없다."[280]

아뜨만이 브라흐만과 동일하다는 것, 그리고 아뜨만을 자신이 가지고 있다는 사실에 대한 깨달음은 욕망을 소멸시키기 위한 가장 좋은 수단이다. "(자신의 내부에) 배고픔·목마름·고통·미혹·(태어남)·늙음·죽음을 초월한 것(즉 아뜨만)이 있다."[281]는 사실을 알 때 외부에서 더 이상 다른 것을 구할 필요가 없게 된다. 『브리하다란야까 우빠니샤드』의 표현을 빌리면, "만약 사람이 아뜨만을 알고 '내가 아뜨만이다'라고 생각한다면 무엇 때문에 무슨 욕망에 이끌려 사람(puruṣa)이 육체를 가지고 고생을 하겠는가."[282] 그래서 범아일여를 성취한 사람은 "자식들을 가지려는 욕망, 재산을 가지려는 욕망, (세상의) 다른 안

....
279 MuU, Ⅱ, 2, 2-6. 문장에 구애받지 않고 내용을 정리했다.
280 BĀU, Ⅳ, 3, 21; Hume, 앞의 책, p.136.
281 BĀU, Ⅲ, 5, 1과 6, 1; 同, Ⅳ, 4, 25; ChU, Ⅷ, 1, 5와 7, 3.
282 BĀU, Ⅳ, 4, 12.

식처를 구하려는 욕망을 (모두) 버리게 된다."[283]

범아일여의 성취는 『우빠니샤드』에서 추구하는 궁극 목적이다. 이것이 구원(救援)이고 해탈이다.[284] 더 이상 추구해야 할 것도 성취해야 할 것도 없다. 그래서 범아일여의 경지를 성취했을 때 사람들은 우빠니샤드 시대의 철학자 야자왈끼야가 했던 것처럼 가정과 재산 등 세상에 속하는 모든 것을 버리고 탁발(托鉢)하는 출가자의 삶을 살게 된다.[285]

그러나 이와 같은 범아일여는 엄밀한 의미에서 완전한 '일여(一如)'라고 할 수 없다. 왜냐하면 그것은 '정신적으로 체험된' 브라흐만과 아뜨만의 합일(合一)일 뿐이기 때문이다. 이 상태에서는 아직 개체의 몸속에 자리 잡고 있는 아뜨만이 육체를 벗어나 브라흐만과 합쳐진 것이 아니다. 브라흐만과 하나가 되기 위해서는 먼저 아뜨만이 육체를 벗어나야 한다. 사람이 죽음을 맞이해 실신한 상태로 넘어지면 아뜨만은 육체에서 빠져 나간다.[286] 『브리하다란야까 우빠니샤드』는 풀벌레가 한 풀잎을 떠나 다른 풀잎으로 옮겨 가는 비유로 아뜨만이 죽은 육체를 떠나는 것을 묘사했다.[287] 좀 더 구체적인 설명에 의하면 아뜨만이 육체를 떠날 때는 "눈[眼球]으로나 머리(정수리)로나 육체의

....

[283] BĀU, Ⅲ, 5, 1; 同, Ⅳ, 4, 22.
[284] Grousset, 앞의 책(I), p.31과 p.33; Oltramare, 앞의 책(I), p.80; Glasenapp, *La philosophie indienne*, p.39; J. Gonda(鎧淳, 日譯), 『インド思想史』, 東京, 1981, p.69.
[285] BĀU, Ⅲ, 5, 1; 同, Ⅳ, 4, 22; 同, Ⅳ, 5, 2-15.
[286] BĀU, Ⅳ, 3, 36; 同, Ⅳ, 4, 7.
[287] BĀU, Ⅳ, 4, 3.

어떤 다른 부분을 통해 (바깥으로) 나간다."[288]

이렇게 육체를 떠난 아뜨만은 브라흐만과 합쳐 완전한 일체가 된다. 위에서 보았듯이 이것을 "죽은 후 나(아뜨만)는 그것(브라흐만)에 합류한다." "나는 그 속으로 들어간다."[289]라고 표현하고 있다. 이렇게 해서 아뜨만은 브라흐만과 완전하게 융합된다. 강들이 바다에 들어가서 바다와 하나가 되는 것처럼, 물속에 넣은 소금 덩어리가 녹아 물과 하나가 되는 것처럼 그렇게 일여(一如) 상태가 된다.[290] 이것이 범아일여(梵我一如)이고 해탈(mokṣa)이다.

B형 해탈은 A형 해탈과 완전히 다르다. 위에서 언급했듯이 달(月)의 개입도 없고 의인화된 브라흐만과 아뜨만과의 관계도 없다. B형 해탈은 명상으로 획득된 직관적인 지각(知覺)을 통해 개체적 영혼인 아뜨만과 우주적 영혼인 브라흐만이 동일하다는 것을 깨달음으로서 범아일여(梵我一如)의 경지를 체험하는 것이다.

그러나 '윤회설을 전제로 한 해탈'은 범아일여와 같은 '신비적 동일화'가 아니라 '윤회의 굴레로부터의 해방'[291]이다. 윤회가 전제되지 않은 해탈이란 있을 수 없다. 왜냐하면 윤회가 없다면 해탈도 없기 때문이다. 무엇으로부터 또는 어디에서 해탈할 것인가. 그런데 윤회

---

288 BĀU, Ⅳ, 4, 2; *Taittirīya Upaniṣad*, Ⅰ, 6, 1.
289 앞의 註256과 註257 참조(ChU, Ⅷ, 13, 1; 同, Ⅲ, 14, 4).
290 앞의 註258과 註260 참조(BĀU, Ⅱ, 4, 12; 同, Ⅳ, 5, 13; ChU, Ⅵ, 10, 10, 1; MuU, Ⅲ, 2, 8).
291 Esnoul, *L'Hindouisme*, p.675; Grousset, *Les philosophies indiennes*(I), p.8.

가 성립하기 위해서는 반드시 까르만이 있어야 한다. 윤회와 까르만은 불가분적인 관계로서 동의어(同義語)이다.[292] 까르만은 아뜨만이 육체에서 벗어날 때 아뜨만에 달라붙는다. 까르만은 아뜨만을 옭아매고 윤회의 소용돌이에 휩쓸리게 한다.[293] 해탈을 이루기 위해서는 까르만을 제거·소멸시키지 않으면 안 된다. 왜냐하면 해탈이란 까르만을 없애고 윤회에서 벗어나는 것이기 때문이다. 그런데 오래된『우빠니샤드』는 까르만과 범아일여를 관련시키지 않고 있다. '범아일여적인 해탈'의 경우 까르만과 그것의 소멸에 대해서는 전혀 관심을 보이지 않았다.

아뜨만에 대해서도 문제가 있다. 오래된『우빠니샤드』에서 설명하고 있는 아뜨만은 순수하게 정신적인 것이 아니다. 크기가 엄지손가락만 하기도 하고 머리카락 끝 부분의 100분의 1만큼 작기도 하다.[294] 아뜨만은 크기를 가지고 있기 때문에 육체 속에 머물고 있을 때는 심장 안에 들어 있고,[295] 육체를 떠날 때는 눈[眼球]이나 머리의 정수리와 같은 '구멍'을 통해 나간다.[296] 그렇다고 아뜨만을 물질적인 것이라고도 볼 수 없다.[297] 아뜨만이 물질적인 것이라면 비물질적인 브라흐만과 본질적으로 같을 수 없을 뿐 아니라 브라흐만과 일여(一如)가 될 수도

....
292 Esnoul, *L'Hindouisme*, p.675; Grousset, *Les philosophies indiennes*(I), p.8.
293 BĀU, Ⅳ, 4, 2-4. Senart 번역본, p.79, 註2 참조.
294 KaU, Ⅳ, 12-13; 同, Ⅵ, 17. ChU, Ⅲ, 14, 3; 이 책 2장 3, 4), (1) 참조.
295 ChU, Ⅲ, 14, 3; 同, Ⅷ, 3, 3; BĀU, Ⅴ, 6, 1.
296 앞의 註288 참조.
297 Glasenapp, *La philosophie indienne*, p.43; comme *quelque chose* d'une substance subtile(미세한 실체적인 어떤 것처럼). 역시 R. Grousset, *Les philosophies indiennes*(I), p.10 참조.

없을 것이다.

B형 해탈설(解脫說)은 가장 오래된 『우빠니샤드』에서 B형 윤회설(輪廻說)과 함께 모습을 나타내고 있다. 그렇지만 후기에 볼 수 있는 해탈설에 비해 아직 미성숙 상태라고 할 수 있다.[298] 이곳에서는 자세하게 추구하지 못했지만 아뜨만·까르만·해탈에 대한 몇 종류의 다른 설명들이 일관성 없이 여러 『우빠니샤드』에 여기저기 흩어져 있다. 이것은 아직 윤회와 해탈에 대한 체계적인 개념과 설명이 정립되지 못했기 때문일 것이다.

---

[298] 이 책 3장 4, 1)-5), '열반' 참조. 服部正明, 『世界の名著』(1)(『バラモン教典』, 東京, 1981), p.27.

제 3 장

초기불교의 무아·윤회설

1. 자료

초기경전들을 북전(北傳)불교에서는『아가마(Āgama, 阿含)』라 하고 남전(南傳)불교에서는『니까야(Nikāya)』라 한다.『아가마』와『니까야』는 각각 '전승(傳承, tradition)'과 '문집(文集, corpus)'이라는 의미로 하나의 경전을 가리키는 명칭이 아니고 경장(經藏) 전체를 나타내는 이름이다.『아가마』는 4부(部),『니까야』는 5부로 구성되어 있다.

이 연구를 위해서는 주로『아가마』를 사용할 것이다.『아가마』는 단지 한역(漢譯)으로만 전해지고 있다. 음역해서『아함(阿含)』이라 한다. 이것은 3부파 즉 법장부(法藏部)·설일체유부(說一切有部)·대중부(大衆部) 소속의 전승이라고 추정되고 있다.『니까야』는 남방 상좌부(上座部)의 전승으로서 빨리어로 되어 있다.[1]

....
1 Lamotte, *Histoire du Bouddhisme indien*, p.165 이하; Bareau, *Le Bouddhisme*, p.30 이하; Glasenapp, *Les littératures de l'Inde*, p.127 이하; 水野弘元(外),『佛典解題事典』, 東京, 1966,

1) 『장아함(長阿含, Dirghāgama)』은 30개의 긴 경들로 이루어져 있다. 413년에 불타야사(佛陀耶舍)와 축불염(竺佛念)이 번역했다. 빨리어 본인 『디가니까야(Dīghanikāya, 長部)』는 34개의 경으로 되어 있다. 이 가운데 27경이 동일한 내용이다.²

2) 『중아함(中阿含, Madhyamāgama)』은 222개의 중간 길이의 경들로 이루어져 있다. 397-398년에 구담승가제바(瞿曇僧伽提婆)가 번역했다. 빨리어본인 『맛지마니까야(Majjhimanikāya, 中部)』는 152경으로 되어 있다. 이들 가운데 97경이 동일한 내용이다.³

3) 『잡아함(雜阿含, Saṃyuktāgama)』은 1,362경으로 이루어져 있다. 435년에 구나발타라(求那跋陀羅)가 번역했다. 『상윳따니까야(Saṃyuttanikāya, 相應部)』는 2,875(2,889)경으로 되어 있다. 경의 길이는 비교적 짧고 교리내용과 경을 설한 주제[天, 魔, 人]에 따라 분류되어 있다.⁴

4) 『증일아함(增一阿含, Ekottarāgama)』은 472경으로 이루어져 있다. 397년에 승가제바(僧伽提婆)가 번역했다. 『앙굿따라니까야(Aṅguttaranikāya, 增支部)』에는 2,198경이 포함되어 있다. 앞의 세 『아

pp.61-62.
2 『長阿含』은 법장부 소속으로 추정. 水野弘元(外), 위의 책, p.61; Bareau, 위의 책, p.31. Lamotte(위의 책, p.630)에 의하면, 이것은 '인도 서북부 지방의 prākrit어로 쓰여진 원초형에 근거를 두고 있는 것' 같다.
3 『中阿含』은 설일체유부 소속으로 추정. 水野弘元, 위의 책, p.61. 이것은 산스크리트어로 씌어졌던 것 같다. Lamotte, 위의 책, p.170. 역시 Lévi, *Sur la récitation primitive des textes bouddhiques*, JA, 1951(I), p.446.
4 『中阿含』은 설일체유부 소속으로 추정. 水野弘元, 위의 책, p.61. 이것은 산스크리트어로 씌어졌던 것 같다. Lamotte, 위의 책, p.170. 역시 Lévi, *Sur la récitation primitive des textes bouddhiques*, JA, 1951(I), p.446.

함』의 경들보다 길이가 짧고 형식도 딱딱하다. 법수(法數)에 따라 1법에서 10법(『니까야』에는 11법)으로 분류되어 있다.[5]

빨리어본에는『쿳다까니까야(Khuddakanikāya, 小部)』가 첨가되어 있다. 15경으로 이루어져 있는데 각 경 사이에는 길이·형식·내용·주제 등에 차이점이 많다. 역시 많은 부분은 후기에 성립되었을 뿐 아니라 어떤 것은 '외경(外經)'으로 취급되고 있다.[6]

현대 학자들의 연구에 따르면『아가마(Āgama)』의 한역본인『아함경』은 산스끄리뜨어본 또는 쁘라끄리뜨(prākrit)어본에서 번역된 것으로 빨리어본에 근거를 두고 있지 않다. 양 본은 전승이 다르지만 내용상으로는 매우 비슷하다.[7]

붓다는 정각 직후부터 반열반(般涅槃)에 들 때까지 끊임없이 가르쳤다. 따라서 이 경들은 붓다가 정각한 해인 기원전 531년부터 반열반에 든 기원전 486년까지 45년 동안 설(說)한 것이라고 할 수 있다.[8] 그

---

[5] 『增一阿含』은 대중부 소속으로 추정. 水野弘元(外), 앞의 책, p.61. 역시 쁘라끄리뜨어로 씌어졌던 것 같다. Lamotte, 앞의 책, p.170.
[6] 5부 Nikāya는 Vibhajyavādin(分別說部) 소속의 경전이다. Glasenapp, *Les littératures de l'Inde*, p.126. 水野弘元(外), 앞의 책, p.61.
[7] Lamotte, 앞의 책, pp.170-171.
[8] 붓다는 29세에 출가해서 35세에 성도했고, 45년 동안 교화, 80세에 열반했다는 사실에 대해서는 모든 자료에서 일치한다. Foucher, *La vie du Bouddha d'aprés les textes et les monuments de l'Inde*(Paris, 1949), p.9. 그러나 열반 연대는 아직 확실하게 밝혀지지 않았다. Lamotte는 기원전 486년(앞의 책, pp.13-150), Filliozat는 기원전 478년(*L'Inde classique*[II], p.490[§ 2209]), E. Conze(M.-S. Renou, 佛語譯)는 기원전 483년(*Le Bouddhisme dans son essence et son développement*, Paris, 1971), p.26; Bareau는 기원전 480년 경(*Le Bouddhisme*, p.26)으로 보고 있다. 尹炳植(浩眞), 「佛滅年代考」, 『佛敎學報』 제25집, 1991, pp.201-223.

러나 붓다 자신은 아무것도 문자로 쓰지 않았다. 붓다의 모든 가르침은 말로써 행해진 것을 붓다가 열반에 든 후 제자들이 그것을 모아서 경전으로 편찬했다. 이것을 좀 더 구체적으로 정리하면 다음과 같다.

붓다가 열반에 들자 붓다의 제자들은 즉시 마가다국의 수도인 라자그리하(Rājagṛiha, 王舍城)에 모여 결집(結集, saṃgīti)을 개최했다. 제자들은 붓다가 평생 동안 베풀었던 가르침을 다시 기억해 내어 정리했다. 그러나 이때 결집된 경전들은 문자로 쓰인 것이 아니라 결집에 참여했던 제자들이 함께 암송해서 기억 속에 간직했던 것이다. 이렇게 이루어진 경전들은 제자들에 의해 구전(口傳)되다가 약 100년 뒤(기원전 380년경)에 와이샬리(Vaiśāli)에서, 그로부터 약 130년 뒤(기원전 244년) 빠딸리뿌뜨라(Pāṭaliputra)에서 다시 결집되면서 재정리되었다.[9] 문자로 고정되기 시작한 것은 기원전 1세기 후반에 스리랑카에서였다.[10]

----

9 Lamotte, 앞의 책, pp.136-140(1-2결집)과 pp.297-299(3결집); A. Bareau, *Les premiers conciles bouddhiques*, Paris, 1955, pp.1-2(1결집), pp.31-33(2결집), pp.88-92(3결집); M. Hofinger, *Étude sur le concile de Vaiśālī*(Louvain, 1946), pp.151-182; Glasenapp, *Les littératures de l'Inde*, p.124; 尹炳植(浩眞), 「初期佛典의 成立」(Ⅰ)과 (Ⅱ), 『佛敎學報』 30집(1993년, pp.85-121)과 32집(1995년, pp.85-123).
10 Lamotte는 pāli어 경전의 문자결집이 기원전 35년에서 기원전 32년 사이에 이루어졌다고 보았다. 앞의 책, pp.403-404과 p.616; La Vallée-Poussin(*Bouddhisme, opinion sur l'histoire de la dogmatique*, p.32)에 의하면 기원전 89년이다. 경전들이 산스끄리뜨어로 쓰어진 연대는 알 수 없다. 그러나 빨리어 문자결집과 거의 동일한 연대였을 것이라고 본다. Lamotte, 앞의 책, p.647. 역시 J. Przyluski, *La légende de l'empereur Aśoka*, p.89; Foucher, *La vie du Bouddha d'après les textes et les monuments de l'Inde*, pp.15-16.

2. 무아설

1) 연기법[11]

무아설(無我說)에 대한 추구를 위해서는 연기법에 대해 이해가 필요하다. 왜냐하면 연기법(緣起法)은 붓다가 발견한 진리일 뿐 아니라 불교의 모든 교리가 이 법칙을 바탕으로 해서 성립되었기 때문이다.

연기라는 말은 쁘라띠땨사뭇빠다(pratītyasamutpāda)를 번역한 것이다.[12] 이것은 pratītya와 samutpāda라는 두 개의 용어로 이루어져 있는데, pratītya는 '…때문에[緣]', '…에 의해서' 또는 '…을 말미암아'라는 의미를, samutpāda는 '태어남', '형성' 또는 생김[起]이라는 의미를 가지고 있다.[13] 따라서 연기란 '…에 의해서 태어나는 것'(Ven. Narada), '…을 말미암아 생기는 것'(La Valllée-Poussin)으로 번역된다. 그러나 가장 많이 사용되고 있는 번역은 '조건에 의한 생성(production

---

11 연기법에 대해서는 다음과 같은 논문들이 있다. La Vallée-Poussin, *La théorie des 12 causes*(Université de Gand, rec. de trav. 42), 1913; 같은 저자, *Deux notes sur le Pratīyasamutpāda,* extr. t. I, des Actes du XIV° congrès intern. des Orientalistes, 1905; Oltramare, *La formule bouddhique des douze causes, son sens originel et son interprétation théorique,* 1909, Genève; Senart, *A propos de la théorie bouddhique des douze nidānas*(extr. des Mélanges Charles de Harlez), pp.281-297.
12 La Vallée-Poussin에 의하면, 'pratītya'는 어근 'i'에다 접두사 'prati'가 붙은 동명사이다. 어근 'i'는 '가다'를, 그리고 접두사 'prati'는 '…에 도착한', '…와 만남'을 의미하는 것으로서 'pratītya'는 '…와 만남'을 뜻한다. 한편 'samut' 뒤에 오는 'pad'는 '出現'을 의미한다. 따라서 pratītyasamutpāda는 '원인과 조건에 의한 존재들의 출현 또는 生産'을 의미한다. *La théorie des 12 causes,* p.48 참조.
13 Ven. Narada, *La doctrine bouddhique de la Renaissance,* Paris. 1953, p.25.

conditionée)'이다.[14]

초기경전에서는 연기법을 설명하기 위해 간결한 문장을 사용하고 있다. "이것이 있기 때문에 저것이 있고 이것이 생기기 때문에 저것이 생긴다[此有故彼有, 此起故彼起]. (그리고) 이것이 없기 때문에 저것이 없고 이것이 사라지기 때문에 저것이 사라진다[此無故彼無, 此滅故彼滅].[15]

"이것이 있기 때문에 저것이 있다."와 "이것이 생기기 때문에 저것이 생긴다."라는 내용으로 존재의 발생을, "이것이 없기 때문에 저것이 없고, 이것이 사라지기 때문에 저것이 사라진다."라는 내용으로 존재의 소멸을 설명한다. 모든 존재는 상호관계에 의해서 존재하기도 하고 소멸하기도 한다는 것을 설명하고 있다. 연기법은 존재의 상의성(相依性)의 법칙이다.

연기법에 의하면 어떠한 존재도 우연히 생겨났거나 혼자서 존재할 수 없다. 모든 존재는 여러 가지 원인이나 조건에 의해 생겨나게 된다. 역시 원인과 조건이 변할 때 존재 역시 변하거나 사라지게 된다. 고정불변하고 실체적(實體的)인 것은 없다. 존재하는 모든 것은 전적으로 상대적이고 의존적(依存的)이다. 이것을 『잡아함』(12권, 288)의 「노경(蘆經)」에서는 갈대[蘆]의 비유로 설명하고 있다. "비유하면 세 개의 갈대가 맨 땅[空地]에 서려고 할 때 서로 의지해야 설 수 있는 것과

---

14 Rahula, 앞의 책, pp.79-80; Bareau, *Bouddha*, pp.119-120.
15 『大正』2권, p.724b(『增一阿含』, 32권, 「力品」 9); 同, 2권, p.67a(『雜阿含』 10권, 262경, 「闡陀經」); 同, 2권, p.92c(『雜阿含』 13권, 335경, 「第一義空經」); 同, 1권, p.562c(『中阿含』 21권, 86경, 「說處經」); 同, 1권, p.723c(『中阿含』, 47권, 181경, 「多界經」); 同, 1권, p.562c(『中阿含』 21권, 86경) 외 다수.

같다. 만약 (그 가운데) 한 개를 제거하면 두 개의 갈대는 서지 못하고 두 개를 제거하면 (남은) 한 개의 갈대는 서지 못한다. (세 개의 갈대는) 서로 의지[相依]해야 설 수 있다."는 것이다.[16]

연기법은 모든 존재의 보편적인 원리이다. 붓다에 의하면, "연기법은 내가 만든 것도 아니고 역시 다른 사람이 만든 것도 아니다. 연기법은 내[如來]가 세상에 나오거나 나오지 않거나 진리의 세계에 항상 존재하고 있다. 나는 이 진리를 스스로 깨달아 정각을 이루었고 모든 사람을 위해 가르친다."는 것이다.[17]

연기법은 불교의 모든 교리와 실천을 위한 사상적·이론적 근거가 되었다. 붓다의 가르침은 그 설명이나 형태가 어떠하든 모두 연기법을 근거로 하고 있다. 모든 교리는 연기의 원리를 바탕으로 해서 만들어진 응용 이론이고 실천 원리이다. 그것들은 연기라는 하나의 근원에서 흘러나온 크고 작은 물줄기와 같은 것이다. 존재는 왜 무상(無常)하고 무아(無我)이고 공(空)인가. 그것은 연기적(緣起的)이기 때문이다.[18]

....
16 『大正』2권, p.81b(『雜阿含』12권, 288경).
17 『大正』2권, p.85b(『雜阿含』12권, 299경, 「緣起法經」); 同, p.86b(12권, 296경, 「因緣經」).
18 增谷文雄, 『佛敎槪論』, 東京, 1980, pp.15-16; 舟橋一哉, 『原始佛敎思想の硏究』, 京都, 1978, p.32; 山口益(外), 『佛敎學序說』, 京都, 1981, pp.67-70.

2) 무아설

(1) 괴로움

붓다가 중심 문제로 삼았던 것은 인생의 괴로움(duḥkha)이었다. 산스끄리뜨어로 괴로움은 duḥkha이다. 이 말은 괴로움·고통·고뇌·비참 등으로 번역되지만 본래의 의미를 충분하게 나타내지 못한다. 스리랑카의 학승 왈뽈라 라훌라(Walpola Rahula)에 의하면 duḥkha는 불완전·갈등·무상·공·무아의 의미도 포함하고 있다.[19] duḥkha(苦)란 단순한 신체적 또는 생리적인 고통이나 일상적인 불안 또는 고뇌를 가리키는 것이 아니다. 괴로움은 인간이 태어나면서 가지게 되는 실존과 관계되는 것이다. 그래서 한마디로 일체개고(一切皆苦)라는 말로써 요약되기도 한다. 이와 같은 괴로움을 현대적인 의미로 '불안의 개념', '자신이 하고자 하는 대로 되지 않는 것'이라고 정의하기도 한다.[20]

붓다가 출가해서 수행자가 되었던 것은 자신의 괴로움을 해결하기 위해서였다. 정각(正覺)을 성취한 붓다가 사르나트의 므리가다와(鹿野苑, Mṛgadāva)에서 시작했던 첫 설법에서부터 꾸시나가라(Kusinagara)에서 열반에 들 때까지 사람들을 위해 베풀었던 가르침은 모두 괴로움에 관한 것이었다. 『잡아함』의 「삼법경(三法經)」에서 "(세

---

19 Rahula, *L'enseignement du Bouddha*, Paris, 1961, pp.38-39. 왈뽈라 라훌라가 사용한 어휘들은 다음과 같다: souffrance, douleur, peine, misère, imperfection, impermanence, conflit, vide, non-substantialité; L. Silburn, *Instant et cause*, p.169.
20 中村元, 『原始佛教の思想(上)』, 東京, 1981, p.98; 增谷文雄, 앞의 책, p.76.

상에 괴로움이 없었다면)²¹ 모든 붓다·세존은 세상에 나오지 않았을 것이고, (설사 세상에 나왔다 해도) 세상 사람들은 모든 붓다·여래가 자신들이 깨달아 알게 된 법을 사람들을 위해 널리 설하는 것을 알지 못할 것이다."²²라고 말했다.『마하와스뚜』에서는 붓다가 "나는 단지 괴로움과 괴로움으로부터 해탈하는 것만을 가르친다."²³라고 설하기도 했다. 게다가 불교의 두 가지 중심 교리인 4성제(四聖諦)와 12연기법(十二緣起法)도 오로지 괴로움의 발생과 소멸을 설명하고 해결하는 데 바치고 있다.

연기법에 의하면 괴로움(duḥkha)은 우연히 생긴 것도 아니고 역시 우연히 사라지는 것도 아니다. 괴로움은 그것을 일으키는 원인 때문에 생기게 되고 그 원인을 제거해 버리면 사라지게 된다.²⁴ 괴로움을 발생시키는 원인에는 여러 가지가 있지만 그 가운데 가장 분명하고 직접적인 것은 인간의 욕망이다.²⁵ 붓다는 첫 설법에서부터 욕망이 괴로움의 주된 원인이라고 가르쳤다. "괴로움의 원인에 대한 성스

....
21 본문에는 '苦' 대신, 老·病·死라고 되어 있지만 이 말들은 자주 苦와 동일한 의미로 사용되고 있다.
22 「大正」2권, p.339c(『雜阿含』46권, 1240, 「三法經」); 同, p.95c(『雜阿含』24권, 346). 두 경은 이름과 내용이 동일하다. 그러나 앞의 경은 붓다가 직접 설한 것으로 되어 있지만 뒤의 경(346경)은 파사익(波斯匿, Prasenasit) 왕이 혼자 생각한 것으로 되어 있다. 내용은 앞의 경이 분명하다. 역시 同, p.397a(『別譯雜阿含』4권, 67).
23 *Mahāvastu*(I), p.246, Foucher, *La vie du Bouddha*, p.338에서 인용; 「大正」2권, p.247c(『雜阿含』34권, 965경, 「蕭低迦經」).
24 「大正」1권, p.8a(『長阿含』1권, 1경, 「大本經」); 「大正」2권, p.86b(『雜阿含』12권, 303경, 「拈牟留經」).
25 욕망은 'tṛṣṇā'의 번역이다. 목마름[渴]과 같은 격렬한 욕망이다. 渴愛·愛·愛着·貪慾 등으로 표현되지만 이 책에서는 '욕망'으로 통일한다. 中村元, 『佛敎語大辭典』, p.14.

러운 진리가 있다. 그것은 욕망이다."²⁶ 그 이후 수없이 설한 4성제(四 聖諦) 교리와 함께 욕망이 괴로움의 원인이라는 것을 역설했다. 역시 기회가 있을 때마다 욕망 때문에 괴로움이 생긴다는 사실을 되풀이 해서 설했다. 『잡아함』(39권)에서 붓다는 "모든 괴로움이 생기는 것은 모두 다 욕망(愛慾) 때문이다."²⁷라고 한마디로 요약했다. 역시 『잡아함』의 「갈담경(竭曇經)」에 의하면 울비라(鬱鞞羅) 마을의 갈담(竭曇) 촌장이 붓다에게 괴로움의 원인과 소멸에 대해 설명을 구했을 때도, "촌장이여, 중생에게 생기는 모든 괴로움은 모두 욕망이 근본이 된다. 괴로움은 욕망에서 생기고 욕망에서 모이고 욕망에서 일어나고 욕망이 원인이고 욕망으로 말미암아 생긴다."²⁸라고 설명했다. 『중아함』의 「고음경(苦陰經)」에서 붓다는 욕망으로 말미암아 발생하는 온갖 다툼과 괴로움에 대해 구체적으로 설명했다.²⁹ "중생들은 욕망을 원인으로 하고 욕망을 근본으로 하기 때문에 어머니와 아들이 서로 다투고, 부자·형제·자매·친족들이 뒤얽혀 서로 다툰다. … 왕은 왕과 다투고 범지(梵志, 바라문)는 범지와 다투고 거사(居士)는 거사와 다투고 백성은 백성과 다투며 나라는 나라와 다툰다." 그리고 온갖 싸움과 형벌 등으로 말미암아 중생들이 당하는 수많은 괴로움에 대한 긴 내용

----

26 『大正』22권, p.104c(『五分律』15권); 同, p.788a(『四分律』32권); 『大正』2권, p.503b(No.109, 「轉法輪經」); *Vinayapiṭaka*, PTS, Ⅳ, 1982, p.16; É. Lamotte, *Histoire du Bouddhisme indien*, p.28.
27 『大正』2권, p.289b(『雜阿含』39권, 1099경): 凡生諸苦惱皆由於愛欲. 中村元(譯), 『ブッダのことば(Suttanipāta)』, p.221(제1050게).
28 『大正』2권, pp.229c-230a(『雜阿含』32권, 913경): 彼一切苦以欲爲本 欲生·欲集·欲起·欲因·欲緣而苦生.
29 『大正』1권, p.586c 이하(『中阿含』25권, 100경).

이 계속된다.

　사람은 욕망하는 것을 이루지 못하기 때문에 괴로움을 당하지만 그것을 채운다고 해도 문제가 해결되지 않는다. 욕망은 채우지 않을 때 고통을 주지만 채워도 고통을 준다. 왜냐하면 욕망은 속성상 채우면 채울수록 더욱 커질 뿐 결코 완전하게 충족되는 것이 아니기 때문이다. 바다에 빠진 사람이 바닷물을 마시면 마실수록 갈증이 더 심해지는 것과 같다. 욕망을 산스끄리뜨어로 '목마름'이라는 의미의 tṛṣṇa라는 단어를 사용한 이유도 여기에 있다. 이것을 중국의 역경자들은 원어의 의미를 살려 '갈(渴. 목마름)' 자와 욕망을 나타내기 위해 '애(愛)' 자를 결합해서 '갈애(渴愛)'라고 번역한 것이다.[30] 인간의 이와 같은 한없는 욕망을 나타내기 위해 경전에서는 "비록 여기에 히말라야 산만한 순금 덩어리가 있다고 하자. 어떤 사람이 그 금을 얻는다 해도 만족할 줄을 모를 것이다."[31] "돈[貨幣]이 비처럼 쏟아진다 해도 (사람의) 욕망은 채워지지 않을 것이다."라는 비유로 설명한다.[32]

　욕망 문제를 근본적으로 해결하기 위해서는 무엇보다도 그 원인을 찾아 그것을 없애야 한다. 그렇지 않으면 계속해서 욕망이 발생하게 되고 욕망이 발생하면 괴로움도 끊임없이 일어날 것이기 때문이다. 이것을 『법구경』에서는 "나무를 베어낸다 해도 만약 강한 뿌리를 끊어 버리지 않으면 나무가 다시 자라나는 것처럼 갈애(욕망)의 근

30　中村元,『佛敎語大辭典』, p.14; 增谷文雄, 앞의 책, pp.128-129.
31　『大正』2권, p.289a-b(『雜阿含』39권, 1098경, 「作王經」과 1099경, 「衆多經」).
32　中村元 譯,『眞理のことば(法句經)』, 東京, 1984, p.36, 제186게; 李元燮,『法句經의 眞理』, 麒麟苑, 1983, p.146.

원인 잠재력(taṇhānusaga)을 없애지 않는다면 이 괴로움은 되풀이해서 나타날 것이다."³³라고 설(說)하고 있다.

그렇다면 욕망은 어떻게 해서 발생하게 되는가. 욕망을 일으키는 원인은 무엇인가. 그것은 한 마디로 '내[我]가 존재한다는 생각'이다. 『잡아함』의 「분별경(2)」에 의하면, "(범부들은) 이 5온(五蘊 = 인간존재: 色·受·想·行·識)을 (실체적인) '나[我]'라고 생각하고 그것에 집착하고 마음을 얽매어 욕망[貪慾]을 일으킨다." 이것을 다시 "(범부들은) 육체[色]는 '(실체적인) 나[我]'다, '다른 나[異我]'다, '나와 다른 내가 함께 있는 것[相在]'이다."라 보고, 역시 정신적인 요소들인 수와 상과 행과 식을 하나하나 모두 '나'다, '다른 나'다, '나'와 '다른 내가 함께 있는 것'이라고 생각하면서 그것에 집착하고 마음을 얽매어 욕망을 일으킨다."는 것이다.³⁴

『쌍윳따니까야』에 의하면 이와 같은 생각은 더욱 구체화된다. "비구들아, 배움이 없는 사람들은 육체를 나(我)라고 생각하거나, '내'가 육체를 가지고 있다고 생각하거나, '나'의 안에 육체가 있는 것처럼 생각하거나, 육체 안에 '내'가 있는 것처럼 생각한다. (수·상·행·식에 대해서도 마찬가지다.) 이렇게 해서 그들은 '(실체적인) 내(我)가 존재한다'는 생각을 하게 된다."³⁵

---

33 中村元, 위의 책, p.57, 제338게. 李元燮, 위의 책, p.234.
34 『大正』2권, p.16a(『雜阿含』3권, 62경). 역시 61, 63-64경(pp.15c-16c도 동일), 291-293경 (p.82b 이하) 외 다수: (愚癡無聞凡夫) 於五受陰 生我見 繫着 使心繫着 而生貪慾 … 見色是我 異我相在 如是受想行識 如是異我相在 如是 (그들은) 於五受陰 說我繫着 使心結縛 而生貪瞋.
35 *Saṃyuttanikāya*, 22, §47과 §81, PTS, Ⅲ, 1975, pp.40-41과 pp.82-83; 『大正』2권, p.14a-b(『雜阿含』2권, 57경, 「疾漏盡經」). 『雜阿含』제5권 109경(『大正』2권, pp.34b-35a)에서 자

학자들의 설명도 마찬가지다. 발레 뿌생은 "욕망의 뿌리는 나[我]에 대한 믿음이다(즉 내가 존재한다는 확신이다)."라고 표현했다.[36] 왈뽈라 라훌라 역시 같은 주장이다. "이 욕망은 '내[我]'가 존재한다는 잘못된 생각이 그 주된 원인이다."[37] 여기서 말하는 나[我]란 실체적인 나를 의미한다. 다시 발레 뿌생의 표현을 빌리면, "분명한 것은, 어떠한 수단을 동원해서라도 모든 탐욕과 증오[瞋恚, aversion]의 근본 뿌리이자 그 어머니인 '내가 존재한다는 믿음'을 제거하지 않는 한 욕망은 다시 발생한다."는 것이다.[38]

불교가 집요하게 '나[我]'에 대한 추구를 하는 것은 이와 같은 이유 때문이다. 결코 인간의 존재문제에 대한 철학적인 호기심을 풀기 위해서가 아니다. 되풀이되는 말이지만 불교의 시작과 마지막은 오로지 괴로움과 괴로움에서 벗어나는 것, 즉 해탈·열반이다. 이것은 의학(醫學)에서 추구하는 모든 것이 '병(病)과 병에서 벗어나는 것' 즉 건강이 궁극 목적인 것과 동일하다. 실제로 『잡아함』의 「양의경(良醫經)」에서는 붓다가 자신을 '괴로움이라는 병'의 근본을 잘 다스리는 '큰 의사 왕[大醫王]'에 비유하고 있다.[39]

세하게 설명하고 있지만 너무 장황해서 요약 정리하기 어렵다.
36 La Vallée-Poussin, *Le dogme et la philosophie du Bouddhisme*, Paris, 1930, p.139.
37 Rahula, 앞의 책, p.53.
38 La Vallée-Poussin, 앞의 책, p.139.
39 『大正』2권, p.105a-b(『雜阿含』15권, 389경).

(2) 무아설

앞에서 보았듯이 불교에서는 일반적으로 인간 존재를 가리킬 때 5온(五蘊, pañcaskandha)이라고 한다. 온(蘊), 즉 skandha는 '모임[集合, 積集]'이라는 의미이다. 때로는 음(陰)이라고 표현하기도 했다. 5온은 '다섯 (요소의) 모임'이다. '색(色)이라는 육체적인 하나의 요소와 수(受)·상(想)·행(行)·식(識)이라는 네 가지 정신적인 요소의 모임'을 가리킨다. 5온은 인간 존재의 다른 이름이기도 하다. 『잡아함』은 이것을 "존재란[40] 무엇인가. 이른바 5요소[五蘊]이다. 5요소란 무엇인가. 색·수·상·행·식이다. 이것을 존재라 한다."[41]라고 한 마디로 정의했다. 같은 『잡아함』의 「각경(覺經)」에서는, "만일 모든 사문이나 바라문으로서 '내[我]'가 존재한다고 본다면 그것은 이 5요소[五蘊]에서 '나'를 보는 것이다."[42]라고 명료하게 설명하고 있다. 먼저 각각의 온에 대해 자세하게 알아보기로 한다.

① 색온(色蘊, rūpaskhanda): 색(色) 즉 rūpa는 '색깔과 형체'의 의미로서 감각적·물질적인 것이다. 인간 존재를 말할 때는 색은 육

---

40 원문에는 '有身'으로 되어 있지만 내용상으로 '五蘊'이다. 『中阿含』(58권, 『大正』 1권, p.788a)에서는 오온을 '自身'이라고 표현하기도 했다: 云何自身耶 … 世尊說 五盛陰自身. 中村元, 『原始佛敎の思想(上)』, p.116.
41 『大正』 2권, p.18c(『雜阿含』 3권, 71경); 同, p.40a-b(『雜阿含』 6권, 123경): 云何有身 謂五受陰 云何爲五 色受陰 受想行識受陰 是名有身; 同, 1권, p.788a(『中阿含』 58권, 210경, 「法樂比丘尼經」).
42 『大正』 2권, p.11b(『雜阿含』 2권, 45경, 「覺經」): 有五受陰 云何爲五 色受陰 受想行識受陰 若諸沙門婆羅門 見有我者 一切皆於此五受陰 見我; 同, 2권, p.16a-b(『雜阿含』 2권, 62경-63경).

체를 가리킨다. 육체는 물질계의 네 가지 원소인 4대(四大, catvāri mahābhūtāni) 즉 지(地)·수(水)·화(火)·풍(風)과[43] 4대로서 만들어진 소조색(所造色)이다. 소조색(upādāyarūpa)은 구체적으로 다섯 가지 감각기관인 안(眼)·이(耳)·비(鼻)·설(舌)·신(身, 피부)과 그 대상인 색(色, 形狀)·성(聲, 소리)·향(香, 냄새)·미(味, 맛)·촉(觸, 만질 수 있는 것)을 말한다.[44]

② 수온(受蘊, vedanāskhanda): 수(受) 즉 vedanā는 느껴서 그 인상을 받아들이는 감수(感受) 작용이다. 다섯 가지 감각기관[根]인 안(눈)·이(귀)·비(코)·설(혀)·신(피부)과 그 대상[境]인 색·성·향·미·촉뿐 아니라 정신적 기관인 의(意, 마음, manas)와 그 대상인 법(法, 생각, dharma)이 각각 접촉할 때 색(色, 형상)의 감수작용이 생기고 역시 성(聲, 소리)의 감수작용, 향(香, 냄새)의 감수작용, 미(味, 맛)의 감수작용, 촉(觸, 닿음)의 감수작용, 법(法, 생각)의 감수작용이 생긴다. 수온(受蘊)은 이 여섯 가지 감수작용의 모임[蘊, 集合]이다. 수에는 고수(苦受, 괴로운 감정)·낙수(樂受, 즐거운 감정)·사수(捨受, 괴롭지도 즐겁지도 않은 감정)가 있다.[45]

③ 상온(想蘊, saṃjñāskhanda): 상(想) 즉 saṃjñā는 심상(心象, image)을 구성하는 표상(表象)작용이다. 역시 여섯 가지 기관[根]과 여섯 가지 대상[境]이 접촉할 때 여섯 가지 표상작용이 생긴다. 즉 색(형상)의 표

....

43 4대의 특징으로 지(地)는 단단한 성질[堅性], 수(水)는 젖는 성질[濕性], 화(火)는 따뜻한 성질[暖], 풍(風)은 움직이는 성질[動]을 나타낸다.
44 Bareau, *Bouddha*, p.23; Rahula, 앞의 책, p.42; 中村元·三枝充悳, 『バウッダ, 佛教』, 東京, 1987, p.144; 中村元, 『原始佛教の思想(上)』, p.159; 『大正』2권, p.85a-b(『雜阿含』12권, 298경); 同, 2권, p.707b(『增一阿含』28권, 36의 5경, 『聽法品』).
45 Bareau, 위의 책, p.25; Rahula, 앞의 책, p.42; 中村元·三枝充悳, 위의 책, p.144; 中村元, 위의 책, p.159; 『大正』2권, p.9b(『雜阿含』2권, 41경); 同, 2권, p.15c(『雜阿含』3권, 61경); 同, 2권, p.707b(『增一阿含』28권, 36의 5경, 『聽法品』).

상작용, 성(소리)의 표상작용, 향(냄새)의 표상작용, 미(맛)의 표상작용, 촉(닿음)의 표상작용, 법(생각)의 표상작용이다. 상온(想蘊)은 이들 여섯 가지 표상작용의 모임이다.[46]

④ 행온(行蘊, saṃskāraskhanda): 행(行) 즉 saṃskāra는 잠재력으로서 능동적인 마음의 형성작용(形成作用)이다. 특히 의지작용(saṃcetana)을 가리킨다. 행에는 수·상·식 이외의 모든 정신 작용 즉 주의, 추리, 생각, 즐거움, 슬픔, 마음의 평온, 숙고(熟考), 덕(德)과 악덕 등이 포함된다. 여섯 가지 기관[根]과 여섯 가지 대상[境]이 접촉할 때 여섯 가지 형성작용이 생긴다. 즉 색(色, 形狀)의 형성작용, 성(소리)의 형성작용, 향(냄새)의 형성작용, 미(맛)의 형성작용, 촉(닿음)의 형성작용, 법(생각)의 형성작용이다. 행온이란 이들 여섯 가지 형성작용의 모임[集合, skhanda]이다.[47]

⑤ 식온(識蘊, vijñānaskhanda): 식(識) 즉 vijñāna는 대상을 각각 구별해서 인식하고 판단하는 작용이다. 여섯 가지 기관과 여섯 가지 대상이 접촉할 때 여섯 가지 식별작용이 생긴다. 즉 안(눈)의 식별작용(眼識), 이(귀)의 식별작용(耳識), 비(코)의 식별작용(鼻識), 설(혀)의 식별작용(舌識), 신(신체, 피부)의 식별작용(身識), 의(意, 마음)의 식별작용(意識)이

---

[46] Bareau, 위의 책, p.25; Rahula, 앞의 책, pp.43-44; 中村元·三枝充悳, 위의 책, p.144; 中村元, 위의 책, pp.159-160;『大正』2권, p.9b-c(『雜阿含』2권, 41경); 同, 2권, p.16a(『雜阿含』3권, 62경); 同, 2권, p.707b(『增一阿含』28권, 36의 5경, 「聽去品」).

[47] Bareau, 위의 책, p.25; Rahula, 앞의 책, p.44 ; 中村元·三枝充悳, 위의 책, p.144; 中村元, 위의 책, p.160;『大正』2권, p.9c(『雜阿含』2권, 41경); 同, 2권, p.16a(『雜阿含』2권, 62경); 同, 2권, p.707b(『增一阿含』28권, 36의 5경, 「聽去品」).

다. 식온(識蘊)이란 이들 여섯 가지 식별작용의 모임이다.[48]

이와 같은 5요소[五蘊]가 모여 인간의 육체와 정신을 형성하면서 '나[我]'라고 불리는 것이다. 앞에서 인용한 경전의 설명처럼(『잡아함』제 45경), "내[我]가 존재한다고 본다면 그것은 이 5요소[五蘊]에서 '나'를 보는 것이다." 이 5요소들은 하나의 '존재'를 형성하기 위해서 분리될 수 없다. 냐나띨로까(Nyanatiloka)는 "불교는 존재관에서 분리를 모른 다. 모든 정신 상태는 감각기관들(육체)에 의해 조건지어져 있으므로 이 기관들 없이 존재할 수 없다. 불교인들에게는 육체를 떠나서 정신 이 존재한다고 생각하는 것은 불가능한 일이다."[49]라고 설명하고 있 다. 『맛지마니까야』도 같은 내용을 말하고 있다. 즉 "수(vedanā)와 상 (saṃjñā)과 식(vijñāna)은 모두 결합되어 있는 것으로서 분리되어 있는 것이 아니다. 그것들을 하나하나 분리시켜 그 차이점을 내보일 수 없 다. 왜냐하면 사람은 느끼는 것[受]을 식별[想]하고 식별하는 것을 인 식하기 때문이다."[50]

5온 가운데 첫째 온(蘊)인 색(色)은 인간의 육체로서 죽은 뒤 화장 을 하면 그것은 즉시 재로 변해 흩어진다. 역시 땅속에 매장을 하는 경우에도 얼마 지나지 않아 부패되어 흙과 물로 되돌아간다. 즉 육체

---

48 Bareau, 앞의 책, p.26; Rahula, 앞의 책, pp.44-45; 中村元·三枝充悳, 앞의 책, p.144; 中村元, 앞의 책, p.160; 『大正』2권, p.9c(『雜阿含』2권, 41경); 同, 2권, p.16a(『雜阿含』2권, 62경); 同, 2권 p.84a-b(『雜阿含』12권, 295경); 同, 2권, p.707b(『增一阿含』28권, 36의 5경, 「聽法品」).
49 Nyanaponika Mahāthera, *Initiation au Bouddhisme*(S. Stork 譯), Paris, 1968, p.10.
50 *Majjhimanikāya*, 43경, PTS, I, p.352(§293); É. Lamotte, 앞의 책, p.30에서 인용.

는 지·수·화·풍 4대로 분해되어 원래의 상태로 환원해 버린다. 이와 같은 사실 앞에서 육체가 고정 불변적인 것도 실체적(實體的)인 것도 아니라는 사실을 쉽게 인정할 수 있다.[51]

그러나 정신적인 문제는 다르다. 소위 말하는 영혼이나 아뜨만(ātman)과 같은 실체적인 것이 존재해서 사람이 살아 있는 동안 정신적인 기능을 맡고 육체가 사라진 뒤에도 소멸되지 않는다고 생각한다. 이와 같은 생각을 떨쳐버리기는 쉽지 않다. 그렇기 때문에 경전은 육체[色]보다 정신적인 부분에 대해 훨씬 더 많은 설명을 하고 있다.

『잡아함』의 「무문경(無聞經)」에서는 이것을 구체적으로 서술하고 있다. 붓다에 의하면 사람[凡夫]들은 4대로 이루어진 육체에 대해서는 변화가 있는 것을 보기 때문에 애착심을 갖지 않을 수 있지만 정신적인 것[心·意·識]에 대해서는 '이것은 나[我]다, 이것은 나의 것[我所]이다'라고 애착심을 버리지 못한다. 왜냐하면 그들은 오랜 세월 동안 이것을 보호하고 아끼면서 나[我]라고 하는 것에 매달려, 얻거나 취하는 것이 있으면 '이것은 나이다, 이것은 나의 것이다'라고 하면서 그것에 대해 싫어하는 마음을 내지 못하고 탐욕심을 떨쳐버리지 못하기 때문이다.

그래서 붓다는 "차라리 육체에 대해서 '나와 나의 것이라고 얽매일지라도 '정신'에 대해서는 '나다, 나의 것이다'라고 얽매여서는 안 된다."고 가르쳤다. 왜냐하면 육체는 10년·20년·30년 내지 100년 동안 활동하는 것을 볼 수 있지만 정신[心·意·識]은 밤·낮과 때를 다

---

51 『大正』2권, p.44a(『雜阿含』 7권, 156경).

투어 생기고 소멸하기 때문이다. "이것은 원숭이가 숲속에서 쉬지 않고 이 나뭇가지에서 저 나뭇가지로 옮겨 다니는 것과 같다."고 비유를 들었다.[52]

위에서 보았듯이 정신적 요소인 수·상·행·식은 실체적 영혼(ātman)과 같은 존재의 작용에 의해 발생하는 것이 아니다. 감각기관[根]들과 그것들에 상응하는 대상[境]들과의 관계에 의해 일시적으로 발생하는 현상이다. 안[眼根, 눈]·이[耳根, 귀]·비[鼻根, 코]·설[舌根, 혀]·신[身根, 피부]·의[意根, 마음]의 여섯 가지 기관과 그것들의 대상이 되는 색[色境, 물질]·성[聲境, 소리]·향[香境, 냄새]·미[味境, 맛]·촉[觸境, 접촉할 수 있는 것]·법[法境, 생각]이 서로 관계를 가질 때 각각 안식(眼識)·이식(耳識)·비식(鼻識)·설식(舌識)·신식(身識)·의식(意識)의 여섯 가지 정신현상이 일시적으로 일어난다. 즉 여섯 가지 감각기관과 여섯 가지 대상이 관계를 가질 때 여섯 가지 식이 발생하는 것이다.

이것을 『잡아함』의 「수성유경(手聲喻經)」에서는 "두 손이 서로 마주쳐서 소리를 내는 것처럼 눈[眼]과 형상[色, 形狀]으로 말미암아 안식이 생긴다(다른 5識도 동일하다)."라고 비유로써 설명하고 있다. 이들 식이 발생하면 그 뒤를 따라 자동적으로 다른 정신적 요소들인 수·상·행이 발생한다. 이것을 여러 경전에서 다음과 같이 설명하고 있다. "눈[根]과 형상[境]을 인연하여 안식이 생긴다. 이 세 가지[根·境·識]가 합

---

[52] 『大正』2권, pp.81c-82a(『雜阿含』12권, 289경-290경, 「無聞經」①-②). 내용 요약했음.

친 것이 촉(觸 = sparśa)으로서 촉과 함께 수·상·행[思]이 (차례로) 생긴다."⁵³

이렇게 발생된 정신현상은 일시적으로 나타났다가 곧 사라져 버린다. 이것은 기관[根] 및 대상[境]들과 관계없이 독립적으로 존재할 수 없다. 난다(難陀, Nandaka) 비구는 비구니들에게 이것을 등불의 비유로서 설명했다.⁵⁴ "(누이들이여) 비유하면 기름과 심지[炷]로 말미암아 등불은 타게 된다. 그러나 기름도 변하고 심지도 변하고 불꽃도 변하고 등잔도 변한다. 그런데 기름이 없어지고 심지도 없어지고 불도 없어지고 등잔도 없어졌는데 그것들로 말미암아 일어난 등불 빛[燈光]은 변하거나 바뀌지 않는다고 말한다면 이 말은 바른 말이라고 하겠는가." 물론 그렇게 말한다면 옳지 않다. 난다 비구는 다시 큰 나무의 비유를 들어 설명했다. "나무의 줄기·가지·잎사귀·뿌리들은 모두 변하는 것으로서 이 나무의 줄기·가지·잎사귀·뿌리들이 모두 없어졌는데도 (이 나무로 말미암아 생긴) 그림자만이 변하거나 바뀌지 않고 남아 있을 수 있겠는가." 이처럼 정신적인 것은 육체적인 것보다 훨씬 더 쉽게 변하고 빨리 소멸한다는 것을 많은 경전에서 되풀이해서 설명하고 있다.

『잡아함』은 역시 다섯 가지 요소[五蘊]들이 모여 인간이라는 '존재'

---

53 『大正』2권 p.72c(『雜阿含』11권, 273경); 同, 2권, pp.87-88b(13권, 306경-308경): 緣眼色生眼識 三事和合觸 觸俱生受想思(= 行). "이 세 가지[三事]가 합칠 때 촉(觸 = sparśa라는 작용)이 생기고, 이 촉과 함께 수가 생기고 (차례로) 상과 행(行 = 思)이 생긴다."라고 번역하는 것이 좋을 것 같다. 그러나 水野弘元은 "觸이란 根·境·識이 接觸合體하는 것, 즉 根이 境을 통해서 識과 접촉하는 것."이라고 설명했다.(『佛敎の心識論』, 東京, 1978, pp.379-381).
54 『大正』2권 p.74c-75a(『雜阿含』11권, 276경).

를 구성하는 것을 수레에 비유하고 있다. "마치 여러 가지 재목[部品]이 모인 것을 사람들이 수레라 하는 것처럼 (인간 존재를 구성하는) 여러 가지 요소[衆材, 五蘊]가 인연으로 모인 것을 임시로[假] 인간 존재[衆生]라 한다."[55] 수레는 바퀴·차체(車體)·굴대[軸] 등 여러 요소가 모여 수레의 모습을 이룰 때 존재하게 되는 것일 뿐 이 요소들과 별도로 존재할 수 없다. 인간 존재도 마찬가지다. 색·수·상·행·식의 5요소[五蘊]가 모일 때 (임시적으로) 인간이라는 존재가 이루어지게 된다. 이 요소들이 흩어질 때 인간 존재는 더 이상 존재할 수 없다.

인간 존재를 구성하고 있는 이들 요소들은 모두 실체(實體)가 없다는 것을 『증일아함』은 이렇게 설명하고 있다. "색(色, 육체)은 모여 있는 거품[聚沫]과 같고, 수(受)는 떠 있는 거품[浮泡]과 같고, 상(想)은 아지랑이[野馬]와 같고, 행(行)은 (심이 없는) 파초(芭蕉) (줄기)와 같고, 식(識)은 허깨비[幻法]와 같다."[56] 거품·아지랑이·파초줄기·허깨비는 모두 실체가 없고 변하는 것들이다. 이 다섯 가지를 한 덩어리로 모아 놓아도 그것은 실체가 없고 변하는 것이다. 마찬가지로 인간 존재를 구성하고 있는 5요소[五蘊] 역시 모두 실체가 없고 변하는 것으로서 이와 같은 5요소로 구성된 인간 존재는 실체가 없고 변하는 존재일 뿐이다.

---

55 『大正』2권, p.327b(『雜阿含』45권, 1202경); 同, 1권, pp.466c-467a(『中阿含』7권, 30경)에서는 집[屋]의 비유를 들고 있다: 재목과 진흙과 물풀[水草]로써 허공을 덮으면 집[屋]이라는 이름이 생기는 것처럼, 힘줄과 뼈와 피부와 살과 피로 허공을 싸면 몸이라는 이름이 생긴다[猶如因材木因泥土因水草覆裏於空便生屋名 諸賢當知此身亦復如是因筋骨 因皮膚因肉血纏裏於空便生身名].

56 『大正』2권, p.701c(『增一阿含』27권, 35의 9경); 同, pp.68b-69a(『雜阿含』10권, 265경); 『大正』2권, pp.501a-502b(『五陰譬喩經』과 「水沫所漂經」).

이것을 달리 표현하면 5온으로 구성된 존재는 실체적인 '아(我)가 아닌 존재' 즉 비아(非我)이고 역시 그와 같은 존재에 실체적인 '아(我)가 없다는 것' 즉 무아(無我, anātman)이다. 이것이 바로 무아설(無我說)이다. 무아설은 인간 존재에 대한 부정적인 관점도 긍정적인 관점도 아니다. 이것은 인간 존재를 분석하고 고찰한 데서 나온 객관적인 사실일 뿐이다.

무아설은 불교를 다른 종교와 구별짓게 하는 가장 특징적인 교리이다. 이 점에 대해서 대부분의 학자들의 주장은 일치한다. 앙드레 바로(A. Bareau)에 의하면 "불교는 단지 인도에서뿐만 아니라 세계에서, 어느 날 끝없는 지복(至福)을 누릴 수 있는 영원한 요소 즉 (영혼과 같은) 어떤 요소가 인간에게 존재한다는 것을 단호하게 부정하는 유일한 종교이다."[57] 왈뿔라 라훌라 역시 "불교는 영혼·자아 또는 아뜨만과 같은 존재를 부정하면서 인류 사상사에 홀로 우뚝 서 있다."[58]라고 앙드레 바로와 같은 주장을 했다. 리스 데이비스(Rhys Davids)는 "무아설은 인도에서뿐 아니라 다른 곳에조차도 종교적인 신앙으로서 일반적으로 생각하는 것과는 너무나 근본적으로 정반대되는 것이고 독창적인 것이기 때문에," 사람들은 그것을 불교의 특성이라고 분명하게 말할 수 있을 것이라고 했다. 발레 뿌생, 글라제나프, 올트라마르

---

57 Bareau, *Bouddha*, p.31.
58 Rahula, *L'enseignement du Bouddha*, p.77; Oltramare, *L'histoire des idées théosophiques dans l'Inde*(II), p.199.

와 같은 학자들도 목소리를 같이 했다.[59]

무아설에 대한 오해를 피하기 위해 간과해서는 안 될 점이 있다. 불교는 있는 그대로의 인간 존재를 부정하지 않는다는 사실이다. 불교가 부정하는 것은 '영속적이고 불변하는 실체적 존재로서의 나[我]'일 뿐 일반적으로 말하는 '나 · 너 · 존재 · 개인' 등으로 표현되는 '나'는 인정한다.[60]

(3) 무아설의 실천

붓다가 정각을 이룬 뒤 5명의 비구들에게 첫 설법을 했을 때 먼저 4성제(四聖諦)를 설하고 이어서 곧 5온과 무아를 가르쳤다. 그 이후 무아설은 붓다가 가장 많이 설한 교리 가운데 하나가 되었다.[61]

『잡아함』의 「5비구경(五比丘經)」에 의하면 붓다는 최초의 제자들에게 이렇게 설했다.[62] "비구들아, 육체[色]에는 (실체적인) 나[我]가 없다. … 수 · 상 · 행 · 식에도 나가 없다. 비구들아, 너희들은 어떻게 생각하느냐. 육체는 항상[常]한가, 무상(無常)한가. (무상합니다.) 무상하다면 그것은 괴로운 것인가. (괴로운 것입니다.) 비구들아, 무상하고 괴로운 것

....
59 Rhys Davids, *Dialogues of Bouddha*(1), p.189와 pp.242-243. 역시 P. Oltramare, *L'histoire des idées théosophiques dans l'Inde*(2), p.215; Glasenapp, *La philosophie indienne*, p.235; K. Bhattacharya, *L'Ātman-Brahman dans le bouddhisme ancien*, Paris, 1973, pp.126-127.
60 W. Rahula, 앞의 책, p.82.
61 無我는 5온설 외에도 空(『雜阿含』의 371경, 『中阿含』의 190경과 191경, 『增一阿含』 35권, 41의 1경), 6入(『雜阿含』의 68경과 209경), 12處(『雜阿含』의 322경), 18界(『長阿含』의 제2경) 등의 교리로써 설해졌다.
62 『大正』 2권, p.7c(『雜阿含』 2권, 34경): 色非有我 … 受想行識亦復如是 比丘 於意云何 色爲是常爲無常耶 比丘白佛 無常世尊 比丘 若無常苦是變易法 多聞聖弟子 寧於中見是我異我相在不 比丘白佛 不也世尊 受想行識 亦復如是.

이라면 그것은 변하고 바뀌는 법이다. 그런데 거기에서 과연 '(실체적인) 나', '다른 나[異我]', '나와 다른 내가 함께 있는 것[相在]'을 보겠는가.⁶³ (아닙니다.) 수·상·행·식에 있어서도 마찬가지다." 이 내용은 첫 설법을 전하고 있는 여러 『율장』에도 나온다. 이것이 무아설의 원형이라고 할 수 있다.⁶⁴

『잡아함』에서는 무아 대신 비아(非我)라는 말이 더 자주 사용되고 있다.⁶⁵ 그러나 무아와 비아는 똑같이 anātman에서 번역된 것이다. 번역상의 차이일 뿐 그 이상의 다른 의미는 없다.⁶⁶ 역시 무상이라는 말로써 무아를 대신하는 경우도 있다. "육체[色]는 항상(恒常)한가, 무상한가. (무상합니다.) (수·상·행·식 각각은) 항상한가, 무상한가. (무상합니다.) 무상한 것은 변하고 바뀌는 법[變易法]이고 변하고 바뀌는 법은 (무아이다)."⁶⁷

무아·비아·무상이라는 말은 표현이 다르지만 모두 '5온으로 이루어진 인간 존재는 실체적이지도 불변하지도 않다'는 것을 말하고

---

63 '是我異我相在'라는 내용은 『雜阿含經』(2권 34경을 비롯해서 43경, 58경, 84경 등)에서만 볼 수 있는 번역이다. 의미가 분명하지 않다. 『中阿含』에서는(『大正』1권, p.464c와 p.465b; 同, p.498c) '是我是我所我是彼所(이것은 나다, 이것은 나의 것이다, 나는 그의 것이다)'라고 되어 있다. SN, Ⅲ, §59(PTS, 1975, 제3권 p.60)에 의하면, "This is mine; I am this; this is the Self of me"이다.

64 『南傳』3권(律部 3), pp.23-25(『大品』, 1, 1, 『初誦品』의 6); 『大正』22, p.105a(『五分律』15권); 同, p.789a(『四分律』32권). 사실 이 무아설은 내용이 상당히 정비되고 발달된 것이므로 '첫 설법'에서 설해진 것이라고 생각하기는 어렵다.

65 『雜阿含』9경-11경, 18경, 23경-24경 등: 色無常 無常即苦, 苦即非我 非我者即非我所 … 如是受想行識 無常即苦 … 非我者即非我所.

66 中村元, 『佛教語大辭典』 p.1316.

67 『雜阿含』 30경-33경 외 다수. 길게 서술된 내용을 뜻으로 간추렸음. 云何 色爲常爲無常耶 答言 無常, 若無常爲是苦耶 答言是苦耶 若無常苦是變易法 於意云何 聖弟子於中見色 是我異我相在不 答言不耶(受想行識도 동일). (無常苦是變易法) "是我異我相在不 答言不耶"를 (변하고 바뀌는 법은) "무아이다."라고 번역했음. 註66 참조 필요. 『增一阿含』35권 41의 4경(『大正』2권, p.745c): 色者無常 無常者[是苦也 苦者]無我 … 受(=痛)想行識亦復無常[苦空]無我.

있다. 이와 같은 설명만으로도 인간 존재가 무아라는 것을 이해할 수 있다. 그러나 사람들은 '실체적인 자아'에 대한 환상 또는 집착을 도무지 버리지 못한다. 온갖 가능성을 가지고 5온이라는 존재에 실체적인 아(我)가 있다는 것을 믿으려고 한다. 그래서 붓다는 가능한 모든 경우를 생각하면서 여러 가지 설명을 내놓았다.

『잡아함』에서[68] 붓다는 사람들이 5온에 대해 가지고 있는 잘못된 생각들을 철저하게 지적했다. '어리석고 무식한 범부들'은 "육체[色]를 내[我]라고 본다. 설사 그렇게 보지 않는다 해도 육체를 나의 것[我所]이라고 본다. 설사 육체를 나의 것이라고 보지 않는다 해도 육체는 나의 안에 있다고 본다. 설사 육체가 나의 안에 있다고 보지 않는다 해도 내[我]가 육체 안에 있다고 본다. 설사 내가 육체 안에 있다고 보지 않는다 해도 수(受)를 나라고 본다. 수를 나라고 보지 않는다 해도 수를 나의 것이라고 본다. 수를 나의 것이라고 보지 않는다 해도 수는 나의 안에 있다고 본다. 설사 수가 나의 안에 있다고 보지 않는다 해도 내가 수 안에 있다고 본다."는 것이다. 상·행·식에 대해서도 똑같이 하나하나 설명하고 있다(합치면 모두 스무 가지의 '아(我)'에 대한 관점[我見]이다)."

역시 5온을 과거·현재·미래라는 시간, 안과 밖[內外] 또는 멀고 가까움[遠近]이라는 공간, 그리고 거침[麤]과 미세함[細], 아름다움[好]과 추함[醜] 등의 성질과도 관련시켜 인간 존재에 실체적인 아(我)가

....
68 『大正』2권, p.14a-b(『雜阿含』3권, 57경); 同, p.21b(『雜阿含』3권, 83경). 장황한 내용을 간략하게 정리했음.

없다는 것을 설했다. 붓다는 친 아들인 라훌라(Rāhula)에게 이렇게 가르쳤다. "라훌라야, 존재하는 모든 색(色)은 (그것이) 과거에 속한 것이건 미래에 속한 것이건 현재에 속한 것이건, 안에 있는 것이건 밖에 있는 것이건, 그것이 거칠건 미세하건 아름답건 추하건, 멀리 있는 것이건 가까이 있는 것이건 그 일체는 모두 (실체적인) 아(我)가 아니고 다른 아도 아니고, 아와 다른 아가 함께 있는 것도 아니라고 관찰해야 한다." (역시 受도 과거에 속한 것이건 미래에 속하는 것이건 현재에 속한 것이건…, 想과 行과 識도 과거에 속한 것이건 미래에 속하는 것이건…, 가까운 것이건 먼 것이건, 내가 아니고 다른 나도 아니고, 나와 다른 내가 함께 있는 것도 아니다)라고 관찰해야 한다."[69] 때로는 과격한 표현을 사용하기도 했다. 붓다의 가장 큰 제자였던 샤리뿌뜨라(Sāriputra)가 야마까(Yamaka) 비구에게 "5온에 대해 그것은 병(病)과 같고 종기[癰]와 같으며 가시[刺]와 같고 죽음과 같으며 무상하고 괴로우며 공(空)이고, 내가 아니고 나의 것도 아니라고 관찰해야 한다."라고 가르쳤다.[70]

무아설이 다른 어느 교리보다 더욱 철저하고 빈번하게 설해진 이유는 이 교리가 괴로움의 근본 원인인 욕망을 소멸시키는 데 가장 효과적이기 때문이다.[71] 붓다는 무아설을 타고 있는 불에 비유하기도

----

69 『大正』2권, p.5a-b(『雜阿含』1권, 23경-24경); 同, pp.6b-7c(『雜阿含』1-2권, 30경-33경). 同, p.21b-c(『雜阿含』3권, 82경-83경, 85경); 同, pp.6b-7c (『雜阿含』1-2권, 30경-33경).
70 『大正』2권, p.31c(『雜阿含』5권, 104경); 同, p.35c(『雜阿含』5권, 110경); 同, pp.219c-220a(『雜阿含』31권, 864경, 867경, 869경); 同, p.724a-b(『增一阿含』32권, 38의 9경, 「力品」).
71 La Vallée-Poussin, Le dogme et la philosophie du bouddhisme, p.113. 역시 Silburn, Instant et cause, p.181.

했다. "마치 불을 놓아 태우면 초목이 모두 없어지는 것처럼 무상하다는 생각(무아라는 생각)을 닦으면 모든 괴로움[煩惱]을 끊을 수 있다."[72]

인간 존재는 다섯 가지 요소[五蘊]로 이루어져 있고 이 요소들은 각각 '모여 있는 거품[聚沫, 色], 떠 있는 거품[浮包, 受], 아지랑이[想], 파초줄기[行], 허깨비[識]'처럼 실체가 없고 시시각각으로 변하는 것들이다.[73] 이 무실체, 무상한 다섯 가지 요소들의 '묶음[蘊]'이 어떻게 실체적이고 항상(恒常)한 것일 수 있는가. 인간 존재가 이와 같이 무아이며 무상하다는 사실을 확실하게 이해할 때 사람들은 자신들의 존재에 대해 집착을 가지지 않게 된다. 집착(욕망)이 없으면 괴로움은 발생할 근거를 잃어버리게 된다. 이것을 붓다는 제자들에게 이렇게 역설했다. "과거와 미래의 5온도 무상[無我]하거늘 하물며 현재의 5온이겠는가. 비구들아, 이렇게 관찰하는 사람은 과거의 5온(색·수·상·행·식)을 돌아보지 않고 미래의 5온을 바라지 않으며 현재의 5온도 싫어하고 탐욕을 떠나 (그것이) 완전히 소멸한 곳으로 향한다."[74]

사실 우리가 불변적이고 실체적인 아(我)도 없고 아소(我所)도 없다는 사실을 바르게 이해할 때 무엇에 집착을 할 수 있을 것이며 누구에게 분노를 품을 수 있을 것이며 무엇에 두려움을 느낄 수 있겠는

---

[72] 『大正』2권, p.672c(『增一阿含』23권, 31의 10경): 猶如燎燒草木皆悉除盡 此亦如是 若修無常想盡除斷一切諸結; 同, 2권, p.814b(『增一阿含』49권 51의 3경).
[73] 『大正』2권, p.69a(『雜阿含』10권, 265경); 同, 2권, p.701c(『增一阿含』7권, 35의 9경). 위의 註69 볼 것.
[74] 『大正』2권, p.1c(『雜阿含』1권, 8경); 同, 2권, p.6b(『雜阿含』1권, 30경) 이하; 同, 2권, p.20a. 원문에는 '5온'이 '색·수·상·행·식'으로 되어있음.

가.⁷⁵ 이와 같은 내용은 붓다와 띳사(Tissa, 低舍) 비구 사이에 있었던 문답에서 좀 더 구체적으로 볼 수 있다. "만일 육체[色]에 대해 탐냄을 떠나고 욕망을 떠나고 사랑을 떠나며 생각을 떠나고 갈애[渴]를 떠났는데도 육체[色]가 변하거나 달라지면 그때 너는 근심·슬픔·번민·괴로움을 일으키겠는가."라고 물었다. 다른 4온(蘊)에 대해서도 같은 질문을 했다. 띳사 비구는 "아닙니다."라고 대답했다.⁷⁶

실체적인 아(我)가 존재한다는 생각이 사라지면 사람들은 그들 존재의 내적 변화에도 외부세계의 변화에도 더 이상 영향을 받지 않게 된다.⁷⁷ 그것은 마치 어떤 사람이 제따숲[祇陀林, Jetavana]의 나무 잎사귀와 가지를 모두 베어 가더라도 숲에 있는 비구들은 그로 인해 근심하거나 슬퍼하지 않는다. "왜냐하면 그 숲속의 나무들은 '나[我]'도 아니고 '나의 것'도 아니기 때문이다."⁷⁸

무아설은 종종 사람들에게 잘못 이해되어 부작용을 일으키기도 했다. 어느 때 붓다는 제자들에게 부정관(不淨觀)을 가르쳤다. 부정관이란 육체에 대한 집착을 끊기 위해 육체의 모든 부분을 하나하나 분석해서 관찰하는 수행법이다. 비구들이 자신들의 육체에 대해 깊이 관찰하자 육체에 대한 혐오감이 깊어져 많은 비구들이 자살했다. 이

---

75 Oltramare, *L'histoire des idées théosophiques dans l'Inde*(II), p.217.
76 『大正』2권, p.71b(『雜阿含』10권, 271경).
77 老·病·死와 같은 내부적인 변화, 富貴功名의 상실과 같은 외부적인 변화를 말할 수 있다.
78 『大正』2권, p.70b(『雜阿含』10권, 269경); 同, p.73a(『雜阿含』11권, 274경); 中村元 譯, 『佛弟子の告白(Theragāthā)』, p.151, 제717게.

것은 무아설과 직접 관계된 것은 아니지만 "우리의 존재인 오온을 가시와 같이 보라, 종기와 같이 보라."는 가르침에서 생길 수 있는 부작용이다. 그래서 붓다는 부정관 대신 수식관(數息觀)을 가르쳤다. 수식관이란 들숨과 날숨에 마음을 집중하는 수행법이다.[79]

  한 경에서는 무아설이 다른 종파 사람들과 말썽을 일으킨 사실도 전하고 있다. 외도들이 붓다의 큰 제자인 뿌라나(Purāṇa)에게 이렇게 질문했다. "사문 고따마가 모든 존재[有]를 끊어 부숴 버리라고 가르친다는 말을 우리는 들었다. 지금 뿌라나 존자에게 묻겠는데 과연 그러한가." 뿌라나는 자신이 이해한 대로 설명해 주었다. "나는 그렇게 알고 있지 않다. 붓다[世尊]께서 사람들을 가르치시되 모든 존재를 끊고 부숴버림으로서 아무것도 없게 하라고 말씀하셨다고 생각하지 않는다. 그럴 이치는 없다. 세존께서는, '모든 중생들은 아(我)가 있다, 나라는 교만[我慢]과 삿된 교만[邪慢]이 있다고 생각한다.'고 말씀하셨다. 그래서 세존께서는 그들을 위해 그것을 끊어 없애 버리도록 하신 것이다." 외도들은 뿌라나의 말을 듣고 불쾌하게 생각하면서 그를 꾸짖었다. 왜냐하면 뿌라나가 그들의 질문에 잘못 대답했다고 생각했기 때문이다. 뿌라나는 자신의 말이 스승의 가르침에 어긋난 것이 아닐까 걱정했다. 그의 이야기를 들은 붓다는 뿌라나의 말에 잘못이 없었다는 것을 확인해 주었다.[80]

----

[79] 『大正』 2권, pp.207b-208a(『雜阿含』 29권, 809경); 同, 1권, p.555b(數息觀)-p.556a-c(不淨觀)(『中阿含』 20권, 81의 10경).
[80] 『大正』 2권, p.248ab(『雜阿含』 34권, 966경).

3. 윤회설

1) 윤회의 의미

위에서 본 것처럼 인도의 고대 문헌에서 윤회사상이 처음으로 구체적인 모습을 드러낸 것은 가장 오래된 『우빠니샤드』에서였다. 그렇다면 불교경전에서 설해지고 있는 윤회설은 불교 자체 내에서 창안(創案)된 것이 아니고 외부에서 도입된 것임에 틀림없다.

이 점에 대해서는 모든 학자들의 주장이 일치하고 있다.[81] 앙드레 바로는 "사실 이 시기(붓다의 생존시)에는 윤회신앙이 갠지스 지역의 인도에 널리 유포되어 있었다."라고 말했다.[82] 르네 그루쎄도 그것을 긍정하고 있다. "바라문교의 교리와는 대립적으로 형성되어서 바라문교의 중심개념인 아뜨만과 브라흐만을 공격하게 될 불교는 윤회사상을 아무런 이의 없이 받아들였다."[83] 헨드릭 케른(H. Kern)과 알프레드 루쎌(A. Roussel)도 동일한 견해였다. "윤회설은 붓다의 제자들이 그 당시의 지배적이었던 사상에서 차용했다."[84] 푸쉐(A. Foucher)에 의

---

81 예를 들면, P. E. Foucaux, *Mémoire de la société sinoco-japonaise et océanienne*, tome VII (*La transmigration des âmes chez les bouddhistes*)(1888), pp.107-108; La Vallée-Poussin, *Nirvāṇa*, pp.29-30; A. David-Néel, *Le Bouddhisme du Bouddha*, Paris, 1977, p.165; Narada Mahāthera, *Présence du Bouddhisme(La doctrine du kamma)*, p.251.
82 Bareau, *Histoire des Religions*(I)(*Le Bouddhisme indien*), p.1146; 같은 저자, *Le Bouddhisme*, p.16; 같은 저자, *Bouddha*, p.10, p.14, p.16.
83 Grousset, *Les philosophies indiennes*(I), p.8과 p.44.
84 Kern, *L'histoire du bouddhisme dans l'Inde*(I), Paris, 1901-1903, p.380; A. Roussel, *Le Bouddhisme primitif*, Paris, 1911, p.241.

하면 "붓다는 그 주변의 모든 사람들처럼 인간들은 자신이 지은 업과 과보에 따라 윤회한다는 사상과 더불어 성장했다. 그래서 그에게는 이 사상이 조금도 비현실적인 것으로 보이지 않았다."[85] 냐나뽀니까(Nyanaponika) 장로는 이들과 견해를 약간 달리했다. 즉 "이 두 신앙(업과 윤회)은 붓다가 출현하기 이전에 (이미) 인도에서 지배적인 사상이었지만 불교는 그것들을 (나름대로) 설명하고 재구성했다."[86]

그렇다면 초기경전 자체 내에서는 이 윤회사상이 어떻게 나타나고 있는가. 붓다 당시 인도에서 가장 큰 사상가들이었던 6사외도(六師外道)들 가운데 니르그란타(Nirgrantha)·마스까리(Maskārī Gosāliputra)·빠꾸다(Pakudha Kātyāyana)는 윤회사상을 알고 있었다. 이 사실은 『아함경』에서 엿볼 수 있다. 니르그란타는 경전에서 니건(尼揵)이라는 이름으로 나온다. 그는 자이나교의 창시자인 마하위라(Mahāvīra)로서 업과 윤회를 그의 중심 교의로 삼고 있었다.[87] 마스까리[末迦梨]와 빠꾸다[波休迦旃]에 대해서는 『중아함』의 「사문과경(沙門果經)」과 『증일아함』의 「마혈천자품(馬血天子品)」에서 아자따샤뜨루(Ajātaśatru, 阿闍世) 왕이 붓다에게 6사외도(六師外道)들의 사상에 대해 언급한 내용에서 추측할 수 있다. 그들은 각각 "현재 생도 다음 생도 없고, (두 생의) 선과 악에 대한 과보도 없다." "한 사람이 세상에 나오면 한 사람이 죽는다. 오직 한 사람이

....

85 Foucher, *La vie du Bouddha d'après les textes et les monuments de l'Inde*, Paris, 1949, p.330.
86 Nyanaponika Mahāthera(外), *Initiation au Bouddhisme*, Paris, 1968, p.20.
87 『大正』 1권, p.628b-c(『中阿含』 32권, 133경); 同, 2권, p.147c(『雜阿含』 25권, 563경). Nirgrantha는 자이나교의 창시자인 Mahāvīra이다. A. Guérinot, *La religion Djaïna*, Paris, 1926, pp.162-166과 pp.186-204.

왔다 갔다 하면서 그 괴로움을 받는다."라고 주장했다는 것이다.[88] 이들 두 사상가는 업과 윤회를 부정하고 있지만 그들의 말에서 두 사람이 윤회설에 대해 알고 있었다는 것을 추측하게 해준다. 몇몇 경전에 의하면, 붓다는 출가를 원하는 사람들에게 수계(授戒) 전에 4개월 동안 수행할 것을 요구했지만 불(火)을 숭배했던 사화외도(事火外道, Jaṭila)들에게는 즉시 계를 주고 제자로 받아들였다. "왜냐하면 그들은 업(業, karman)을 믿고 있었기 때문이었다."[89]

초기경전에서 전하고 있는 이와 같은 사실들에 의해 붓다 당시에 붓다가 활동했던 지역에는 상당히 넓게 윤회사상이 퍼져 있었다는 것을 알 수 있다. 게다가 몇몇 경전은 붓다 자신도 정각을 이루기 전에 이미 이 사상을 믿고 있었다는 사실을 알게 해준다. "비구들아, 나는 아직 정각을 성취하지 못한 보살(수행자)이었을 때 정념(正念)하여 이렇게 생각했다. '참으로 이 세상은 괴로움에 빠져 있다. 태어나고 늙고 쇠해지고 죽어서 다시 태어난다.'"[90] "(역시 정각 전에) 나는 이 삼매에 들어 … 과거 무수한 겁(劫)의 전생 일을 알게 되었다. 그때 나는 1생(生)·2생·3생 … 10생·20생 … 100생 …을 모두 알게 되었다. 즉 나는 어디서 태어났으며 이름은 무엇이었던가, 어떤 음식을 먹었고 어떤 괴로움과 즐거움을 받았던가, 저기서 죽어 여기서 태어나고 여기서 죽

---

88 『大正』1권, p.108a-b(『中阿含』17권, 27경); 同, 2권, p.763b(『增一阿含』39권, 43의 7경).
89 *Majjhimanikāya*, Ⅰ, p.401; La Vallée-Poussin, *Bouddhisme, opinion sur l'histoire de la dogmatique*, p.67(*Mahāvagga*, i, 38, 11); 같은 저자, *La morale bouddhique*, Paris, 1927, p.24;『大正』2권, p.247a(『雜阿含』34권, 964경) 참조. 『梵和大辭典』, 講談社, 東京, 1986, p.488에서는 Jaṭila는 結髮苦行者라고 되어 있다.
90 *Saṃyuttanikāya*, Ⅱ, 12, 10(PTS, 1982, p.6);『大正』2권, pp.79c-80a(『雜阿含』12권, 285경).

어 저기서 태어난 인연의 처음과 끝을 모두 밝게 알게 되었다."[91]

대부분의 학자들은 윤회사상이 바깥에서 불교에 도입된 것이라고 생각하지만 좀 더 정확하게 말한다면 불교는 윤회신앙과 함께 시작했다고 해야 할 것이다. 처음부터 불교는 윤회사상을 외래적인 것으로서가 아니라 불교의 정통사상으로 생각했었다. 『아함경』의 많은 곳에서 "선과 악의 업도 없고 그 과보도 없으며 이 세상도 저 세상도 없다."고 생각하는 것은 삿된 견해[邪見]라고 가르치고 있다.[92] 『마하바스뚜[大事]』에서 붓다는 "비구들아, 나는 단 한 가지 사실 즉 업(karman)만을 가르친다."라고 선언하기까지 했다.[93]

알프레드 푸쉐에 의하면 불교는 모든 교리를 윤회설 위에다 세웠으므로 이 사상 없이는 붓다의 교리체계가 무너져 버린다는 것이다. "업사상이 부정되면 불교는 그 바탕에서부터 무너져 버릴 것이다. 마치 지동설(地動說)이 나오자 고대 천문학설이 그렇게 되었던 것처럼."[94] 이와 같이 불교가 그 시작부터 윤회설을 하나의 핵심 사상으로 삼았다는 것은 의심의 여지가 없다. 그렇지만 인도의 다른 종

----

91 『大正』2권, p.666b(『增一阿含』23권, 31경); Bareau, *Recherches sur la biographie du Bouddha dans les Sūtrapiṭaka et les Vinayapiṭaka anciens*, Paris, 1963, p.76; 같은 저자, *Bouddha*, p.16, Bareau는 "이와 같은 사실은 붓다가 윤회를 믿고 있었다는 사실을 확인하게 해 준다."라고 썼다.
92 『大正』2권, p.437c(『中阿含』3권, 15경); 同, p.735c(『中阿含』19권, 189경); 同, p.271c(『雜阿含』37권, 1037경).
93 *Mahāvastu*(Ⅰ), p.246, 2; La Vallée-Poussin, *Dogmatique bouddhique, la négation de l'âme et la doctrine de l'acte*, JA, 1902(Ⅱ), p.225.
94 Foucher, *Les vies antérieures du Bouddha*, p.26.

교들에서 말하는 윤회설과 불교의 윤회설 사이에는 큰 차이점이 있다. 인도의 다른 종교들에서는 ātman(自我) 또는 jiva(靈魂)와 같은 윤회의 주체를 인정하지만 불교에서는 그와 같은 주체를 부정한다. 즉 '무아·윤회(無我·輪廻)'를 가르친다. 『잡아함경』(335경)에서는 "업과 과보는 있지만 그것을 짓는 자는 없다[有業報而無作者]."라고 분명하게 한 마디로 불교윤회의 특성을 말하고 있다.[95] 이것을 발레 뿌쌩은 "윤회(transmigration, saṃkranti, 移轉)는 없지만 새로운 생존(punarbhava, 後有)은 있다."[96]라고 표현했다. 스리랑카의 학승 나라다(Narada)는 더욱 분명하게 주장했다. "이 교리[無我輪廻]는 (일반) 윤회설(transmigration 또는 réincarnation)과 구별되어야 한다. 왜냐하면 불교는 불변적이고 영원한 영혼의 존재를 인정하지 않기 때문이다."[97] 그래서 몇몇 학자들은 산스끄리뜨어로 '윤회'라는 말인 'saṃsāra'를 번역할 때 불교의 경우에는 transmigration(移住)이나 réincarnation(再肉身化)이라는 말 대신 renaissance(再生, rebirth) 또는 transmission(傳達)이라는 말을 선호했다.[98]

---

95 『大正』2권, p.92c(『雜阿含』13권, 335경); 『大正』3권, p.608a(『方廣大莊嚴經』11권, 「轉法輪品」26-1): 雖無作者及受者 善惡之法而不敗亡; La Vallée-Poussin, 위의 논문, p.255.
96 La Vallée-Poussin, *La morale bouddhique*, Paris, 1927, p.138.
97 Ven. Narada, *La doctrine bouddhique de la Renaissance*, Paris, 1953, p.51; Nyanaponika Mahāthera, *Initiation au Bouddhisme*, p.22.
98 La Vallée-Poussin, *Bouddhisme, opinion sur l'histoire de la dogmatique*, p.55; E. de Henseler, *L'âme et le dogme de la transmigration dans les Livres sacrés de l'Inde ancienne*, p.78; Nyanaponika Mahāthera, 앞의 책, p.49.

2) 윤회의 내용

윤회는 3계(三界) 또는 5도(五道)를 통해 전개된다. 3계와 5도는 내용은 같지만 분류하는 방법에 의해서 다르게 표현된 것이다. 3계와 5도는 존재[衆生]들이 생사를 되풀이하면서 끝없이 윤회를 펼치는 전 영역이다.

삼계란 욕계(欲界) · 색계(色界) · 무색계(無色界)이다. 불교의 우주관에 따르면 3계는 수메루(Sumeru) 산을 중심으로 해서 그 주위에 위치하고 있다. 욕계는 수메루 산의 아랫부분에, 색계는 중간 부분에, 그리고 무색계는 그 정상에 있다.[99]

① 욕계에는 욕망의 생활을 하는 존재들이 살고 있다. 지옥·아귀·축생·인간, 그리고 6욕천(六欲天)과 같은 저급한 신들이 사는 세계다. 욕계에는 도덕적인 가치와 윤리적인 상과 벌이 있고 또한 지식(知識)과 지식의 대상이 있고 업과 업을 짓는 존재들이 거주하는 곳이다.[100]

② 색계는 욕망을 떠나 정신적인 즐거움만 누리는 신들이 사는 곳이다. 이곳은 절묘(絶妙)한 물질로 구성되어 있다. 4선(四禪)에 해당되는 4층으로 이루어져 있고[四禪天] 각 층에는 몇 개씩의 부속 층들이 있다.[101]

....

99 Filliozat, *L'Inde classique*(Ⅱ), pp.524-525(§2259-1160); Bareau, *Le Bouddhisme*, p.43;『長阿含』18권-22권(『大正』1권, pp.114b-149c)에서「世記經」이라는 이름으로 불교의 우주관에 대해 매우 복잡하고 장황한 설명을 하고 있다.
100 Filliozat, *L'Inde classique*(Ⅱ), p.525(§2260); Bareau, *Le Bouddhisme*, p.43; Oltramare, 앞의 책(Ⅱ), p.226; 中村元,『佛敎語大辭典』, p.457.
101 『大正』1권, p.136a(『長阿含』20권, 30경 4의 8). 여기서는 22天을 말하고 있다. 그러나

③ 무색계는 이름이 나타내고 있는 것처럼 모든 물질적인 공간이나 조건을 초월한 세계이다. 이 세계는 비물질적인 4천[四無色天]으로 이루어져 있는데, 4무색정(四無色定)이라는 정(定)을 닦은 사람들이 여기에 간다. 무색계에는 육체도 없고 욕망도 없는 순수한 정신적인 존재[神]들이 살고 있다.[102]

5도(五道)는 지옥도(地獄道), 아귀도(餓鬼道), 축생도(畜生道), 인간도(人間道), 천도(天道)이다. 처음의 3도는 악도(惡道)라 하고 뒤의 2도는 선도(善道)라고 한다. 이와 같은 도(세계)에 살고 있는 존재들은 그들이 전생에 지은 업(業)에 따라 현생에서 그 과보를 받고 있다(부파불교에서 아수라도(阿修羅道)가 첨가되면서 6도가 된다).[103]

① 지옥도:『장아함』19권의「지옥품(地獄品)」에 의하면 8개의 지옥이 있고 이 8개의 지옥마다 다시 16개의 소(小)지옥이 있다. 지옥들은 세계와 세계 사이 또는 지하에 위치하고 있다. 이곳에 살고 있는 존재들은 그들이 지은 악업의 결과가 다할 때까지 긴 세월 동안 많은 고통을 받는다.[104]

Lamotte(앞의 책, p.35)와 中村元(위의 辭典, p.457)에 의하면 17天이다.
102 Filliozat, 앞의 책, p.526(§2262); Bareau, *Le Bouddhisme*, p.43.
103 Filliozat, 앞의 책(Ⅱ), p.529(§2266);『大正』2권, p.112b(『雜阿含』16권, 431경); 同, p.242b-c(『雜阿含』35권, 948경과 950경).
104 『아함경』에서는 지옥과 그곳에서 받는 고통에 대해 자세하게 묘사해 놓았다. 특히『長阿含』19권, 4경;『中阿含』53권, 199경;『增一阿含』24권, 32의 4경; Bareau, 앞의 책, p.44; Filliozat, 위의 책, p.592(§2267).

② 아귀도: 아귀들은 지상이나 세계와 세계 사이에서 살고 있다. 아귀들은 바늘구멍만한 입을 가지고 있기 때문에 항상 배고픔과 목마름 때문에 고통을 받는다.[105]

③ 축생도: 이곳에 살고 있는 존재들은 벌레·물고기·새·짐승·용뿐 아니라 물이나 삼림 속에 살고 있는 낮은 등급의 신들이다.[106]

④ 인간도: 인간들은 중간적인 장소를 차지하고 있다. 아래로는 축생·아귀·지옥의 세계가, 위로는 신들의 세계가 있다. 인간도에 태어나는 것은 큰 혜택이다. 이 도에는 괴로움[苦]도 있지만 이 도에서만이 열반·해탈을 이루기 위해 필요한 수행을 할 수 있다. 역시 업을 짓는 것도 오직 이 인간도에서다. 여기서만이 윤리적인 생활을 하기 때문이다. 다른 도에서는 업을 소비할 뿐이다.[107]

⑤ 천도: 신들의 활동영역과 그들이 머무는 장소들은 다양하다. 신들의 거주지는 욕계의 일부에서부터 모든 색계와 무색계에 미친다. 『장아함』(20권 제4)에 의하면 천도는 욕계에 8천(天), 색계에 22천, 무색계에 4천이 있다.[108]

신들은 전생에 지은 선업에 의해서 장수와 지복(至福)을 누린다. 그들은 일생이 매우 길지만 다른 존재들처럼 단지 한정된 기간의 삶

---

105 『大正』2권, p.767a(『增一阿含』40권, 44의 7경, 「九衆生品」); Bareau, 앞의 책, p.44; Filliozat, 앞의 책, p.592(2267).
106 『大正』1권, p.761b(『中阿含』53권, 199경); Bareau, Le Bouddhisme, p.44; Filliozat, 앞의 책, p.529, §2267.
107 Bareau, 앞의 책, p.44; Filliozat, L'Inde classique(II), p.533(§2272)과 pp.541-542(§2286); Oltramare, 앞의 책(II), p.226.
108 『大正』1권, pp.135c-136a(『長阿含』20권, 30경 4分 8); Lamotte(앞의 책, p.35)에 의하면 27天뿐이다.

을 살 뿐이다. 그들이 누리는 큰 행복으로 인해 괴로움에 대한 진리 즉 고성제(苦聖諦)를 이해할 수 없다. 그것은 해탈을 추구하는 데 장애가 된다. 신들은 이전에 지은 공덕이 다하면 천도(天道)를 떠나 다른 세계에 다시 태어나게 된다.[109]

윤회는 시작이 없다. 그 길이는 거의 무한하다. 살아 있는 모든 존재는 시작이 없는 때로부터 그들이 지은 업이 완전히 다할 때까지 3계와 5도를 통해 이 생(生)에서 저 생으로 끊임없이 떠돌아다닌다. 초기경전에는 윤회의 길이를 나타내는 다음과 같은 표현이 자주 나온다. "중생들은 시작이 없는 생과 사로부터 지금까지 오랫동안 윤회하면서 괴로움[苦]의 끝을 알지 못한다."[110] 그리고 붓다는 여러 가지 비유로써 제자들에게 윤회의 길이를 이해시키려고 했다. 『잡아함』 33권의 「혈경(血經)」에서 이렇게 질문했다. "비구들아, 너희들은 어떻게 생각하느냐. 갠지스 강의 많은 물이 큰 바다로 흘러들어 가는데, 그 동안 흐른 물과 너희들이 과거 오랫동안 생사에 윤회하면서 파괴된 몸에서 흘린 피[血]와 비교해서 어느 쪽이 더 많겠는가." "저희들이 과거 오랫동안 생사에 윤회하면서 파괴된 몸에서 흘린 피가 훨씬 더 많습니다. 그것은 갠지스 강의 물보다 백천만 배나 더 많습니다."[111]

일반적으로 윤회는 끊임없이 돌고 도는 순환(循環)처럼 묘사되고

---

109 Bareau, *Le Bouddhisme*, pp.44–45; Filliozat, 앞의 책(Ⅱ), p.530(§2269).
110 『大正』 2권, p.241a(『雜阿含』 34권, 939경); 同, p.243b(『雜阿含』 34권, 955경).
111 『大正』 2권, p.240b-c(『雜阿含』 33권, 937경(『血經』), 938경(『淚經』) 외 939경–941경; 同, p.814a-b(『增一阿含』 49권 51경의 1과 2).

있다.[112] 한역경전에서는 saṃsāra를 항상 윤회(輪廻)라고 번역하고 있는데 이것은 글자 그대로 회전(廻轉) 또는 선회(旋廻)를 의미하는 말이다. 『아함경』에서는 이렇게 설명하고 있다. "비유하면 힘센 남자가 다섯 개의 살[節]로 된 바퀴를 쉬지 않고 굴리는 것처럼 중생들은 5도(五道)의 바퀴를 굴려 지옥·축생·아귀 세계에 떨어지고 인간과 천상세계에 태어난다."[113] 이처럼 윤회는 항상 일종의 순환처럼 설명되고 있다. 그러나 사실은 3계와 5도를 회전운동처럼 그렇게 차례로 도는 것은 아니다. 『잡아함』의 여러 곳에서 "지옥에서 목숨을 마치고 인간으로 태어나는 사람, … 지옥에서 목숨을 마치고 도로 지옥에 태어나는 사람, … 지옥에서 목숨을 마치고 천상에 태어나는 중생, …."이라든지,[114] "어리석고 무식한 범부들은 천상에서 목숨을 마치면 지옥·축생·아귀 가운데 태어난다."[115]라고 설명하고 있다. 천상에서 인간으로, 인간에서 축생으로, 축생에서 아귀로, … 이렇게 윤회하는 것이 아니라, 천상에서 바로 지옥으로 떨어질 수도 있고, 인간에서 다시 인간으로, 지옥에서 인간이나 다시 지옥으로 윤회한다는 것이다.

---

112 예를 들면 Przyluski, *La Roue de la vie à Ajantā*, JA, 1920(II), p.314 이하.
113 『大正』2권, p.243b(『雜阿含』34권, 955경).
114 『大正』2권, p.112b와 p.114c(『雜阿含』16권, 432경과 442경).
115 『大正』2권, p.219b(『雜阿含』31권, 861경-863경).

3) 윤회의 주체

(1) 문제의 제기

무아·윤회를 내세우는 불교는 윤회의 주체로서 영속하는 실체를 인정하지 않는다. 그렇다면 누가 업(業, karman)을 짓고 누가 그 업의 결과[果報]를 받는가. 발레 뿌쌩이 말한 것처럼 "(윤회의 주체인) 자아를 부정하는 것은 과보와 윤회를 부정하는 것이다."[116]라고 생각할 수도 있다. 그렇지만 불교에서는 "윤회의 주체는 존재하지 않지만 업도 있고 과보도 있고 윤회 역시 있다."고 주장한다. 『잡아함』의 「제일의공경(第一義空經)」은 한마디로 이것을 "업과 과보는 있지만 업을 짓는 자는 없다[有業報而無作者]."라고 설명하고 있다.[117] 그러나 실제로 이것이 어떻게 가능한가.

사실 '무아와 윤회'라는 이 주제에 대해 만족할 만한 답을 얻기란 쉽지 않다. 초기경전은 붓다의 생존 당시부터 이 문제가 제기되었다는 것을 전해 주고 있다. 한 경(經)에 의하면 붓다가 여러 비구들에게 '자아와 무아문제'에 대해 가르치고 있을 때 한 비구가, "만일 '아(我)'가 없다면 아가 없는 업을 지을 것인데 미래 세상에 누가 그 과보를 받는가."라는 생각을 했다. 이와 같은 의문은 무아와 윤회문제에 있어서 당연한 것이라고 할 수 있다. 그러나 붓다는 이 의문을 품은 비

116　La Vallée-Poussin, *Bouddhisme, opinion sur l'histoire de la dogmatique*, p.55.
117　『大正』 2권, p.92c(『雜阿含』 13권, 335경); 同, 3권, p.608a(『方廣大莊嚴經』의 11): 雖無作者及以受者 善惡之法而不敗亡; 同, 24권, p.136a(『根本有部毘奈耶破僧事』 7권).

구를 '어리석어 지혜도 없고 (가르침에) 밝지도 못한' 사람[愚癡人 無智明]으로 취급했다. 이 경의 편찬자 역시 그를 '미련하고 무식한 사람[鈍根無知]'이라고 하면서, "그는 무명에 덮여서 나쁜 사견을 일으켜 이렇게 생각하였다."라고 꾸짖었다.[118] 붓다와 이 경의 편찬자는 이와 같이 중요한 의문을 제기한 그 비구의 의문을 풀어주기는커녕 그를 왜 이렇게 호되게 꾸짖었을까. 이 문제는 붓다 당시에 이미 터부[taboo, 禁忌]가 되어 있었던 것은 아닐까.

게다가 이 문제에 대한 붓다의 설명은 제기된 의문에 기대되는 답이 아니었다. 붓다는 "만일 이렇게 의심한다면 먼저 그것을 설명하리라. 어떤가, 비구들아, 육체[色]는 항상한 것인가, 무상한 것인가."라고 물었다. 비구들은 "무상한 것입니다."라고 답했다. 붓다와 제자들 사이에 문답은 계속되었다. "무상한 것이라면 그것은 괴로운 것인가." "그것은 괴로운 것입니다." "무상하고 괴로운 것이라면 그것은 변하고 바뀌는 법이다. 그런데도 많이 아는 거룩한 제자로서 과연 '육체[色]에 대해서 나[我]다, 다른 나[異我]다, 나와 다른 내가 함께 있는 것이다[相在].'라고 보겠는가." "아닙니다. 세존이시여." "수·상·행·식(즉 정신)에 대해서도 마찬가지다."[119]

---

118 『大正』2권, p.15a(『雜阿含』2권, 58경): 爾時會中復有異比丘 鈍根無知 在無明殼起惡邪見 而作是念 若無我者 作無我業 於未來世 誰當受報.
119 『大正』2권, pp.15a와 16a(3권 58경): 云何比丘 色有常耶 爲非常耶 答言無常 世尊 若無常者 是苦耶 答言是苦 世尊 若無常苦是變易法 多聞聖弟子 於中寧見是我異我我相在不 答言不也 世尊 受想行識 亦復如是. "是我異我相在"에 대한 분명한 의미를 이해하기 어렵다. "나와 다른 내가 함께 있는 것이다."라는 번역도 가능하다. 『잡아함경』1권, p.57, p.63, p.65(동국역경원, 1985).

붓다가 한 이 설명은 '5온은 무아'라는 것을 말할 때 항상 사용하는 내용이다.[120] "자아가 없다면 다음 세상에서 누가 그 과보를 받는가."라는 질문에 대한 답은 아니다. 그렇다면 초기경전은 이 문제에 대한 답을 주지 않고 있거나 이 문제를 해결할 수 없었던 것이었을까.

우리 시대에 와서도 역시 학자들은 이 문제에 대해 계속 많은 논쟁을 해오고 있다. 릴리얀 실번은 "업설과 무아설은 불교사상에서 양립(兩立)할 수 없다."라고 말했다.[121] 앙드레 바로에 의하면, "이 모순들 가운데 가장 중대한 것은 과보설과 무아설 사이에 존재하는 모순이다."[122] 뽈 올트라마르 역시 같은 생각이었다. "붓다의 설법은 매우 장황하지만 이 문제(무아와 윤회)에 대해서는 분명하게 답을 한 적이 한 번도 없었던 것 같다."[123]

왈뽈라 라훌라와 뽈 뮈스(Paul Mus)의 견해는 위에서 본 학자들과 다르다. 왈뽈라 라훌라는 *L'enseignement du Bouddha*(붓다의 가르침)에서 무아문제에 대해서는 길게 설명한 뒤 윤회와 그 주체문제에 대해서는, "붓다 자신만큼 이 문제에 대해 답을 더 잘 해줄 수 있는 사람은 아무도 없다."라고 하면서 경전의 내용을 간단하게 소개했다. 즉 한 비구가 이 문제에 대해 질문하자 붓다는 "비구들아, 나는 너희들에게 어디에서나 어떤 것에서나 연기법을 보라고 가르쳤다."는 것이다.[124]

---

120 『大正』2권, p.7a(『雜阿含』1권, 32경); 同, p.7b(『雜阿含』2권, 33경).
121 L. Silburn, *Instant et cause*, pp.189-190.
122 A. Bareau, *Le Bouddhisme*, p.109.
123 P. Oltramare, 앞의 책(II), p.171.
124 Rahula, *L'enseignement du Bouddha*, p.95; *Majjhimanikāya*, PTS, Ⅲ, p.19; *Saṃyuttanikāya*, PTS, Ⅲ, p.103.

그러나 우리가 위에서 보았던 것처럼 윤회와 그 주체(主體)에 대한 문제가 제기되었을 때 붓다가 했던 답은 그와 같은 것이 아니라 "5온은 자아가 아니다."라는 것이었다. 설사 왈뽈라 라훌라가 말한 것처럼 이 문제에 대한 답으로서 붓다가 연기법을 말했다고 해도 그것은 이 문제에 대한 설명으로는 마땅한 내용이 아닌 것처럼 보인다.

뽈 뮈스는 자신의 견해를 말하기 전에 먼저 발레 뿌쌩의 주장을 소개했다. "그는 여러 학자들에 뒤이어 이 부조리를 해명하는 데 오랫동안 헛되게 많은 노력을 바쳤다. 그의 마지막 말은 어떤 역사적 우연으로 말미암아 하나의 동일한 종교에 근원이 다를 뿐 아니라 논리적으로 양립될 수 없는 두 이론, 즉 윤회에 주체가 없다는 이론[無我說]과 윤회의 책임이론[果報說]이 모이게 되었다."는 것이다."[125] 뽈 뮈스는 발레 뿌쌩의 이와 같은 주장에 찬성하지 않았다. 그는 "우리의 자료에서는 아무것도 이 가정을 확인해 주지 않는다. 양립되지 않는 이 두 가지 (교의)는 실제로는 양립되고 있다는 것을 처음부터 보여주고 있다."고 말하면서, 계속해서 "그 두 교의(敎義)의 양립 문제는 단순한 토론거리가 아니다. 그것은 사실 속에 분명히 나타나 있다. 따라서 표면상의 불양립은 타당치 않은 방법으로 문제를 제기한 데에 그 원인이 있다."라고 결론을 내렸다.[126] 케른(H. Kern)은 뽈 뮈스보다 더 멀리 갔다. 그의 주장에 의하면, "업설과 무아설은 신앙에 뿌리를

---

125 Paul Mus, *La Lumière sur les six Voies*(Institut d'Ethnologie, XXXV, 1931), Introduction, p.xix. La Vallée-Poussin의 논문들 가운데서 이와 같은 설명은 찾을 수 없었다.
126 Mus, 위의 책, p.xix.

내린 계시(啓示)된 신조(信條, credo)에 의해서 양립된다."[127]

'무아·윤회 문제'가 일부 학자들이 주장하는 것처럼 처음부터 어려움 없이 해결되었다면 왜 붓다 당시부터 우리 시대에 이르기까지 불교교리 가운데서 가장 풀기 어려운 문제 중의 하나가 되었겠는가. 역시 왜 이 문제가 부파불교 성립의 중요한 원인의 하나로까지 되었겠는가. 이와 같은 사실만 보더라도 이 문제가 그렇게 쉽게 해결될 수 없었다고 할 수 있다.

앙드레 바로에 의하면 "이 모순을 알게 된 몇몇 불교 논사(論師)들은 자신들에게 야기된 지적(知的)인 동요를 가라앉히기 위해서 뿐 아니라 역시 다른 종교들의 공격에 대응하기 위해 이 문제에 대한 설명을 모색하기 시작했다."[128] 그 결과 붓다의 반열반 후 약 2세기경부터 여러 가지 설(說)이 나오게 되었고 이로 인해 몇 개의 부파들이 형성되었다. 그것들은 자아(自我)인 뿟갈라(pudgala, 補特伽羅)설, 정신적 원리인 식(識, vijñāna)설, 상속원리(相續原理)인 상따나(saṃtāna)설이었다.[129]

초기경전 가운데 볼 수 있는 이와 같은 여러 가지 설명과 더불어

---

127 La Vallée-Poussin, *Dogmatique bouddhique, la négation de l'âme et doctrine de l'acte*, JA, 1902(Ⅱ), p.263에서 재인용.
128 Bareau, *Présence du Bouddhisme(Richesse et diversité de la pensée bouddhique ancienne)*, (France-Asie, t. ⅩⅥ), p.453.
129 Bareau, *Le Bouddhisme*, pp.109-111; 같은 저자, *Présence du Bouddhisme(Richesse et diversité de la pensée bouddhique ancienne)*, pp.453-455; Lamotte, 앞의 책, pp.672-673; Fillioza, *L'Inde classique*(Ⅱ), pp.542-543(§2287-2288); Bareau에 의하면(*Les sectes bouddhiques du petit véhicule*), p.116, thèse 3(뿟갈라설), p.144, thèse 46(상속설); Pudgala(補特伽羅說)는 犢子部와 正量部, Vijñāna(識說)는 長老部와 分別說部, 大衆部, 化地部, Saṃtati(상속설)는 說一切有部와 經量部가 주장했다.

두 가지 가정을 할 수 있다. 첫째 이 설명들이 붓다 생존 당시에 이미 있었다는 것, 둘째 우리에게 전승된 초기경전들이 현재의 형태로 고정되기 전에 부파불교 사상의 영향을 받았을 것이므로 우리가 추구하고 있는 문제에 대해 이 경전들이 하고 있는 설명은 여러 부파의 영향 밑에서 후기에 도입되었을 것이라는 점이다.[130] 이상의 두 가지 설명은 가정에 불과하다. 이와 같은 설명은 그대로 두고 이 연구에서는 현재 전해지고 있는 가장 오래된 경전인 『아함경』에서 찾을 수 있는 설명들을 있는 그대로 추구해보기로 하겠다.

(2) 뿟갈라설

『잡아함』의 「중담경(重擔經)」은 인간 존재에 5온 외에 다른 '요소'가 있다는 것을 암시하고 있다. 그것을 붓다는 제자들에게 이렇게 설명했다. "나는 지금 짐[重擔]과 짐을 짊어지는 것[取擔], 그리고 짐을 내려놓는 것[捨擔]과 짐꾼[擔者]에 대해 말하겠다. 자세히 듣고 잘 생각하여라. … 짐이란 무엇인가. 그것은 (색·수·상·행·식의) 5온(五蘊)이다. … 짐꾼이란 무엇인가. 그것은 뿟갈라(pudgala, 士夫)이다. 뿟갈라는 '이러한 이름과 성을 가지고, 이러한 삶을 살고[如是生], 이러한 음식을 먹고, 이러한 괴로움과 즐거움을 받는' … (존재이다)."[131]

---

130 Bareau, *Le Bouddhisme*, p.30; 水野弘元(外), 『佛敎解題事典』(p.61)에 의하면 『長阿含』은 법장부(法藏部), 『中阿含』과 『雜阿含』은 설일체유부(說一切有部), 『增一阿含』은 대중부(大衆部)의 전승이다.
131 『大正』2권, p.19a(『雜阿含』3권, 73경); 我今當說重擔及受擔捨擔擔者 … 云何重擔 謂五受陰 … 云何擔者 謂士夫是 士夫者 如是名 如是生 如是姓族 如是食 如是受苦樂 …; 同, p.631c(『增一阿含』17권, 25의 4경); 역시 『大正』2권, p.88a(『雜阿含』13권, 306경): 此四無色陰(受想行

왈뽈라 라훌라의 설명에 의하면, "우리가 '존재'라고 부르는 이들 5요소의 집합체, 즉 5온은 괴로움 그 자체이다. 이 5온의 배후에 있으면서 괴로움을 느끼는 다른 '존재' 또는 '자아'는 없다. … 생각의 배후에 생각하는 자는 없다. 생각 그 자체가 '생각하는 자'이다."[132] 그렇지만 이 짐꾼의 비유에서는 5온 외에 존재하는 '다른 것'이 있고 그것이 괴로움과 즐거움을 느낀다는 것이다. 앙드레 바로에 따르면 이 '짐꾼(pudgala)'은 아뜨만 또는 지와(jīva)와 같은 명백한 실체로 간주되는 자아(自我)이다. 그리고 그 자아가 한 생에서 다른 생으로 윤회한다는 것이다.[133] 발레 뿌쌩도 같은 주장을 하고 있다. 즉 "뿟갈라가 업을 짓고 윤회를 하고 과보를 받고 열반에 이른다. … 그러므로 뿟갈라는 실체이고 자아이다."[134]

뿟갈라의 존재를 지지하는 사람들은 "다른 비구들의 강력한 반대에 부딪치게 되었을 것"이라고 앙드레 바로는 추측한다. 그래서 뿟갈라 지지자들은 "이 개념을 중심으로 해서 '뿟갈라'의 개체를 이루는 여러 요소(즉 五蘊)들과 동일하지도 않고 다르지도 않다는 설, 즉 비즉온비리온설(非卽蘊非離蘊說)을 만들었다."[135] 이것을 발레 뿌쌩은 '혼합설(混合說, définition hybride)'이라고 했다.[136]

....

識) 四大(色) 士夫(pudgala)所依 此等法名爲人; *Saṃyuttanikāya*, PTS, Ⅲ, 1975, pp.24-25.
132 Rahula, *L'enseignement du Bouddha*, pp.48-49.
133 Bareau, *Le Bouddhisme*, p.109.
134 La Vallée-Poussin, *Nirvāṇa*, pp.37-38; Lamotte(앞의 책, p.673)도 "이 自我(pudgala)가 이 세상에서 저 세상으로 윤회하는 유일한 다르마(dharma)이다."라고 주장한다.
135 Bareau, 위의 책, p.85; 같은 저자, *Présence du Bouddhisme(Richesse et diversité de la pensée bouddhique ancienne)*, p.453.
136 La Vallée-Poussin, 위의 책, pp.36-37.

이 문제에 대해서 이미 『아함경』은 케마까(Khemaka, 差摩) 비구와 여러 비구들과의 토론을 통해 설명하고 있다.[137] 케마까 비구는 비구들에게 "육체[色]는 '내[我]'가 아니고 '나'는 육체와 다르지도 않다. 수·상·행·식은 내가 아니고 나는 그것들과 다르지도 않다."라고 말했다. 비유를 들어 "연꽃(여러 가지 연꽃 이름을 들고 있다)의 향기와 같다. 즉 뿌리가 향기인가, 향기는 뿌리와 다른 것인가, 줄기·잎·꽃술·꽃가루[精麤]가 향기인가, 향기는 그 꽃가루와 다른 것인가 또는 같은 것인가."라고 물었다. 비구들은 "연꽃의 뿌리가 향기가 아니고, 그렇다고 향기는 뿌리와 다른 것도 아니며 또한 줄기·잎·꽃술·꽃가루가 향기가 아니고 그렇다고 향기는 꽃가루와 다른 것도 아니다."라고 답했다. 이와 마찬가지로 뿟갈라는 5온과 같은 것이 아니지만 그렇다고 5온과 다른 것도 아니라는 것이다.

(3) 식설

식은 감각기관과 그 대상이 만날 때 발생하는 정신적인 현상이라는 것을 위에서 보았다. 식은 아뜨만이나 지와(jīva)와 같은 불변적이고 상주(常住)하는 '어떤 것'이 아니라 순간적으로 일어났다 사라지는 것이다. 게다가 이 식은 영혼이나 아뜨만처럼 하나가 아니다. 6개의 기관[六根]에 따라 생기는 여섯 가지 식[六識]이 있다.[138] 그러나 초기경전에서는 가끔 이 식(識)을 정신적인 현상과 같은 것이 아니라 윤회의 주체

---

137 『大正』2권, p.30b(『雜阿含』5권, 103경).
138 Rahula, 앞의 책, pp.46-47 참조.

처럼 생각하고 있다. 『아함경』에서 다음과 같은 예들을 볼 수 있다.

①『중아함』과 『증일아함』에 의하면 인간이 수태(受胎)되기 위해서는 세 가지 조건이 필요하다. 첫째는 부모가 한곳에 모여야 하고, 둘째는 식(識)이 어머니 태에 들어가야 하고, 셋째는 출생할 때까지 식이 모태를 떠나지 않아야 한다.[139]

②『증일아함』에서는 한 왕의 간청에 따라 제석천[釋提桓因]이 천상에서 수명이 끝나가는 수부띠(Subhuti) 천자(天子)에게 그의 식[神, 識]을 왕비의 태(胎)에 내려가게 해서 왕의 아들로 태어나도록 요청한다.[140]

③『잡아함』과 『증일아함』에서는 열반을 성취하지 못한 사람의 식(識)을 마라(魔羅)가 잡아갈 수 있다는 것을 암시하고 있다. 붓다와 비구들은 중병으로 고생하다가 자살한 왁깔리(Vakkail, 拔迦梨)와 고디까(Godhika, 瞿低迦) 비구들의 몸 주위를 감돌고 있는 '어두운 모양[闇冥之相]' 또는 '검은 연기[黑闇烟]'를 보았다. 붓다는 그것이 두 비구들의 식[識身]을 찾고 있는 악마[惡魔波旬]의 모습이라고 제자들에게 설명했다.[141]

이들 경전에 나오는 이와 같은 식(識)은 다음과 같은 사실을 말해

---

139 『大正』1권, p.579c(『中阿含』24권, 97경)와 同, 2권, pp.602c-603a(『增一阿含』12권, 21의 3경); 『大正』1권, p.61b(『長阿含』10권, 13경); 同, 1권, p.769b(『中阿含』54권, 201경). Oltramare, *La formule bouddhique des douze causes,* Genève, 1909, pp.14-15; Silburn, *Instant et cause,* 앞의 책, p.207.
140 『大正』2권, pp.814b-815a(『增一阿含』49권, 51의 3경).
141 『大正』2권, pp.346c-347b(『雜阿含』47권, 1265경, Vakkali); 同, p.286a-b(『雜阿含』39권, 1091경(Godhika); 同, pp.642c-643a(『增一阿含』19권, 26의 10경). *Saṃyuttanikāya,* 22, 87, PTS, Ⅲ, 1975, p.106.

준다. 첫째, 식은 우리의 감각기관인 6근(六根) 및 그 대상인 6경(六境)과 관계없이 존재할 수 있다. ①·②·③의 경우에서 이것을 볼 수 있다. 둘째, ①과 ②의 경우에서처럼 식은 그가 원하는 대로 자유스럽게 이동할 수 있다. 셋째, 식은 비록 미세하긴 하지만 마라가 잡아갈 수 있는 어떤 크기를 가지고 있다. ③의 경우가 여기에 해당된다.[142]

왈뽈라 라훌라는 앞의 책에서 "불교철학에 의하면 자아 또는 영혼과 같은 고정불변적인 정신은 없다. … 이 점이 특히 강조되고 있다. 왜냐하면 식(識)이 (인간의) 일생을 통해 불변적인 실체처럼 계속하는 일종의 자아 또는 영혼이라고 하는 잘못된 생각이 고대부터 오늘에 이르기까지 지속되고 있기 때문이다."라고 하면서,[143] 『맛지마니까야』의 사띠(Sāti, 嗏帝) 비구와 관련된 내용을 인용했다.

사띠 비구가 주장하기를 붓다의 가르친 바에 의하면 "동일한 식(識)이 윤회전생한다."는 것이었다. 이 말을 전해들은 붓다는 사띠 비구를 불러서 '어리석은 사람'이라고 나무란 뒤, 자신은 항상 '여러 가지 조건[緣, conditions]에 의해서 식이 발생한다.'고 가르쳤다고 설명했다. 한마디로 "조건 없는 식의 발생은 없다."라고 요약했다. 그러고 나서 식에 대해 자세하게 설명했다. "식은 그것이 발생하는 조건[緣]

---

142 La Vallée-Poussin은 *La théorie des 12 causes*(p.14)에서, "vijñāna(識)는 몸을 변화시키기도 하고, 옮겨 다니기도 하는 하나의 불변적인 원리, 한마디로 영혼이다."라 하고 있다. K. Bhattacharya도 같은 견해이다(*L'Ātman-Brahman dans le bouddhisme ancien*, EFEO, 1973, p.45, 註3).
143 Rahula, 앞의 책, pp.45-46.

에 따라서 이름이 붙여진다. 눈[眼, 눈]과 형체[色]로 말미암아 발생한 식은 안식(眼識)이고, 귀[耳]와 소리로 말미암아 발생한 식은 이식(耳識)이다(나머지 네 가지 식도 마찬가지다)." 이어서 비유를 들어, 불이 연료에 따라서 그 명칭이 붙여지는 것과 같다고 했다. 즉 연료가 장작[木]이면 장작불이고, 짚[草]이면 짚불이고, 소똥[牛糞]이면 소똥불이라고 불리는 것처럼 식은 그것을 발생시키는 기관에 따라 그 이름이 붙여지게 된다는 것이었다.[144]

왈뽈라 라훌라는 이것이 식(識)에 대한 붓다의 가르침이라고 강조했다. 그러나 바로 이 경의 끝부분에서 붓다는 인간이 수태(受胎)하기 위해서는 영혼과 비슷한 역할을 하는 간다르바(gandharva, 中陰衆生)가 있어야 한다고 비구들에게 가르치고 있다. 왈뽈라 라훌라는 이 내용에 대해서는 고의적으로 눈을 감아 버린 것 같다.[145]

『아함경』에서 좀 더 주의깊게 식(識) 문제에 대해 살펴보면 '6식'으로서의 식과 '영혼과 같은 식'으로서의 식 사이에 어떤 구별이 되고 있다는 것을 알 수 있다. 대부분의 경우 '6식'과 같은 식의 의미로 쓰이는 경우에는 단지 '식'이라고 하지만 '영혼'과 같은 내용으로 쓰일 때는 '신(神)',[146] '식신(識身)'[147] 또는 '신식(神識)'[148]이라는 표현을 사용하

---

144 『大正』1권, pp.766c-767b(『中阿含』54권, 201경, 「嗏帝經」); MN, 38경 PTS, Ⅰ, 1976, pp.314-315;『南傳』9권, pp.445-450.
145 『大正』1권, p.769b(『中阿含』54권, 201경); MN, 38경, PTS, Ⅰ, 1976, pp.321-322;『南傳』9권, p.462.
146 『大正』2권, p.814c(『增一阿含』49권, 51의 3경).
147 『大正』2권, p.603a(『增一阿含』12권, 21의 3경).
148 『大正』2권, p.643a(『增一阿含』19권, 26의 10경); Oltramare, 앞의 책(Ⅱ), p.217.

고 있다. 때로는 '향음(香陰)' 또는 '중음중생(中陰衆生)'이라고 불리기도 한다.[149] 물론 단순하게 '식'이라는 말로 나타내는 경우도 있다.

이와 같은 사실에서 중국의 역경자들이 6식으로서의 식과 영혼과 같은 존재로서의 식을 구별하려고 했다는 것을 알 수 있다. 따라서 상주불변하고 한 생에서 다른 생으로 윤회하는 영혼 또는 자아와 같은 역할을 하는 식의 존재를 『아함경』에서 인정하려고 했다는 것을 분명히 알 수 있다.

(4) 상속설

이 경우에는 '계속하는 것'과 과보를 받는 것은 뿟갈라(pudgala)나 식(vijñāna)과 같은 '어떤 것'이 아니라 'saṃtati' 즉 '상속(相續)'이다. 이 상속설에 의하면,[150] "어떠한 영혼도, 어떠한 정신적 물질적 요소도 한 생에서 다른 생으로 이동하지 않는다."[151] '계속되고, 나아가고, 업 때문에 더러워지기도 하고 깨끗해지기도 하는 것'[152]은 바로 이 '상속(saṃtati)'이다. 그러나 '상속'은 매순간마다 변한다. 실체적인 존재가 없는 데도 불구하고 이 상속은 존재가 죽어도 중단되지 않고 계속된

---

149 『大正』1권, p.769b(『中阿含』54권, 201경); 同, 2권, p.178a(『雜阿含』25권, 640경); Glasenapp, *La philosophie indienne*, p.252; La Vallée-Poussin, *Bouddhisme, opinion sur l'histoire de la dogmatique*, p.68; 같은 저자, *Nirvāṇa*, p.20.
150 中村元에 의하면 "아비달마철학에서는 個體를 연속적인 것으로 해석해서 saṃtāna(相續)라고 칭하지만 아직 원시성전에서는 거의 나타나지 않았다." 그는 이 주장에 "SN(vol, Ⅲ, p.143) 에 saṃtāna라는 말이 사용되고 있지만 아직 術語로서 의미는 가지고 않다."라고 註(14)를 달았다. 中村元編, 『自我と無我』, 東京, 1974, pp.4-5.
151 La Vallée-Poussin, *Nirvāṇa*, p.42.
152 La Vallée-Poussin, *Le dogme et la philosophie du bouddhisme*, p.151.

다. 그것은 자립적(自立的)인 것이다. 왜냐하면 그 자체 속에 '계속의 원리'가 있기 때문이다. 아뜨만과 같은 존재 없이도 윤회와 과보법칙은 흔들리지 않고 유지된다.

『잡아함』의 「제일의공경(第一義空經)」은 이 문제에 대해 한마디로 명쾌하게 설명한다. "업과 과보는 있지만 그것을 짓는 자는 없다. 이 존재가 사라지면 다른 존재가 계속한다[有業報而無作者 此陰滅已 異陰相續]."[153] 『앙굿따라니까야』에서는 산 개울물의 비유로써 이것을 더욱 쉽게 이해할 수 있게 하였다. "산 개울물은 한 순간도 흐름을 멈추지 않고 쉼 없이 계속 흘러 내려간다. 바라문아, 이처럼 사람의 삶도 이 산 개울물과 같은 것이다."[154] 사실 쉼 없이 변하면서 흘러가는 산 개울물은 한 순간도 동일하지 않으면서 계속된다.

그러나 이 상속설에는 하나의 문제가 있다. 즉 과보 문제다. 윤회하는 주체 없이 어떻게 과보가 이루어질 수 있는가. 이 문제에 대해 『장아함』(17권, 28)은 우유의 비유를 들어 설명하고 있다. 즉 "비유하면 우유와 같다. 우유(kṣīra)는 변하여 낙(酪, dadhi: 凝乳)이 되고, 낙은 생소(生酥, navanīta: 버터)가 되고, 생소는 숙소(熟酥, ghṛta: 精製된 버터)가 되고, 숙소는 제호(醍醐, maṇḍa: 요구르트)가 된다."는 것이다.[155]

....

153 『大正』2권, p.92c(『雜阿含』13권, 335경); 同, 3권, p.608a(『方廣大莊嚴經』11권): 雖無作者 及以受者 善惡之法而不敗亡;『大正』29권, p.47c(『阿毘達磨俱舍論』9권): 有業有異熟 作者不可得 謂能捨此蘊及能續餘蘊.
154 Aṅguttaranikāya, p.700, 1929, Colombo. Rahula, 앞의 책, p.48에서 인용.
155 『大正』1권, p.112b(『長阿含』17권, 28경): 譬如牛乳 乳變爲酪 酪爲生酥 生酥爲熟酥 熟酥爲醍醐;『大正』2권, p.602a(『增一阿含』12권, 12의 1경). 인도에서는 우유로 4종의 요리를 만든다.

우유에서 낙으로, 낙에서 생소로, 생소에서 숙소로, 숙소에서 제호로 변하면서 계속한다. 그렇지만 '변하지 않는 어떤 것'이 한 변화에서 다른 변화로 넘어가는 것은 없다. 낙은 더 이상 우유가 아니다. 그리고 생소는 더 이상 낙이 아니다. 이들 사이에 동일성은 없다. 그러나 이들 사이에는 불가분의 관계가 있다. 우유 없이 낙은 없고 낙 없이 생소는 없다. 역시 생소 없이 숙소는 존재할 수 없다. 동일한 조건을 갖추어 준다 해도 물[水]이나 기름과 같은 다른 어떤 것으로는 낙을 얻을 수 없다. 그리고 우유의 질(質)이 좋으면 낙의 질도 좋게 된다. 우유의 질이 좋지 않으면 낙의 질도 좋지 않게 된다. 낙은 그전 상태인 우유와 다른 것이지만 낙의 질은 우유의 질에 좌우된다. 마찬가지로 살아 있는 존재에게도 한 생에서 다른 생으로 변하지 않고 계속되는 주체(主體) 같은 것은 없지만 생은 계속되고, 한 생에서 만들어진 업은 다른 생에 절대적인 영향을 미친다.

결론적으로 말하면 윤회의 주체문제를 설명하기 위해서는 상속설이 앞의 두 가지 설, 즉 뿟갈라설과 식설보다 합당하다고 할 수 있을 것이다. 이 상속설이 무아와 윤회의 관계를 설명하는 데 가장 설득력이 있다. 그래서 발레 뿌쌩은 "이 상속개념(saṃtati)이 이해되어 표현되자 불교는 일관성 있는 체계로 보이게 되었다."[156] "이렇게 해서 계속하는 '실체를 인정하지 않는 교리(즉 無我說)'는 윤회신앙과 양립할

....
156 La Vallée-Poussin, *Dogmatique bouddhique*, JA, 1902(II), p.302.

수 있게 되었다"¹⁵⁷고 주장했다.

그러나 뿟갈라설과 식설이 그 존재의미를 상실해 버린 것은 아니다. 부파불교시대가 되면 독자부(犢子部, Vātsīputriya)와 정량부(正量部, Sammatīya)는 뿟갈라설을 취했고 대부분의 상좌부계 부파들은 식설을 받아들였다. 이 부파들은 상속설을 수용한 설일체유부(說一切有部, Sarvāstivāin)와 경량부(經量部, Sautrāntika) 못지않게 오래도록 계속해서 번창했다.¹⁵⁸ 이와 같은 사실에서 윤회의 주체문제는 결코 완전하게 해결된 것이 아니라는 것을 알 수 있다.¹⁵⁹

4) 업설과 과보설

(1) 업설

앞에서 보았듯이 업(karman)설은 불교가 창안(創案)한 것이 아니다. 그러나 "불교는 이 교리를 보다 명확하게 만들고 발전시켰을 뿐 아니라 이 교리에 한층 더 큰 의미를 부여했다."¹⁶⁰ 발레 뿌쌩과 나라다(Narada) 장로 역시 같은 주장이었다. "어떠한 철학체계도 불교가 한 만큼 업(業)의 중요성을 드높인 체계는 없을 것이다."¹⁶¹ 심지어 알렉

---

157 La Vallée-Poussin, *Nirvāṇa*, p.42.
158 Lamotte, 앞의 책, pp.672-673 ; Bareau, *Le Bouddhisme*, p.109 이하. 같은 저자, *Présence du Bouddhisme(Richesse et diversité de la pensée bouddhique ancienne)*, p.454 이하.
159 Silburn, *Instant et cause*, pp.189-190.
160 Oltramare, 앞의 책(II), p.172.
161 La Vallée-Poussin, *Nirvāṇa*, p.31 ; Ven. Narada, *Présence du Bouddhisme(La doctrine du*

산드라 다비드 넬(Alexandra David Néel)은 "(불교의 중심 교리인) 4성제와 8정도 그 어느 것도 업설(業說)을 근거하지 않고 존재할 수 없다. … 붓다의 모든 가르침은 업설에서 그 근거를 가지고 있고 존재 이유를 이끌어낸다."라고까지 말했다.[162] 위에서 이미 보았듯이 무엇보다도, "나는 한 가지 사실 즉 업만을 가르친다."[163]라고 한 붓다의 말 이상으로 업설의 중요성을 더 잘 대변하는 것은 없을 것이다. 사실 업이 없다면 윤회가 있을 수 없고 윤회가 없다면 불교의 존재 이유가 없게 될 것이다.

업에는 선업(善業)·악업(惡業)·무기업(無記業)의 세 종류가 있다. 선업은 좋은 과보를 초래하고 악업은 나쁜 과보를 발생시킨다. 그러나 무기업, 즉 선하지도 악하지도 않은 업은 과보를 초래하지 않는다. 무기업은 "과보를 맺지 못하고 윤리적으로 중성적이다."[164] 이것을 『중아함』의 「달범행경(達梵行經)」에서는 이렇게 표현하고 있다. "업이 검으면 검은 과보가 있고 업이 희면 흰 과보가 있다. 업이 검고 희면 검고 흰 과보가 있다. 업이 검지도 희지도 않으면 과보는 없다."[165] 여기에서 검은 업[黑業]은 악업이고 흰 업[白業]은 선업이다. 검지도 희지도 않은 업[不黑不白業]은 무기업이다. 무기업은 과보가 없기 때문에 엄밀한 의미에서 업이라고 할 수 없다.

---

kamma), France-Asie, tome XVII, p.251.
162 A. David Néel, *Le Bouddhisme du Bouddha*, Paris, 1977, p.165.
163 이 책 1장 서론 참조; *Mahāvastu*(I), p.246.
164 Bareau, *Histoire des Religions(Le Bouddhisme indien)*(I), Paris, 1970, p.1155.
165 『大正』1권, p.600a(『中阿含』27권, 111경); 同, p.37a(『長阿含』6권, 5경).

업이 과보를 초래할 수 있기 위해서는 선한 행동 또는 악한 행동이라는 조건만으로는 되지 않는다. 진정한 업은 반드시 의도(意圖, cetanā)된 행동이라야 한다. 계획되지 않은 행동 또는 무의식적인 행동은 업이긴 하지만 과보를 초래할 수 없다.[166] 붓다는 그것을 이렇게 설명했다. "일부러 지은 업이면 그것은 반드시 과보를 받되 현세에서 받거나 후세에서 받는다고 나는 말한다. 일부러 지은 업이 아니면 그것은 반드시 그 과보를 받는다고 나는 말하지 않는다."[167] 붓다는 다른 곳에서 역시 "업이란 무엇인가. 업이란 의도라고 나는 단언한다. 왜냐하면 의도[心意]에 의해서 사람들이 몸으로나 언어로나 마음으로 행동을 하기 때문이다."라고 설명했다.[168] 따라서 진정한 업이 되기 위해서는 그 행위가 선하거나 악해야 되고 역시 의도적이어야 한다.

다른 동물들은 '의도'라는 정신적인 작용도 가지고 있지 않고 윤리적인 생활도 하지 않기 때문에 업을 지을 수 없다. 역시 욕망이 없는 세계인 색계(色界)와 무색계(無色界)에 사는 신들은 업을 지을 수 없다. 오직 인간들만이 업을 짓는다. 다른 모든 존재들은 업을 소비할 뿐이다.[169]

업은 몸(身, kāya)과 언어(口, vāca)와 마음(意, manas)을 통해 짓기 때문에 신업(身業)·구업(口業)·의업(意業)의 3업으로 나누어진다. 이 3업

---

166 La Vallée-Poussin, *La morale bouddhique*, p.122; Oltramare, *L'histoire des idées théosophiques dans l'Inde*(II), p.167.
167 『大正』1권, p.437b(『中阿含』3권, 15경, 「業相應品」).
168 *Aṅguttaranikāya*, III, p.415. Lamotte, 앞의 책, p.37에서 인용. 『大正』24권, p.684a(『善見律毘婆沙』2권)와 『南傳』, 65권, p.76 「一切善見律註序」.
169 J. Filliozat, *L'Inde classique*(II), pp.541-542(§2286).

은 세분되어 10업이 된다. 즉 신업에 살생(殺生)·투도(偸盜)·사음(邪淫)의 3업이 있고, 구업에 망어(妄語)·기어(綺語)·양설(兩舌)·악구(惡口)의 4업이 있다. 그리고 의업에 탐(貪)·진(瞋)·사견(邪見)의 3업이 있다.[170]

대부분의 경우 선업이란 '선을 행하는 것'이라고 표현하기보다는 '악을 행하지 않는 것'이라고 설명하고 있다. 『증일아함』 제7권의 「오계품(五戒品)」에서 붓다는 이렇게 설명한다. "어떤 것이 착하지 않은 행이며 어떤 것이 착한 행인가. 산목숨을 죽이는 것은 착하지 않은 행이고 산목숨을 죽이지 않는 것은 착한 행이다. 주지 않는 것을 가지는 것은 착하지 않은 행이고 주는 것을 가지는 것은 착한 행이다. … 화내는 것[起恚]은 착하지 않은 행이고 화내지 않는 것은 착한 행이다. 사견(邪見)은 착하지 않은 행이고 정견(正見)은 착한 행이다."[171] 다른 곳에서는 "업이란 10악업이다. 즉 살생·투도·사음·망어 …."라고 표현하고 있다.[172] 대부분의 경전에서 10업은 10악업과 같은 의미의 말처럼 사용되고 있다. 역시 선업보다는 악업에 대해 더 잘 설명하고 있다.

『중아함』 3권에서는 제15경에서 제17경까지 「업상응품(業相應品)」이라는 이름으로 거의 동일한 내용을 길게 서술하고 있다. 요약해서 정리하면 다음과 같다.[173]

---

170 『大正』1권, p.437b-c(『中阿含』3권, 15경).
171 『大正』2권, p.580a(『增一阿含』7권, 16의 5경).
172 『大正』2권, p.128a(『雜阿含』18권, 490경).
173 『大正』1권, pp.437b-439a(『中阿含』3권, 15경).

① 살생(殺生): (중생들의) 산목숨을 죽이는 것. 그들의 피를 마시고 해치고 곤충까지도 사랑하지 않는 것이다.

② 투도(偸盜): 도둑질. 남의 재물에 집착해서 주지 않는 것을 가지는 것이다.

③ 사음(邪淫): 음란한 짓. 부모·형제·자매로부터 보호되고 있는 여자를 범하는 것이다.

④ 망어(妄語): 거짓말. 사실이 아니라는 것을 알면서 자기 자신을 위하고 남을 위하고 또는 재물을 위해 거짓말 하는 것이다

⑤ 양설(兩舌): 이간시키는 말. 말로써 사람들을 갈라지게 하고 당파를 만드는 것이다.

⑥ 악구(惡口): 욕설로써 다른 사람을 괴롭게 하는 것이다.

⑦ 기어(綺語): 꾸며대는 말(아첨하는 말). 때가 아닌데 말하고 진실이 아니고 의미가 없고 법(法)이 아닌 말을 하는 것이다.

⑧ 탐(貪): 남의 것을 탐내는 것. 남의 재물과 생활 도구를 구하고 바라면서 자신의 것으로 만들고자 하는 것이다.

⑨ 진(瞋): 화내는 것[起恚]. "저 중생을 죽여야 한다. 재물을 거두어야 한다, 배척해서 내좇아야 한다."라고 하면서 미워하고 성내는 것이다.

⑩ 사견(邪見): 삿된 소견. "보시와 재(齋, upavāsa, 8齋戒)도 없고 선업과 악업도 없고 과보도 없고 이 세상과 저 세상도 없다."고 보는 것이다.

(2) 과보설

넓은 의미의 까르만(karman) 속에는 팔라(phala)와 위빠까(vipāka)가 포함되어 있다. 이 세 가지 말은 각각 의미가 다르다. 까르만은 업(業, 행위)을 의미하고 '팔라'는 까르만의 '결과'를, 그리고 '위빠까'는 그 결과의 성숙(異熟)을 가리킨다.[174] 비유로서 까르만이 망고나무 열매의 씨[種子]라고 한다면 팔라는 그 씨에서 나온 망고나무가 맺은 '열매[果]'이고 위빠까는 이 열매가 '익은 것[熟]'이다.

업과 과보설은 종종 보상(報償)의 법칙처럼 생각되기도 하지만 그것과 다르다. 왈뽈라 라훌라의 설명에 의하면, 이것은 '윤리적 정의(justice morale)' 즉 '보상'과 '벌'의 개념과 혼동되어서는 안 된다. 선을 행하면 상을 받고 악을 행하면 벌을 받는다는 '윤리적 정의'는 선과 악을 결정하고 재판하는 신(神)과 같은 초월자를 전제함으로써 성립된다. 불교에서는 이와 같은 존재가 있을 수 없다. 업·과보설은 외부로부터 어떠한 영향도 받지 않고 자동적으로 작용하는 원인과 결과의 법칙이고 역시 작용과 반작용의 법칙이다. 이것은 '배분적 정의(配分的 正義, justice rétributive)'와는 전혀 관계가 없는 일종의 자연 법칙이다.[175]

붓다는 이것에 대해 이렇게 비유로 설명했다. "생장(生長)하면서

---

[174] W. Rahula, 앞의 책, p.55; A. Bareau, *Le Bouddhisme*, p.50; L. Renou, *Dictionaire, Sanskrit-Français*, p.502와 p.664; 中村元, 『佛教語大辭典』, p.36과 p.149
[175] Rahula, 앞의 책, p.56; Bareau, 앞의 책, p.50; Filliozat, *L'Inde classique*(II), pp.541-542(§2285-86); Narada Thera, *La doctrine bouddhique de la Renaissance*(A. Migot 佛譯), Paris, 1953, p.61.

동쪽으로 기울고 있던 나무를 자르면 그 나무는 반드시 동쪽으로 넘어진다."[176] "어떤 사람이 항상 전적으로 개와 같은 습관과 태도를 가지고 개처럼 행동하고 생각하면서 산다면 그는 죽은 뒤에 개가 된다."[177] 이 비유와 설명처럼, 나무가 동쪽으로 넘어지는 것과 사람이 다음 생에 개로 태어나게 되는 것은 신과 같은 존재의 개입이나 윤리법칙 같은 것의 작용 때문이 아니다. 그렇게 되도록 원인이 제공되기 때문에 그와 같은 결과가 초래될 뿐이다.

업은 식물에 비유된다. 씨앗이 심어지면 싹이 나고 자라서 열매가 열린다. 열매의 맛은 그 씨앗에 달려 있다. 이와 마찬가지로 업을 지으면 그것은 반드시 과보를 초래하게 된다. 과보의 성질은 업의 성질에 달려 있다. 『증일아함』에서는 그것을 게송으로 이렇게 설명한다.

선을 행하면 좋은 과보를 받고 악을 행하면 나쁜 과보를 받는다.
악을 행하거나 선을 행하거나 사람이 행한 대로 (과보가) 따른다.
마치 5곡의 종자를 심어 제각각 그 열매를 거두는 것과 같다.[178]

동일한 『증일아함』의 「안반품(安般品)」에서는 이것을 좀더 구체적으로 설명한다.[179] "쓴 삼[苦蔘] 종자, 정력(葶藶) 종자, 필지반지(畢地槃持)

....
176 『大正』2권, p.237b-c(『雜阿含』33권, 930경); 同, p.432b(『別譯雜阿含』8권, 155경).
177 *Majjhimanikāya*(Ⅱ), PTS, 1975, p.55. 긴 문장을 요약 정리했음.
178 『大正』2권, p.826c(『增一阿含』51권, 52의 6경).
179 『大正』2권, p.583a-b(『增一阿含』8권, 「安般品(2), 5경-6경); 同, 2권, p.204b(『雜阿含』28권, 788경, 「邪見正見經」).

종자와 그 밖의 쓴 종자[苦子]들은 아무리 좋은 땅에 심어도 싹이 나면 그대로 쓰다. 왜냐하면 그 종자가 본래부터 쓰기 때문이다." 이와 반대로 "사탕수수[甘蔗], 포도(葡桃), 그 밖의 달고 맛난 과일 종자를 좋은 땅에 심으면 거기서 나는 열매는 모두 달고 맛이 있다. 왜냐하면 그 과일 종자가 본래부터 달고 맛있는 것이기 때문이다."

업은 일단 이루어지면 그 업을 지은 사람에게 과보가 나타나는 것을 피할 수 없다. 『법구경』에서는 이것을, "하늘에도 바다에도 산속 동굴에도 사람이 악업(惡業)에서 벗어날 수 있는 곳은 아무 데도 없다."[180]라고 표현하고 있다.

업이 이루어지기 위해서는 반드시 업을 짓는 사람의 의도가 개입되어야 하기 때문에 그 과보는 전적으로 개인적인 것으로서 다른 사람에게 이전시킬 수 없다. 이것을 초기경전에서는, "이 악업은 (너의) 어머니가 지은 것도 아니고, 아버지가 지은 것도 아니고, 형제가 지은 것도 아니고, 자매가 지은 것도 아니고, 친척들이 지은 것도 아니다. … 이 악업은 너 자신이 지은 것이다. (그러므로) 너 자신이 그 과보를 받아야 한다."라고 설명하고 있다.[181]

업은 일단 이루어지면 그것을 지은 사람이 그 과보를 반드시 받게 된다. 그러나 과보는 산술적으로 나타나는 것은 아니다. 즉 두 개의 같은 업을 지었을 경우 그 과보가 반드시 동일한 것으로 나타나지는 않

---

180 『法句經』 제127게 ; 『大正』 22권, p.260b(『十誦律』 36권) : 非空非海中 非入山石間 非天上地中 得免宿惡殃. Lamotte, 앞의 책, p.37.
181 『南傳』 11권(下), p.234(『中部經典』, 130경, 「天使經」) ; 『大正』 1권 p.504a(『中阿含』 12권, 64경).

는다. 상황에 따라 그 결과는 다르게 된다. 똑같은 보시를 해도 그 보시를 받는 대상에 따라 과보는 다르게 나타난다는 것이다. 예를 들면 음식물을 짐승에게 주는 것보다는 사람에게 주는 것이 좋고 보통사람에게 주는 것보다 수행자에게 주는 것이 좋다. 역시 보통 수행자에게 하는 보시보다는 도를 성취한 붓다에게 하는 것이 훨씬 낫다. 만약 짐승을 죽여도 그 죄는 무겁지만 사람을 죽이면 죄는 더욱 무겁다.[182]

초기경전에서 이와 같은 내용에 해당하는 여러 가지 사례를 볼 수 있다. 단지 꽃 몇 송이를 붓다에게 공양하고 여러 생(生)에 걸쳐 좋은 과보를 받았을 뿐 아니라 끝내는 그 자신이 붓다가 된 예도 있고, 붓다에게 욕설 한마디를 하고 수없는 긴 생(生) 동안 짐승의 몸을 받기도 하고 지옥에 태어나기도 하면서 많은 고통을 받기도 했다.[183] 꽃 몇 송이나 욕설 한마디에 불과했지만 그 대상이 붓다였기 때문에 보통사람이나 동물에게 한 것과는 그 결과가 다르게 나타난 것이다. 붓다는 꼬살라(Kosala) 국의 쁘라세나짓(Prasenajit) 왕에게 그 이유를 다음과 같은 비유로써 설명했다. "대왕이여, 알아야 합니다. 마치 농부가 땅을 잘 다루고 잡초를 없앤 뒤에 좋은 종자를 좋은 밭에 뿌리면 거기에서 얻는 수확은 한량없이 많지만 농부가 땅을 잘 다루지 않고 잡초를 없애지 않고 종자를 뿌리면 수확은 매우 적은 이치와 같습니

---

182 『大正』1권, p.722b(『中阿含』47권, 180경); 同, 1권, p.677b-c(『中阿含』39권, 155경); 同, 2권, p.609b(『增一阿含』13권, 23의 1경); 同, p. 755a-b(『增一阿含』37권, 42의 28경, 「八難品」).
183 『大正』2권, p.599a-b(『增一阿含』11권, 20의 3경).

다."¹⁸⁴ 똑같은 넓이의 밭에 똑같은 양의 씨앗을 심었다 해도 밭의 상태에 따라 수확의 양은 다르게 나타나는 것처럼 업의 과보가 나타나는 것도 그와 같다.

업이 이루어진 뒤에는 외부의 영향은 미칠 수 없다고 해서 이미 결정된 업에 대해서 전혀 손을 쓸 수 없는 것은 아니다. 이미 결정된 업도 업을 지은 사람의 노력에 따라 예상되는 결과를 어느 정도 변경시킬 수 있다.¹⁸⁵ 그렇지만 이루어진 업의 결과(과보)를 나타나지 않게 할 수 있다는 의미는 아니다. 경전은 이것을 소금물의 비유로써 설명한다. "소금 한 덩어리를 작은 그릇[椀]의 물에 넣으면 그 물은 짜서 마실 수 없게 되지만 같은 양의 소금을 갠지스 강에 던져 넣으면 그 물은 짜서 마실 수 없게 되지 않는다."는 것이다.¹⁸⁶ 그릇 속의 소금의 양과 갠지스 강에 넣은 소금의 양은 동일하지만 물의 양에 따라 소금물의 농도가 달라지기 때문에 마실 수 있는 물이 되기도 하고 그렇지 못한 물이 되기도 한다. 이처럼 어떤 업에 다른 업으로 영향을 미칠 수 있다는 것이다. 나쁜 업을 지었어도 그 후 좋은 업을 많이 지으면 이미 지은 나쁜 업에 대한 과보는 나쁘게 나타나지 않을 수도 있는 것이다. 이와 같은 결과는 선업과 악업의 상쇄작용 때문이 아니라 선업의 세력(업력)이 악업보다 더 크기 때문에 외부로 좋은 것이 나타난

---

184 『大正』2권, p.827c(『增一阿含』51권, 52의 7경).
185 Ven. Narada, *Présence du Bouddhisme(La doctrine du kamma),* France-Asie, tome 16, p.255.
186 『南傳』17권, pp.410-411(『增支部經典』3집 99경, 「一掬鹽品」). 문장 정리했음; 『大正』1권, p.433a-b(『中阿含』3권, 2, 11경).

다는 원리이다.

붓다나 아라한과 같이 해탈을 성취한 사람이 짓는 업은 과보를 맺지 않는다. 왜냐하면 "그들은 선과 악에서 해방되었고 업의 뿌리를 뽑아 버렸기 때문이다." 이것을 『라따나 숫따(Ratana Sutta)』에서, "그들에게는 (싹의) 씨앗(khīnā bījā)은 파괴되었고 그들은 업의 뿌리를 근절시켜 버렸다."라고 설명하고 있다.[187] 그렇기 때문에 붓다나 아라한은 생전에 다른 사람들처럼 행동을 해도 (업으로 인해) 다시 태어나지 않는다. 마치 순금이 더 이상 정련(精鍊)되지 않는 것처럼 그들은 더 이상 정화(淨化)될 수 없다.[188] 이와 같은 상태를 『잡아함』은 "(불이 무엇을 태울 때) 타지 않은 것이 모두 타고나면 (더 탈 것이 없기 때문에) 다시 타지 않는 것과 같다."라고 비유한다.[189] 그렇지만 그들이 해탈(열반)을 이루기 전에 지은 업의 과보는 해탈 후에도 받아야 한다. 예를 들면 붓다의 두 큰 제자였던 앙굴리말라(Aṅgulimāla)와 마우드갈야야나(Maudgalyāyana)의 경우와 같은 것이다.

앙굴리말라는 많은 사람을 죽인 뒤 붓다의 제자로 받아들여져서 아라한이 되었다. 그는 어느 날 탁발하러 마을에 갔다가 지난 날 그가 저지른 일을 기억한 마을 사람들이 던진 돌에 맞고 칼에 찔려 피를 흘리면서 돌아왔다. 붓다는 그에게 "너는 그것을 참아야 한다. 왜냐하면 (네가 전에 지은 업에 대한) 과보는 오랫동안 받아야 할 것이기 때문이

---

187 Ven. Narada, 위의 논문, p.255; Oltramare, 앞의 책(Ⅱ), pp.174-175. Rahula에 따르면(같은 책, p.55), 아라한은 업의 근원인 자아에 대한 무지(無智)와 욕망에서 벗어났기 때문이다.
188 Ven. Narada, 앞의 논문, p.255.
189 『大正』2권 p.131c(『雜阿含』18권, 499경): 譬如火燒未燒者燒已不復更燒.

다."라고 말했다.[190] 이미 해탈을 성취했을 뿐 아니라 신통력이 제일이었던 마우드갈야야나[目犍連] 역시 마을에 탁발하러 갔다가 다른 종파 사람[執杖梵志]들이 던진 돌에 맞아 거의 죽음에 이르렀다. 가장 가까운 도반이었던 샤리뿌뜨라(Śāriputra)가 그에게, "그대는 붓다의 제자들 가운데 신통이 제일이고 큰 위력이 있는데 왜 신통으로 그것을 피하지 않았는가?"라고 물었다. 그러자 마우드갈야야나는 "내가 본래 지은 업이 매우 무거워서 그 과보를 끝내 피할 수 없었다."라고 답했다.[191]

지금까지 보아온 것처럼 업을 지으면 틀림없이 그 과보를 받게 되지만 그 결과는 항상 동일하지는 않다. 역시 어떤 업을 지으면 어떤 과보를 받는다고 정확하게 말할 수도 없다. 그러나 대체로 선업을 지은 사람은 천상이나 인간계, 즉 선도(善道)에 태어나고 악업을 지은 사람은 주로 지옥·아귀·축생의 세계, 즉 악도(惡道)에 태어난다. 설사 인간계에 태어난다 해도 나쁜 상황에 처하게 된다.

『아함경』에서는 일반적으로 선업의 과보보다는 악업의 과보에 대해 더 자세하게 설명하고 있다. 그리고 이 문제에 대해 말할 때는 항상 다음과 같은 문장으로 시작한다. "비구들아, 어떤 사람이 살생을 좋아하면 (다른 9업에서도 동일하다) 지옥·아귀·축생[三惡道]에 떨어질 것이다. 혹시 사람으로 태어나더라도 (그 삶은 이러이러할 것이다)."[192]

10과보에 대한 내용은 경전마다 조금씩 다르다. 이곳에서는 여러

---

190 『大正』2권, p.721a(『增一阿含』31권, 38의 6경); 『南傳』11권 상, p.139-140(『中部經典』, 86, 「鸚掘摩經」).
191 『大正』2권, p.639b-c(『增一阿含』18권, 26의 9경).
192 『大正』2권, p.576a(『增一阿含』7권, 14의 1경); 同, p.785c(『增一阿含』44권, 48의 1경).

경전에 나오는 내용을 10악업에 대한 10악보(十惡報) 중심으로 정리하기로 한다.[193] 10선업에 대한 10선보(十善報)는 이것과 반대이다.

① 살생(殺生)을 많이 하면 일찍 죽는다.
② 도둑질[偸盜]을 많이 하면 가난하게 된다.
③ 음란한 짓[邪淫]을 많이 하면 가족들이 정숙하지 못하게 된다.
④ 거짓말[妄語]을 많이 하면 입에서 나쁜 냄새가 나고 말에 신용이 없고 다른 사람들로부터 멸시를 받게 된다.
⑤ 이간시키는 말[兩舌]을 많이 하면 정신적으로 불안 속에 살게 된다. 역시 가정에 불화가 끊이지 않게 되고 친구들에게 버림을 받게 된다.
⑥ 욕설[惡口]을 많이 하면 미운 얼굴과 듣기 싫은 목소리를 가지게 된다. 항상 사람들로부터 미움과 꾸짖음을 받게 된다.
⑦ 아첨하는 말[綺語]을 많이 하면 말에 신용이 없게 된다. 역시 사람들로부터 미움을 당하고 친척들이 흩어진다.
⑧ 탐욕심[貪]이 많으면 다음 생에도 탐욕심이 많게 된다.
⑨ 화[瞋]를 많이 내면 다음 생에도 화를 많이 내게 되고 다른 사람들로부터 미움을 당하게 된다.
⑩ 사견(邪見)이 많으면 참된 이치를 이해하지 못하고 마음이 어지러워 불안정하게 된다. 역시 문화 중심지에 태어날 기회가 없

---

[193] 『大正』2권, p.274b(『雜阿含』37권, 1048경); 同, p.576a-c(『增一阿含』7권, 14의 1경-10경); 同, p.781a(『增一阿含』43권, 47의 2경); 同, pp.785c-786a(『增一阿含』44권, 48의 1경).

기 때문에 붓다의 가르침을 들을 수 없게 된다. 역시 귀머거리·장님·벙어리가 되고 선법(善法)과 악법의 의미를 구별할 수 없게 된다.

업이 성숙되는 기간은 다양하다. 『디가니까야』에 의하면 "업의 과보에는 3종이 있다. 업은 이 생에서 익고[熟] 다음 생에서 익고 여러 생에 걸쳐 익는다."[194] 일반적으로 이번 생에 지은 업의 과보를 이번 생에 받는 경우는 드물다. 그러나 앙굴리말라는 자신이 지은 업의 과보를 현재 생에서 받았다. 역시 데와닷따(Devadatta)의 경우도 마찬가지다. 그는 승단의 우두머리가 되기 위해 붓다를 살해하려고 하다가 산 채로 지옥에 떨어졌다.[195] 이와 같은 경우도 있지만 일반적으로 과보는 다음 생을 비롯해서 여러 생에 걸쳐 받게 된다. 윤회와 관련해서 보더라도 과보를 다른 생에서 받지 않을 수 없다.

---

194 *Dīghanikāya*, Ⅲ, p.415; Lamotte, 앞의 책(p.37)에서 인용. 이것을 순현업(順現業)·순생업(順生業)·순후업(順後業)의 3시업(三時業)이라 한다. 『大正』 29권, p.81c(『阿毘達磨俱舍論』 15권, 「分別業品」 4); 中村元, 『佛敎語大辭典』, p.677.
195 데와닷따의 이야기는 다음 자료에서 볼 수 있다. 『大正』 2권, pp.803c-804a(『增一阿含』 47권, 59의 9경); 同, 24권, 150a(『根本有部毘奈耶破僧事』 10권). É. Lamotte, 앞의 책, pp.728-729.

4. 열반설

1) 열반의 의미

불교의 모든 교리와 실천 방법은 오로지 열반(涅槃)을 이루는 데 초점이 맞추어져 있다. 붓다는 이것을 "모든 바닷물은 오직 한 가지 맛, 즉 짠 맛이다. 나의 가르침(法과 律) 역시 오직 한 가지 맛, 즉 열반(해탈) 맛이다."[196]라고 표현하고 있다. 역시 이것을 『맛지마니까야』에서는 "갠지스 강이 바다로 향해 흘러가는 것처럼 붓다의 교단, 즉 출가자와 재가자는 (모두) 열반으로 향해 간다."[197]라고 말한다.

열반(涅槃)은 nirvāṇa의 음역(音譯)이다. 때로는 니원(泥洹)이라고도 한다. nirvāṇa라는 말은 '(바람이) 불다(venter, souffler)'라는 의미를 가진 어근 vā와 부정 접두사 nir가 결합되어 이루어진 말이다. 열반은 '불어서 끄는 것[吹消] 또는 불어서 꺼진 상태'로서 입멸(入滅)·입적(入寂)이라고 번역되었다. 구체적으로는 '괴로움의 소멸'을 의미한다.[198]

열반이라는 말은 힌두교와 자이나교에서도 사용되고 있다.[199] 그

---

196 『大正』1권, p.476c(『中阿含』8권, 35경); 『南傳』4권, p.357(『소품』, 9, 1, 4).
197 *Majjhimanikāya*, Ⅰ, p.493; *Saṃyuttanikāya*, Ⅴ, pp.134와 244. Lamotte, 앞의 책, pp.86-87: "se penche, s'incline et se porte vers le nirvāṇa(열반 쪽으로 쏠리고, 기울고, 향한다)." 를 줄인 것임. 『大正』2권, p.247a(『雜阿含』34권, 964경, 「出家經」): 如天大雨水流隨下 瞿曇法律亦復如是 比丘比丘尼優婆塞優婆夷 若男若女 悉皆隨流 向於涅槃 浚輸涅槃.
198 Renou, *Dictionnaire Sanskrit-Français, p.635*; Esnoul, *L'Hindouisme*, p.676; 中村元, 『佛教語大辭典』, p.1040.
199 그렇지만 큰 차이가 있다. Glasenapp에 의하면(*Brahma et Bouddha*, p.185), "힌두교는 '개체적 영혼(ātman)이 우주적 영혼(brahman)과 결합한 것[梵我一如]'을, 자이나교는 '물질에서 해방된 성자의 영혼이 영생(永生)하게 된 것'을, 불교는 '욕망과 업을 완전히 소멸시키고 寂滅의

러나 이들 두 종교는 '니르와나(nirvāṇa)'보다 '목샤(mokṣa, 해탈)'와 '묵띠(mukti, 해방)'라는 말을 선호한다. 그 대신 불교는 '열반'을 전용어처럼 사용하고 있다. 열반이 가지고 있는 의미가 불교의 중심 교리인 욕망과 괴로움의 '소멸(消滅)'이라는 내용과 일치하기 때문이다.[200] 열반은 역시 안락(安樂, khema), 피안(彼岸, pāra), 미증유(未曾有, abbhuta), 감로(甘露, amata), 무위(無爲, asaṃskṛta) 등과 같은 여러 가지 다른 이름으로 표현되기도 한다. 초기경전에서 열반처럼 많이 사용되는 말은 없을 것이다.[201]

열반은 유여의열반(有餘依涅槃)과 무여의열반(無餘依涅槃)으로 구분된다. '여의(餘依)'의 '의(依)'는 생존의 기반(substrat)인 육체를 가리킨다. 따라서 유여의열반은 '육체가 남아 있는 열반'으로서 수행자가 생전에 이루는 열반이다. 무여의열반은 유여의열반을 이룬 사람이 죽어 육체가 소멸될 때 이루어지는 열반이다. 유여의열반은 욕망 때문에 발생하는 정신적인 괴로움은 없지만 육체로 인해 생기는 괴로움은 있다. 무여의열반은 육체적인 괴로움도 소멸된 열반이다.[202] 이것은

....
상태에 도달한 것'을 각각 nirvāṇa라 한다."
200 Esnoul에 의하면 nirvāṇa라는 말은 "인도의 다른 종교에서도 때때로 사용하지만 본질적으로 불교적인 것이다." 앞의 책, p.672.
201 『南傳』16권(상), pp.89-97(제9「無爲相應」의 제2품)에 의하면 32종의 다른 명칭이 있다. 무위(無爲)·종극(終極, anta)·무루(無漏)·진제(眞諦)·피안(pāra)·교묘(巧妙, nipuṇa)·극난견(極難見, sududdasa)·불로(不老, ajajjara)·무쟁(無爭)·조견(照見)·무유(無譬)·무희론(無戱論)·적정(寂靜, santa)·감로(amata)·극묘(極妙)·안태(安泰, santi)·안온(安穩)·애진(愛盡)·부사의(不思議)·미증유(未曾有, abbhuta)·무재(無災)·무재법(無災法)·열반·무손(無損)·이욕(離欲)·청정(suddhi)·해탈(mutti)·비주(非住)·등명(燈明, dīpa)·굴택(窟宅)·비호(庇護, tāṇa)·귀의(歸依). Vallée-Poussin, Nirvāṇa, pp.153-154.
202 『南傳』23권, pp.286-287, 「如是語經」44, 2集 2品;『大正』2권, p.578(『增一阿含』7권, 16의 2경, 「火滅品」); 同, 17권, p.678a(『本事經』4권); Lamotte, 앞의 책. p.44; Filliozat, 앞의 책

parinirvāṇa로서, 음역해서 반열반(般涅槃)이라 했다. 역시 '완전한 열반' 이라는 의미에서 원적(圓寂, extinction complète)이라고 번역했다.[203]

2) 유여의열반

초기경전은 여러 곳에서 유여의열반(有餘 依涅槃, sopadhiśeṣa-nirvāṇa)에 대해 말하고 있지만 간단히 정의하기는 쉽지 않다. 『중아함』에 의하면 수한제(鬚閑提)라는 이교도[異學]가 열반에 대한 설명을 요청하자 붓다는 이렇게 말했다. "수한제여, 만일 그대가 지혜의 눈을 갖추지 못했으면 내가 그대를 위하여 열반을 말하더라도 끝내 그것을 알지 못하고 단지 나를 번거롭고 괴롭게만 할 것이다." 그리고 비유를 들어 설명했다. "어떤 사람이 장님에게, '너는 이 사실을 알아야 한다. 이것은 청색이고, 황색·적색·백색이다'라고 말해 준다고 해서 장님이 청색·황색·적색·백색을 알겠는가?"라고 물었다. 수한제는 "알 수 없다."고 대답했다. 열반의 경우도 그와 같다. 그러나 장님이 의사의 치료를 받아 눈을 뜨게 되면 스스로 그 색깔들을 볼 수 있다. 마찬가지로 수한제 역시 지혜의 눈을 갖추면 자신이 열반을 알 수 있게 된다는 것이다.[204]

....

(Ⅱ), p.548; 中村元, 앞의 사전, p.88, p.98, pp.1348-1349.
203 그러나 육체를 가진 상태에서 성취한 열반 역시 반열반이라고 하는 경우도 많다. 예를 들면, 是此人卽於現世必得般涅槃(『中阿含』, 112경, 『大正』1권, p.602b); 厭離欲盡 不起諸漏 心善解脫 是名比丘得見法般涅槃(『雜阿含』365경, 『大正』2권, p.101a). 역시 『雜阿含』의 170경, 237경, 271경 外 다수.
204 『大正』1권, p.672c(『中阿含』38권, 153경, 「鬚閑提經」).

제 3 장 초기불교의 무아·윤회설   173

이와 달리 『아함경』의 여러 곳에서 볼 수 있는 설명은 열반이 언어로 설명할 수 없는 경지도 아니고 신비적인 것도 아니다. 보통의 언어와 이해력으로도 어렵지 않게 접근할 수 있다. 『잡아함』의 「무사라경(茂師羅經)」에 의하면[205] 비록 열반에 도달하지 못한 사람이라도 열반에 대해 알 수는 있다. 수승(殊勝, Saviṭṭha) 비구는 아난다를 비롯한 여러 비구들과 이 문제에 대해 토론을 하면서 비유로 설명했다. 넓은 벌판[廣野]의 길가에 우물이 있었는데 밧줄[繩]도 두레박[罐]도 없었다. 더위와 목마름에 시달린 한 여행자가 그곳에 와서 물[水]을 구하려고 '우물의 물을 잘 관찰해서 그것을 잘 알고 볼 수 있었다[諦觀井水如實知見].' 그러나 물을 퍼낼 수 없었기 때문에 갈증을 해소시킬 수 없었다. 갈증은 해소시키지 못했지만 우물의 물은 잘 알게 된 이 여행자처럼, 번뇌의 소멸상태인 열반에 이르지는 못했지만 그것에 대해 알 수 있다는 것이다. 이것을 "(수승 비구) 자신은 번뇌가 모두 소멸된 아라한은 아니지만 존재가 소멸하면 적멸이고 열반이라는 것은 알고 있다."고 말했다. 비구들은 수승 비구의 설명에 모두 만족했다.

붓다 자신은 열반에 대해 제자들에게 이렇게 설했다. "5온이 (무아이고) 무상하고 괴롭고 변하고 바뀌는 법인 줄 안 뒤에는 5온으로 말미암아 걱정·슬픔·번민·괴로움이 생기더라도 그것을 끊고, 그것을 끊고 나면 집착할 것이 없게 된다. 집착하지 않기 때문에 안온한 즐

....

205 『大正』 2권, p.98c-p.99a(『雜阿含』 14권, 351경). 원문에서 내용을 약간 내용을 정리했음. 時有行人 熱渴所逼 繞井求覓 無繩無罐 諦觀井水 如實知見 而不觸身 如是我說有滅則寂滅涅槃 而自不得漏盡阿羅漢.

거움에 머무르고[安穩樂住] 안온한 즐거움에 머무르게 되면 그것을 열반이라 한다[名爲涅槃]."²⁰⁶ 한 제자가 "어떤 것을 비구가 법을 보아 열반을 얻는 것이라고 합니까?"라고 묻자, 붓다는 "색(수·상·행·식, 五蘊)을 싫어하고 욕심을 소멸하고 모든 번뇌를 일으키지 않아 마음이 바로 해탈하면 이것을 비구가 법을 보아 열반을 얻은 것이라 한다."라고 설명했다.²⁰⁷ 『숫따니빠따(Suttanipāta)』는 이렇게 단정하기도 했다. "어떠한 소유도 없고 집착하여 취할 것이 없는 것, 이것이 바로 피난처이다. '이것이 불멸(不滅)인 열반의 경지이다. 이외에 열반은 존재하지 않는다.'²⁰⁸ 『잡아함』 1권은 "(비구들이) 붓다가 설한 법을 잘 이해하고 (그 자리에서) 곧 마음이 해탈하여 아라한이 되었다."라는 정형구를 가진 10여 개의 경전들을 한 곳에 모아놓기도 했다.²⁰⁹ 여기서 아라한은 '번뇌를 끊고 열반을 성취한 사람'이다.²¹⁰ 초전법륜(初轉法輪) 때와 그 직후에 많은 사람들이 붓다의 가르침을 이해하고 그 자리에서 아라한이 되었다.²¹¹ 초기 경전에 의하면 열반은 소수의 사람만이 도달할 수 있는 지극히 어려운 어떤 경지가 아니라 붓다의 가르침을 실천

....
206 『大正』2권, p.8b(『雜阿含』2권, 36경): 若色(受想行識)因緣 生憂悲惱苦 斷彼斷已無所着 不着故安穩樂住 安穩樂住已 名爲涅槃.
207 『大正』2권, p.6a(『雜阿含』1권, 28경, 『涅槃經』). 이와 같은 정의는 『雜阿含』에서 많이 볼 수 있다. 예를 들면 32경-36경, 39경-40경 이하 계속.
208 中村元 譯, 『ブッダのことば(Suttanipāta)』, p.231, 제1094게; 역시 제1086게와 1089게, pp.229-230(작은 따옴표['] 안의 부분은 이 두 게송에서 인용했음).
209 『大正』2권, pp.3a-5a(『雜阿含』1권, 15경에서 28경. 역시 비슷한 내용의 경들 계속): 時彼比丘 卽成羅漢 心得解脫; 時名比丘見法涅槃.
210 中村元, 『佛敎語大辭典』, p.11.
211 『南傳』3권(『律部』3), p.26, pp.35-36, pp.59-63, pp.76-77(『大品』, 제1건도).

한 많은 제자들이 성취할 수 있었던 수행의 결과였다.[212]

되풀이되는 내용이지만 불교의 궁극목표는 인간이 겪고 있는 괴로움(duḥkha)을 소멸하는 것이다. 괴로움을 일으키는 근본원인은 '내가 존재한다[有我]'는 생각과 여기에서 파생된 '나의 것[我所]'에 대한 욕망과 집착이다. '나[我]'는 늙지도 병들지도 죽지도 않아야하고, 나의 가족, 나의 집, 나의 나라 등등, 나와 관련되는 모든 것은 내가 바라는 대로 되기를 욕망한다. 그러나 이와 같은 욕망과 생각은 모두 착각[無明]에서 비롯되는 것이다. '나[我]'라는 존재는 늙고 병들고 마침내 죽어 사라진다. 역시 세상의 온갖 것을 소유하고 싶어 하지만 원하는 대로 되지 않는다. 그렇기 때문에 사람들은 슬퍼하고 번민하고 괴로워한다. 『숫따니빠따』에 의하면, "욕망을 이루고자 탐욕이 생긴 사람이 만일 욕망을 이루지 못하게 되면 그는 화살에 맞은 것같이 괴로워한다."[213] "사람들은 내 것이라고 집착한 물건 때문에 근심한다. (자기가) 소유하고 있는 것은 항상 그대로 있는 것은 아니기 때문이다. … 사람이 '이것은 내 것'이라고 생각하는 물건, 그것은 (그 사람의) 죽음과 더불어 (모두) 없어져 버린다."[214]

붓다는 무아설과 무상설을 중심교리로 삼아 인간 존재가 무아이고 무상하다는 사실을 이해하도록 했다. 이렇게 함으로서 욕망의 불

---

212 『雜阿含』제964경에서도 이 사실을 말하고 있다.
213 中村元 譯, 『ブッダのことば(Suttanipāta)』, p.174, 제767게.
214 中村元 譯, 위의 경전, p.181, 805게-806게.

을 끄고 집착의 사슬을 끊어 괴로움을 소멸시킬 수 있기 때문이었다. 욕망을 불러일으키는 '주체'인 내가 없고[無我] 욕망의 대상도 모두 변하고[無常] 소멸하는데 도대체 누가 무엇에 욕망하고 집착할 것인가. "욕망하고 집착하는 것은 인간 존재의 실상(實狀)을 제대로 파악하지 못하기 때문이다. 이 착각에서 깨어날 때 욕망은 다스려지고 괴로움은 소멸된다."는 것이다.[215]

유여의열반을 성취한 사람은 정신적 괴로움의 근본 원인인 욕망을 극복함으로서 괴로움을 해결했기 때문에 더 이상 괴로움이 발생하지 않는다. 이것을 『법구경(法句經)』은 비유를 들어 설명하고 있다. "나는 집[存在] 짓는 자를 찾기 위해 수많은 생(生)에 걸쳐 생사의 흐름을 헛되이 보내었다. 저 생과 이 생을 (되풀이하면서 태어나는) 것은 괴로운 일이었다. 집 짓는 자[慾望]야, 너의 정체는 발견되고 말았다. 너는 이제 집을 짓지 못할 것이다. 너의 대들보는 모두 부러졌고 집의 지붕은 파괴되고 말았다. (나의) 마음은 열반에 이르렀고 욕망[渴望]은 완전히 소멸되어 버렸다."[216] 욕망의 소멸이란 욕망을 초월하고 극복하는 것이다. 역시 『법구경』에서는 이것을 "세상에서 누르기 어려운 이 강렬한 욕망[渴望]을 억제한 사람은 모든 슬픔을 여읠 것이다. 마치 물

---

215 이 책 제3장, 2, 2) 무아설 참조
216 中村元 譯, 『眞理のことば(法句經)』, p.31, 제153-154게; 『大正』 24권, p.675c(『善見律毘婆沙』, 1권): 流轉非一生 走去無厭足 正覺屋住處 更生生辛苦 今已見汝屋 不復更作屋 一切脊肋 骨碎折不復生 心已離頂惱 愛盡至涅槃.

방울이 연잎[蓮葉]에서 떨어지듯이."라고 표현하고 있다.[217]

좀 더 구체적으로 설명하면, 열반을 '늙음과 죽음의 소멸'이라고 표현하지만[218] 열반을 성취했다고 해서 늙지도 죽지도 않는 것은 아니다. 그러나 인간은 늙음과 죽음을 피할 수 없다는 사실을 이해하고 그것을 받아들임으로써 '불로(不老)와 불사(不死)'에 대한 욕망을 극복하고 초월할 수 있다. 극복하고 초월함으로써 늙음과 죽음으로 인해 괴로움을 당하지 않게 된다. 『숫따니빠따』에 의하면, "젊은 사람도 나이든[壯年] 사람도, 어리석은 사람도 지혜로운 사람도 모두 죽음에 굴복하고 만다. 모든 사람은 반드시 죽는다. … 사람은 도살장으로 끌려가는 소처럼 한 사람씩 사라진다. … (죽음 앞에서) 울고불고해서 무슨 이익이라도 얻을 수 있다면 현자(賢者)도 그렇게 하는 것이 좋을 것이다."[219] 아무리 발버둥 쳐도 소용이 없다. "(그래서) 죽은 사람을 볼 때는 '이미 그는 내 힘이 미치지 못하게 되었다.'라고 깨달아 슬퍼하거나 탄식하지 말아(야 한다)."[220] "그렇기 때문에 슬기로운 사람은 세상의 실상을 알고 슬퍼하지 않는다(즉 괴로워하지 않는다)."[221]

이처럼 욕망을 극복할 수 있으면 사람은 그가 처한 상황에 의해 영향을 받지 않게 된다. 이것을 경전에서는 비유로 설명한다. "큰 돌산[石山]은 4방에서 (거센) 바람이 불어쳐도 움직이지 않는 것처럼, 역

---

217 中村元 譯, 앞의 경, p.57, 제336게; 李元燮 著, 『法句經의 眞理』, p.232 ; 『숫따니빠따』, 제811게. 역시 비슷한 내용(中村元, 위의 책, p.182).
218 中村元 譯, 『ブッダのことば(Suttanipāta)』, p.231과 p.223, 제1094게와 제1059게-1060게.
219 中村元 譯, 앞의 경, pp.129-130, 제578게, 580게, 583게.
220 中村元 譯, 앞의 경, p.131, 제590게.
221 中村元 譯, 앞의 역, p.129, 제581게.

시 땅속 깊이 박혀 있는 구리기둥[銅柱]과 돌기둥이 4방에서 (거센) 바람이 불어쳐도 흔들리지 않는 것처럼" 욕망을 극복한 사람은 그 무엇에 의해서도 동요되지 않고 속박되지 않는다.[222] 그는 어디에서든 어떤 상황에서든 괴로움에서 벗어나 안온한 삶을 산다. 이것을 『법구경』에서는 "마을이건 숲속이건 낮은 곳[低地]이건 평지이건 성자(아라한)가 살고 있는 곳은 (어디든) 즐겁다."[223] 라고 묘사하고 있다. 사람은 이와 같이 "(욕망과 집착을 극복하고), 안온한 즐거움에 머무르게 된다. 이것이 (유여의)열반이다."[224]

유여의열반을 성취한 사람은 더 이상 업을 짓지 않는다. 이전과 동일한 행동을 해도 욕망과 집착을 떠났기 때문에 업이 이루어지지 않는다. 그것을 『중아함』은 이렇게 설명했다. "비유하면 숯불이 꺼진 지 오래되어 싸늘하게 되었는데, 거기에 어떤 사람이 마른 풀을 보태고 마른 나무를 대어 주는 것과 같다. 그 죽은 숯불[彼死火炭]이 과연 다시 그것들을 태울 수 있겠는가."[225] 이와 같이 유여의열반을 성취한 이후에 짓는 업은 무기업(無記業, avyākṛta)으로 과보가 형성되지 않는다. 『숫따니빠따』의 설명에 의하면, "묵은 업은 이미 다했고 새로운 업은 이제 생기지 않는다."[226] "아라한[聖者]은 어디에도 머무르지 않

---

222 『大正』 2권, p.131b(『雜阿含』 18권, 499경, 「石柱經」): 문장 조정해서 내용만 취했음. 同, 1권, p.612c(『中阿含』 29권, 123경, 「沙門二十億經」); 中村元 譯, 『佛弟子の告白(Theragāthā)』, p.138과 p.189, 제643-644게와 1000게.
223 中村元 譯, 「法句經」, p.24, 제98게; 같은 역자, 『佛弟子の告白』, p.118, 제991게.
224 『大正』 2권, p.8b(『雜阿含』 2권, 36경). 註203과 같음.
225 『大正』 1권, p.602b(『中阿含』 27권, 112경, 「阿奴波經」): 猶如火炭久滅以冷 彼或有人雖益以燥草足以橋木 … 彼死火炭寧可復得燃然之耶.
226 中村元 譯, 『ブッダのことば(Suttanipāta)』, p.53, 제235게.

고, 사랑하는 것도 없고 미워하는 것도 없다. 슬픔도 인색함도 그를 더럽히지 않는다. 마치 연잎[蓮葉]에 물이 묻지 않는 것처럼."[227] 그러나 이전에 지은 업으로서 그때까지 결과가 초래 되지 않은 업에 대해서는 그 과보를 받아야 한다.[228]

유여의열반을 성취한 수행자, 즉 아라한은 육체적 괴로움을 제외한 모든 괴로움에서 벗어난 삶을 산 다음 죽으면 육체를 다시 가지지 않는다. 왜냐하면 다음 생의 육체를 만들 업력이 완전히 고갈되었기 때문이다. 그래서 그는 "나의 생은 이미 다하였고 범행(梵行)이 성취되었으며 할 일은 이미 다 마쳐 후세에는 몸을 받지 않는다."라는 것을 알게 된다.[229]

3) 무여의열반

유여의열반은 육체 때문에 생기는 괴로움이 남아 있기 때문에 완전한 열반이 아니다. 육체가 남아 있는 한 육체로 말미암아 발생하는 괴로움은 모두 받아야 한다. 구체적으로 배고픔, 수면, 육체적인 부상, 병 등으로 생기는 괴로움이다. 이와 같은 괴로움은 무아·무상설과 8정도 등의 실천으로 소멸시킬 수 없다. 음

---

227 中村元 譯, 위의 경전, p.182, 제811게. 『大正』2권, p.796c(『增一阿含』46권, 49의 4경, 「牧牛品」)에도 비슷한 내용이 있다: 無薪火不燃 無根枝不生 石女無有胎 羅漢不受漏.
228 『大正』2권, p.639b(『增一阿含』18권, 26의 1, 9경): 예로서 아라한인 마우드갈야야나[目犍連]는 탁발을 나갔다가 외도들로부터 죽을 정도로 기왓장과 돌에 맞았다. 그는 샤리뿌뜨라에게 "내가 과거에 지은 무거운 업 때문에 그 과보를 피할 수 없었다."고 설명했다.
229 『大正』2권, 『雜阿含』의 제42경(「七處經」), 47경(「信經」), 58경(「陰根經」), 60경(「不樂經」) 외 다수.

식·의약 또는 치료로써 일시적으로 다스릴 수 있지만 완전한 해결은 결국 병과 늙음으로 육체가 소멸되어야만 한다. 붓다 역시 생전에 부상을 당하고 병에 걸려 고통을 겪었다. 그때마다 지와까(Jīvaka, 耆婆)라는 유명한 의사에게 치료를 받았다.[230] 붓다는 생애의 마지막 날에도 음식 때문에 병에 걸려 심한 고통을 겪었다.[231] 『율장』「대품(大品)」의 「약건도(藥犍度)」에서는 수행자들의 병과 치료방법 및 여러 가지 약품에 대해 자세하게 기술해 놓았다.[232] 이것은 병으로 생긴 육체적 괴로움의 소멸은 의약을 통해서만 가능하다는 것을 말해주고 있다. 그러나 유여의열반을 성취한 사람에게 정신적인 괴로움은 완전히 소멸되었다. 욕망과 집착을 근원적으로 극복함으로서 괴로움의 뿌리를 송두리째 뽑아 버렸기 때문이다.

무여의열반(無餘依涅槃, nirupadhiśeṣa-nirvāṇa)은 유여의열반을 성취한 아라한의 죽음과 함께 이루어지는 것으로서 정신적, 육체적 괴로움이 모두 소멸된 열반이다. 유여의열반 상태에서 무여의열반에 도달하기 위해서 수행적인 면에서 해야 할 일은 아무것도 없다. 배고픔과 잠[睡眠] 때문에 생기는 괴로움은 음식을 먹고 잠을 자는 것 외에

----

[230] 『大正』 24권, p.193b(『有部毘奈耶破僧事』 18권): 石打我足流血如是不絕 世尊忍痛 爾時醫王侍縛迦(Jīvaka, 壽命)每日三時來詣佛所; 同, 4권, p.366a(『賢愚經』 3권, 15): (靈鷲山中) 世尊身有風患 祇域(Jīvaka)醫王爲合藥酥 用三十二種香藥雜合 令佛日服三十二兩; 同, 2권, p.335a(『雜阿含』 48권, 1289경): 世尊金槍刺足 未經起身苦痛; 同, p.473c(『別譯雜阿含』 14권, 287경): 極爲苦痛.
[231] 『大正』 1권, p.15a(『長阿含』 2권, 2, 「遊行經」): 佛自念 我今疾生擧身痛甚; 同, 1권, p.183c(『般泥洹經』 하권); 同, 1권, p.197b(『大般涅槃經』 중권)
[232] 『南傳』3권, pp.353-442(『律藏』 3, 6, 「藥犍度」).

는 어떠한 방법으로도 소멸시킬 수 없다. 병들거나 부상을 당했을 때 받는 괴로움도 약을 사용하거나 치료를 받아야 사라진다. 인생에 있어서 가장 큰 네 가지 괴로움인 생·노·병·사도 모두 육체와 관계된 것이다. 육체에서 생기는 괴로움은 육체가 존재하는 한 결코 피할 수 없다. 결국 육체적인 고(苦)에서 벗어나기 위해서는 육체를 없애야 하는데 그것은 자연사와 자살로써 가능할 뿐이다.

유여의열반을 이루지 못한 사람은 자연사를 하거나 자살을 해서 육체를 제거한다 해도 그것은 일시적으로 소멸된 것처럼 보일 뿐이다. 죽자마자 지어 놓은 업에 따라 곧 다른 육체를 받게 된다. 자살을 할 경우 문제가 개선되기보다 오히려 악화된다. 이전보다 불리한 상황에서 삶을 다시 시작하지 않으면 안 되기 때문이다. 유여의열반을 성취한 아라한도 이전에 지은 업의 결과가 아직 남아 있는 경우 그것에 대한 과보를 받아야 하고 그 과보를 소비해야 하는 데 얼마간의 시간이 필요하다.

그러나 유여의열반을 성취한 이후에 짓는 업은 무기업(無記業)으로서 과보가 초래되지 않는다. 현재의 육체가 마지막 육체이다. 그것을 많은 경전에서는 "나의 생은 이미 다하고 … 후세의 몸을 받지 않는다."라고 말하고 있다.[233] 유여의열반의 즐거움을 누리면서 무여의

---

233 『大正』2권, p.7c(『雜阿含』1권, 33경): 自覺星槃 我生已盡 梵行已立 所作已作 自知不受後有. 역시 『雜阿含』제39경(p.9a), 46경(p.12a), 268경-269경(p.70a-b); 『大正』1권, p.560b(『中阿含』21권, 83경, 157경(p.680b) 외 다수.

열반을 기다리는 일만 남게 된다. 그러나 이 기간 동안에 비록 정신적인 괴로움은 없지만 육체적인 괴로움은 이전과 똑같이 그대로 존재한다. 육체적인 괴로움은 정신적인 괴로움보다 훨씬 더 심하다. 유여의열반을 성취한 아라한이 이와 같은 괴로움을 감수하면서 죽음이 스스로 찾아올 때까지 기다려야 할 이유는 무엇인가. 이것은 무여의열반과 더불어 제기되는 문제 가운데 하나이다.

초기경전에서는 유여의열반에서 무여의열반을 이룰 때까지 그 기간에 발생하는 육체적 괴로움에 대한 해결방안을 제시하고 있지 않는 것 같다. 그러나 이 문제가 붓다의 생전에 이미 제기되었던 것은 틀림없다. 『테라가타(Theragāthā, 長老偈)』에서 붓다의 최초의 제자인 아즈냐따 까운디냐(Ājñāta Kauṇḍinya, 阿若憍陳如)와 10대 제자 가운데 한 사람인 샤리뿌뜨라가 이 문제에 대해 자신들의 입장을 밝혀 놓은 것을 볼 수 있다. "나는 죽음을 좋아하지 않는다. 나는 삶도 좋아하지 않는다. 마치 일꾼[雇傭시]이 품삯을 기다리는 것처럼 나는 죽음의 때가 오기를 기다릴 뿐이다."[234] 이 설명에 따르면 '죽음도 삶도 좋아하지 않기 때문에' 고의로 육체적인 삶을 단축시키거나 (그것을 연장시키지) 않는다는 것이다. 그러나 이와 같은 설명과 입장은 그다지 설득력이 없다. 왜냐하면 '죽음도 좋아하지 않고 삶도 좋아하지 않(는데

---

[234] 中村元 譯, 『佛弟子の告白』, p.146, 제685게-686게; 同, p.189, 제1002게-1003게. 역시 제606-607게, Saṅkicca(p.132)도 동일한 내용이다. 『雜阿含』(36권 994경)에 의하면, 붓다의 제자인 유명한 시인 방기사(Vaṅgīsa, 婆耆舍)도 병들어 자살했다. 자살 직전 붓다 앞에서 읊은 긴 게송 가운데 이 구절이 있다: 不復樂受生 亦無死可惡 正智正繫念 唯待捨終時至.

도 불구하고)' 자연사할 때까지 무익(無益)한 육체적 고통을 모두 감수해야 할 이유가 없기 때문이다. 정신적인 괴로움의 소멸을 얻기 위해서는, 즉 유여의열반을 이루기 위해서는 온갖 교리와 실천 방법이 동원되고 어렵고 고된 수행이 강요되다시피 하면서, 마지막으로 남은 괴로움인 육체적인 고(苦)의 소멸을 위해서는 '일꾼이 품삯을 기다리는 것처럼 기다린다'는 것은 너무나 소극적인 태도이다. 이렇게 해야 하는 이유는 무엇인가. 마땅한 다른 방법이 없기 때문인가.

사실 초기경전에는 붓다의 제자들이 육체를 제거하기 위해 자살했다는 내용이 적지 않게 나온다. 게다가 "나는 죽음의 때가 오기를 기다릴 뿐이다."라고 한 샤리뿌뜨라조차도 자신의 육체를 고의로 제거했다. 즉 자살했다. 붓다의 가장 큰 제자들인 마우드갈야야나, 까샤빠, 아난다도 모두 죽음이 찾아오기 전에 스스로 자신들의 육체를 제거했다.

『증일아함』에 의하면 샤리뿌뜨라는 곧 있게 될 붓다의 반열반 소식을 천상의 신들로부터 전해 듣고 붓다에게 가서 "저는 지금 세존께서 열반에 드시는 것을 차마 볼 수 없습니다[我不忍見世尊取般涅槃]."라 말하고 자신이 붓다보다 먼저 열반에 드는 것을 허락해 달라고 간청했다. 그는 붓다의 허락을 받고 고향인 날란다[那羅陀 또는 摩瘦國]에 가서 반열반에 들었다. 마우드갈야야나 역시 붓다의 임박한 열반과 샤리뿌뜨라의 죽음 소식을 듣고 자신도 붓다의 허락을 받아 반열반에 들었다.[235] 『근본유부비나야잡사』도 샤리뿌뜨라와 마우드갈야야나의

---

235 『大正』2권, p.639b-640c(『增一阿含』18권, 26의 9경, 「四意斷品」①); 同, p.641b-c(19권,

반열반에 대한 사실을 기술하고 있다. 이 곳에서는 두 장로의 반열반과 더불어 그들 제자 아라한들 각 8만 명과 7만 7천 명이 동시에 반열반에 들었다는 내용도 전하고 있다.[236]

까샤빠와 아난다의 이야기는 이 두 장로의 경우와 다르다. 붓다의 반열반 후 많은 제자들이 모여 스승이 생전에 베푼 가르침을 결집했다. 이 일이 끝나자 까샤빠는 아난다에게 교단의 통솔권을 넘기고 계족산(雞足山, 보드가야 근방에 있는 산)의 석실(石室)로 가서 육신을 버리고 무여의열반에 들었다.[237] 아난다 역시 노년이 되어 죽음이 가까웠을 때 갠지스 강 한가운데 배를 띄우고 신통으로 자신의 몸을 태워 반열반에 들었다. 강 한가운데서 죽은 이유는 그가 남긴 사리를 와이샬리 왕과 마가다 왕이 싸우지 않고 나누어 가지도록 하기 위해서였다.[238]

비구들의 자살에 대한 다른 이야기도 있다. 어느 때 붓다는 중병에 걸린 제자 왁깔리(Vakkali, 跋迦梨) 비구의 문병을 갔다. 왁깔리는 극심한 고통을 참을 수 없어 칼로 자살하기를 원했다. 붓다는 그에게 5온·무상의 교리를 설해서 육체가 무상하다는 것을 가르쳐 격려한 다음, "만약 육체에 대해서 탐욕심을 가지고 있지 않다면 그것

26의 9경, 『四意斷品』 ②). 두 장로는 고향에 돌아가서 심한 병에 걸렸다. 그들의 죽음에 대해서는 약간 불투명하다. 그러나 먼저 반열반을 결심했으므로 그들은 스스로 반열반에 들어 간 것으로 보는 것이 마땅할 것이다.
236 『大正』24권, pp.288c-289c(『根本有部毘奈耶雜事』18권, 「子攝頌」①). 그들의 반열반은 병과 관련짓지 않았다. 고향으로 간 것은 반열반에 들기 전에 마지막으로 그들의 친족들에게 법을 설해주기 위해서였다.
237 『大正』24권 p.409a(『根本有部毘奈耶雜事』40권); 同, 50권, pp.114c-115a(『阿育王傳』4권); 同, 25권, p.79a(『大智度論』3권).
238 『大正』24권 pp.410b-411a(『根本有部毘奈耶雜事』, 40권); 同, 50권, pp.115c-116a(『阿育王傳』45권). 『大正』51권, p.862a(『高僧法顯傳』); 同, 51권, p.909c(『大唐西域記』7권).

은 좋은 마침이고(그 죽음은 좋은 것이고), 다음 생(生) 역시 좋을 것이다
[是則善終 後世亦善].”라고 은근히 자살을 용인했다. 붓다가 그곳을 떠
나자 "곧 왁깔리는 해탈을 생각하고 칼로 자살을 하였다."²³⁹ 고디까
(Godhika) 비구의 경우는 이것과 다르다. 그는 열심히 수행해서 심해
탈[意解脫]을 얻었지만 그것이 지속되지 않았다. 여섯 번이나 본래 상
태로 되돌아갔다. 그래서 일곱 번째 심해탈을 이루었을 때는 그것을
유지하기 위해 칼로 자살했다. 붓다는 비구들에게 고디까가 반열반
에 들었다는 것을 확인해 주었다.²⁴⁰ 답바 말라뿟따(Dabba Malaputta)
장로의 자살 이야기는 간단명료하다. 그는 붓다에게 가서 대뜸 "선서
(善逝)시여, 지금 저는 반열반하고자 합니다."라고 말했다. 붓다도 그
말을 듣고 즉시, "답바야, 네가 지금이 알맞은 때라고 생각하거든 그
렇게 하여라."라고 답했다. 답바는 스승에게 하직 인사를 올린 뒤 바
로 허공에서 가부좌를 하고 자신의 몸을 불태워 반열반에 들었다.²⁴¹

이와 같은 경전의 내용이 반드시 역사적인 사실이라고는 할 수 없
겠지만 초기불교에서는 유여의열반을 성취한 아라한이 무여의열반을
이루기 위해 스스로 육체를 제거하는 것에 대해 부정적인 입장은 아

---

239 「大正」2권, pp.346b-347a(『雜阿含』47권, 1265경, 「跋迦梨經」): (跋迦梨白佛) 我身苦痛
極難堪忍 欲求刀自殺 不樂苦生, … 佛告跋迦梨 若於彼身無可貪可欲者 是則善終 後世亦善
(Your dying will not be evil. Your ending will not be evil). SN, PTS, Ⅲ, p.104 … (跋迦
梨) 卽執刀自殺;「大正」2권, pp.642c-643a(『增一阿含』19권, 26의 10경)에도 같은 내용
(婆迦梨).「大正」2권, pp.347b-348a(『雜阿含』47권, 1266경, 「闡陀經」)에서는 중병에 걸린
Channa(闡陀) 비구의 자살에 관한 내용.「跋迦梨經」과 거의 동일하다.
240 「大正」2권, p.286a-b(『雜阿含』39권, 1091경, 「瞿低迦經」); 同, p.382c(『別譯雜阿含』2권,
30경).
241 「南傳」23권, pp.236-237(『自說經』, 제8품, 9-10).『雜阿含』38권의 제1075-1076경(「大正」
2권, p.280a-c)에서 같은 내용을 볼 수 있다.

니었다는 것을 알 수 있게 해 준다. 사실 논리상으로는 유여의열반을 성취한 아라한이 무여의열반을 위해서 무익(無益)하기만 한 육체적인 괴로움을 감수하면서 자연사할 때까지 무작정 기다려야 할 이유는 없다. 그렇다고 해서 아라한들의 자살을 권장할 수는 없었을 것이다.

4) 열반의 상태

유여의열반을 성취한 아라한이 죽었을 때 맞이하는 완전열반(完全涅槃) 즉 parinirvāṇa(圓寂)는 어떤 상태인가. 이것에 대해서는 세 가지 입장이 있다. '소멸상태로서의 열반(nirvāṇa-anéantissement)'과 '존재상태로서의 열반(nirvāṇa-existence)', 그리고 '무기(無記, avyākrita) 상태로서의 열반'이다. 첫 번째는 '붙고 있던 불꽃의 소멸'과 같은 것이고, 두 번째는 '아라한이 들어가는 장소'와 같은 상태이다. 세 번째는 '언어로 표현할 수 없는 상태'이기 때문에 '침묵'하는 것이다.[242]

(1) 소멸상태로서의 열반

인간이 죽어 육체가 소멸되면 '정신적인 것'은 단독으로 존재할 수 없다. 앞에서 무아문제를 추구하면서 이미 자세하게 살펴본 것처럼 육체와 정신은 불가분적인 것이다. 이것은 등잔불로 비유되고 있다. 등잔

---

[242] Lamotte, *Histoire du Bouddhisme indien*, p.45; La Vallée-Poussin, *Nirvāṇa*, p.148 이하. 이 두 책에는 '무기상태로서의 열반'이라는 분류는 없다.

과 기름과 심지는 인간의 육체에 해당하고 이것들에 의해 발생된 불꽃은 정신에 해당한다. 등잔이 파괴되고 기름과 심지도 흩어져 버리고 나면 불꽃이 단독으로 존재할 수 없는 것처럼 육체가 소멸되면 정신도 혼자 존재할 수 없다. 인간이 죽은 뒤 육체적인 것과 정신적인 것이 소멸되었을 때 남는 것은 오직 업력(業力)뿐이다. 업력이 다음 생의 존재를 만드는 유일한 근거이다. 그런데 유여의열반을 성취한 존재가 무여의열반에 이르면 업력이 완전히 고갈된 상태이기 때문에 다시 육체가 형성될 수 없고 육체 없이는 정신적인 것도 발생하지 못한다.[243]

이와 같은 상태를 『숫따니빠따』는 "오래된 업은 이미 다했고 새로운 업은 이제 생기지 않는다. (마음이 미래의 생존에 집착하지 않고, [번뇌의] 종자를 없애고, 그것이 생장[生長]하는 것을 원치 않는) 현자(賢者)는 등불처럼 꺼져 열반에 든다."[244]라고 묘사했다. 여기에서 '현자'란 유여의열반을 성취한 아라한을 말한다. 아라한은 육체가 사라지면 '등불이 꺼져 버리는 것처럼' 그런 상태로 열반에 든다는 것이다.

『잡아함』의 「견경(見經)」에서는 이것을 구체적으로 자세하게 설명하고 있다. 왓사(Vatsa, 婆蹉)라는 외도가 붓다에게 열반을 성취한 사람이 태어나는 곳에 대해 질문했다. 붓다는 "열반[解脫]에 든 비구에 대해서는 태어난다고 (말)해도 옳지 않고, 태어나지 않는다고 (말)해도 옳지 않다."고 설명하면서 그를 질문으로 유도했다. "왓사여, 비유하면 어떤 사람이 그대 앞에서 불을 사르는 것과 같다. 그대는 그때 그

....
243 이 책 3장, 2, 2)의 (2) 참조.
244 中村元 譯, 『ブッダのことば(Suttanipāta)』, p.53, 제235게.

불이 타고 있는 것을 볼 수 있겠는가. 또 그대 앞에서 불이 꺼지면 불이 꺼지는 것을 볼 수 있겠는가." 왓사는 그렇다고 대답했다. 붓다는 다시 물었다. "조금 전에 타고 있던 불은 지금 어디에 있는가. 동쪽으로 갔는가. 서쪽·남쪽·북쪽으로 갔는가라고 묻는다면 어떻게 대답하겠는가." "그렇게 묻는다면 나는 '내 앞에서 불이 탄 것은 땔나무[薪]가 있었기 때문에 탔다. 만일 땔나무를 계속해서 공급해 주지 않으면 불은 곧 꺼져버리고 다시 일어나지 않을 것이다. 동쪽이나 서쪽·남쪽·북쪽으로 갔다는 말은 옳지 않다'라고 대답하겠습니다."[245]

붓다는 반열반에 도달한 아라한에 대해서도 같은 설명을 할 수 있다고 말했다. 비유를 들면 다라나무[多羅樹, 야자나무]의 밑둥치를 끊어버리면 다시 움이 틀 거리가 없으므로 그 나무는 영원히 살아날 수 없다. 그와 같이 반열반에 든 아라한은 생존의 근본인 5온[色·受·想·行·識]이 모두 끊겨버려 (사람들의 視野에서) 사라져 버리기 때문에 동·서·남·북의 어디로 가서 (다시) 태어난다고 말할 수 없다는 것이었다. 붓다의 결론에 의하면, "이 (열반에 든 아라한은) 매우 깊고 넓고 크며 한량이 없고 헤아릴 수도 없어 (시야에서) 영원히 사라진 것이다."[246]

앞에서 인용한 답바말라뿟따 장로의 반열반의 경우에서도 같은 내용을 말하고 있다. 답바말라뿟따는 몸을 공중에 띄워 가부좌(跏趺

---

245 『大正』2권, pp.245c-246a(『雜阿含』34권, 962경, 「見經」); 同, p.445b(『別譯雜阿含』10권, 196경).
246 『大正』2권, p.246a(『雜阿含』34권, 962경), 문장에 구애받지 않고 내용을 취했음. 佛告婆蹉 我亦如是說色受想行識已斷已知 斷其根本 如截多羅樹頭 無復生分於未來世 永不復起 若至東西南北方 是則不然 甚深廣大無量無數永滅; *Majjhimanikāya*, PTS, Ⅱ, pp.166-167.

坐)하고 몸에서 불과 물을 내뿜어 자신의 육신을 완전히 태웠는데 재[灰]와 그을음[煤]조차도 남지 않았다. 마치 버터[醍醐]와 호마유(胡麻油, 참기름)를 태울 때 재와 그을음이 남지 않는 것과 같았다.²⁴⁷ "(그것은) 마치 허공에 등불을 켤 때 기름과 심지가 한꺼번에 다하는 것처럼 답바말라뿟따가 공중에서 열반하여 몸과 정신[身心]이 한꺼번에 사라진 것도 그와 같았다."²⁴⁸

이와 같이 열반의 경지를 '소멸'과 같은 것이라고 하는 정의는 가장 널리 알려진 것이다. 열반이라는 말 자체가 '소멸'이라는 의미를 가지고 있을 뿐 아니라 무아와 열반을 생각할 경우 이것이 가장 합당하다.²⁴⁹

(2) 존재상태로서의 열반

초기경전은 때때로 반열반을 무여의열반을 성취한 아라한이 도달하는 '장소'처럼 묘사되고 있다. "(반)열반에 도달한다."²⁵⁰ "반열반[無餘依

....
247 『南傳』23권, pp.237-238(『自說經』, 제8품, 10).
248 『大正』2권, p.280c(『雜阿含』38권, 1076경).
249 이 정의는 뒷날 "個的인 자아를 인정하지 않거나 그것을 '일련의 현상[相續]'으로 보는 부파들," 그들 가운데 특히 經量部(Sautrāntika)의 說이 된다. Filliozat, *L'Inde classique*(Ⅱ), p.547(§2295); La Vallée-Poussin, *Bouddhisme, opinion sur l'histoire de la dogmatique*, p.89; 같은 저자, *Remarques sur le Nirvāṇa*(Studia Catholique, 1924), p.26.
250 『大正』2권, p.563c(『增一阿含』4권, 10의 1경, 「護心品」): 至泥洹界; 同, p.71b-c(『雜阿含』10권, 271경, 「低舍經」): 得至某城 … 城者謂般星槃.

涅槃]에 들어간다."²⁵¹ "영원히 반열반에 머물게 된다."²⁵² 역시 반열반을 좀더 구체적으로 표현해서 '열반성(涅槃城)'이라고 부르는 경전들도 있다. 예를 들면 "비구는 온갖 번뇌를 없애 버리고 … 두려움이 없는 열반성에 들어가기를 구(求)해야 한다."²⁵³ "나고 죽는 바다를 건너 열반성에 들어간다."²⁵⁴라는 것과 같은 것이다. 『유행경』에 의하면 붓다도 반열반 후 "열반성에 들어갔다."²⁵⁵

열반(성)은 우리가 살고 있는 장소의 '저편'에 위치하고 있다. 이와 같은 표현이 물리적인 공간이건 정신적인 공간이건 간에 반열반은 중생들이 사는 곳과는 다른 곳이다. 중생들이 사는 곳은 차안(此岸, 이 언덕, orima tīra)이고 반열반을 이룬 아라한들이 도달하는 곳 또는 머무는 곳은 피안(彼岸, 저 언덕, pārima tīra)이다. 『잡아함』에 의하면 붓다는 게송으로 이렇게 설했다. "사람들 가운데 피안(彼岸, 열반)에 건너간 자는 매우 적다. (많은) 세상 사람들은 차안(此岸, 윤회계)에서 배회(徘徊)하고 있다. 이 바른 법과 율을 잘 따르는 사람은 건너기 어려운 생사의 '강[岸]'을 건너 피안에 도달한다."²⁵⁶

---

251 『大正』24권, p.409a(『根本有部毘奈耶雜事』40권, 子攝頌(6)): (迦葉)入無餘依妙涅槃界; 同, 2권, p.578b(『增一阿含』7권, 「火滅品」제16): 入無餘泥洹界.
252 『大正』2권, pp.120b-121a(『雜阿含』17권, 470경-473경): 永處般涅槃.
253 『大正』2권, p.564c(『增一阿含』4권, 10의 4경, 「護心品」): 比丘常當除棄五盛陰兩 求入無畏泥洹城中; 同, 2권, p.658c(『增一阿含』21권, 21의 9경, 「苦樂品」): 除去結使入於無畏涅槃城.
254 『大正』2권, p.669b(『增一阿含』23권, 31의 5경, 「增上品」): 度生死海 入涅槃城.
255 『大正』1권, p.30a-b(『長阿含』2권, 2경, 「遊行經」2): (二月) 八日入涅槃城.
256 『大正』2권, p.201b(『雜阿含』14권, 771경, 「彼岸經」); 同, 2권, p.274c(『雜阿含』37권, 1051경, 「彼岸此岸經」); 中村元 譯, 『ブッダのことば(Suttanipāta)』, p.223, 제1059게; 같은 역자, 『ブッダの眞理のことば』, p.22, 제85게-86게.

반열반의 세계를 큰 바다와 같은 것으로 묘사하기도 했다. 『우다나(Udāna, 自說經)』에 의하면 "세계의 모든 강들이 바다로 흘러 들어가고 하늘에서 쏟아지는 빗물 (역시 그곳으로 들어가지만) 그것 때문에 바닷물이 줄어들거나[滅] 늘어나는[增] 일이 없듯이, 많은 비구가 무여의 열반[般涅槃]의 세계로 들어간다 해도 그 때문에 (그) 열반(세계가) 줄거나 늘어나는 일은 없다."[257] 반열반을 성취한 아라한이 죽어 '열반성' 또는 '피안'에 도달하면 그곳에서 영주(永住)한다. "(열반을 성취한 비구는) 현세에서는 모든 번뇌를 다하고 죽은 뒤에는 … 영원히 반열반에 머물게 된다."[258] 이 내용은 여러 경전에서 되풀이되고 있다. 따라서 반열반에 들어간 아라한들은 그곳에 머물면서 이 세상에는 다시 돌아오지 않는다.[259]

'존재상태로서의 열반'에 대해서는 지금까지 언급한 것이 초기경전에서 볼 수 있는 거의 모든 내용이다. 이 내용만으로 반열반과 그곳에 들어가는 아라한에 대해 구체적으로 알 수 있는 것은 거의 없다. 그렇지만 명백한 사실은 반열반이 '소멸'과 같은 것이 아니라 아라한들이 머물 수 있는 '성(城)' 또는 '바다'와 같은 '어떤 장소'이고, 모

---

[257] John D. Ireland 譯, *The Udāna*, Kandy(Sri Lanka), 1990, p.77; 이미령 譯, 『기쁨의 언어·진리의 언어』(민족사, 1991), p.100.
[258] 『大正』2권, pp.120c-121a(『雜阿含』제17권, 제470경-473경): 現法盡諸漏 身死[墮數] 永處般涅槃. '數'의 의미가 분명하지 않다. 『雜阿含』(2)(김월운 한글 譯), p.330의 註에는 '윤회하면서 떠도는 횟수'라고 되어 있다.
[259] 『大正』1권, p.88b(『長阿含』13권, 20경, 「阿摩晝經」); 同, p.596a(『中阿含』26권, 105경, 「願經」) 外.

든 아라한은 사후에 이 열반(계)에 들어가서 거기에서 영주(永住, 永處)한다는 것이다.²⁶⁰

(3) 무기로서의 열반

붓다는 형이상학적인 질문을 받았을 때 '옳다 그르다[是非]'라고 말하지 않고 '침묵'으로 대응했다. 이것이 무기(無記, avyākrita)이다.²⁶¹

수행을 완성한 아라한이 죽은 뒤 성취하는 반열반 상태에 대한 질문 앞에서 붓다뿐 아니라 큰 제자들은 대부분의 경우 '침묵'으로 대응했다.²⁶² 그러나 수행을 완성한 성자들의 사후문제는 단지 '무기(無記)'라는 방법으로 해결될 수는 없었다. 무여의열반을 수행의 궁극적 목표로 삼고 있는 수행자들에게 '아라한의 사후문제'는 그들 자신의 문제이기도 했다.

어느 때 영취산에 머물고 있던 비구들은 이 문제에 대해 진지하게 토론을 벌였다. 여러 가지 주장이 나왔다. "여래(수행 완성자, 즉 아라한)는²⁶³ 죽은 뒤에도 존재한다. 여래(如來)는 죽은 뒤에 존재하지 않는다. 여래는 죽은 뒤에 존재하기도 하고 존재하지 않기도 한다. 여래는 죽

---

260 이 열반설은 뒷날 '윤회하는 個我'인 Pudgala를 지지하는 부파, 특히 독자부(犢子部, Pudgalavādin)의 說이 된다. Filliozat, *L'Inde classique*(II), p.547(§2295); La Vallée-Poussin, *Bouddhisme, opinion.*, p.89; 같은 저자, *Remarques sur le Nirvāṇa*, p.40.
261 『大正』1권, p.804b-c(『中阿含』60권, 221경, 「箭喻經」). '독화살의 비유(箭喻)'로써 '無記'에 대한 설명을 잘 하고 있다.
262 『大正』2권, p.226a-b(『雜阿含』32권, 905경, 「外道經」); 『雜阿含』34권에는 9개의 경(958경-963경, 965경, 967경, 968경)이 '無記'를 다루고 있다(『大正』2권, pp.244c-249a).
263 여기서 '如來'는 '고따마 붓다'를 가리키는 것이 아니다. 中村元, 『原始佛敎の思想(上)』, p.375 참조.

은 뒤에 존재하는 것도 아니고 존재하지 않는 것도 아니다." 붓다는 비구들의 토론 내용을 듣고, "너희들은 그런 논의를 하지 마라. 왜냐하면 그와 같은 논의는 이치에 도움이 되지 않고 법에도 도움이 되지 않고 (역시) 수행[梵行]에도 도움이 되지 않고 지혜도 아니고 바른 깨달음도 아니고 바르게 열반으로 향하는 것도 아니기 때문이다."라고 말했다. 그리고 나서 "수행과 열반을 이루는 데 도움이 되는 4성제에 대한 공부와 실천에 힘쓰라."고 충고했다.[264] 이와 같은 내용은 초기 경전의 여러 곳에서 볼 수 있다. 재가신도와 외도들도 이 문제에 대해 붓다뿐 아니라 샤리뿌뜨라 같은 상수 제자들과 토론을 했다.[265]

이 경우와는 달리 우리는『숫따니빠따』에서 이 문제에 대한 붓다의 명쾌한 설명을 들을 수 있다. 우빠시와(Upasīva) 비구가 붓다에게 단도직입적으로 질문했다. "소멸해 버린 자(반열반에 든 성자)는 존재하지 않습니까. 또는 상주(常住)해서 건재합니까." 붓다의 대답도 간단 명료했다. "번뇌가 소멸해 버린 자에게는 그것을 헤아릴 기준(즉 尺度)이 없다. 이렇다 저렇다고 할 만한 근거가 그에게는 존재하지 않는다. 모든 것이 깨끗이 끊어지면 모든 논의(論議)의 길도 완전히 끊어져 버린다."[266]

『상응부경전』의「무기설상응(無記說相應)」경에서,[267] 수행을 성취한

---

264 『大正』2권, p.109b(『雜阿含』16권, 408경, 「思惟經」②).
265 『大正』2권, pp.30c-31b(『雜阿含』5권, 104경, 「焰摩經」); 同, 2권, p.32c(『雜阿含』5권, 106경, 「阿泥羅度經」); 同, 1권 pp 803c-804a(『中阿含』60경, 220경, 「見經」).
266 中村元 譯, 『ブッダのことば(Suttanipāta)』, p.226, 제1074-107게.
267 전재성 譯, 『쌍윳따니까야』제7권, pp.476-484; 中村元, 『原始佛教の思想(上)』, pp.375-377; 『南傳』16권(上), pp.100-105; Saṃyuttanikāya, PTS, Ⅳ, pp.266-268. 두 사람이 주

아라한[如來]의 사후 문제에 대해 논의된 구체적인 내용을 볼 수 있다. 꼬살라의 쁘라세나짓(Prasenajit, 波斯匿) 왕은 먼저 케마(Khemā, 讖摩) 비구니와 이 문제에 대해 깊이 있는 문답을 했다. 왕은 케마의 설명에 만족을 했지만 다시 붓다를 찾아가서 같은 내용의 질문을 했다. 붓다는 케마가 말한 것과 똑같은 내용을 설해주었다. 왕이 제기한 질문의 핵심은 네 가지였다.

① 여래(如來, 수행완성자)는 사후에 존재하는가.
② 여래(즉 아라한)는 사후에 존재하지 않는가.
③ 여래는 사후에 존재하기도 하고 존재하지 않기도 하는가.
④ 여래는 사후에 존재하는 것도 아니고 존재하지 않는 것도 아닌가.

이것에 대해 붓다는 이렇게 대답했다. "(나는) '여래가 사후(반열반 후)에 존재한다.'라거나, '사후에 존재하지 않는다.'라거나, 역시 '사후에 존재하기도 하고 존재하지 않기도 한다.'라거나, '사후에 존재하는 것도 아니고 존재하지 않는 것도 아니다.'라고 말하지 않는다."[268]

쁘라세나짓 왕은 붓다에게 그것을 설하지 않는 이유를 따져 물었다. 그러자 붓다는 직접 대답하는 대신 이렇게 반문했다. "어떤 회계사나 수학자가 갠지스 강의 모래알이 모두 몇 개인지 셀 수 있겠습니

고받은 문답의 핵심만을 간추렸음.
[268] 전재성 譯, 앞의 경전, pp.481-482; 中村元, 앞의 책, p.375;『南傳』16권(上), pp.103-105(『相應部經典』五, 제10); Saṃyuttanikāya, Ⅳ, pp.268-269. 요약 정리했음.

까. 역시 큰 바다 물의 양이 몇 말[斗]인지 계산할 수 있겠습니까." 왕의 대답은 물론 "그렇게 할 수 없다."는 것이었다. 그 이유를 묻자 왕은 갠지스 강 모래알의 수(數)나 큰 바다 물의 양(量)은 너무나 많아서 헤아릴 수 없기 때문이라고 대답했다.[269]

붓다는 왕의 대답과 함께 결론을 내렸다. "여래(如來)를 알 수 있게 하는 여래의 형상(色, 역시 수·상·행·식)은 버려지고 뿌리가 끊겨져, (뿌리 없는 야자나무처럼 되어서) 소멸[滅無]해 버리고 미래에 생겨나지 않습니다. 대왕이여, 여래는 큰 바다와 같아서 형상(色, 역시 수·상·행·식)으로 측량할 수 없이 깊고 한량이 없어 헤아리기 어렵기 때문입니다. 그러므로 '여래는 사후에 존재한다.'라거나 '여래는 사후에 존재하지 않는다.'라거나 … '여래는 사후에 존재하는 것도 아니고 존재하지 않는 것도 아니다.'라고 하는 것은 옳지 않습니다."[270] 붓다는 인간의 한정된 능력으로 성자들이 사후에 도달하는 무여의열반의 상태는 이해할 수도 설명할 수도 없다고 했다.

사실 갠지스 강 모래알의 수나 큰 바다 물의 양을 안다는 것은 불가능한 일이다. 설사 안다 해도 그것은 인간의 삶에 아무런 도움이 되지도 않는다. 그와 같은 일에 대해 질문을 받으면 침묵하는 수밖에 다른 방법이 없을 것이다. 마찬가지로 '측량 할 수 없이 깊고 한량이

---

[269] 문장에 구애받지 않고 내용만 취했음. 전재성 譯, 앞의 경전, p.482; 中村元, 앞의 책, p.376;『南傳』16권(상), p.101-102(제10『無記說相應』13-14).
[270] 전재성 譯,『쌍윳따니까야』제7권, pp.482-484; 中村元,『原始佛教の思想(上)』, pp.376-377;『南傳』16권(상), pp.104-105; Saṃyuttanikāya, PTS, Ⅳ, pp.267-268. 두 사람이 주고받은 문답의 핵심만을 간추렸음.

없어 헤아리기 어려운' 반열반의 상태를 '무기(無記)'라고 했다.

반열반에 대한 현대학자들의 관점은 다양했다. 발레 뿌쌩에 의하면 "인간 속에 불변적인 것이 아무것도 존재하지 않는다면 열반이란 단지 무(無) 또는 비(非)존재일 뿐이다."[271] 차일더스(Childers) · 피쉘(Pischel) · 올덴베르그는 '소멸'이라고 생각했다. 막스 뮐러는 '불사(不死)'와 같은 것이라고 이해했다. 리스 데이비스에 의하면 열반은 '성스러운 것'이고, 쿠마라스와미(Coomaraswamy, A. K.)는 '초월적인 상태에 재생하는 일종의 죽음'으로 보았다.[272] 르네 그루쎄(R. Grousset)에 의하면 열반은 '연속하는 생명의 완전 소멸 또는 괴로움을 벗어난, 필설로 표현할 수 없는 경지'였다.[273]

스리랑카의 학승 왈뽈라 라훌라는 학자들의 이와 같은 여러 가지 주장들이 "열반의 의미를 밝히는 데 도움이 되기보다는 오히려 이 문제를 더욱 혼란스럽게 만들었다."고 지적하면서, "인간의 언어는 너무나 빈약하기 때문에 절대 진리(Vérité absolue)이고 궁극적 실재(Réalité Ultime)인 열반의 실상을 표현할 수는 없다."고 말했다.[274] 나카무라 하지메[中村元]도 라훌라와 동일한 견해를 가지고 있다.[275]

....

271 La Vallée-Poussin, *Bouddhisme, opinion.*, p.89; 같은 저자, *Remarques sur le Nirvāṇa* (Studia Catholique, 1924), p.40.
272 Filliozat, *L'Inde classique*(II), p.547(§2295); La Vallée-Poussin, *Nirvāṇa*, p.87 이하와 서문, pp. v-vi.
273 Grousset, *Les philosophies indiennes*(I), p.45.
274 Rahula, 앞의 책, p.59(그러나 단지 '인간의 괴로움이 모두 소멸된 상태'인 열반을 '절대 진리이고 궁극적 실재'라고 할 수 있을까!).
275 中村元, 『原始佛敎の思想(上)』, p.377.

5) 열반의 길

초기경전에 의하면 열반을 성취하기 위해 배우고 실천해야 할 교리와 수행 방법은 많다. 그러나 그 가운데 중도(中道)가 가장 중요하다. 중도는 붓다가 첫 설법 때 4성제 교리에 앞서 설한 가르침이었다. "비구들아 마땅히 알아라. 도를 닦는 사람으로서 해서는 안 될 두 가지 극단적인 행이 있다. 하나는 욕망과 쾌락의 하천한 일에 집착하는 것이고[快樂行], 다른 하나는 스스로 자신을 괴롭히는 것으로[苦行], (두 가지 모두) 수행자[賢聖]들이 추구하는 법에 맞지 않는 것이다. 다섯 비구들아, 이 두 가지 극단을 버리고 중도를 행하면 … 열반으로 나아가게 된다."[276]

중도에 대해서는 『잡아함』의 「이십억이경(二十億耳經)」에서 붓다가 이십억이 비구에게 잘 설명해 주고 있다.[277] 이십억이 비구는 극단적인 고행을 실천했지만 해탈(열반)에 이를 수 없었다. 수행생활을 그만두고 환속(還俗)하려는 그에게 붓다는 이렇게 가르쳤다. "이십억이야, 너는 출가 전에 거문고를 잘 탔는가." 이십억이 비구는 그렇다고 대답했다. 붓다는 다시 물었다. "네가 거문고를 탈 때 그 줄이 너무 팽팽하면 미묘하고 부드럽고 맑은 소리를 낼 수 있던가." "아닙니다, 세존이시여." "그 줄이 너무 느슨하면 미묘하고 부드럽고 맑은 소리를

---
[276] 『大正』1권, pp.777c-778a(『中阿含』56권, 204경); 同, 2권, p.593a-b(『增一阿含』10권, 19의 2경); 同, 22권, p.788a(『四分律』, 32권); 同, 22권, p.104b(『五分律』15권).
[277] 『大正』2권, p.62c(『雜阿含』9권, 254경); 『南傳』20권. p.128(『增支部經典』 제2의 50, 제6집, 「大品」). 이십억이는 빨리어 경전에서는 Soña로 알려져 있다.

내던가." "아닙니다, 세존이시여." "거문고 줄을 잘 다루어 그것이 너무 팽팽하지도 너무 느슨하지도 않으면 미묘하고 잘 어울려 맑은 소리를 내던가." 이십억이가 그렇다고 대답하자 붓다는, "(수행도 그것과 같아서) 정진(精進)을 너무 심하게 하면 마음이 평정을 잃게 되고, 정진을 너무 태만하게 하면 게으르게 된다."고 말하면서 중도를 실천하도록 가르쳤다.

초기경전에서는 중도를 구체적으로 설명하면서 8정도를 제시했다. 중도라는 말은 종종 8정도와 동의어로 사용되었다. 붓다가 최초의 설법 때 5비구들에게 "다섯 비구들아, 이 두 가지 극단을 버리고 중도를 행하면 … 열반으로 나아가게 된다. 중도란 8정도이다."라고 설했다.[278] 『중아함』을 비롯한 다른 경전에서도 역시 "중도란 8정도이다."라고 하면서 이것을 서술하고 있다.[279]

8정도란 정견(正見) · 정사(正思) · 정어(正語) · 정업(正業) · 정명(正命) · 정정진(正精進) · 정념(正念) · 정정(正定)이다. 경전에서는 이 8정도가 열반을 이루는 데 가장 좋은 방법이라고 되풀이해서 가르치고 있다. 붓다는 첫 설법에서 최초의 제자들인 5비구들에게 8정도를 가르쳤고 꾸쉬나가라(Kuṣinagara)에서 반열반에 들기 직전 최후의 제자가 된 수바드라(Subhadra, 須跋)에게도 8정도를 가르쳤다.[280] 붓다의 가르침은 8

---

278 『大正』1권, pp.777c-778a(『中阿含』56권, 204경, 「羅摩經」); 同, 22권, p.104b(『五分律』, 15권); 同, p.788하(『四分律』, 32권); Bareau, *Bouddha*, p.90; S. Bernard-Thierry, *Présence du Bouddhisme(Le Bouddhisme d'après les textes pāli)*, p.597.
279 『大正』1권, p.571b(『中阿含』22권, 88경, 「求法經」); 同, 2권, p.589b(『增一阿含』9권, 18의 3경, 「慚愧品」).
280 『大正』1권, p.25a(『長阿含』4권, 2경, 「遊行經」); 同, p.187c(『般泥洹經』下卷); 同, p.204a-

정도로 시작해서 8정도로 끝났다.

8정도에 대해 경전에서는 다음과 같이 설하고 있다. "세존이시여, 어떤 길을 많이 닦아 익히면 감로법(甘露法, 열반)을 얻을 수 있습니까." … "이른바 8정도이니 정견 내지 정정이다."[281] "어떠한 도가 있어 … 열반에 이르게 되었는가. (그것은) 이른바 8지성도(八支聖道)이다."[282] "그때 나(붓다)는 다시 생각하였다. '반드시 8지성도를 닦아야 생·사의 끝에 갈 수 있다'라고. 8지성도란 무엇인가. 이른바 정견·정사 … 정념·정정이다."[283] 8정도는 따로 설해진 경우도 적지 않다. 『잡아함』 28권에 수록되어 있는 48개의 경들이 모두 8정도의 독립 경들이다.[284] 그러나 대부분의 경우 4성제 교리 속에 포함되어 있다.

4성제는 붓다의 첫 설법의 내용이고 45년의 긴 교화 기간 동안 가장 많이 설해진 교리이다. 초기경전의 전체라고 할 수 있는 『4아함』은 2,086개의 길고 짧은 경들로 구성되어 있는데 이 가운데 4성제가 272번이나 설해졌다.[285] 이 사실은 4성제의 중요성을 단적으로 나타내는 것이다.

4성제는 인생의 괴로움[苦聖諦], 괴로움의 원인[集聖諦], 괴로움의 소멸인 열반[滅聖諦], 그리고 열반을 이루기 위한 방법[道聖諦]을 차례

---

b(『大般涅槃經』下卷); 同, 2권, p.752b(『增一阿含』37권, 42의 2경과 3경, 「八難品」).
281 『大正』2권, p.199a(『雜阿含』28권, 753경, 「阿梨瑟吒經」).
282 『大正』2권, p.593b-c(『增一阿含』10권, 19의 2경, 「勸請品」); 同, p. 752b(『增一阿含』37권, 42의 2경); 同, 800a(『增一阿含』47권, 49의 6경); 同, 199a(『雜阿含』28권, 753경).
283 『大正』2권, p.756b(『增一阿含』38권, 43의 1경).
284 『大正』2권, pp.198b-205b(『雜阿含』28권, 748경-796경); 同, p.564a(『增一阿含』4권, 「護心品」②).
285 中村元·三枝充悳, 『バウッダ佛教』, p.143.

로 설한 것으로 불교의 핵심을 구체적으로 한꺼번에 알 수 있게 해준다. 기회 있을 때마다 되풀이했듯이 '괴로움[苦]과 그 소멸인 열반'이 붓다가 설한 가르침의 전부인데, 4성제는 아주 간단한 형태로 이것을 모두 설명하고 있다. 붓다는 인생의 고(苦) 문제를 해결하기 위해 의사가 병을 치료할 때와 같은 방법을 사용했다. 의사가 먼저 병을 진단하듯이 인생의 실상인 괴로움을 설명하고[苦諦], 병의 원인을 찾아내듯이 괴로움의 원인을 규명했다[集諦]. 그리고 되찾을 건강상태를 말하듯이 괴로움의 소멸상태인 열반을 설명했고[滅諦], 마지막으로 병의 치료방법을 말하는 것처럼 열반에 이르는 실천 방법을 제시했다[道諦].

 4성제 가운데 앞의 3성제는 마지막의 도성제를 실천하기 위한 보조적인 역할을 하는 데 불과하다. 이것은 해결해야 할 문제[苦]와 이 문제를 야기한 원인[集]을 알게 하고 원인이 소멸되었을 때 도달하게 되는 상태를 설명한 것이다[滅]. 이 세 가지 성제(聖諦)는 문제의 상황(狀況)에 대한 설명일 뿐이다. 정작 그 목표인 열반에 도달하기 위해서는 4번째 성제인 도성제를 실천해야 한다. 이것이 8정도(八正道)이다. 결국 4성제의 핵심은 8정도이다. 열반을 이루기 위해서는 앞의 3성제를 알아야 하겠지만 엄밀하게 말해서 8정도만 실천하면 된다. 비유를 들면 수술을 받아야 될 병자로 하여금 병과 그 원인과 수술 후의 건강상태를 미리 알도록 하면 병 치료에 도움이 되겠지만 그렇게 하지 않고 수술과 치료만 잘 하면 병은 퇴치될 수 있는 것과 같다. 건강 회복을 위해서는 치료가 핵심인 것처럼 열반을 이루기 위해서는 8정도의 실천이 제일 조건이다.

8정도의 순서는 전 경전을 통해 동일하다. 그러나 명칭과 내용에 있어서는 다소 차이가 있다.[286] 여러 경전에서 설명하고 있는 8정도를 종합 정리하면 다음과 같다.[287]

① 정견(正見, samyag-dṛṣṭi) : 바른 견해. 괴로움[苦]을 괴로움이라 보고, 괴로움의 발생[集]과 소멸[滅]을 괴로움의 발생과 소멸이라 보고, 괴로움의 소멸에 이르는 길을 소멸에 이르는 길[道]이라고 바로 보는 것(4성제에 대한 바른 견해).[288]

② 정사(正思, samyak-saṃkalpa) : 바른 생각. 탐욕이 없는 생각, 성냄이 없는 생각, 해칠 마음이 없는 생각.

③ 정어(正語, samyag-vāc) : 바른말. 거짓말[妄語], 이간시키는 말[兩舌], 욕설[惡口], 꾸며대는 말[綺語]을 하지 않는 것.

④ 정업(正業, samyak-karmānta) : 바른 행위. 살생, 도둑질, 음란한 짓을 하지 않는 것.

---

286 『大正』2권, p.593c(『增一阿含』10권, 19의 2경, 「勸請品」): '至要之道(지극히 요긴한 도)'라 하고, 等見·等治·等語 … 等念·等定으로; 同, 1권, p.816a-c(『佛說四諦經』): '賢者八種道(현인의 여덟 가지 도)'라 하고, 正直見·正直治·正直語 … 正直念·正直定으로 표기하고 있다. 이와 같은 차이점은 번역상의 문제였을 것이다.
287 『大正』2권, pp.203a-204a(『雜阿含』28권, 784경-785경); 同, p.203a(『雜阿含』28권, 784경); 同, 1권, p.469a-b(『中阿含』7권, 31경, 「分別聖諦經」); 同, pp.735c-736b(『中阿含』49권, 189경, 「聖道經」). Nyanaponika Mahāthera, *Initiation au Bouddhisme*, pp.81-82.
288 그러나 많은 경우 正見을 '선업과 악업이 있고 그것에 대한 과보가 있고 이 세상[此世]과 다른 세상[他世]이 있고 아라한은 다음 생에 몸을 받지 않는다는 것을 아는 것'이라고 설명한다. 그러나 이것은 『雜阿含』28권 제785경에서 설하고 있는 것처럼 '세속사람[在家者]'에게 해당되는 내용이다.

⑤ 정명(正命, samyag-ājīva) : 바른 생활. 의복·음식·와구(臥具)·약(藥)을 법답게 구하는 것(잘못된 생활 법을 버리고 올바른 생활 법에 의해 생활하는 것).

⑥ 정정진(正精進, samyag-vyāyāma) : 바른 노력. 꾸준히 힘써 번뇌에서 벗어나려고 노력하는 것. 구체적으로는 이미 생긴 악은 사라지게 하고 아직 생기지 않은 악은 생기지 못하게 하고, 이미 생긴 선(善)은 더욱 늘어나게 하고, 아직 생기지 않은 선은 생기도록 하는 것.[289]

⑦ 정념(正念, samyak-smṛti) : 바른 기억. 생각을 따르고 생각을 잊지 않으며 생각을 헛되지 않게 하는 것.

⑧ 정정(正定, samyak-samādhi) : 바른 선정(禪定). 마음을 어지럽지 않은 데 두고, 굳게 거두어 가져 고요한 삼매에 들어 정신이 통일되는 것. 구체적으로는 4선(四禪)을 닦는 것.

8정도는 차례로 닦아야 한다. 왜냐하면 정견을 닦아야 정사가 생기게 되고 정사를 닦아야 정어를 할 수 있게 된다. 나머지 지(支, 항목)들도 역시 그 앞의 지를 닦아야 그 다음 지가 나올 수 있기 때문이다. 이것을 『중아함』의 「5지물주경(五枝物主經)」을 비롯한 많은 경에서, "정견으로 말미암아 정사가 생기고, 정사로 말미암아 정어가 생기고 … 정념으로 말미암아 정정이 생긴다."[290]라고 설명하고 있다.

---

[289] 『大正』 2권, p.202b(『雜阿含』 28권, 781경, 「正不正思惟經」).
[290] 『大正』 1권, p.721c(『中阿含』 47권, 179경): 因正見故生正志 因正志故生正語 … 因正念故生

8정도의 마지막 목표는 정정(正定)에 이르는 것이다. 8지 가운데 처음의 7지는 제8지인 정정에 도달하기 위한 준비 단계이다.[291] 한 경에서는 이것을 "한 도(道)가 있는데, (그것은) 중생으로 하여금 청정(淸淨)을 얻게 하고 … 걱정과 괴로움과 번뇌[懊惱]를 없어지게 하고 여법(如法)하게 한다. 이른바 정정이다. 정정을 익히고 그것을 돕고 또한 그것을 준비하는 7지(支)가 있다. … 7지란 무엇인가. 정견·정사 … 정정진·정념이다. 만약 이 7지의 익힘[習]과 도움[助]과 준비[具]로써 잘 나아가 마음이 하나가 되면 (즉 마음이 통일되면) 이것을 정정이라 한다."[292]라고 자세하게 설명하고 있다.

정정은 4단계로 나누어진다. 이것이 4선(四禪, catur-dhyāna)이다. 여러 경전에 4선에 대한 설명을 하고 있지만 내용은 경에 따라 조금씩 다르다. 다음은 『중아함』의 「황로원경(黃蘆園經)」에서 설해진 내용이다.[293]

① 제1선 : 욕심을 떠나고 악하고 착하지 않은 것을 떠난다. 거친 생각[覺, vitarka]도 있고 세밀한 생각[觀, vicāra]도 있으면서 번

正定. 『大正』 2권, p.198b(『雜阿含』 28권, 749경, 「無明經」)에서는 그것을 더욱 분명하게 설명하고 있다: 正見生已起定志 … 正念定定次第而起; 『大正』 1권, p.735c(『中阿含』 49권, 189경, 「聖道經」).

291 『大正』 2권, p.199a(『雜阿含』 28권, 754경): 云何爲賢聖等三昧(= 正定)根本衆具 佛告舍利佛謂七正道分 … 於此七道分 爲基業已 得一其心(이 7정도를 기본으로 삼아서 [정정]을 이룰 수 있다).

292 『大正』 1권, p.735c(『中阿含』 49권, 189경): 有一道令衆生得淸淨離愁慼啼哭. 滅憂苦[懊惱]便得如法 謂聖正定 有習有助 亦復有具而七支於聖正定 說習說助亦復說具 云何爲七 … 若有以此七支 習助具 善趣向心得一者 是謂聖正定. 同, 2권, pp.198c-199a(『雜阿含』 28권, 750경과 754경).

293 『大正』 1권, p.679c(『中阿含』 40권, 157경, 6); 同, p.589c(『中阿含』 25권, 102경); 同, pp.713c-714a.(『中阿含』 46권, 176경, 「行禪經」); 同, p.755a(『中阿含』 55권, 203경); 『大正』 2권, p.282b(『增一阿含』 7권, 17의 1경); Bareau, Le Bouddhisme, p.54(재인용, DN, Ⅰ, 73; MN, Ⅰ, 276; SN, Ⅱ, 210).

뇌를 떠남으로 기쁨과 즐거움이 생긴다.

② 제2선 : 거친 생각과 세밀한 생각이 쉬고 안이 고요하고 한 마음이 되어 정(定)에서 기쁨과 즐거움이 생기게 된다.

③ 제3선 : 기쁨과 욕심을 떠나고, 모든 것을 버리고 구하는 것이 없어져서 바른 생각과 바른 지혜로써 몸에 즐거움을 느끼게 된다.

④ 제4선 : 즐거움도 괴로움도 없어지고, 기쁨과 근심의 근본이 소멸되어 괴롭지도 즐겁지도 않게 된다. 생각을 버리고 (마음은 완전히) 청정하게 된다.

제4선의 이와 같은 청청한 정신 상태에서 인간 존재의 실상을 관찰하면 그 실상이 무아(anātman)이고 무상한 것이라는 사실을 더욱 확실히 이해할 수 있게 된다.²⁹⁴ 『잡아함』의 여러 경전에서 붓다는 그것을 이렇게 설하고 있다. "항상 방편을 써서 선정(禪定)을 닦아 익혀 안으로 마음을 고요히 하여야 한다. 왜냐하면 비구가 항상 방편을 써서 선정을 닦아 익혀 안으로 마음을 고요히 하면 (존재의 실상을) 올바르게 관찰할 수 있기 때문이다. 어떻게 올바르게 관찰하는가. 이것은 색(色, 육체)이다. 이것은 색의 형성[色集]이고, 이것은 색의 소멸[滅]이다. … 이것은 수·상·행·식의 형성이고, 수·상·행·식의 소멸이다'라

---

294 대부분의 경전에서는 "제4선에 도달하면 4성제를 이해하게 되고, 4성제를 이해하면 열반에 이르게 된다."라 설명하고 있다. 『大正』1권, p.589c(『中阿含』25권, 102경); 同, p.595a(『中阿含』26권, 104경); 同, 2권, p.666b-c(『增一阿含』23권, 31의 1경). 여기서는 제4선을 무아·무상 교리와 연결시켜 좀 더 직접적인 길을 따르기로 한다. 왜냐하면 다시 출발점인 4성제로 돌아가기보다는 이것이 논리적이라고 생각되기 때문이다.

고 관찰한다."²⁹⁵ 『잡아함』의 「여실지경(如實知經)」과 「삼마제경(三摩提經)」에서는²⁹⁶ 선정에 들어서 (존재의) 무상(無常)에 대한 관찰을 하게 한다. 무상이란 내용상으로는 무아와 같은 것이다. 다른 몇 경전에서는 선정(禪定)과 더불어 욕망²⁹⁷에서 해탈하고 열반에 드는 것을 이렇게 설명했다. "(앞의 7정도를 닦고 마지막으로) 바른 선정[正定]이 일어나면 성인의 제자는 욕망에서 바르게 해탈한다."²⁹⁸

위의 제3장에서 '무아설'을 추구하면서 자세히 볼 수 있었듯이 불교의 궁극목적은 괴로움에서의 해방, 즉 열반의 성취이다. 괴로움은 '내[我]가 존재한다'라는 생각 때문에 발생하는 것이므로 '나'에 대해 탐구를 했다. 그 결과 '나[我]'라는 것은 무아적(無我的)이라는 것을 알게 되었다. 따라서 실체적인 내[我]가 존재한다는 이 잘못된 생각으로 말미암아 발생하는 온갖 집착과 욕망을 무아설로써 철저하게 이해하게 하고, 8정도의 실천으로써 그것을 다스려 소멸시키도록 하는 것이다. 욕망의 소멸이 괴로움의 소멸이고 괴로움의 소멸이 바로 열반이다(무아설의 이해와 실천, 그리고 욕망과 괴로움의 소멸에 대해서는 제3장에서 자세하게 추구했기 때문에 중복을 피하기로 한다).²⁹⁹

---

295 『大正』2권, pp.17a-18a(『雜阿含』3권, 65경-68경).
296 『大正』2권, p.52b-c(『雜阿含』8권, 206경-207경).
297 원문은 욕망과 같은 의미인 '貪·瞋·癡'라고 되어 있다.
298 『大正』2권, p.198b-c(『雜阿含』28권, 748경-750경).
299 이 책 3장, 2, 2), (2)-(3).

제 4 장

『나선비구경』의 무아·윤회설

1. 경의 소개[1]

1) 구성과 내용

『나선비구경(那先比丘經)』은 『밀린다빵하 (Milindapañha)』 또는 『밀린다왕문경(彌蘭陀王問經)』이라는 이름으로 더 잘 알려져 있다. 『나선비구경(那先比丘經)』은 한역본이고 『밀린다빵하 (Milindapañha)』는 빨리어본이다. 두 본(本)의 첫 부분인 서화(序話: '序論' 처럼 나오는 이야기)에 두 주인공의 전생과 현생 이야기가 나오는데 한역본에서는 나선(那先, Nāgasena) 비구의 이야기가 중심이 되어 있다. 그래서 『나선비구경』이라는 이름이 붙여졌다. 이와는 달리 빨리어본에서는 밀린다(Milinda) 왕의 이야기가 중심이 되어 있기 때문에 『밀린다빵하』라는 이름이 주어졌다. 이것은 '밀린다의 물음'이라는 의미

───────────
[1] 「경의 소개」는 『印度學·印度哲學』(1989, 민족사) 제1집(pp.83-114)에 게재한 『那先比丘經研究(Ⅰ)』를 내용을 고쳐 옮긴 것임.

이다.

한역본은 '경(經, sūtra)'이라고 되어 있지만 엄밀하게 말해서 이것은 경이 아니다. 왜냐하면 내용과 형식상으로 경이 갖추어야 할 조건을 가지고 있지 않기 때문이다. 그 첫머리에 '불재사위국기수급고독원(佛在舍衛國祇樹給孤獨園)', 즉 "붓다가 사위국(Śrāvastī)의 기수급고독원(祇樹給孤獨園, Jetavana-Anāthapiṇḍadasyārāma)에 있었다."라고 경전의 형식을 취하고 있지만 이것은 '경'이라는 이름을 붙이기 위한 것일 뿐이다. 그 내용에 있어서는 붓다가 제자들에게 설한 가르침으로 되어 있지 않고 붓다의 열반 후 수백 년이 지난 뒤에 생존했던 한 비구와 이방의 한 왕이 여러 가지 불교 교리에 대해 주고받은 문답으로 되어 있다. 이와 같이 경으로서 갖추어야 할 형식과 내용을 가지고 있지 않기 때문에 빨리어본에서는 'sūtra(經)'라 하지 않고, 'pañha(물음)'라는 명칭을 사용했다. 역시 그 첫머리에 '불재사위국(佛在舍衛國)' 운운하는 구차한 형식도 취하지 않았다. 한역본에서 '경'이라는 이름을 붙인 것은 중국의 역경자들이었다. 중국에서는 『나선비구경』을 그 명칭에 맞게 3장(三藏) 속에 넣어 경전의 권위를 부여했다. 그러나 남방불교권에서는 그 이름과 내용에 맞추어 이 문헌을 3장 밖에 두어 경전으로 취급하지 않았다.[2]

한역본은 2권본과 3권본이 전해지고 있다. 『대정신수대장경(大正

---

[2] 그러나 미얀마판 경장에서는 *Khuddakanikāya* 가운데에 포함시켜 경전으로서 권위를 인정하고 있다. Filliozat, *L'Inde classique*(Ⅱ), Hanoi(베트남), 1953, p.352(§1980); Lamotte, *Histoire du Bouddhisme indien*, p.468; 中村元, 『インドとギリシアとの思想交流』, 東京, 1979, pp.67-68과 p.72 註4.

新修大藏經)』에서는 2권본을 A, 3권본을 B라 하고 한 곳에 수록해 놓았다.³ 두 본을 비교해 보면 A본은 상·하권으로 되어 있고, B본은 상·중·하권으로 되어 있는데, 글자 수는 A본이 13,709자이고, B본이 22,674자로서 A본이 B본보다 8,965자가 적다.⁴

프랑스 학자 뽈 드미에빌(Paul Demiéville, 1894-1979)이 1924년에 A·B 양 본을 대조하면서 자세한 주석을 붙이고 프랑스어로 번역해서 Les Versions chinoises du Milindapañha(밀린다빵하의 한역본)라는 이름으로 출판했다. 문답이 끝날 때마다 밀린다가 나가세나의 대답에 만족을 나타내면서 '선재(善哉, 좋습니다)'라고 했는데 드미에빌은 이것을 한 분절(分節)로 했다. 그러나 「서화(序話)」에서는 문답이 없기 때문에 내용상으로 절(節)을 나누었다. 총 124절(節)로 되어 있다.⁵

드미에빌의 번역본에 의거해서 A본과 B본을 비교 검토해 보면 A본 상권 끝부분에 해당되는 §57의 끝에서 갑자기 끊어졌다가,⁶ B본 중권 끝부분에 해당되는 §78에서 다시 이어진다.⁷ 이 사실에서 A본은 상권의 끝 부분부터 중권의 거의 모든 부분이 빠졌다는 것을 알 수

---

3 『大正』 32권, 제1670경, A본(pp.694a-703c), B본(pp.703c-719a). 2권본은 『高麗大藏經』에만 실려 있고, 3권 본은 宋藏·元藏·明藏에 수록되어 있다. 학자들은 2권본을 '高麗本', 3권본을 '中國本'이라 부르기도 한다. S. Lévi et E. Specht, Deux traductions chinoises du Milindapañho, Paris, 1898, p.10.
4 Lévi(위의 논문, p.11)에 의하면 A본이 13,752자, B본이 22,657자인데, Demiéville(아래 책, p.14)에 따르면 A본이 13,750자, B본이 22,720자이다.
5 Les Versions chinoises du Milindapañha(Extrait du Bulletin de l'École française d'Éxtrême-Orient, tome XXIV, Hanoi-Haiphong[베트남]), 1924.
6 Demiéville, 앞의 책, p.118(『大正』 32권, p.698c와 p.709a) 참조.
7 Demiéville, 앞의 책, p.145(『大正』 32권, p.698c와 p.714a) 참조.

있다. 빠진 부분을 제외하고는 양 본의 내용은 일치한다.[8]

역시 한역본과 빨리어본을 대조해 보면 이 두 본은 형식과 내용에서 큰 차이가 있다. 먼저 알 수 있는 것은 양 본의 길이이다. 한역본은 3권인데 빨리어본은 7권이다.[9] 빨리어본의 제4권에서 7권까지는 양 본의 첫 3권이 성립된 뒤에 증가된 내용이 추가되었다고 생각된다. 그 근거로는 다음과 같은 점들을 들 수 있다.[10]

① 한역본에는 빨리어본의 4권에서 7권에 해당하는 부분이 없다.

② 1권에서 3권까지는 정리된 하나의 작품이라고 생각할 수 있게 구성되어 있다. 즉 나가세나와 밀린다의 전생과 현생 이야기에서 시작하여 두 사람이 만나서 대론(對論)을 하고 그 대론이 끝난 것으로 되어 있다.[11]

③ 4권에서 7권까지의 내용과 형식은 앞의 1권에서 3권까지의 것과 확실히 구별할 수 있을 만큼 다르다. 즉 1권에서 3권까지의 내용

---

8 양 본에서 문답 수와 내용은 일치하지만 문장이나 사용하는 용어에 있어서는 상당한 차이가 있다.
9 4권에서 7권은 日譯, 中村元·早島鏡正, 『ミリンダ王の問い』, 東京, 1987, 1권, p.271. 3권, p.370; 英譯, Rhys Davids, *The Questions of King Milinda*(rep., Molital Bararidass, 1969), 1권, p.137에서 2권 p.375. V. Trenckner가 1880년에 로마자로 바꾸어 교정 출판했는데, 한역본에 해당되는 처음의 3권은 p.89까지이고, 4권에서 7권까지는 pp.90-420까지이다. 早島鏡正, 「ミリンダパンハーにおける我と無我の論点」, 中村元 編, 『自我と無我』, 東京, 1974, pp.425-426.
10 中村元, 「インドとギリシアとの思想交流」『中村元選集』, 제16권, 1979), pp.83-84; 水野弘元, 「ミリンダ問經類について」,『駒澤大學研究紀要』, 제17호-3, 1959), pp.45-46.
11 빨리어본의 3권 끝에는 "*Milindapañha*의 문답은 끝났다(Milinda-pañhanam Puccha-vissjjana Samatta)."라고 명시되어 있다. 中村元·早島鏡正 譯, 『ミリンダ王の問い(1)』, p.257; 水野弘元, 앞의 논문, p.45 참조.

은 간결하고 소박하지만 4권에서 7권까지는 매우 전문적이고 특수한 주제들로 이루어져 있다.

그렇다면 빨리어본의 추가된 부분을 제외하고 양 본에서 내용이 동일한 부분이 『나선비구경』의 최초의 형태[原初形] 또는 가장 오래된 부분[最古層]이라 할 수 있을까. 그러나 여기에도 문제가 있다. 이 상응하는 부분은 서화(序話:맨 앞 이야기) 부분과 대론(對論) 부분으로 이루어져 있는데 양 본에서 서화의 내용이 매우 다르다는 점이다.

서화는 나가세나와 밀린다의 전생과 현생 이야기와 두 사람이 만나서 대론하는 데까지 서술해 놓은 것이다. 두 주인공에 대해서는 뒤에서 자세히 다루겠지만 여기에서 양 본의 서화 내용을 비교하기 위해 간추려 보면 다음과 같다.

한역본에 따르면 전생에 두 바라문이 산중에서 함께 수행하고 있었는데, 한 바라문은 "다음 생에 출가해서 아라한, 열반의 길을 추구하고 싶다."는 원을 세웠다.[12] 그는 현생에서 나가세나가 되었다. 그에게는 사문(沙門)으로 아라한이 된 누한(樓漢)이라는 외삼촌이 있었는데 나가세나는 그의 밑으로 출가했다.[13] 그리고 또 한 바라문은 "국왕이 되어 천하를 다스리고 싶다."고 원을 세웠는데 그는 밀린다 왕이 되었다.[14]

---

12 『大正』32권, p.704a; Demiéville, pp.78-89(§8). 내용은 필자가 요약한 것임.
13 『大正』32권, p.704b; Demiéville, p.84(§12).
14 『大正』32권, p.705a; Demiéville, p.90(§23).

빨리어본은 한역본과는 상당히 다르다. 과거세에 갠지스 강변의 어떤 사원에서 청소를 하고 있던 한 사미승과 비구승 사이에 작은 마찰이 생겼다. 비구로부터 벌을 받은 사미승은 "(다음 생에) 큰 위력과 말재주가 뛰어난 사람으로 태어나게 해 달라."고 원을 세웠다.[15] 사미의 말을 듣고 있던 비구도 "말재주를 갖게 되어 저 사미가 묻는 어려운 문제들을 모두 풀 수 있는 능력을 갖게 해 달라."[16]고 원을 세웠다. 그 사미는 현생에 사갈라(Sāgala)라는 도시에 태어나서 밀린다라는 왕이 되었다. 그는 불교 교리에 대한 여러 가지 어려운 질문[難問]으로 비구승단을 괴롭혔다. 한편 그 비구는 마하세나(Mahāsena)라는 천자(天子)로 천상에 태어났다. 밀린다가 어려운 질문으로 비구승단을 괴롭히자 히말라야에 살고 있던 비구들이 견디지 못해 33천에 올라가서 그들의 문제를 해결하기 위해 인드라 신[帝釋天]의 도움을 요청했다. 인드라는 마하세나 천자를 지상에 태어나게 했다. 마하세나 천자는 나가세나가 되었다. 그는 뒷날 로하나(Rohana) 존자 밑으로 출가했다.[17]

지금까지 본 것처럼 한역본과 빨리어본의 두 서화(序話)에서 내용이 같은 것이라고는 거의 없다. 같은 것이 있다면 나가세나의 스승 이름과 밀린다와 나가세나가 대론을 했던 장소, 그리고 위에서는 언급하지 않았지만 나가세나가 탁발하러 갔다가 만난 한 신도와의 사이에 일어났던 작은 일에 대한 이야기일 뿐이다.

....
15 中村元·早島鏡正, 앞의 책(1), pp.5-6. 내용은 필자가 요약한 것임.
16 中村元·早島鏡正, 앞의 책(1), p.6. 내용은 요약한 것임.
17 사미와 비구의 이야기는 中村元·早島鏡正, 앞의 책(1), pp.5-19; Louis Finot(佛譯), Les Questions de Milinda, Paris, 1923, pp.21-37(Ⅱ, 1).

위에서 서술한 것을 통해 알 수 있는 것은 이 서화 부분 역시 극히 일부분을 제외한 거의 모든 부분은 이 경의 핵심 부분이 성립되어 다른 곳으로 전해진 다음 각각 별도로 첨가되었을 것이라는 사실이다.[18] 이처럼 후기에 첨가되었다고 생각되는 모든 부분, 즉 서화의 대부분과 빨리어본의 4권에서 7권을 제외하면 남는 부분은 한역본의 상권 일부와 중권과 하권의 전부이고 빨리어본에서는 2권과 3권이다. 양본의 이 부분을 비교해 보면 거의 모든 내용이 일치한다. 이것이 『나선비구경』의 최초의 형태[原初形] 또는 가장 오래된 부분[最古層]이라고 할 수 있다.

그런데 이 최고층이라고 여겨지는 부분 역시 일시에 성립되지 않았을 것이라는 생각을 갖게 하는 점들이 있다. 즉 한역본의 상권에서 서화를 제외한 나머지 부분과 중권(빨리어본으로는 2권)이 먼저 성립되고 하권(빨리어본으로는 3권)이 뒤에 만들어졌을 것이라고 추측된다. 이러한 추측을 하게 되는 이유로는 하권의 내용이 그 나머지 부분의 내용에 비해 유치한 것도 있고,[19] 중권에 나온 내용들이 하권에서 되풀이되는 것도 있기 때문이다.[20] 게다가 빨리어본에서는 한역본의 중권

---

18 그렇지 않고서는 양 본의 내용이 그렇게 다를 이유가 없을 것이다. 楠山賢由, 「那先比丘經研究序說」, 『佛敎學硏究』, No.10-11, 東京, 1965-1, pp.79-80 .
19 예를 들면 길이가 4,000리(약 1,600km)나 되는 물고기 뼈에 대한 질문이라든지(『大正』32권, p.718b; 中村元·早島鏡正, 앞의 책[1], p.248. 빨리어본에서는 뼈의 길이가 100Yojana, 즉 약 1,000km), '바다를 왜 바다라고 부르는가'라는 등의 질문이다(『大正』32권, p.718b; 中村元·早島鏡正, 앞의 책[1], p.250).
20 『大正』32권, p.710b(中村元 외, p.121, ⑥ 윤회의 주체)와 p.715c(中村元 외, p.202, ⑦ 轉移하는 다른 주체가 있는가)의 내용이 동일. 역시『大正』32권, p.712a-b(中村元 외, p.150, ⑥ 無靈魂說)와 p.715c(中村元 외, p.202, ⑥ 영혼은 인정되지 않는다)와 동일.

에 해당되는 2권의 끝부분에 "나가세나와 밀린다 왕의 문답이 끝났다."²¹라는 문장도 들어 있다.

위에서 최고층이라고 생각했던 부분에서도 역시 이처럼 신(新)·고(古)층의 구별이 가능하다면『나선비구경』의 가장 오래된 부분[最古層]은 서화 부분을 제외한 부분과 중·하권의 전부(빨리어본으로는 2권과 3권)가 아니라 여기에서 하권을 뺀 나머지 부분이라고 해야 할 것이다.

그러나 한 가지 확실한 사실은 이 두 부분이 각각 다른 시기에 성립되었다고 해도 그것은 거의 동시대였을 것이라는 점이다. 즉 한역본과 빨리어 양 본의 원본이 다른 곳으로 전해지기 전이었을 것이라는 점이다. 왜냐하면 위에서 보았듯이 이 부분에 해당하는 한역본과 빨리어본의 내용이 동일하기 때문이다. 따라서 이 연구에서는 이제까지 생각해 온 대로 한역본의 서화 부분을 제외한 모든 부분, 그리고 빨리어본으로서는 2권과 3권을 이경의 최초의 부분, 적어도 가장 오래된 부분으로 보기로 한다.

『나선비구경』의 구성에 대해 일별해 보면 다음과 같다. 즉 상권은 8,966자인데 드미에빌 번역본의 분절(分節)에 따르면 §1에서 §58까지이다.²² 중권은 8,147자로서 §59에서 §86까지이고,²³ 하권은 5,566자

....

21 中村元·早島鏡正, 앞의 책(1), p.179와 p.191의 註6: Nāgasena-Milindarājapañhāniṭṭhitā. 샴(타일랜드)본에는 이 구절이 없다.
22 『大正』32권, pp.703c-709c; Demiéville, 앞의 책, pp.75-121; 中村元·早島鏡正, 앞의 책 (1), pp.3-120.
23 『大正』32권, pp.709c-715b; Demiéville, 앞의 책, pp.122-152; 中村元·早島鏡正, 앞의 책 (1), pp.121-179.

로서 §87에서 §124까지이다.[24]

나가세나와 밀린다의 전생 설화와 현생의 이야기, 그리고 대론(對論)이 이루어진 장소와 대론을 위한 상황설명 등의 내용이 §1에서 §35에 포함되어 있다.[25] 교리에 대한 문답은 §36에서 §119에 들어 있고,[26] §120에서 §124까지에는 대론 후의 인사와 다음 날 두 사람이 다시 만나 그 전날의 대론에 대한 서로의 생각을 말한 내용으로 되어 있다.[27]

이 대론은 3일에 걸쳐 행해졌다. 첫째 날은 나가세나와 밀린다가 처음 만나서 몇 가지 문제, 특히 무아(無我) 문제에 대한 토론과 다음날 다시 만나 대론을 하기로 합의하는 것으로 끝났다. 그런데 두 사람이 만난 장소가 양 본에 서로 다르다. 빨리어본에서는 밀린다가 나가세나에게 사자(使者)를 보내어 그를 왕궁으로 초청하자 나가세나는 왕이 그가 있는 곳으로 오게 했다. 밀린다는 수레를 타고 500명의 요나카 사람들과 함께 나가세나의 거주처인 상케야(Saṅkheyya, 泄坻迦) 사(寺)로 갔다. 첫 대론은 그곳에서 행해졌다. 그 대신 한역본에서는 왕의 초청에 나가세나가 즉시 제자들과 함께 왕궁으로 갔다. 그곳에서 무아에 대한 대론이 벌어졌다. 그런데 이 대론을 끝내고 다음날의 회담을 약

---

24 「大正」32권, pp.715b-719a; Demiéville, 앞의 책, pp.152-180; 中村元·早島鏡正, 앞의 책 (1), pp.180-257.
25 「大正」32권, pp.703c-706a; Demiéville, 앞의 책, pp.76-97; 中村元·早島鏡正, 앞의 책(1), pp.3-67.
26 「大正」32권, pp.706a-718c; Demiéville, 앞의 책, pp.99-178; 中村元·早島鏡正, 앞의 책 (1), pp.68-254.
27 「大正」32권, pp.718c-719a; Demiéville, 앞의 책, pp.178-180; 中村元·早島鏡正, 앞의 책 (1), pp.254-257.

속한 뒤 "왕은 즉시 말을 타고 (왕)궁으로 돌아갔다[王卽騎馬還宮]."라는 문장이 나온다.[28] A본과 B본에 똑같이 이 내용이 삽입되어 있다.[29]

둘째 날은 나가세나가 다른 비구들과 아침 일찍 밀린다의 왕궁에 초청되어 공양을 받고 많은 사람들 앞에서 밀린다와 본격적으로 대론을 했다. 대론은 온종일 계속되었고 밤중이 되어서야 끝났다. 대론이 끝나자 나가세나는 상케야 사로 돌아갔다. 마지막인 셋째 날에는 나가세나가 아침 일찍 왕궁으로 탁발하러 갔다. 밀린다와 나가세나는 전날의 대론에 대해 서로 느낀 바를 말하면서 자신들이 했던 질문과 대답에 모두 만족을 표시했다. 두 사람이 만난 것은 사흘이지만 실제로 대론을 한 것은 이틀뿐이었다. 특히 둘째 날에 거의 모든 대론이 이루어졌다.

나가세나와 밀린다가 이틀 동안 주고받은 문답은 79개이다.[30] 이 가운데 중복된 주제도 몇 개 있다. 그리고 나가세나가 밀린다를 좀 더 잘 이해시키기 위해 사용한 비유의 수는 100개이다.[31] 그들이 이 대론에서 취급한 주제는 다양하다. 자아와 무아, 윤회와 주체, 업과 과보, 수행, 열반-해탈, 불타론, 재가와 출가의 문제 등 거의 불교교리 전반에 걸쳐 있다.

....

28 빨리어본, Finot 譯, Paris, 1923, pp.51-64; 「大正」 32권, pp.705c-706c; Demiéville, pp.96-100(XXXⅢ-XXXⅨ).
29 「大正」 32권, pp.695c와 696b(A); p.705c와 p.706c(B). 한역본 이전의 인도어 원본에 착오가 있었던 것 같다. 그렇지 않고서는 두 번역자가 함께 이런 잘못을 저지를 수 없었을 것이다.
30 빨리어본에서는 80개다. 이 가운데서 밀린다의 가까운 신하[近臣]들과 나눈 문답이 하나 들어 있다.
31 빨리어본에서는 97개다. 역시 왕의 가까운 신하와의 문답에서 사용한 비유가 하나 포함되어 있다.

제 4 장 「나선비구경」의 무아·윤회설   217

2) 나가세나의 생애

나가세나(Nāgasena)는 음역(音譯)해서 나선(那先)이다.[32] 나가세나에 대해서는 『나선비구경(那先比丘經)』과 빨리어본인 『밀린다빵하』이외는 어디에서도 언급된 곳이 없다. 한역본과 빨리어본의 서화(序話)에 나오는 내용이 나가세나에 대해 알 수 있는 모든 것이다. 그런데 앞에서 이미 보았듯이 이 부분에 나오는 나가세나의 생애는 한역본과 빨리어본에서 동일하지 않다. 특히 그의 전생 설화는 전혀 다르다. 그러나 그것은 설화적인 것이므로 문제 삼지 않기로 하고 그나마 역사성이 있다고 생각되는 부분만을 양 본에서 찾아 나가세나의 생애를 더듬어 보면 다음과 같다.

한역의 2권본에서는 나가세나가 천축(天竺, 인도)에서 태어난 것으로 되어 있고,[33] 3권본에서는 천축의 계빈현(罽賓縣), 즉 카슈미르(Cachemire)라고 좀더 구체적으로 말하고 있다.[34] 그러나 빨리어본에서는 히말라야의 중턱 까장갈라(Kajaṅgala)의 바라문 촌에서 태어난 것으로 되어 있다. 까장갈라가 정확하게 어디인지는 알 수 없다.[35]

....

32 때로는 那伽斯那로 표기하기도 하고, 번역해서 龍軍이라고 했다. P. Pelliot, *Les noms propres dans les traductions chinoises du Milindapañha*, Journal Asiatique, 1914(II), p.386과 pp.388-389 참조.
33 『大正』32권, p.694에 生於天竺이라고 되어 있다. Demiéville, 앞의 책, p.79(§10) 참조.
34 『大正』32권, p.704에 生於天竺罽賓縣이라고 되어 있다. Demiéville, 앞의 책, p.79(§10) 참조.
35 몇몇 학자들은 까장갈라를 현장 법사의 『大唐西域記』권10(『大正』51권, p.927a)에 나오는 갈주올기라(羯朱嗢祇羅)로 보려고 했다(水野弘元, 앞의 논문, pp.48-49, 그리고 p.52에 있는 註9; 中村元·早島鏡正, 앞의 책, pp.52-53 참조). 그러나 이곳은 마가다의 짬빠(Campā) 지방에서 동쪽으로 80마일(약 130km) 거리에 위치하고 있는데, *Milindapañha*에 의하면 까장

한역본에서는 나가세나의 출생가문에 대해서 한마디도 언급하고 있지 않지만 빨리어본에 의하면 소눗따라(Soṇuttara)라고 하는 바라문의 아들로 되어 있다.[36] 한역본에 의하면 그의 부모는 그에게 먼저 타엽(陀獵)이라는 이름을 지어주고 다시 나가세나라는 이름을 하나 더 지어주었다. 그가 태어난 날에 부모 집에서 키우던 코끼리가 새끼를 낳았으므로 그의 이름을 나가세나라고 했다는 것이다. 인도에서는 코끼리를 '나가(nāga)'라고 부르기 때문이었다.[37] 한역본에서는 나가세나의 성장과정이나 출가 이전의 교육에 대해서는 아무런 언급도 없다. 그러나 15세 또는 16세가 되어 출가사문인 외삼촌 누한(樓漢, Rohaṇa)의 제자가 되고 사미계를 받았는데 그 이후부터는 비교적 자세하게 이야기되고 있다.

나가세나는 누한 밑에서 경과 율을 공부하여 곧 모든 경전에 통달하게 되었다. 그는 만 20세가 되자 비구계를 받고 화선사(和禪寺)의[38] 알파왈(頞波曰)이라는 고승을 찾아 갔다. 그곳에서 나가세나는 가유왈(加維曰)이라는 80세가 넘는 새 스승을 모시게 되었지만 스승의 시험에 걸려 화선사에서 쫓겨났다. 그는 깊은 산에 들어가 혼자 수행을 해서 아라한과를 성취했다. 그 후 세상에 나가 사방으로 돌아다니면서 법을 설했다. 곧 그의 깊은 학문과 명성이 세상에 널리 알려지게 되었다.

갈라는 빠딸리뿌뜨라에서 북쪽으로 100요자나(약 1,000km) 거리의 히말라야 산 중턱에 위치하고 있다. 두 장소는 지리적으로 전혀 상관이 없다.
36 中村元·早島鏡正, 앞의 책(1), pp.13-14; Finot, *Les Questions de Milinda*, p.30(Ⅰ, 5).
37 『大正』32권, p.704a-b; Demiéville, 앞의 책, p.80(§10).
38 『大正』32권, p.704b; A본에서는(p.694c) 和戰이라고 되어 있다.

나가세나는 마침내 밀린다[彌蘭]가 왕으로 있던 사갈라(Sāgala, 舍竭國)에 가게 되고 그곳의 설지가사(泄坻迦寺), 즉 상케야 사(寺)에 머물고 있다가 밀린다 왕을 만나게 되었다.[39]

빨리어본의 내용은 이것과 다르다. 바라문 출신인 나가세나는 7세가 되자 부모가 그에게 바라문의 전통대로 『베다』뿐 아니라 바라문으로서 익혀야 할 모든 공부를 하도록 했다. 그는 그와 같은 모든 분야의 공부에 정통하게 되었지만 그것이 공허하고 의미가 없다는 것을 깨닫게 되었다. 마침내 나가세나는 히말라야 산 속에 위치한 락키따딸라(Rakkhitatala) 사(寺)에 가서 사미계를 받고 로하나(Rohana) 존자의 제자가 되었다. 이때 그의 나이가 몇 살이었는지 알 수 없다. 로하나는 그에게 먼저 아비다르마(Abhidharma) 연구부터 시켜 모든 논(論)에 정통할 수 있도록 했다. 나가세나는 만 20세가 되자 비구계를 받고 스승의 권유에 따라 왓따니야(Vattaniya) 사(寺)의 앗사굿따(Assagutta) 존자에게 가서 얼마 동안 수행을 했다. 그후 앗사굿따는 나가세나를 빠딸리뿌뜨라의 아쇼까라마(Aśokārāma, 阿育園寺)의 담마락키따(Dhammarakkhita)에게 보냈다. 그의 밑에서 다시 경전 공부와 수행에 전념해서 3장을 통달하고 아라한과를 성취했다. 마침내 그는 히말라야 산의 락키따딸라 사로 되돌아갔다. 그곳 비구들은 나가세나에게 밀린다 왕을 항복시켜줄 것을 요청했다. 왜냐하면 이 왕은 오랫동안 어려운 교리문제로 그들을 괴롭혔기 때문이었다. 나가세나는

....

[39] 『大正』32권, p.705a; Demiéville, 앞의 책, p.90(§22).

밀린다 왕이 통치하고 있던 사갈라로 가서 8만 비구들과 함께 상케야 사에서 머물렀고, 승단의 지도자로서 이름이 세상에 널리 알려지게 되었다. 마침내 그는 밀린다를 만나 대론하게 되었다.[40] 이때 나가세나의 나이는 27세였다.[41]

 이상이 한역본과 빨리어본에서 나가세나에 대해 알 수 있는 모든 것이다. 두 본의 내용을 대조해 보면 동일한 것은 거의 없다. 같은 것이 있다면 단지 그가 누한 존자 밑으로 출가했다는 사실과 사갈라에서 밀린다 왕과 불교의 여러 가지 어려운 문제[難問]에 대해 대론을 벌였다는 사실뿐이다. 20세 이전에 출가해서 어느 사원의 어느 스승 밑에서 공부하고 수도해서 아라한이 되고 세상을 교화했다는 등의 사실은 어떤 출가 수행자에게도 있을 수 있는 일로서 특별히 나가세나에게만 해당되는 것은 아니다.

 지금까지 추구한 바에 따르면 나가세나가 역사적으로 실존했던 인물이라고 말할 수 있을 만한 확실한 근거는 아무 것도 없다. 무엇보다도 나가세나의 생애를 알 수 있는 유일한 자료인 『나선비구경』의 서화(序話)가 양(兩) 본에서 각각 따로 성립되어 후기에 추가되었다는 점, 역시 거기에 나오는 나가세나의 생애가 양 본에서 거의 완전히

---

40 中村元·早島鏡正, 앞의 책(1), pp.16-30.
41 밀린다 왕이 나가세나에게 법납(法臘)을 묻자 '7세'라고 대답했다(中村元·早島鏡正의 앞의 책 1권, p.75). 법납은 비구계를 받은 뒤부터 세는 햇수다. 그는 20세에 비구계를 받았으므로 27세가 된다. 그러나 中村元에 의하면 법납은 교단에 들어온 해부터 계산된다(앞의 책, p.56, 註66 참조). 그렇다면 나가세나의 나이는 이보다 적다. 그런데 序話에서는 그를 中年으로 소개하고 있다. 나가세나가 사갈라의 상케야 寺에서 밀린다를 처음 만났을 때 8만 명의 대중들과 함께 있었는데, 그는 "앞쪽 4만 명의 비구들보다 젊고, 뒤쪽 4만 명의 비구들보다 나이가 많았다."라고 되어 있다(앞의 책, pp.37-38).

다르다는 점 등에서 나가세나가 역사적으로 실존했던 인물이라는 근거를 자료 자체 내에서는 찾을 수 없다.

그래서 뽈 드미에빌은 이 문제를 다른 각도에서 풀어보려고 했다. 그는 『나선비구경』이외의 불교문헌에 나오는 나가세나를 통해서 그의 역사성을 위한 실마리를 찾아보았다. 드미에빌이 찾아낸 나가세나는 네 명이다. ① 붓다의 열반 자리에 참석했던 붓다의 16제자 중 한 사람이었던 나가세나, ② 교단의 근본분열 때 어떤 역할을 맡았다고 티베트 역사서가 전하고 있는 나가세나, ③ 대승불교의 논사로서 『삼신론(三身論)』의 저자라고 전해지고 있는 나가세나, ④ 바수반두(Vasubhandu, 世親)의 스승인 나가세나.[42]

드미에빌은 이 4명의 나가세나에 대해 정밀한 연구를 한 뒤 이들은 역사성이 없거나 『나선비구경』의 나가세나와는 연대적으로 관계가 없는 인물이라고 결론을 내렸다. 그는 "그들에 대한 비교 (연구)는 『밀린다빵하』(즉 『나선비구경』의 빨리어본)의 외부에서 『밀린다빵하』의 (주인공인) 나가세나에 대해 말해 놓은 것을 찾아보려고 한 필자의 마지막 희망을 빼앗아가 버렸다."고 말했다[43]. 에띠엔 라모뜨(É. Lamotte) 역시 "(본 경 속의) 나가세나의 전기는 너무나 보잘 것 없기 때문에 그 인물이 실제로 존재했었는지 의심스럽다."라고 썼다.[44] 나카무라 하지메[中村元]는 서화(序話, 첫 이야기)에 나오는 나가세나의 전기에 대해

....
42 Demiéville, 앞의 책, pp.47-67에 자세하게 추구되어 있다.
43 Demiéville, 앞의 책, p.67.
44 Lamotte, *Histoire du Bouddhisme indien*, p.466.

"이와 같은 전설이 어디까지 사실을 전하고 있는지 그 신빙성은 의문이다."[45]라고 하면서 앞의 두 사람과 의견을 같이하고 있다. 『밀린다빵하』를 프랑스어로 번역한 루이 피노(Louis Finot)는 이들보다 더욱 분명하게 한마디로, "나가세나는 역사성이 없다."[46]라고 잘라 말했다. 그렇다면 나가세나는 어떤 존재인가. 결국 그는 알프레드 푸쉐가 말한 것처럼 "아마도 (어떤) 필요에 의해서 만들어진"[47] 인물이라는 견해에 뜻을 같이하지 않을 수 없다.[48]

3) 밀린다의 생애

나가세나 비구의 대론(對論) 상대자인 밀린다(Milinda), 즉 메난드로스(Menandros)는[49] 나가세나의 경우와는 달리 실존했던 인물이라는 것이 확실하다. 메난드로스에 대해서는 『나선비구경』뿐만 아니라 그리스의 문헌에서도 언급되고 있고 그가 남긴 많은 화폐를 통해서도 그가 실존했다는 것을 확인할 수 있다.[50]

....
45 中村元, 『インドとギリシアとの思想交流』, 東京, 1979, p.92.
46 Finot, Les Questions de Milinda, p.12.
47 Foucher, A propos de la conversion au bouddhisme du Roi indo-grec Menandre, Extrait des mémoires de l'Académie, tome XLIII, 2° partie, Paris, 1943, p.283.
48 최근의 연구에 의하면 빨리 율장의 주석서인 Samantapāsādika(善見律毘婆沙)에 나오는 Moggaliputta Tissa 장로(제3결집을 주재)에 대한 전설이 나가세나의 전설에 영향을 준 것 같다는 것이다. 中村元, 『インドとギリシアとの思想交流』, p.92; Demiéville, 앞의 책, p.26.
49 Menandros가 Milinda로 변한 이유에 대해서는, 中村元, 『インド古代史(下)』, pp.69-70, 그리고 Pelliot, Les noms propres dans les traductions chinoises du Milindapañha(Journal Asiatique, 1914-II), pp.384-385에 잘 설명되어 있다. 그의 이름은 미란(彌蘭)·미린다(彌隣陀)·필린다(畢隣陀) 등으로 음사되었다.
50 Lamotte 앞의 책, p.410과 p.463; Filliozat, L'Inde classique(I), p.225(§419); 中村元, 『イン

먼저 『나선비구경』 바깥의 자료를 통해서 그의 자취를 찾아보기로 하자. 메난드로스가 속해 있었던 국가와 가계(家系), 그리고 그의 활동 등에 대해 알기 위해서는 그리스인들이 인도를 침입했던 시기까지 더듬어 올라갈 필요가 있다. 마케도니아의 알렉산드로스(Alexandros) 왕이 세계 정복의 꿈을 가지고 서북인도에 침입한 것이 기원전 326년이었다. 그러나 3년 후인 기원전 323년에 그는 정복한 지역을 장군들에게 통치하게 하고 자신은 인도를 떠났다. 그 이후 서북인도는 그리스인들의 군사적 지배 아래 놓이게 되었다. 그러나 기원전 317년에 난다(Nanda) 왕조의 짠드라굽따(Candragupta)가 인도를 통일하고 마우리야(Maurya) 제국을 세우면서 인도 서북지역으로부터 그리스 군대를 몰아내자 그리스계 세력은 일시적으로 인도 바깥 서쪽지역으로 물러나게 되었다. 그 당시 이 지역은 시리아(Syria)의 셀레우코스(Seleukos) 왕조의 통치하에 있었다.[51]

이 서쪽 지역에서 중요한 곳 가운데 하나는 박트리아(Bactria)였는데, 기원전 250년경에 그곳 태수(太守)였던 디오도투스(Diodotus)가 반란을 일으켜 셀레우코스 왕조의 안티오쿠스(Antiochus) 2세로부터 독립해서 박트리아 국[大夏國]을 세웠다.[52]

ド古代史(下)』, p.61. 메난드로스의 화폐에 대해서는 中村元, 『インドとギリシアとの思想交流』, pp.43-44, 註31-35 참조.
51 中村元, 『インドとギリシアとの思想交流』, pp.13-14; 같은 저자, 『インド古代史(下)』, p.42; Lamotte 앞의 책, pp.119-121.
52 La Vallée-Poussin, *L'Inde aux temps des Mauryas et des Barbares, Grecs, Scythes, et Yue-Tchi*, Paris, 1930, p.232; Lamotte, 앞의 책, p.287과 p.407; Filliozat, 앞의 책(I), p.224(§418); 中村元, 『インド古代史(下)』, pp.43-44.

그를 계승한 사람은 그의 아들 디오도투스 2세였다. 그러나 기원
전 225년경에 유티데무스(Euthydemus, 기원전 225-기원전 189)가 디오도
투스 왕가를 무너뜨리면서 박트리아의 새 주인이 되었다. 약 20년 뒤
인 기원전 206년에 안티오쿠스 3세(기원전 223-기원전 187)가 실지(失地)
회복을 위해 박트리아로 쳐들어갔다. 유티데무스는 2년에 걸친 싸움
끝에 안티오쿠스와 강화조약을 체결하고 박트리아 왕국의 독립을 승
인받았다. 기원전 189년경에 유티데무스의 뒤를 이어 그의 아들인
데메트리우스(Demetrius) 1세(기원전 189-기원전 167)가 왕위를 계승해서
박트리아 왕국의 제4대 왕이 되었다.[53]

　　메난드로스는 이 데메트리우스 1세의 장군이었다.[54] 알프레드 푸
쉐의 추정에 의하면 그는 그리스계 아버지와 (인도 서북부) 지방 출신
인 어머니 사이에서 태어난 '혼혈아'였다.[55] 그리고 데메트리우스의
딸 아가토클레이아(Agathocleia)와 결혼했다.[56]

53　Lamotte, 앞의 책, pp.288-290; 同, pp.407-409; Filliozat, 앞의 책(I), p.224(§418); 中村元,『イン ド古代史(下)』, pp.44-45.
54　Lamotte, 앞의 책, p.414와 p.461; Filliozat, 앞의 책(I), p.224(§418). 다른 학자들은 대부분 (中村元・水野弘元・楠山賢由) 그를 왕가 출신이라 말하고 있다. 이것은 밀린다가 "왕국의 태자로 태어났다."라고 되어 있는 것에서 근거한 것이다(『大正』32권, p.704a).
55　LamotZte, 앞의 책, p.461. 메난드로스를 혼혈인이었다고 추측하는 근거는 어디에 있는지 모르겠다. Lamotte는 Foucher의 말이라고 하면서 출처를 명시하지 않고 인용하고 있다. 그러나 Foucher의 논문인 À propos de la conversion au bouddhisme du Roi indo-grec Ménandre(인도-그리스왕 메난드로스의 불교개종문제)(Extrait des mémoires de l'Académie, tome XLⅢ, 2e partie p.4, Paris, 1943)에서는, 그를 '혼혈인'으로서가 아니라 "(그리스인들의 지배 하에 있다가) 다시 인도 땅이 된 곳에서, 그리스인 양친으로부터 태어난 메난드로스"라고 되어 있다.
56　Lamotte, 앞의 책, pp.461-462. 아가토클레이아(Agathocléia)는 데메트리우스의 동생인 아폴로도투스 1세의 딸일 것이라고도 생각되고 있다(Lamotte, p.462). Foucher, 위의 논문, p.32.

데메트리우스는 세력이 차츰 강대해지자 영토 확장을 위해 남진 (南進)했다. 간다라(Gandhara)와 펀잡(Panjab) 지역을 병합하고 힌더스 분지까지 차지하면서 탁실라(Taxila)에 도읍을 정했다. 라모뜨의 추정에 의하면 이 때가 기원전 187년에서 기원전 182년 사이일 것이다.[57]

데메트리우스는 이 지역을 가족들에게 맡겨 통치하게 하고 메난드로스와 함께 인도 본토를 공략했다. 인도는 그 사이에 마우리야 왕조가 뿌샤미뜨라 (Puṣyamitra)라는 한 장군에 의해 멸망당하고 슝가(Śunga) 왕조(기원전 187-기원전 51)가 들어서 있었다. 데메트리우스는 슝가 왕조의 수도인 빠딸리뿌뜨라까지 군대를 이끌고 갔다. 그러나 이들은 안티오코스 4세가 파견한 유크라디테스(Eucradites)로부터 공격을 받았다. 이 싸움에서 데메트리우스는 전사하고 메난드로스는 갠지스 분지에서 철수하지 않을 수 없었다. 이것이 기원전 167년경으로 추정된다.[58]

주인을 잃어버린 메난드로스는 박트리아 왕국의 서쪽 영토 대부분을 유크라디테스에게 빼앗기고 펀잡 지방의 체납(Chenāb)과 라비(Rābi) 강 사이에 위치한 사갈라(Sāgala), 현재의 시알꼬뜨(Siālkot)를 수도로 정하고 그 자신의 왕국을 만들었다.[59] 그가 왕위에 오른 연대는 학자에 따라 조금씩 다르지만 대부분의 학자들은 기원전 2세기 중엽일 것이라는 데에 의견을 같이하고 있다.[60] 에띠엔 라모뜨에 의하

---

57 Lamotte, 앞의 책, p.409.
58 Lamotte, 앞의 책, p.413; Filliozat, 앞의 책(I), p.225(§419).
59 Lamotte, 앞의 책, p.415; Filliozat, 앞의 책(I), p.225(§419).
60 水野弘元, 『ミリンダ問經類について』(駒澤大學研究紀要, 제17호-3), p.17; 和辻哲郎, 『ミリ

면 그의 재위기간은 기원전 163-150년이었다.[61] 이것이 현재로서 역사적인 메난드로스에 대해 알 수 있는 거의 모든 것이다.[62]

『나선비구경』에서 말하고 있는 밀린다(Milinda)에 대해 알아보기로 하자. 한역본에 따르면 밀린다는 장군 출신으로 왕이 된 것이 아니라 한 나라의 태자로 태어나서 왕위를 계승했다. 빨리어본에서는 전생 설화를 이야기한 뒤 간단하게 한 줄로 "(전생의 그) 사미는 인도 사갈라 도시의 밀린다라고 하는 왕이 되었다."라고[63] 기록하고 있다. 그러나 한역본에서는 좀더 구체적으로 "해변에서 태어나서 국왕의 태자가 되었다. 부모는 그 아들의 이름을 미란(彌蘭)이라 했다."[64] "미란은 부왕이 수명을 마치자 왕위에 올라 왕이 되었다."[65]라 하고 있다. 밀린다의 출생지는 사갈라에서 서북쪽으로 약 200요자나(Yojana, 약 2,000km)[66] 거리에 위치하고 있는 알라산다(Alasanda)의[67] 깔라시

ンダ王問經と那先比丘經」, 和辻哲郎全集, 제5권, 1962, p.432; 早島鏡正, 『ミリンダパソハ一における我と無我の論點』, 中村元編, 『自我と無我』, p.425; Woodcock(金倉圓照・塚本啓祥 共譯), 『古代インドとギリシア文化』, 平樂寺書店, 京都, 1972, pp.126-127; 中村元, 『インド古代史(下)』, p.61; 同, p.67의 註1에는 여러 학자들이 추정한 메난드로스의 연대가 망라되어 있다.

61 Lamotte, 앞의 책, p.414와 p.461.
62 尹炳植(浩眞), 「Menandros 王의 佛敎改宗問題」, 『佛敎學報』 29집, 1992, pp.185-203.
63 中村元・早島鏡正, 앞의 책(1), p.7.
64 生於海邊爲國王太子, 父母更字子爲彌蘭(『大正』 32권, p.704a; Demiéville, 앞의 책, p.79, §9).
65 彌蘭父王壽終, 彌蘭卽位國王(『大正』 32권, p.705a; Demiéville, 앞의 책, p.90, §23).
66 한역본에는(『大正』 32권, p.717c) '二千由旬合八萬里'라고 되어 있다.
67 "대왕이여, 그대의 출생지는 어디입니까." "존자여, 알라산다(Alasanda)라고 하는 섬[島]입니다. 나는 그곳에서 태어났습니다." "대왕이여, 알라산다는 여기에서 얼마나 멉니까." "존자여, 200요자나입니다"(中村元・早島鏡正, 앞의 책(1), p.242). 한역본에서는, '王言我本生大秦國(Bactria), 國名阿荔散(아려산)'으로 되어 있다(『大正』 32권, p.717c).

(Kalasi)라는 마을이다.[68] 이곳은 여러 학자들의 연구에 의해 알렉산드리 수 카우카스(Alexandri Sous Caucase) 지방의 카피시(Kapisi)인 것으로 추정되고 있다.[69]

위에서 찾아본 역사적인 메난드로스는 인도 서북지방의 그리스계 출신이었지만 『나선비구경』과 『밀린다빵하』에는 그 어디에도 밀린다를 그리스인이라고 말한 곳은 없다.[70] 오히려 그를 인도인으로 소개하고 있다. 그는 전생에도 인도에 살았던 바라문 수도자였고 현생에도 인도의 어느 해변에 위치한 왕국의 태자로 태어나서 인도인으로서 모든 교육을 받았다. 그는 젊었을 때 경(經) 읽기를 좋아해서 이교의 도(道, 바라문교)를 연구하고 그들의 경법(經法)에 대한 어려운 문제[難問題]들을 깊이 알게 되었다.[71] 빨리어본에서는 한역본에서보다 더욱 구체적으로 밀린다가 인도인으로서 받았다는 교육내용을 말하고

---

68 "대왕이여, 그대가 출생한 도시는 어디입니까." "존자여, 칼라시라는 마을입니다." "대왕이여, 칼라시 마을은 여기서 얼마나 멉니까." "존자여, 200요자나입니다."(中村元・早島鏡正, 앞의 책(1), p.243). 한역본에는 해당 부분이 없다.
69 A. Foucher, *Le lieu de naissance du Roi indo-grec Ménandre*, Académie des Inscriptions et Belles-Lettres, Comptes Rendus de Seances de l'année, Paris, 1941, pp.541-557; 中村元, 『インド古代史(下)』, pp.65-66; 같은 책 p.73, 註28에는 학자들이 추정하는 메난드로스의 출생지가 망라되어 있다. Pelliot은 한역본에 나오는 '二千由旬合八萬里'라는 것을 근거로 메난드로스가 출생한 '알라산다'는 이집트의 알렉산드리아라고 보았다(Pelliot의 앞 논문, pp.413-418). Demiéville도 Pelliot의 견해에 동의하고 있다(Demiéville, 앞의 책, p.168, 註2).
70 한역본에서는 밀린다가 대진국(大秦國)의 알렉산드리아[阿荔散]에서 태어났다는 사실과 그의 가까운 신하들이 점미리(沾彌利; 빨리어본, Debamantiya), 망군(望群; 빨리어본, Maṅkura) 등으로 야바나(Yavana) 출신 비슷한 이름을 가지고 있다는 점뿐이다. 빨리어본에서도 밀린다가 (인도의) 알렉산드리아에서 태어났다는 사실과 4명의 야바나 인 비슷한 이름을 가진 근신(近臣)들과 500명의 야바나 인들을 거느리고 있었다는 것과 야바나 인들의 도시 사갈라를 통치했다는 사실을 말하고 있을 뿐 직접적으로 그를 야바나 인이라고 말하지는 않았다.
71 『大正』32권, p.705a; Demiéville, 앞의 책, p.90, §23.

있다. 그는 인도의 상층 카스트에 속해 있는 사람이 익혀야 하는 모든 분야의 학문과 기술을 배웠다. 즉 "과거·미래·현재에 관한 모든 기도와 의식을 행해야 할 때 경건하게 행했다. 그는 또 많은 학문을 터득했다. 즉『천계서(天啓書)』·『교의서(敎義書)』·『상캬(Saṅkhya)』·『요가』…『4베다』성전·『뿌라나(Purana)』성전 … 천문학·환술(幻術) …" 등 19종이었다.[72] 그래서 그는 논의(論議)에 교묘한 논사가 되었던 것이다.[73]

이처럼『나선비구경』의 밀린다는 전생에서도, 그리고 현생에서도 철저한 인도인으로 되어 있다. 지금까지의 추구에서 확실하게 말할 수 있는 것은 역사적인 메난드로스와『나선비구경』에 나오는 밀린다는 그 이름이 비슷하고 사갈라 도시를 통치한 왕이었다는 두 가지 사실만 같을 뿐 그 외에는 동일한 것이 아무것도 없다는 점이다.

4) 경의 성립연대

『나선비구경』의 성립연대를 추정하는 데 가장 확실한 근거로 삼을 수 있는 것은 본 경의 두 주인공 가운데 한 사람인 밀린다 왕이 서북인도에서 기원전 2세기 중엽에 실존했던 메난드로스 왕과 동일인이라는 사실이다. 그것은 이 경(『那先比丘經』 또

---

[72] 中村元·早島鏡正, 앞의 책(1), p.7.
[73] 早島鏡正의『ミリンダパンハーにおける我と無我の論點』, 中村元 編,『自我と無我』, pp.432-433.

는 *Milindapañha*)이 메난드로스가 왕으로 재위하고 있었을 때 나가세나라는 비구와 불교 교리에 대해 토론한 것을 집대성한 것이라고 되어 있기 때문이다. 설사 이 토론이 실제로 이루어진 것이 아니라고 해도 역사적인 인물이었던 메난드로스가 이 경의 두 주인공 가운데 한 사람으로 되어 있으므로 『나선비구경』의 성립연대를 추정하는 데 그의 재위(在位) 연대가 결정적인 근거가 된다. 즉 본 경의 성립연대는 메난드로스와 동시대이거나 그 이후임이 분명하다.

메난드로스의 재위 연대는 앞에서 보았듯이 기원전 2세기 중엽이다. 좀 더 정확하게 말하기 위해 에띠엔 라모뜨가 주장하는 연대를 따르면 기원전 163년에서 기원전 150년까지이다. 그렇다면 나가세나와 메난드로스의 대론(對論)은 기원전 2세기 중엽 또는 기원전 163년에서 기원전 150년 사이의 어느 때에 행해진 것이 된다. 그리고 대론이 있은 직후 그 내용이 정리되어 이 경의 최초의 모습이 성립된 것이라고 생각해야 할 것이다. 장 필리오자(Jean Filliozat)가 주장하는 『나선비구경』의 성립연대는 바로 이것이다. "최초의 핵심부분은 메난드로스 당시 즉 기원전 2세기 후반까지 올라갈 것이다."[74]

그러나 이 연대를 그대로 받아들이기에는 몇 가지 문제점이 있다. 첫째, 메난드로스 왕은 역사적으로 실존했던 인물이라고 해도 그와 대론을 했다는 나가세나 비구가 위에서 본 것처럼 실존했던 사람이 아니라면 이 대론은 이루어질 수 없었다는 점이다. 둘째, 설사 나

---

[74] Filliozat, *L'Inde classique*(II), p.352(§1983).

가세나가 역사성이 없다는 점을 문제 삼지 않는다 해도 본 경에 나오는 밀린다(메난드로스) 왕조차도 전설적인 인물로 되어 있다는 사실이다. 이것은 『나선비구경』의 최초의 형태가 성립되었을 때는 이미 메난드로스 왕이 전설적인 인물로 된 뒤였다는 것을 의미한다. 그렇다면 『나선비구경』의 성립연대는 메난드로스가 왕위에 있었을 때가 아니라 그가 전설적인 인물로 된 이후의 어느 때로 보아야 한다.

문제는 역사적인 인물이 전설적인 인물로 되는 데 걸린 시간이다. 알프레드 푸쉐의 표현에 따르면 그것은 "메난드로스의 사후, 너무 빠르지도 너무 늦지도 않은 (때)"이다.[75] '너무 빠르지도 않은 (때)'라고 하는 것은 왕의 모습이 『나선비구경』에서 이미 전설 속으로 들어가 있기 때문이다. 그리고 '너무 늦지도 않은 (때)'라고 하는 이유는 메난드로스 왕에 대한 기억이 아직 희미해지지 않은 때이어야 하기 때문이다. 그래서 푸쉐는 『나선비구경』이 성립된 시기를 메난드로스의 사후 약 50년이 지난 기원전 100년경이라고 추정했다.[76] 그러나 이와 같은 그의 추정은 지나치게 주관적이라고 하지 않을 수 없다. 왜냐하면 '너무 빠르지도 너무 늦지도 않은 (때)'라고 하는 기간을 '50년'이라고 할 수 있는 근거는 어디에도 없기 때문이다.

일본 학자들은 대부분 『나선비구경』의 성립연대를 '기원전 1세기

---

[75] A. Foucher, *A propos de la conversion au bouddhisme du Roi indo-grec Ménandre*(Extrait des mémoires de l'académie, tome 43, 제2부, 별쇄본), Paris, 1943, p.17.
[76] Foucher는 직접 '50년'이라고는 말하지 않았다. 단지 『나선비구경』의 성립연대를 '기원전 100년경'으로 보았고(위의 논문, p.17), 메난드로스의 사망 연대를 기원전 145년으로 추정하고 있기 때문에 필자가 그렇게 계산한 것이다.

에서 기원후 1세기 사이'로 보고 있다. 그들이 추정하는 연대는 비슷하지만 그 추정방법은 학자마다 다르다. 나카무라 하지메[中村元]에 따르면 다음과 같다. 즉 메난드로스 사후 서북인도의 모든 그리스계 왕들의 세력이 약해지자 서북방으로부터 사카 족(Saka, 塞族)이 침입해 들어왔다. 이들이 그리스 문화의 영향을 받았다고는 하지만 사카 족 통치하에서 그리스인 왕을 주제로 한 대화편이 만들어졌을 것 같지 않다는 것이다. 그래서 나카무라 하지메는 메난드로스가 죽은 뒤 얼마 되지 않아 그에 대한 기억이 사라지기 전에 본 경의 원형이 성립되었을 것으로 보았다. 그가 주장하는 연대는 기원전 1세기에서 기원후 1세기다.[77]

와쯔지 데쯔로[和辻哲郎] 역시 본 경이 메난드로스의 생존시에 성립되었다고 보기는 어렵다고 생각했다. 인도 서북지방에서 그리스 영향을 받은 새로운 형식의 예술, 이른바 간다라 미술이 나타나기 시작한 것은 그리스인들이 서북인도에 그리스식 도시를 건설하고 나서 1세기 내지 2세기 후의 일이기 때문에 "경전의 제작과 같은 문예적(文藝的)인 것에 그리스식의 대화 또는 희곡의 형식이 어떤 영향을 나타내기 시작한 것은 메난드로스 왕의 사후 1세기 내지 2세기를 경과한 때일 것"이라는 것이다.[78] 메난드로스 왕이 기원전 150년경에 사망했다고 한다면 와쯔지 데쯔로의 추정 연대는 기원전 1세기에서 기원후 1세기

---

[77] 中村元・早島鏡正, 앞의 책(1), p.319. 그의 논리대로 하자면 그것은 (사카족 침입 이전인) 기원전 2세기가 되어야 할 것이다. 사실 그의 책, 『インドとギリシアとの思想交流』, p.81에서는, "원형의 성립은 기원전 2세기 후반으로 보는 것이 좋을 것이다."라고 하고 있다.
[78] 和辻哲郎의 『ミリンダ王問經と那先比丘經』, 和辻哲郎全集, 제5권, 東京, 1962, p.432.

가 된다. 한편 미즈노 고겡[水野弘元]에 의하면 스리랑카에서 기원후 1세기 후반에 성립된 것으로 추정되는 고주석서(古註釋書)에『나선비구경』의 빨리어본 Milindapañha의 내용이 많이 인용되고 있는 것으로 보아 본 경이 인도에서 원초형의 언어로부터 빨리어로 옮겨진 것은 기원전 1세기 전반이거나 그 이전이 된다는 것이다. 그리고『나선비구경』의 원초형은 빨리어본보다 먼저 성립된 것이므로 그 연대는 기원전 1세기 중엽보다 아래로는 내려오지 않을 것이라고 생각했다.[79]

연대 문제에 덧붙여 생각해야 할 일이 두 가지 있다. 하나는『나선비구경』이 성립될 당시부터 문자로 기록되었는지, 아니면 먼저 구두로 성립되었다가 뒷날 문자로 옮겨졌는지에 대한 것이다. 이 문제에 대해서는 아무것도 알 수가 없다. 그러나 본 경이 기원전에 성립되었다면 그것은 틀림없이 먼저 구두로 되었다가 후에 문자로 바뀌어졌을 것이다. 왜냐하면 인도의 모든 성전들이 기원전까지는 구두로 되어 있었기 때문이다.[80]

또 한 가지는『나선비구경』의 언어에 대한 문제이다. 학자들의 일치된 주장에 의하면 본 경 최초의 언어가 빨리어는 아니었을 것이라는 점이다.[81] 그 대신 산스끄리뜨어라고 생각하는 사람들이 다소 있다.[82] 그러나 대부분의 학자들은 본 경이 성립된 장소가 서북인도이

---

[79] 水野弘元,『ミリンダ問經類について』, pp.54-55.
[80] 성전이 최초로 문자결집된 것은 기원전 35년에서 기원전 32년 사이, 스리랑카에서였다. É. Lamotte, 앞의 책, p.404. 水野弘元,『經典, その成立と展開』, 東京, 1980, pp.88-90.
[81] 中村元에 의하면(『ミリンダ王の問い(1)』, p.319), Milindapañha에는 빨리어 문장에서 일반적으로 용인될 수 없는 용어법이 나오고 있다.
[82] V. Trenckner, Milindapañha, London, 1880, introd. p.vii ; S. Lévi(山口益・佐佐木教悟 譯),

었을 것이라는 점을 감안하여,[83] 그 지방에서 일반적으로 많이 사용
되었던 쁘라끄리뜨어(prākrit)이었을 것이라고 생각하고 있다.[84] 이들
의 주장이 더 설득력이 있다.

5) 대론서로서의 문제점

(1) 메난드로스와 불교

메난드로스는 그리스계-인도 군인 출신으로서 불교에 대해서는 문
외한이었다고 해야 할 것이다. 『밀린다빵하(Milindapañha)』를 일본어
로 번역한 하야시마 교쇼[早島鏡正] 역시 메난드로스를 "불교에 관한
지식이 전혀 없고, 게다가 인도 문화권 밖에 있는 헬레니즘 문화권
가운데서 자란 그리스 왕"[85]이라고 소개했다. 이와 같은 관점은 역사
적인 메난드로스에게는 사실일 것이다.

그러나 『나선비구경』에 나오는 밀린다는 이와는 달리 불교에 매우
정통한 사람이라는 인상을 준다. 나가세나와의 대론에 있어서 불교

....
『インド文化史』, 平樂寺書店, 1964, p.125; 楠山賢由, 「那先比丘經研究序說」, 『佛教學研究』, No.10-11, 東京, 1965, p.84, 註1.
83 水野弘元은 한역과 빨리어 양 본에 나오는 5하(河)의 이름을 비교해서 이 경의 성립 장소를 인도 서북지방으로 보았다(『ミリンダ問經類について』, pp.47-48). 그러나 中村元은 "서북 인도는 아니었다고 생각한다. 왜냐하면 (이 經에) 雪山과 히말라야 산에 대한 언급이 비교적 많기 때문이다." 『インドとギリシアとの思想交流』, 東京, 1979, p.81.
84 Lamotte, 앞의 책, p.465; Finot, 앞의 책, p.10; Foucher, 앞의 논문, p.17; 中村元·早島鏡正, 앞의 책(1), p.319.
85 早島鏡正, Milindapañha의 「解說」, 中村元·早島鏡正 譯, 『ミリンダ王の問い(3)』, p.325.

의 경전과 교리에 정통하지 못한 사람으로서는 도저히 할 수 없는 질문들을 하고 있다. 그는 불교의 전문용어들을 어렵지 않게 사용하고 있고 불교교리 상의 문제점들을 확실히 알고 있었다. 질문도 아무렇게나 하고 있는 것이 아니라 교리체계에 따라 하고 있는 것을 볼 수 있다. 역시 경전에 대해서도 능통하다는 인상을 준다. 밀린다는 자기 자신의 질문인 것처럼 하고 있지만 그 가운데는 경전 내용을 그대로 옮기고 있는 것도 적지 않다.

예를 들면 대론의 첫머리에서 '무아 문제'에 대해 토론을 할 때 밀린다는 "자아(自我)와 같은 인격적 개체(個體)를 인정할 수 없다고 한다면 선행이나 악행을 하는 자는 누구이며 그 과보를 받는 자는 누구인가."라는 문제를 제기한다. 그리고는 인체의 32부분을 하나하나 들면서 나가세나에게 질문한다. "머리털이 나가세나(인격적 개체)입니까." "대왕이여, 그렇지 않습니다." "몸의 털[身毛]이 나가세나입니까." "대왕이여, 그렇지 않습니다." "손톱이 나가세나입니까." "대왕이여, 그렇지 않습니다." "이빨·피부·살·근육·뼈 ⋯ 이들 중의 어느 하나가 나가세나입니까."라고 인체의 각 부분 가운데서 어느 하나가 '인격적 개체[自我]'인가라고 묻는다. 나가세나가 한결같이 그것들의 어느 것도 '인격적 개체'가 아니라고 대답하자 색(色)·수(受)·상(想)·행(行)·식(識)의 5온(五蘊)이 인격적 개체인지 이 5온 바깥에 인격적 개체가 있는지에 대해 묻는다.[86]

....
86 中村元·早島鏡正, 앞의 책(1), pp.69-71.

밀린다가 질문으로 사용한, 인체를 32부분으로 분석하는 이와 같은 내용은 『아함경』의 여러 곳에 나오고 있다.[87] 『아함경』에서는 수행 방법의 일종으로 사람의 몸을 32부분으로 나누어 관찰하고 있지만 밀린다는 이 경의 내용을 본래의 용도와는 달리해서 나가세나에게 '자아'의 문제에 대한 질문으로 사용하고 있다. "5온의 각 요소 중의 어느 하나가 자아인가, 5온의 모든 요소를 합친 것이 자아인가."라는 질문 역시 불교경전에서 무아 문제를 말할 때 자주 사용되는 질문의 정형구이다.[88]

무아 문제와 윤회의 주체 문제는 초기불교 이래 불교가 가장 고심하고 있던 문제 중의 하나다. 메난드로스가 불교에 문외한이었다면 어떻게 인체의 32부분에 대한 것이라든지 5온과 무아 등 경전의 중요한 내용을 거의 그대로 외우다시피 하고 있는가. 그리고 불교인들이 해결하기 위해 가장 고심하고 있던 '무아와 윤회의 주체 문제'와 같은 어려운 문제에 어떻게 그렇게 핵심을 찌르고 있는가.

밀린다가 던진 인간불평등의 문제에 대한 질문도 마찬가지다. "나가세나 존자여, 어떠한 이유로 사람들은 모두 평등하지 않습니까. 즉 어떤 사람들은 단명하고 어떤 사람들은 장수합니까. 또 어떤 사람들은 병이 많고 어떤 사람들은 병이 적습니까. 어떤 사람들은 못생겼고

---

87 『大正』1권, p.556a(『中阿含』20권, 81경); 同, p.538b(『中阿含』20권, 98경); 『大正』2권, p.311a-b(『雜阿含』43권, 1165경) 참조. 『那先比丘經』에서는(『大正』32권, p.706a) 25요소를 들고 있다.
88 『大正』2권, p.6b(『雜阿含』1권, 30경); 同, 2권 p.7b(『雜阿含』2권, 33경); 『大正』2권, p.267b(『雜阿含』32권, 1024경) 참조.

어떤 사람들은 잘생겼습니까 ….".라고 밀린다는 질문한다. 나가세나는 "대왕이여, … 업[宿業]이 다르기 때문에 사람들은 평등하지 않습니다. 즉 (숙업 때문에) 어떤 사람들은 단명하고 어떤 사람들은 장수합니다. 어떤 사람들은 병이 많고 어떤 사람들은 병이 적습니다."라고 인간의 모든 불평등은 각자가 지은 업에 의한다고 답한다.[89] 이것은 『중아함』에 있는 「앵무경(鸚鵡經)」을 그대로 옮겨놓다시피 한 것이다.[90] 앵무마납(鸚鵡摩納)이라는 바라문이 붓다에게 한 질문을 『나선비구경』에서는 밀린다가 나가세나에게 하고 있다. 대부분의 다른 질문들도 불교에 정통하지 않은 사람으로서는 할 수 없는 내용들이다. 역설적인 말이지만 어떤 분야에 있어서 좋은 질문을 할 수 있다는 것은 그 분야에 있어서 그만큼 잘 알고 있다는 것을 의미한다.

(2) 대론서로서의 문제점

여러 학자들은 『나선비구경』을 그리스의 소크라테스나 플라톤의 대화법에서 영향을 받은 일종의 '대론서(對論書)'라고 생각하고 있다.[91] 그래서 "그리스식이다."[92] 또는 "소크라테스식 대담이다."[93]라 하기도

---

89 中村元·早島鏡正, 앞의 책(1), p.181; 『大正』 32권, p.714a-b; Demiéville, 앞의 책, pp.145-146, §79.
90 『大正』 1권, pp.704c-705a(『中阿含』 44권, 170경).
91 George Woodcock(金倉圓照·塚本啓祥 共譯), 『古代インドとギリシア文化(The Greeks in India)』, 京都, 1972, pp.113-114; 金倉圓照, 『印度中世精神史(中)』, 東京, 1983, pp.151-158. 이 문제에 대한 학자들의 여러 가지 說을 소개하고 있다.
92 S. Lévi와 E. Specht, 앞의 논문, p.5; L. Finot, 앞의 책, p.14.
93 S. Lévi, *Mémorial Sylvain Lévi(La Grèce et l'Inde d'après les documents indiens)*, Paris, 1937, p.193; George Woodcock, 앞의 책, p.112.

하고, "플라톤식 대화법에서 얼마쯤 직접적인 영향을 받았다."[94]라고 말하기도 한다.

그러나 플라톤의 『에우투프론(Euthuphron)』이나 『크리톤(Kriton)』 등의 내용과 『나선비구경』을 비교해 보면 그 대화법은 같지 않다는 것을 알 수 있다.[95] 플라톤의 저술에 나오는 소크라테스의 소위 '산파식(産婆式)' 대화법에서는 하나의 주제를 가지고 긴 대화를 해나가면서 상대자가 지금까지 잘못 생각해 왔던 것을 스스로 깨닫게 하고 있다. 그곳에서는 비유를 거의 쓰지 않고 있다.

그러나 『나선비구경』에서는 플라톤의 저술에서와는 달리 한마디로 '문답식'이다. 예를 들면 "주의작용(注意作用)은 무엇을 특질(特質)로 합니까. 지혜는 무엇을 특질로 합니까."라고 묻고, "주의작용은 파지(把持, 움켜쥠)를 특질로 하고, 지혜는 절단(切斷)을 특질로 합니다."라고 답한다.[96] 또한 "재생한 자는 사멸(死滅)한 자와 동일합니까 또는 다릅니까."라고 묻고, "그것은 동일하지도 않고 역시 다른 것도 아닙니다."라고 답했다.[97] 글자 그대로 문답식이다. 나가세나의 설명이 부족하면 밀린다는 한 번 더 설명해 줄 것을 요청했다. 그리고는 예외 없이 "비유를 들어 설명해 주십시오."라고 요구했다. 대부분의 경우에

---

94 É. Lamotte, 앞의 책, p.467. 이 인용문은 라모뜨 자신의 견해가 아니라, 이와 같은 주장을 하는 학자들이 있다는 것을 말하고 있다.
95 최명관 옮김, 『플라톤의 대화』(종로서적, 1984), pp.5-36과 pp.87-110. É. Lamotte(앞의 책, p.467) 역시 『나선비구경』의 '대화'는 소크라테스식의 '대화'와 차이가 있다고 보았다.
96 中村元·早島鏡正, 앞의 책(1), p.84; 『大正』32권, p.707b; Demiéville, 앞의 책, p.104, §46.
97 中村元·早島鏡正, 앞의 책(1), p.110; 『大正』32권, p.708c; Demiéville, 앞의 책, pp.114-115.

는 하나의 비유로써 만족하지 못했다. 때로는 한 주제를 위해 4-5개씩의 비유를 요청하기도 했다.[98] 설명이 끝나면 예외 없이 "잘 알겠습니다."라고 말했다.[99]

이와 같은 형식은 어떤 주제를 두고 나가세나와 밀린다가 자신들의 견해를 말하고 자신들의 주장이 정당하다는 것을 내세우기 위해 상대방을 공격하는 식의 대론(對論) 형식이 아니다. 묻고 대답하는 글자 그대로의 '문답식'이다. '무아 문제'의 경우와 같이 대론 비슷한 형식을 취한 경우도 있지만 이와 같은 예는 『나선비구경』전체를 통해 겨우 몇 번에 지나지 않는다.[100]

설사 『나선비구경』의 형식이 대부분의 학자들이 생각하고 있는 것과 같이 '대론서'처럼 되어 있다고 해도 그것이 그리스 철학자들이 사용했던 대화법에서 영향을 받은 것이라고 말하기는 어렵다. 철학이나 종교 문제에 대해 토론을 하는 것은 인도의 전통이다. 멀리로는 가장 오래된 『우빠니샤드』에서 그것을 볼 수 있다. 왕들이 마련한 토론장에서 많은 사상가와 종교인들이 모여 여러 가지 주제를 가지고 토론을 벌이곤 했다.[101] 초기의 불교경전에서도 붓다와 제자들 또는 신도들이 문답이나 토론식으로 그들의 의문을 풀고 있는 것을 흔히

---

98 『大正』32권, p.709a-b(中村元·早島鏡正, 앞의 책[1], pp.115-119); 同, 32권, p.712b(同, pp.146-149).
99 한역본에는 "善哉(좋습니다), 善哉."라고 되어 있다.
100 예를 들면, 『大正』32권, pp.710b-711a(中村元·早島鏡正, 앞의 책[1], pp.123-127); 同, pp.712b-713b(中村元·早島鏡正, 앞의 책[1], pp.137-140) 등에서 그것을 볼 수 있다.
101 Bṛhadāraṇyaka Upaniṣad, Ⅲ, 1, 1-11; 同, Ⅳ, 3, 1-35; Chāndogya Upaniṣad, Ⅴ, 3, 1-7; 同, Ⅵ, 1, 1-7과 2, 1-4 이하.

볼 수 있다.[102] 이처럼 문답식 또는 토론식 방법은 인도의 오래된 전통인데 왜 『나선비구경』의 '문답식'의 대화형식을 멀리 그리스 대화법에서 그 근원을 찾으려 하는가. 그 이유는 본 경의 주인공 가운데 한 사람인 밀린다가 그리스계 출신인 메난드로스 왕과 같은 사람이라고 생각하기 때문일 것이다.

또 한 가지 간과할 수 없는 점이 있다. 『나선비구경』에서 두 주인공 사이에 오고 간 79개의 문답에서 나가세나가 한 대답은 단 한 번의 예외도 없이 밀린다를 완전히 만족시켰다는 사실이다. 모든 문답의 끝에는 밀린다가 '선재(善哉), 선재.' 또는 '잘 알겠습니다.'라고 만족을 표현했다. 밀린다가 자기 주장을 끝까지 내세운 경우는 단 한 번도 없었다.

이처럼 상대방이 완전 승복한 토론을 진정한 의미에서 토론이라고 할 수 있을까. 만약 밀린다와 나가세나 사이에 주고받은 이와 같은 '문답식'을 '토론'이라고 해야 한다면 그것은 밀린다가 일방적으로 완전하게 패배한 토론이었다.

이와 같은 경향은 빨리어본의 4권에서 7권에서는 더욱 심하다. 이 부분은 후기에 추가된 것이기 때문에 밀린다와 나가세나 사이에 있었던 토론의 내용이냐 아니냐 하는 것은 문제도 되지 않겠지만 본

---

102 몇몇 예를 들면, 「大正」1권, p. 578b 이하(『中阿含』24권, 97경, 「大因經」); 同, 1권, p.652a 이하(『中阿含』, 35권, 144경, 「算數目揵連經」); 同, 1권, p.804 이하(『中阿含』60권, 221경, 「箭喩經」); 「大正」2권, pp.28c-31c(『雜阿含』5권, 103경, 「差摩經」과 104경, 「焰摩經」). Lamotte(앞의 책, p.467)도 이 점을 지적했다. "사실, 인도는 옛날부터 그런 대화법을 알고 있었다. 『우빠니샤드』・「서사시」, 그리고 몇몇 경전에서조차도 그런 대화법의 예는 많이 볼 수 있다."

경의 오래된 부분의 성격 또는 정신이 어느 정도 계승되고 있다고는 볼 수 있을 것이므로 이 부분의 내용으로써 고층(古層) 부분의 성격이나 정신을 미루어 짐작할 수도 있을 것이다.

그런데 이 첨가된 부분에서는 더욱 분명하게 밀린다가 나가세나와 '대론(對論)'을 한 목적이 풀기 어려운 문제들에 대한 토론을 하기 위한 것도, 자신의 개인적인 의문을 풀기 위한 것도 아니라는 것을 보여준다. '대론'의 주목적은 두 사람의 '공동 반대자들'의 논란을 극복하기 위해서였다. 불교 교리에 대해 반대자들이 제기할 수 있는 어려운 문제들을 밀린다를 통해 묻게 하고 나가세나로 하여금 답하게 하고 있다. 밀린다는 거의 모든 질문마다 나가세나에게 "존자여, 나에게 의문이 생겼습니다. 승자(勝者, 붓다)께서 설하신 난문(難問)들이 있는데, 그것들에 대해 미래에 논쟁이 일어날 것입니다. 그러나 미래에 그대같이 지혜 있는 사람을 찾기는 어려울 것입니다. 이것들에 대한 나의 질문에 (지혜의) 눈[眼]을 주어 반대자의 논(論)을 극복하게 해 주십시오."[103] "이 질문은 그대에게 제시되었습니다. 미래의 불자(佛子)들에게 (지혜의) 눈을 주어서 반대자의 논을 극복하게 해주십시오."[104] "이 대난문(大難問)을 풀어 반대자의 설(說)을 깨뜨려 주십시오. … 이 기회에 그대의 역량을 보여 주십시오."[105]라고 요구한다. 여기서 말하는 이들 두 사람의 '반대자'는 누구이겠는가. 그것은 다른 종파 또

---

103 中村元·早島鏡正, 앞의 책(1), p.278; Rhys Davids, 앞의 책(Ⅰ), p.143(Ⅳ, 1, 8).
104 中村元·早島鏡正, 앞의 책(1), p.282; Rhys Davids, 앞의 책(Ⅰ), p.145(Ⅳ, 1, 10).
105 中村元·早島鏡正, 앞의 책(2), p.4; Rhys Davids, 앞의 책(Ⅰ), p.164(Ⅳ, 1, 29).

는 다른 학파의 사람들일 것이다. 그래서 밀린다는 자신의 질문을 위해 나가세나가 해준 대답에 대해서, "나가세나 존자여, (그대 덕택으로) 매우 (어려운) 문제는 잘 인식되고 해명되어서 의문이 풀렸습니다. (또) 학파의 지도자 가운데 가장 뛰어난 사람으로서 우왕(牛王)과 같은 그대를 만나 반대자의 설(說)은 근절되고 파괴되어 빛을 잃어버렸습니다."라고 말했다.[106]

지금까지 살펴본 바에 의하면, 이와 같은 『나선비구경』의 내용은 형식적인 면에서조차도 '대론서'라고 보기 어렵다는 것이다. 그것보다는 오히려 밀린다와 나가세나라는 두 사람의 이름을 빌려 『나선비구경』이 성립할 당시에 불교교단의 안과 밖에서 제기되고 있었던 교리적인 여러 가지 어려운 문제들을 한곳에 모아 문답형식을 취해 풀어나간 일종의 논서(論書) 성격을 지닌 교리문답서라고 보는 것이 옳을 것이다.

(3) 대론의 성립문제

지금까지 일반화된 주장에 의하면 『나선비구경』은 메난드로스 왕과 나가세나 비구 사이에 실제로 행해졌던 대론의 집대성이라는 것이었다. 그래서 어떤 학자들은 이 대론에서 "두 대론자가 서로 다른 언어를 사용했을 이국인(異國人)이었는데 어떻게 의사를 소통할 수 있었

---

106 中村元·早島鏡正, 앞의 책(2), p.53; Rhys Davids, 앞의 책(Ⅰ), p.178(Ⅴ, 1, 41).

을까."라는 문제까지 생각했다. 『나선비구경(*Milindapañhā*)』은 통역에 대해 한마디 언급도 없기 때문에 아마도 메난드로스가 인도 말을 할 줄 알았던 것 같다고 추측하는 학자도 있다.[107] 심지어 탄(W. Tarn)과 같은 학자는 이 문헌(*Milindapañhā*)이 최초에 그리스인 집필자에 의해 그리스어로 기록되었다가 뒷날 빨리어로 번역되었을 것이라고까지 생각하기도 했다.[108] 이 학자들에게는 나가세나와 메난드로스 사이에 대론이 행해졌다는 사실은 의심의 여지가 없었다.

과연 이들이 생각한 것처럼 실제로 나가세나와 메난드로스가 대론을 했었을까. 지금까지의 추구에 의하면 학자들의 그와 같은 주장에 쉽게 동의할 수 없다. 위에서 다루었던 다른 문제들에서 본 것처럼 '대론의 성립' 문제에서도 학자들이 '메난드로스'라는 이름 하나만을 가지고 지나친 상상력을 동원하고 있다는 생각을 금할 수 없게 된다. 이렇게 말할 수 있는 이유는 여러 가지가 있다.

무엇보다도 먼저 지적해야 할 점은 메난드로스는 역사적으로 실존했던 인물이지만 나가세나는 역사성이 없는 인물이라는 사실이다. 이 문제에 관심을 가지고 있었던 적지 않은 학자들의 추구에도 불구하고 어느 누구도 나가세나의 역사성을 자신 있게 말할 수 있는 사람은 없다. 오히려 그것과는 반대로 나가세나에 대해 추구해 가면 갈수록 나가세나의 모습은 더욱 허구적인 것으로 나타났다.

---

107 *Milindapañha*의 「解說」, 中村元・早島鏡正, 앞의 책(1), p.368; A. Foucher, *A propos de la conversion au bouddhisme du roi indo-grec Ménandre*, Paris, 1943, p.15.
108 W. W. Tarn, *The Greeks in Bactria and India*, p.120 이하; George Woodcock(金倉圓照・塚本啓祥 共譯), 앞의 책, p.114.

한걸음 더 나아가서 메난드로스는 역사적으로 실존했던 인물이었지만 이 메난드로스가 『나선비구경』에 나오는 밀린다와 같은 인물인가 하는 점도 문제이다. 학자들은 메난드로스라는 이름이 밀린다로 변할 수 있었고[109] 메난드로스와 밀린다가 모두 야바나(Yavana) 사람,[110] 즉 그리스인이었다는 점, 그리고 그가 인도 서북부의 도시 사갈라를 통치했던 사람이라는 사실을 근거로 이 두 사람을 동일인으로 보았다. 그런 점들을 고려한다면 학자들의 견해에 대해 찬성을 해야 할 것이다. 그러면서도 이 문제를 다시 제기하는 이유는 앞에서 보았듯이 『나선비구경』에 나오는 밀린다는 역사적으로 실존했던 메난드로스가 아니라 이름만 빌린 전설화된 메난드로스라는 점을 간과할 수 없기 때문이다. 이름과 약간의 인적 사항을 제외하면 동일한 점은 아무것도 없었다. 그렇다면 전설화된 메난드로스와 허구적인 나가세나가 어떻게 대론(對論)을 할 수 있었겠는가. 두 사람 사이에 대론이 이루어질 수 없다면 『나선비구경』 또는 *Milindapañha*는 '대론집(對論集)'이 될 수 없다.

또 하나의 문제가 있다. 이상에서 말한 것과는 달리 메난드로스와 나가세나 두 사람이 실제로 존재했었고 두 사람 사이에 『나선비구경』에서 보는 것과 같은 내용의 문답이 이루어졌다고 해도 지금 우리가

---

109 中村元, 『インド古代史(下)』, 東京, 1985, p.68.
110 그리스인을 산스끄리뜨어로는 야바나(Yavana), 빨리어로는 요나(Yona)라고 했다. 이것은 요니아(Yonia)라는 말이 인도식으로 변한 것이다. 엄밀하게 말해서는 그리스인을 가리키는 것이지만 일반적으로는 인도의 서쪽에 살았던 모든 이방인들에 대한 통칭이었다. La Vallée-Poussin, 앞의 책, p.41; S. Lévi, *Mémorial S. Lévi*, p.188; 中村元, 『インド古代史(下)』, pp.42-43.

가지고 있는 것과 같은 형태의 『나선비구경』이 어떻게 성립될 수 있었으며 또 그것이 어떻게 우리에게 전승될 수 있었는가 하는 문제다.

불교경전의 성립역사를 보면 붓다 입멸 직후 많은 제자들이 한 자리에 모여 스승에게서 받았던 가르침들 가운데 중요한 것을 함께 외워[合誦] 결집(結集, 경전편찬)을 했다.[111] 이렇게 해서 만들어진 경전은 직계 제자들과 그들을 계승한 출가 비구들에 의해 철저하게 보호되고 관리되면서 전승되었다. 경전은 붓다의 유언대로[112] 붓다 입멸 후의 교단에서 살아 있는 붓다와 같은 위치를 차지할 수 있었다. 그 때문에 경전은 신앙의 대상으로까지 신성시되었다. 비구들은 '불설(佛說)'이라는 이름으로 그것을 한 구절도 손상 없이 전승하려고 했다. 그러나 경전의 이와 같은 권위와 위치에도 불구하고 시간과 함께 경전이 변형되고 이설(異說)이 생기게 되었기 때문에 교단에서는 기회 있을 때마다 경전 전문가들이 모여 다시 결집을 해야 했다. 결국은 부파마다 나름대로의 경전을 가지게 되었고 각 부파에서 전승되는 동안 부파적인 요소들의 첨가와 변천을 겪게 되었다.[113]

불교도들에게 가장 신성시되고 권위를 가진 경전조차도 이렇게 원형의 보존과 전승이 어려웠다. 그런데 한 비구와 장군 출신의 한

---

111 Lamotte, 앞의 책, p.136 이하; Filliozat, 앞의 책(Ⅱ), pp.493-494(§2214); 水野弘元, 『經典, その成立と展開』, pp.23-25; 平川彰, 『インド佛教史(上)』, 東京, 1984, p.90; 尹炳植(浩眞), 「初期佛典의 成立研究」(Ⅰ과 Ⅱ), 『佛敎學報』 제30집, 1993, pp.85-121; 同, 32집 (1995), pp.85-123.
112 『大正』 1권, p.26a(『長阿含』 4권, 4경, 「遊行經」); S. Vasirā & F. Story, *Last days of the Buddha*, Kandy(Sri Lanka), 1988, p.75.
113 Lamotte, 앞의 책, pp.138-39와 pp.297-298; Filliozat, 앞의 책(Ⅱ), pp.494-496(§2215, §2217, §2220); 水野弘元, 앞의 책, pp.29-30.

외국 왕 사이에 행해진 단 한 번의 대론을 누가 '결집'했을 것이며 도 대체 어떤 사람들이 정기적으로 한 자리에 모여 그것을 거듭 '합송'하 면서 기억 속에서 사라지지 않게 했겠는가. 나가세나의 제자들이 그 렇게 했겠는가. 나가세나가 실존했던 인물이었다면 평생 동안 그와 비슷한 다른 대론도 많이 행해졌을 것인데 어떻게 밀린다와 했던 그 대론만이 그렇게 중요하게 생각되어졌을까.

이상의 의문점들을 접어 두고 이 두 사람의 대론이 『나선비구경』 의 최고층(最古層) 부분과 같은 형태로 만들어졌다 해도 그 전승에 있 어서 넘지 못할 벽이 있다. 대론이 실제로 이루어졌다면 그것은 메난 드로스가 왕으로 재위하고 있었던 기원전 2세기 중엽(B.C. 165 - B.C. 150)이어야 한다. 위에서 보았듯이 그때 인도에서는 경전들이 아직 문자로 기록되지 않았다. 성전들의 문자 결집이 시작된 것은 기원 전 후였다. 그렇다면 『나선비구경』은 원초형이 성립된 뒤 약 100년에서 150년 동안 구전(口傳)으로 전승되었어야 했다. 그것이 과연 가능한 일이었을까.

이와 반대로 메난드로스 왕 쪽에서 이 대론의 내용을 정리해서 '대론집'을 만들었다면 대론 직후 문자로 기록했어야 했을 것이다. 이 일은 왕의 학자들이나 관리들이 해야 했을 것이다. 문자로 기록하지 않았다면 붓다의 제자들이 했던 것처럼 그들이 구두로 '결집'을 해야 했을 것이고, 정기적으로 모여 비구들이 경을 외우듯 합송(合誦)을 하 면서 내용이 잊혀지지 않게 많은 노력을 기울여야 했을 것이다. 불교 에 문외한이었을 메난드로스의 학자와 관리들에게는 『밀린다빵하』의 내용은 대론장(對論場)에서 한번 듣고 이해하기는 매우 어렵고 복잡한 내용이었을 것이다. 그런데도 그들이 어떻게 이런 일을 할 수 있었으며 그렇게 한 이유가 무엇이었을까.

이와 같은 모든 일들은 상상으로도 가능하지 않다. 무엇보다도 그들이 그렇게 해야 했을 이유가 석연치 않다. 메난드로스 쪽에서 보면 이 '대론서'는 그의 완패의 기록이다. 그와 같은 불명예스러운 기록을 메난드로스와 그의 측근들이 무엇 때문에 그렇게 힘써 보존하고 전하려 했을까. 국가의 통치문제와는 전혀 관계도 없는 내용일 뿐 아니라 그들의 신앙과도 다른 종교를 내용으로 한 이 '대론서'가 메난드로스 사후 왕의 후계자들에게 관심의 대상이 될 특별한 이유라도 있었을까. 한마디로 말해서 이 대론서는 메난드로스 쪽에서 만들어졌을 가능성은 전혀 없다고 해야 할 것이다.

지금까지 추구한 것을 요약하면 두 가지 점으로 귀결된다. 즉 허구적 인물인 나가세나와 전설화된 메난드로스 사이에 실제로 대론은 행해질 수 없었다는 점, 설사 그와 같은 대론이 이루어졌다 해도 그 대론 내용이 경전처럼 결집되어 약 150년이라는 긴 세월 동안 원초형을 보존하면서 구전된 후 문자로 기록되었을 가능성 역시 없다는 점이다.

(4) 논서로서의 『나선비구경』

어떤 학자들은 『나선비구경』을 '이방인을 위한 일종의 포교서'[114] 또는

---

114 Filliozat, *L'Inde classique*(Ⅱ), p.502(§2225); Bareau, *Le Bouddhisme*, p.97; Foucher, *A propos de la conversion au Bouddhisme du roi Indo-Grec Ménandre*, Paris, 1943, p.15.

'불교교리 입문서'¹¹⁵라고 생각했다. 그러나 이 경을 좀 더 주의를 기울여 검토해 보면 학자들이 생각한 것처럼 초보자를 위한 입문서 또는 이방인을 위한 포교서가 아니라 반대로 수준 높은 「논서」의 일종이라는 생각을 하게 된다.

먼저 지적할 수 있는 점은 『나선비구경』에서 다루고 있는 교리들이 불교의 가장 기본적 또는 초보적인 것이 아니라는 사실이다. 붓다의 생애라든지 연기법·4성제·8정도·5온 등과 같은 중심적인 교리들을 설명하는 데에는 거의 관심을 보이지 않았다. 이와 같은 교리들이 언급되고 있기는 하지만 그것은 다른 문제들을 설명하면서 곁들여 피상적으로 다루고 있을 뿐이다.

이와 반대로 부파불교에서 가장 어려운 문제로 대두되었던 교리상의 여러 가지 문제들이 이 경의 중심을 이루고 있다.¹¹⁶ 예를 들면 윤회의 주체문제, 즉 자아와 같은 존재가 없다면 무엇이 윤회하며 과보를 받는 자는 누구인가, 죽는 자와 다시 태어나는 자는 같은가 다른가, 열반에 들어간 붓다는 어떻게 존재하는가 등과 같은 문제들을 다루고 있다. 역시 여러 가지 까다로운 심리론·해탈론·수행론 등이 관심의 대상이 되고 있다. 이 경의 빨리어본을 일본어로 번역한 하야시마 교쇼[早島鏡正]가 말한 것처럼 『나선비구경』은 "기원 전후의 불교

....
115 S. Bernard-Thierry, *Présence du Bouddhisme(Le Bouddhisme d'après les textes pālie*(France-Asie, No.153-157), Saigon, 1959, p.575; Foucher, *Les vies antérieures du Bouddha*, Paris, 1955, p.42.
116 Lamotte(앞의 책, p.466)에 의하면 『나선비구경』에서 다루고 있는 주제들은 빨리어 7논(七論) 중의 하나인 *Kathāvatthu*(論事)에서 자주 다루고 있는 내용과 전체적으로 동일하다.

교단의 관심사로 되어 있었던 사항들을 일괄(一括)해서 보여주고 있다."117

두 번째로 지적할 수 있는 점은 『나선비구경』 자체에서도 이 경을 일종의 논서로 보고 있다는 것이다. 아직 「서화」 부분이 성립되지 않았던 시기에 이 경을 접한 불교인들은 나가세나와 밀린다가 주고받은 문답내용이 논서의 내용과 같은 것으로 보였기 때문에 뒷날 「서화」의 내용을 만들면서 나가세나를 경전보다는 모든 논서에 통달한 일류 논사(論師)의 모습을 갖게 했을 것이다.118 역시 그의 상대인 밀린다를 일류 논객(論客)처럼 만든 것도,119 밀린다가 제기한 것으로 되어 있는 질문의 내용들이 논(論, Abhidamma)에 대한 전문가가 아니면 할 수 없는 내용이라고 생각했기 때문이었을 것이다. 나가세나가 논사였다는 것을 말하고 있는 것은 「서화」에서뿐만이 아니고 고층(古層) 부분에도 있다. 나가세나는 "아비다르마에 요약되어 있는 논의(論議)에 의해서 왕을 납득시켰다."120라고 밀린다의 질문에 논서의 내용으로써 대답하고 있다는 것을 말하고 있다. 밀린다 역시 "나는 그대와 같은 논자(論者)와 대론을 할 수 없습니다."121라고, 나가세나를 대적할

---

117 中村元·早島鏡正, 앞의 책 (3), p.342(早島鏡正의『解說』).
118 나가세나가 출가하자마자 그의 스승인 로하나는 그에게 먼저 論(Abhidhamma)부터 가르쳤다. 그는 얼마 지나지 않아 7論(즉 論藏)에 통달하게 되었다. 中村元·早島鏡正, 앞의 책(1), pp.20-21.
119 中村元·早島鏡正, 앞의 책(1), p.7. 서화(序話)에서 밀린다 왕을 이렇게 소개하고 있다. "그는 많은 학문을 터득했다. 즉 天啓書, 敎義書 … 4베다, 聖典, 뿌라나 聖典 … 등 19종이었다. 그는 論者로서 접근하기 어렵고, 이기기 어렵고, 여러 조사(祖師)들 가운데서 最上者였다."
120 中村元·早島鏡正, 앞의 책(1), p.112.
121 中村元·早島鏡正, 앞의 책(1), p.153.

수 없는 논사로 생각하고 있다.

또 한 가지 지적해야 할 것은 후기의 불교인들이『나선비구경』을 입문서가 아니라 일급 논서로 생각했다는 사실이다. 기원후 4세기와 5세기에 인도와 스리랑카에서 활약했던, 불교역사상 가장 위대한 논사들 가운데 두 사람인 바수반두(Vasubandhu, 世親)와 붓다고사(Buddhaghosa, 佛音)는 그들의 저술에서『나선비구경(Milindapañha)』을 준논장(準論藏) 대우를 해 주었다. 바수반두는 그의 명저『아비달마구사론(阿毘達磨俱舍論, Abhidhrmakośa)』의「파집아품(破執我品)」에서 이 책을 인용했고, 붓다고사는 놀랍게도 그의 여러 논서에서 약 20번이나『밀린다빵하』를 인용했다는 것이다.[122]『밀린다빵하』가 초보자들을 위한 입문서나 불교에 문외한인 외국인(즉 야바나인)들을 위한 포교서 같은 것이었다면 어떻게 이 위대한 논사들이 이 책을 그렇게 진지하게 다루었을까. 그들은『밀리다빵하』를 수준 높은 일종의 논서로 생각했던 것이 틀림없다.

『나선비구경』의 연구에서 풀기 어려운 또 다른 한 가지 문제가 있다. 왜 나가세나의 대론 상대자로 외국의 왕인 메난드로스를 등장시켰는가 하는 점이다. 이 문제에 대해서는 만족할 만한 답을 얻을 수

---

[122] 世親(바수반두),『阿毘達磨俱舍論』제30권의 9-2,「破執我品」(『大正』29권, p.155c); La Vallée-Poussin(佛譯), *L'Abhidhrmakośa de Vasubandhu*, tome Ⅴ, Bruxelles, 1980, p.263. Demiéville은 *Les versions chinoses du Milindapañha*, pp.28-29에서 붓다고사가 인용한 *Milindapañha*의 내용을 자세하게 보여주고 있다. 역시 水野弘元,「ミリンダ問經類について」, p.54 참조.

없다. 단지 추측만 가능할 뿐이다. 메난드로스는 『나선비구경』이 성립된 서북인도를 지배했던 왕들 가운데 특히 위대한 인물이었다. 그는 알렉산더 대왕조차도 기억해 주지 않은 인도가 유일하게 그 이름을 간직해 준 그리스계 왕이었다.[123] 뿐만 아니라 메난드로스는 고대 인도에서 불교를 가장 심하게 박해했던 슝가(Śuṅga) 왕조의 창시자 뿌샤미뜨라(Puṣyamitra)를 서북인도 지역에서 몰아내 주었다.[124] 역시 그는 불교로 개종했다는 소문까지 나 있었던 인물이었다.[125] 메난드로스는 인도 서북지역의 불교인들에게 깊은 인상을 남긴 왕이었음에 틀림없다. 그는 그 지역의 불교인들에게 외국인의 왕으로서가 아니라 인도의 왕으로 받아들여진 인물이었다. 『나선비구경』에 의하면 그는 '전 인도에서 제일가는 왕'으로 간주되었고 인도 왕들에게만 해당되는 '마하라자(Mahāraja, 大王)'라고 불리기까지 했다.[126]

『나선비구경』이 만들어졌을 무렵(기원전 1세기에서 후 1세기), 저자는 (또는 저자들은) 그 당시 교단 안팎에서 제기되고 있었을 뿐 아니라 앞으로도 제기될 수 있는 교리상의 여러 가지 어려운 문제들을 모아 수준 높은 문답형식의 교리서를 만들 필요를 느꼈을 것이다. 그가 (또는 그들이) 나가세나라는 허구적인 한 비구를 내세우고 그에게 질문할 사람으로 설정한 것이 역사상 '위대한' 실존 인물이었던 메난드로스의

---

123 Lamotte, *Histoire du Bouddhisme indienne*, pp.471-472.
124 Lamotte, 위의 책, pp.424-431.
125 Foucher, *A propos de la conversion au bouddhisme du Roi indo-grec Ménandre*, pp.1-37; Lamotte, 위의 책, p.463 이하; 尹炳植(浩眞), 「Menandros 王의 佛敎改宗問題」, 『佛敎學報』 (1992), 제29집, pp.185-203.
126 Finot, 앞의 책, pp.59-60; Lamotte, 앞의 책, p.468.

이름을 빌린 '밀린다'가 아니었을까. 그 이유는 이 「교리문답서」에 좀 더 큰 비중과 권위를 부여하고 보다 극적인 효과를 얻기 위해서였을 것이다.

2. 무아설

1) 수레의 비유

과거뿐 아니라 현대 학자들도 무아(無我) 문제를 논할 때 많은 경우 『나선비구경』에서 하고 있는 설명을 참고로 삼는다. 따라서 『나선비구경』의 무아(無我)에 대한 설명은 무아교리를 설명하는 데 본보기처럼 생각되고 있다.[127]

밀린다 왕은 '경전 가운데 나오는 어려운 문제점과 도[難經道]에 대해' 이야기하기 위해 나가세나를 왕궁으로 초청했다.[128] 나가세나가 자리에 앉자마자 밀린다는 질문했다.[129] "존자여, 그대의 이름은 무엇입니까." 나가세나는 답했다. "나의 부모님은 나에게 나선(那先,

---

127 이 책 1장 註12.
128 빨리어본(Finot 앞의 책, p.51)에서는 밀린다가 나가세나의 거주처인 Saṇkheyya 촌로 수레를 타고 찾아간 것으로 되어 있다. 이 책 4장, 1, 1, 註28 참조.
129 한역본을 따르기 위해서는 Nāgasena와 Milinda의 이름을 邢先과 彌蘭(미란)이라 해야겠지만 여기서는 편의상 빨리어 발음대로 나가세나와 밀린다로 부르기로 한다. 『大正』 32권, p.705b-c; Demiéville, *Les versions chinoises du Milindapañha*, p.92(ⅩⅩⅥ)와 p.96(ⅩⅩⅩ); Pelliot, *Les noms propres dans les traductions chinoises du Milindapañha*, JA, 1914(Ⅱ), pp.384-386.

Nāgasena)이라는 이름을 지어주었습니다. 그래서 사람들은[130] 나를 나선이라고 부릅니다. 그러나 부모님은 나를 때로는 유선(維先)[131]이라 부르기도 하고 때로는 수라선(首羅先)[132]이라 부르기도 하고 때로는 유가선(維迦先)[133]이라 부르기도 합니다. 모든 사람들이 나를 이렇게 알고 있습니다. 이것은 이 세상 모든 사람들이 가지고 있는 것과 같은 이름일 뿐입니다."[134]

나가세나의 이 대답이 무아문제에 대한 그 유명한 토론의 실마리가 되었다. 여기에 해당하는 부분은 빨리어본이 한역본보다 더 분명하고 설명적이다.

"사람들은 나를 나가세나라고 부릅니다. 내 도반(道伴)들도 나를 그렇게 부릅니다. 그러나 왕이여, 부모들이 자식들에게 나가세나라든가, 수라세나(Sūrasena)라든가, 위라세나(Virasena)라든가 또는 시하세나(Sīhasena)라든가 하는 이름을 지어줍니다만 그것은 단지 하나의 호칭, 통속적인 개념, 일상적인 표현, 단순한 이름입니다. 거기에 인격적 개체(個體)는 없습니다(na puggalo upalabbhati)."[135]

....
130 B본에는 '人'이라는 말은 없다. 『大正』32권, p.696a(A본)와 p.706a(B본).
131 이 이름은 A본에서도, 빨리어본에서도 볼 수 없다. Demiéville은, "아마도 가필(加筆)인 것 같다."고 말한다. Demiéville, 위의 책, p.97, 註3.
132 빨리어로는 Sūrasena이다. Finot, Les Questions de Milinda, p.52(Ⅱ, 1), Paris, 1923.
133 빨리어로는 Vīrasena이다. Finot, 위의 책, p.58(Ⅱ, 1).
134 『大正』32권, p.706a; Demiéville, 위의 책, p.97(XXXⅥ); Finot, 위의 책, pp.57-58(Ⅱ, 1).
135 Finot, 위의 책, pp.57-58(Ⅱ, 1); Rhys Davids, The Questions of King Milinda(Ⅰ), p.40, 註2; 中村元·早島鏡正, 앞의 책(1, p.69) 에는 名稱·呼稱·假名·通稱·이름의 5종으로 되어 있다. 첫 만남의 인사로 "존자여, 그대의 이름은 무엇입니까."라고 물었는데, "사람들은 나를 나가세나라고 부릅니다. … 거기에 인격적 개체는 없습니다."라고 대답했다. 인사를 위한 단순한 물음인데 그 대답은 철학적 문제였다. '無我問題의 대론'을 위한 실마리를 제공하

나가세나가 한 말 가운데 밀린다에게 충격을 준 것은 바로 "거기에 인격적 개체는 없습니다."라는 이 말이었다. 밀린다는 먼저 그곳에 참석한 청중들에게 말했다. "여러분 모두 들어보십시오. 500명의 요나카 인(Yonaka, 그리스인)들과 8만의 비구들이여, 나가세나가 '거기에 인격적 개체는 없습니다.'라고 말합니다. 이것을 인정할 수 있겠습니까."[136]

밀린다는 나가세나 쪽으로 돌아보면서 "인격적 개체가 없다면 누가 그대에게 (비구들의) 필수품인 옷, 음식, 침구와 좌구, 약, 발우를 줍니까. 그리고 누가 그것들을 사용합니까. 누가 공덕을 닦으며 누가 수행을 합니까. 누가 도(道)와 과보와 열반을 성취합니까. 누가 살생, 도둑질, 부정한 짓, 거짓말, 음주를 합니까. 누가 5역죄(五逆罪)를[137] 범합니까. 그렇다면 선도 없고 악도 없고 선한 행위[善業]를 하는 자도 악한 행위[惡業]를 하는 자도 없고, 선한 행위와 악한 행위에 대한 과보도 없습니다. 나가세나여, 만약 그대를 죽이는 자가 없다면 살생도 없습니다. 그대에게는 아무것도 없습니다. 즉 스승도, 교사도, 계율도 없습니다."라고 말했다.[138]

밀린다가 제기한 이 질문은 불교가 무아교리에 대한 문제와 더불

....

기 위한 어색한 고의성이 드러난다. 또 한 가지 '거기'라는 표현은 글자 그대로 '나가세나'라는 이름'을 말하는 것이 아니고 '나가세나라는 존재', 좀 더 분명하게는 '인간존재'라고 이해해야 할 것이다.
136 Finot, 위의 책, p.58. 이 구절은 한역본에 없다.
137 5역죄(五逆罪)란 즉시 벌을 받는 다섯 가지 행위로서, 殺母·殺父·殺阿羅漢·出佛身血·破和合僧이다. L. Finot, 앞의 책, p.153, 註47.
138 Finot, 앞의 책, p.58(Ⅱ,1). 이 긴 내용 역시 한역본에는 없다.

어 항상 받게 되는 근본적인 내용들이다. 밀린다는 이 문제에 대한 가능한 모든 질문들을 모아서 한꺼번에 제기한 것 같다.

밀린다는 나가세나의 답을 기다리지 않고 다시 계속했다.[139] "'나의 도반들이 나를 나가세나라고 부른다'고 말할 때 그대가 말하는 이 나가세나(라는 존재)는 무엇입니까. 머리털이 나가세나입니까. … 그것은 몸에 난 털, 손톱, 이빨, 피부, 살[肉], 힘줄, 뼈, 골수(骨髓), 콩팥, 심장, 간, 진피(眞皮), 비장(脾臟), 허파, 장(腸), 장간막(腸間膜), 소화되지 않은 음식물, 소화된 찌꺼기, 담즙(膽汁), 가래[痰], 고름, 피, 땀, 지방, 눈물, 피부기름, 침, 콧물, 관절활액(關節滑液), 오줌, 뇌수(腦髓)입니까."[140]

밀린다는 먼저 (나가세나라는) '인격적 개체'를 찾기 위해 나가세나의 육체적인 모든 부분을 하나하나 분해했다. 나가세나는 이들 각각에 대해 처음부터 마지막까지 (그것들은 나가세나라는 존재가) '아니'라고 대답했다. 밀린다는 거기에서 아무런 답도 얻지 못하자 이번에는 (나가세나라는) '존재' 전체를 분석했다. "그것은 색·수·상·행·식입니

---

139 Finot, 앞의 책, pp.58-59(Ⅱ,1). 한역본의 설명은 빨리어본보다 덜 분명하다. 『大正』32권, p.706a; Demiéville, 앞의 책, pp.97-98. Demiéville은 몇 개의 이름을 잘못 번역했다. 예를 들면 '비각(髀脚)'을 'cuisse(넓적다리)'대신 'estomac(胃)'라 하고 있다(앞의 책, p.97[ⅩⅩⅩⅥ]과 같은 쪽 註8). 그리고 많은 부분을 빠뜨리기도 했다: 王復問顔色爲那先耶 那先言不爲那先. 王復問苦樂爲那先耶 那先言不爲那先. 王復問身爲那先耶 那先言不爲那先. 王復問肝肺心脾㕮咀腸胃爲那先耶 那先言不爲那先.
140 Finot, 앞의 책, pp.58-59. 이것은 초기경전에서 볼 수 있는 육체의 32요소의 이름이다. 예를 들면『大正』1권, p.556a(『中阿含』20권, 81경); 同, p.583b(『中阿含』24권, 98경);『大正』2권, p.311a-b(『雜阿含』43권, 1165경)에서 볼 수 있다.『나선비구경』(『大正』32권, p.706a)에서는 25요소뿐이다. 그러나 한역본과 빨리어본에서 말하고 있는 명칭들 사이에는 많은 차이점이 있다. 게다가 Demiéville은 7개의 요소, 즉 肝·肺·心·脾·脈·腸·胃를 빠뜨려 버렸다. Demiéville, 앞의 책, pp.97-98(ⅩⅩⅩⅥ).

까."¹⁴¹ 나가세나는 계속 '아니'라고 답했다. 그렇다면 "(그것은) 5온의 집합체입니까." 또는 "5온과 별개의 것입니까." 이들 질문에서도 나가세나의 답은 역시 '아니'라는 것이었다.¹⁴²

밀린다는 '인격적 개체'가 존재한다는 답을 얻기 위해 가능한 모든 질문을 한 뒤 마침내 다음과 같이 말했다. "내가 그대에게 (할 수 있는 모든) 질문을 다 해보았지만 나는 '나가세나'(라는 존재, 人格的 個體)를 발견할 수 없었습니다. 나가세나란 무엇입니까. 하나의 말, 그 이상 아무것도 아닙니다. 존자여, 그대의 말은 잘못된 것이고 거짓입니다. 나가세나(라는 존재)는 없습니다."¹⁴³

나가세나는 서둘러 대답하지 않았다. 그리고 직접적인 설명을 해주지도 않았다. 그 역시 밀린다가 사용한 것과 같은 방법으로 질문을 시작했다. 먼저 그는 왕에게 무엇을 타고 그곳에 왔는지 물었다. 밀린다는 수레[車]를 타고 왔다고 답했다.¹⁴⁴ 그러자 나가세나는, "대왕이여, 수레를 타고 왔다면 그 수레를 나에게 설명해 주십시오."¹⁴⁵라고 요청했다. 나가세나는 밀린다의 대답을 기다리지 않고 계속했다. "사람들이 수레라고 부르는 것, 그 수레란 도대체 무엇입니까. 굴대

---

141 한역본에서 5蘊을 나타내는 용어들은 초기경전의 경우와 매우 다르다. 『나선비구경』에서는 5蘊을 5事라 하고, 色 대신 顔色, 受 대신 苦樂, 想 대신 善惡, 行 대신 身, 識 대신 心이라 했다. 『大正』 32권, p.706a; Demiéville, 앞의 책, p.97, 註9-註10과 p.98, 註1-註4.
142 Finot, 앞의 책, p.59(Ⅱ,1). 한역본의 설명은 분명하지 않다. 『大正』 32권, p.706a; Demiéville, pp.97-98(XXXⅥ).
143 Finot, 앞의 책, p.59(Ⅱ,1). 한역본에는 이 부분이 없다.
144 한역본(Demiéville, 앞의 책, p.96, XXXⅢ)에는 이 구절은 없다. 첫 대론 장소는 밀린다의 왕궁으로 되어 있기 때문이다. 그러나 빨리어본(Finot, 앞의 책, p.51)에서는 밀린다가 나가세나의 처소인 Saṅkheyya 寺로 수레를 타고 찾아간 것으로 되어 있다.
145 Finot, 앞의 책, p.59(Ⅱ,1). 이 부분 역시 한역본에는 없다.

[軸]들이 수레입니까." 왕은 "굴대들은 수레가 아니다."라고 답했다. 나가세나는 다시 물었다. "수레의 바퀴 테[輞]들이 수레입니까." 왕은 "수레의 바퀴 테들은 수레가 아니다."라고 답했다. 나가세나는 "수레 바퀴살[輻]들이 수레입니까."라고 묻고, 왕은 역시 "수레 바퀴살들은 수레가 아니다."라고 답했다.[146] 나가세나는 바퀴통[轂], 수레 채[輈], 멍에[軛], 수레 지붕[輿], 깃대[扛], 덮개[蓋]에 대해서도 같은 식으로 질문하고 왕의 대답 역시 계속 같은 것이었다.[147]

그러자 나가세나는 왕에게, "이 모든 재목들을 모아서 한 구석에 놓아둔 것, 그것이 수레입니까."[148]라고 물었다. 밀린다는 역시 '아니'라고 답했다. 나가세나는 계속했다. "이 모든 재목들을 흩어 놓았다고 생각해 봅시다. 그것이 수레입니까."[149] 밀린다의 답은 물론 '아니'라는 것이었다. 나가세나는 다시 물었다. "(수레의) 소리[音聲]가 수레입니까."[150] 수레의 소리가 수레일 수는 없다. 나가세나는 마지막으로 왕에게 "수레란 무엇입니까."라고 말했다. 밀린다는 대답을 못하고 침묵해 버렸다.[151]

나가세나는 밀린다에게 "나는 대왕에게 (수레에 대해) 물을 수 있는

....
146 『大正』32권, p.706a-b; Demiéville, p.98(ⅩⅩⅩⅥ); Finot, 앞의 책, p.60(Ⅱ, 1).
147 빨리어본에는 '지붕'과 '수레바퀴 테'는 없다. 그 대신 한역본에는 없는 '고삐'가 있다. 『大正』 32권, p.706b; Finot, 앞의 책, p.60(Ⅱ,1).
148 『大正』32권, p.706b; Demiéville, 앞의 책, p.98(ⅩⅩⅩⅥ). 빨리어본이 더 명확하다. "그러면 그것은 이 모든 것들을 모아 놓은 것입니까." Finot, 앞의 책, p.60(Ⅱ,1).
149 『大正』32권, p.706b; Demiéville, 앞의 책, p.98(ⅩⅩⅩⅥ). 빨리어본에서는 "그것은 이 모든 것과 다른 것입니까."라고 물었다. Finot, 앞의 책, p.60(Ⅱ,1).
150 『大正』32권, p.706b; Demiéville, 앞의 책, p.98(ⅩⅩⅩⅥ). 이 구절은 빨리어본에 없다.
151 『大正』32권, p.706b; Demiéville, 앞의 책, p.98(ⅩⅩⅩⅥ); Finot, 앞의 책, pp.60-61(Ⅱ,1).

것은 다 물어보았습니다만 수레는 볼 수 없습니다. 수레란 무엇입니까. 하나의 말, 그 이상은 아무것도 아닙니다. 대왕이여, 대왕의 말은 잘못된 것이고 거짓입니다. 수레는 없습니다."[152]

나가세나는 청중들을 향해서 말했다. "여러분 모두 들어보십시오. 500명의 요나카 인들과 8만의 비구들이여, 여기에 있는 밀린다 왕은 '나는 수레를 타고 왔다'고 말했습니다. 그러나 수레를 말해 보라고 했더니 왕은 수레가 존재하는 것을 증명하지 못합니다. 이것을 인정할 수 있겠습니까."[153]

나가세나는 짓궂게 왕에게 말했다. "왕은 인도의 왕들 가운데 첫째입니다. 그런데 누가 겁이 나서 그렇게 거짓말을 합니까." 그러자 왕은 "존자여, 나는 거짓말을 하지 않았습니다. 수레 채(멍에·덮개 ⋯) 등에 의해서 호칭, 공통적인 개념, 일상적인 표현, '수레'라는 이름이 생깁니다."라고 대답했다.[154]

나가세나가 밀린다에게 기대했던 것은 바로 그것이었다. 왕은 본의 아니게도 나가세나가 이끄는 대로 따라와 주었던 것이다. "좋습니다. 대왕이여, 왕은 수레가 무엇인지를 알게 되었습니다. 마찬가지로 머리털 등등에 의해서 호칭과 공통적인 개념, 일상적인 표현, 나가세나라는 이름이 생깁니다. 그러나 실제로는 거기에 인격적 개체는 없습니다."[155]

....
152 Finot, 앞의 책, p.60(Ⅱ, 1). 이 구절은 한역본에 없다.
153 Finot, 앞의 책, pp.60-61. 이 구절은 한역본에 없다.
154 Finot, 앞의 책, p.61. 이 구절 역시 한역본에 없다.
155 Finot, 앞의 책, p.61. 빨리어본이 한역본보다 명확하다. 「大正」32권, p.706b.

그리고 나서 나가세나는 시라(尸羅, 빨리어본에는 Vajirā) 비구니가 한 경전에서 했던 설명을 가지고 이 대론을 끝냈다.[156] "여러 부품이 결합하면 수레라는 말이 생기듯이 여러 온[五蘊]이 모이면 '인간 존재[衆生]'라는 이름이 생깁니다."[157] 밀린다는 나가세나의 이 모든 설명에 만족해하면서 그에게 말했다. "그대는 나의 모든 어려운 질문에 대답했습니다. 부처님이 이곳에 계신다면 그대를 칭찬할 것입니다. 참 잘했습니다. 나가세나여!"[158]

2) 베다구

『나선비구경』에서 베다구(Vedagū)라는 말은 때로는 '인(人)'[159]으로, 때로는 '상주(常住)'[160] 또는 '지(智)'[161]로 번역되고 있다. 이 말은 『나선비구경』 전체를 통해서 단지 세 번밖에 나오지 않는다.

---

156 한역본에서는 (『大正』 32권, p.706b) 단지 '佛經說之'라 하고 있다. 이것은 『雜阿含』 45권, 제1202경(『大正』 2권, p.327b)과 Saṃyuttanikāya(1, Ⅴ, §10, pp.169-170)에 나오는 내용이다. 빨리어본(Finot, 앞의 책, p.61)에서는 "Vajirā 비구니가 부처님 앞에서 그것을 말했다."라고 하지만 실제로는 그녀를 유혹하는 마라에게 한 말이다.
157 Finot, 앞의 책, p.61(Ⅱ, 1). 빨리어본의 이 인용문이 한역본보다 경전의 원문에 가깝다.
158 Finot, 앞의 책, pp.61-62. 이 구절은 한역본에 없다.
159 『大正』 32권, p.712b; Demiéville, 앞의 책, p.137, 註1; Finot, 앞의 책, p.98(Ⅱ,30).
160 『大正』 32권, p.713a; Demiéville, 앞의 책, p.140, 註6. 빨리어본에는 vedagū로 되어 있다; Finot, 앞의 책, p.101(Ⅱ,30).
161 『大正』 32권, p.715c. 빨리어본에는 베다구 vedagū로 되어 있다. Finot, 앞의 책, p.122(Ⅲ,14). '智'라는 말은 일반적으로 'paññā'에서 번역된 것이다. 여기에서 '智'가 베다구와 같은 것으로 말해지고 있는 것에 대해서 Demiéville은, "(이것이) 自我의 개념을 나타내고 있는 것 같이 생각되는 좀 이상한 완곡 표현"이라고 하면서 "漢譯者는 아마도 어원적으로 '지식·지혜'라는 말인 veda(sk. vedaga?)의 합성어를 번역한 것 같다."라고 설명한다. Demiéville, 앞의 책, p.155, 註1.

밀린다가 나가세나에게 베다구라는 것이 존재하는지를 묻자 그는 먼저 "대왕이여, 무엇을 베다구라고 합니까."라고 되물었다. 밀린다는 "그것은 우리 내부에 들어 있는 영혼(âme)으로서 눈[眼根]으로 형상을 보고 귀[耳根]로 소리를 듣고 코[鼻根]로 냄새를 맡고 혀[舌根]로 맛을 보고 몸[身根, 피부]으로 물체들을 접촉하고 마음[意根]으로 현상(dharma, 생각)을 압니다. 우리가 이 궁전에 앉아서 원하는 창문을 통해 동쪽·서쪽·북쪽·남쪽을 내다 볼 수 있는 것처럼 이 영혼 역시 원하는 '문[感覺器官]'을 통해서 (바깥 세계를) 내다 볼 수 있습니다."라고 설명했다.[162]

밀린다가 말한 이 베다구는 자이나교에서 말하는 지와(jīva, 영혼) 또는 『우빠니샤드』의 아뜨만과 동일한 것이다. '무아'를 주장하는 나가세나의 입장에서는 이와 같은 존재를 받아들일 수 없다. 만약 이와 같은 베다구가 우리 몸 안에 들어 있다면, 그리고 밀린다가 생각하는 것처럼 그것이 형상을 볼 수 있고 소리를 들을 수 있고 냄새를 맡을 수 있다면 그것은 단지 눈으로만이 아니고 다른 기관들을 통해서도 형상을 볼 수 있고 역시 귀와 코로만이 아니고 다른 기관들을 통해서도 소리를 듣고 냄새를 맡을 수 있을 것이다.

나가세나는 밀린다의 설명에서 드러나는 모순점을 지적하면서 다음과 같이 자신의 주장을 펼쳤다. "육체 내부에 있는 베다구[人命][163]가

---

162 Finot, 앞의 책, pp.98-99(Ⅱ, 30). 빨리어본이 한역본보다 명확하다. 한역본(『大正』32권, p.712b-c)에서는 베다구를 '人'으로, 영혼(âme)을 '命'으로 나타내고 있다; Demiéville, 앞의 책, pp.137-138(LXIX).
163 한역본에서는(p.712b-c) 人·人命·命으로 표기하고 있다. 필자가 '베다구'로 통일했다.

원하는 구멍[孔, 器官]을 통해 마음대로 본다고 가정합시다. 그렇다면 그것(베다구)은 귀로 형상들[色]을 볼 수 있겠습니까. 그것은 코로 그것들을 볼 수 있겠습니까. 그것은 입으로써 그것들을 볼 수 있겠습니까. 그것은 몸으로써 그것들을 볼 수 있겠습니까. 그것은 마음[意]으로[164] 그것들을 볼 수 있겠습니까."[165] 밀린다는 "볼 수 없다."고 대답했다.

나가세나는 계속했다. "베다구[命]가 귀 속에 자리 잡고 있다고 가정해 봅시다. … 그것은 귀로 무엇을 볼 수 있겠습니까. 그것은 귀로 냄새를 알 수 있겠습니까. 그것은 귀로 맛을 알 수 있겠습니까. 그것은 귀로 섬세하고 부드러움[細滑, 觸]을 알 수 있겠습니까. 그것은 귀로 생각[所念, 法]을 할 수 있겠습니까 …."[166]

나가세나는 같은 방법으로 우리의 모든 기관을 하나하나 들면서 질문했다. 밀린다는 한결같이 "그렇게 할 수 없다."고 대답했다. 우리가 무엇을 보려고 할 때는 그것은 단지 눈으로만 가능하고 소리를 듣기 위해서는 단지 귀로만 가능하다. 나머지 다른 기관들과 그 대상들에 대해서도 마찬가지다.

만약 '베다구' 같은 존재가 있어서 그것이 형상도 볼 수 있고 소리도 들을 수 있고 냄새도 맡을 수 있고 맛도 볼 수 있다면 사람이 가지고 있는 (감각)기관들은 소용이 없을 뿐 아니라 한걸음 더 나아가서 잘 보고 잘 듣고 냄새를 잘 맡기 위해서는 그것들은 오히려 방해물이 될

....

164 여기서 '意(manas)는 정신적인 현상이 아니고, 눈이나 귀와 같은 일종의 기관이다. W. Rahula, 앞의 책, p.42와 p.45; Bareau, *Bouddha*, p.26 참조.
165 『大正』32권, p.712c; Demiéville, 앞의 책, p.138(LXIX); Finot, 앞의 책, p.99(Ⅱ, 30).
166 『大正』32권, p.712c; Demiéville, 앞의 책, p.138(LXIX); Finot, 앞의 책, p.99(Ⅱ, 30).

것이다.

예를 들어 베다구를 방 속에 들어 있는 어떤 사람에 비유하고 눈을 이 방의 창문이라고 한다면 눈알을 빼내어 버리면 바깥을 더 잘 볼 수 있을 것이다. 마치 집의 창문을 뜯어내 버리면 방 속에 들어 있는 사람이 바깥을 더 잘 볼 수 있는 것처럼. 나가세나는 이런 식으로 설명을 계속했다. "예를 들면 나와 왕이 함께 궁전에 앉아 있는데, 사방의 창문들을 부셔 버린다면 우리의 시야는 멀어지고 넓어지겠지요."[167] 밀린다가 그렇다고 대답하자 나가세나는 질문을 계속했다. "눈(알)을 빼버린다면 시야가 넓어지고 멀어지겠습니까. 귀를 파서 귓(구멍)을 넓힌다면 청각능력이 더 좋아지겠습니까. 코를 파서 콧(구멍)을 넓힌다면 후각능력이 더 좋아지겠습니까. 입을 찢어서 (입을) 크게 만든다면 맛을 더 잘 볼 수 있겠습니까 …."[168]

밀린다의 대답은 물론 '아니'라는 것이었다. 눈이나 귀를 제거해 버린다면 더 멀리 보고 더 잘 들을 수 있기는커녕 더 이상 아무것도 볼 수도 들을 수도 없게 될 것이다. 이와 같은 사실은 감각기관과 독립된 것으로 베다구라는 정신적인 어떤 실체가 존재하지 않는다는 것을 말해 주는 구체적인 증거이다.

나가세나의 추구는 아직 끝나지 않았다. 이번에는 하나의 실험적인 보기를 사용해 밀린다에게 다음과 같이 질문했다. "예를 들면 어

....
167 『大正』32권, p.712c; Demiéville, 앞의 책, p.138(LXIX); Finot, 앞의 책, p.99(Ⅱ, 30).
168 『大正』32권, p.712c; Demiéville, 앞의 책, pp.138-139(LXIX); Finot, 앞의 책, pp.99-100(Ⅱ, 30). 身과 意에 대한 것은 생략했음.

떤 사람이 좋은 술을 사서 큰 통에 붓고 한 사람의 입을 틀어막은 뒤 그에게 그 술을 맛보도록 하기 위해 술통 속에 머리를 밀어 넣었다고 합시다."[169] 이 사람은 그 술맛을 알 수 있겠는가. 물론 알 수 없다. "왜냐하면 술이 (그 사람의) 입 속에 들어가지도 않았고 혀에 닿지도 않았기 때문이다."[170] 술이 눈 속에나 귓속 또는 콧속에 들어갔다 하더라도 그렇게 해서는 술맛을 알 수 없다. 오직 술이 혀에 닿아야만 그 맛을 알 수 있게 된다.

밀린다의 대답들은 모두 나가세나가 기대했던 대로 나왔다. 왕은 끝내 나가세나의 추궁에 더 이상 버틸 수 없게 되고 말았다. 그래서 그는 "나는 그대와 같은 논객과는 토론할 수 없습니다."[171]라고 고백하고, 이 가설적(假說的)인 '베다구'의 역할에 대해 나가세나에게 질문했다.

그러자 나가세나는 『아비담마(Abhidhamma, 論書)』를 인용해서 설명했다. "눈(眼)과 형상(色)에 의해서 안식(眼識)이 생깁니다. 그것을 뒤따라 촉(觸)·수(受)·상(想)·사(思, 行)·통일작용·생명력·주의가 발생합니다."[172] 나가세나는 마지막으로 "여기에 베다구는 없습니다."[173]라

---

169 『大正』32권, p.713a; Demiéville, 앞의 책, p.139(LXIX); Finot, 앞의 책, pp.100-101(II, 30).
170 『大正』32권, p.713a; Demiéville, 앞의 책, p.139(LXIX); Finot, 앞의 책, p.101(II, 30).
171 Finot, 앞의 책, p.101(II, 30); 『大正』32권, p.713a; Demiéville, 앞의 책, p.139(II, 30).
172 Finot, 앞의 책, p.101(II, 30); 『大正』32권, p.713a; Demiéville, 앞의 책, pp.139-140. 이 주제에 대해서는 이 책 4장, 3, 1)에서 좀 더 자세하게 다루게 된다. 中村元·早島鏡正 譯, 『ミリンダ王の問い(1)』, p.153.
173 『大正』32권, p.713a; Demiéville, 앞의 책, p.140(LXIX); Finot, 앞의 책, p.101(II, 30). 常住는 빨리어본에 Vedagū로 되어 있다. '상주'가 '영구히 존재하는 것'이라는 의미에서 '상주하는 영혼'의 뜻을 가진 '베다구'와 같은 말처럼 사용하게 된 것 같다. 中村元, 『佛教語大辭典』, p.757 참조.

고 결론을 내렸다.

3) 호흡

나가세나와 밀린다의 이 첫 만남이 있은 다음날 아침 왕의 두 대신이[174] 두 번째 회합에 나가세나를 초청하기 위해 그에게 갔다. 함께 왕궁으로 가는 도중 두 대신은 나가세나와 '영혼의 문제'에 대한 문답을 주고받았다.[175] "어제 존자께서는 대왕께 '나가세나(영혼)는 없다'[176]고 말씀했습니다. 그것은 무슨 뜻입니까."[177] 나가세나는 그것에 대해 그들에게 바로 대답하는 대신 질문을 했다. "그대들은 나가세나가 무엇이라고 생각합니까."[178] 그러자 그 두 대신은 "(몸에서) 나왔다가 들어가는 호흡[喘息, 命氣]이 나가세나(영혼)라고 생각합니다.[179] 왜냐하면 숨[氣]이 나갔다가 (몸속으로) 들어가지 않으면 사람은 죽을 것이 틀림없기 때문입니다."라고 답했다.[180]

이와 같은 설명은 오래된 『우빠니샤드』에서 자주 볼 수 있다. 예를 들면 『브리하다란야까 우빠니샤드』는 "호흡은 육체의 본질이다. 왜

---

174 『大正』32권, p.706c; Demiéville, 앞의 책, p.101(LXI); Finot, 앞의 책, p.65(Ⅱ, 5). 빨리어본에서는 세 사람이다.
175 『大正』32권, p.706c; Demiéville, 앞의 책, p.101(LXI과 LXII); Finot, 앞의 책, p.65(Ⅱ, 5).
176 B본에는 나선의 이름은 없다. "無有(那先-A본) 何用爲那先"
177 『大正』32권, p.706c; Demiéville, 앞의 책, p.101(XLⅡ); Finot, 앞의 책, p.65(Ⅱ, 5).
178 『大正』32권, p.706c; Demiéville, 앞의 책, p.101(XLⅡ); Finot, 앞의 책, p.65(Ⅱ, 5).
179 빨리어본에는 "안에 있는 숨[呼吸], 들어갔다가 나오는 영혼(jiva), 나는 그것을 '나가세나'라고 생각합니다."라고 되어 있다. Finot, 앞의 책, p.65(Ⅱ, 5).
180 『大正』32권, p.707a; Demiéville, 앞의 책, p.138(XLⅡ); Finot, 앞의 책, p.65(Ⅱ, 5).

냐하면 호흡이 육체의 본질이기 때문에 그것이 육체에서 나가버리면 육체는 말라 죽는다."라고 하고 있다.[181] 『까우쉬따끼 우빠니샤드』 역시 "호흡은 삶[生]의 길이(length)이다. 삶의 길이는 호흡이다. 호흡이 육체 속에 머물러 있는 동안만 삶은 지속된다."[182]라고 하고 있다.

그러나 나가세나는 이와 같은 주장, 즉 호흡이 영혼과 동일하다는 주장을 받아들일 수 없었다. 호흡이 사람의 육체에서 나갔다가 다시 몸속으로 들어가지 않을 때 죽는다면 다음과 같은 경우 사람이 죽지 않는 것은 어떻게 설명될 수 있을 것인가. ① 어떤 사람이 피리[笛]를 부는 경우 호흡이 몸 밖으로 나가면 그것은 다시 들어가지 않는다. ② 어떤 사람이 풀무[鍛金筒]를 가지고 불에 바람을 불 때 (밖으로) 나간 호흡이 다시 (몸속으로) 들어가지 않는다.[183]

나가세나에 주장에 의하면 "이 동일한 호흡이 (사람의 몸 밖으로) 나갔다가 다시 (몸속으로) 들어가지 않는데도 왜 그 사람은 죽지 않는가."라는 것이다. 두 대신은 그 질문에 대답할 수가 없었으므로 그에게 "우리는 호흡에 관해서 알 수 없습니다. (…) 우리에게 그것을 설명해 주시기 바랍니다."라고 말했다.[184] 그러자 나가세나는 이렇게 설명했다. "호흡은 영혼이 아니다. 그것은 들이마시는 숨과 내쉬는 숨이라는 육체의 특성이다."[185] 그리고 그것은 "단지 육체의 일[身中事]일 뿐이

---

181 *Bṛhadāraṇyaka Upaniṣad*, Ⅰ, 3, 19; E. Senart 譯, Paris, 1967, p.8.
182 *Kauṣītaki Upaniṣad*, Ⅲ, 2; L. Renou 譯, Paris, 1948.
183 『大正』32권, p.707a; Demiéville, 앞의 책, pp.101-102(XLⅡ); Finot, 앞의 책, p.65(Ⅱ, 5). 빨리어본에는 두 번째 비유는 없다.
184 『大正』32권, p.707a; Demiéville, 앞의 책, p.102(XLⅡ); Finot, 앞의 책, p.66(Ⅱ, 5).
185 Finot, 앞의 책, p.66(Ⅱ, 5).

다."¹⁸⁶ 그것은 다음과 같은 경우와 마찬가지이다. 즉, "사람의 마음이 무엇을 생각하면 그것을 표현하는 것은 혀이다. 따라서 그것은 혀의 일[舌事]이다. 마음이 어떤 의심을 가지면 그것을 생각하는 것은 마음이다. 따라서 그것은 마음의 일이다."¹⁸⁷ 나가세나는 다음과 같이 결론을 내렸다. "(이 요소들은) 각각 그 자체의 고유한 영역을 가지고 있다. 그것들을 분리해서 보면 모두 공(空)한 것으로서 '나가세나'(즉 영혼)는 없다."¹⁸⁸ 그러므로 호흡은 아뜨만과 같은 실체가 아니라는 것이다.

3. 영혼의 문제

1) 영혼의 문제

아뜨만 또는 영혼과 같은 '어떤 것'을 인정하지 않는다면 '누가' 또는 '무엇'이 아뜨만 또는 영혼이 하는 그런 기능을 하는가. 아뜨만이 존재하지 않는다면 밀린다가 말한 것처럼 "사람이 눈으로 형상을 볼 수 있고 귀로 소리를 들을 수 있고 코로 냄새를 맡을 수 있고 혀로 맛을 볼 수 있고 몸으로 물체를 접촉할 수 있고 마음[意]으로 법(法, 생각)을 알 수 있는 것"¹⁸⁹을 어떻게 설명할 것

---

186 『大正』32권, p.707a; Demiéville, 앞의 책, p.102(XLⅡ).
187 『大正』32권, p.707a; Demiéville, 앞의 책, p.102(XLⅡ). 이 구절은 빨리어본에는 없다.
188 『大正』32권, p.707a; Demiéville, 앞의 책, p.102(XLⅡ): 各有所主 分別視之皆空無有那先也. 이 구절 역시 빨리어본에는 없다.
189 Finot, 앞의 책, p.98(Ⅱ, 30)과 p.143(Ⅲ, 44); 『大正』32권, p.712c; Demiéville, 앞의 책, pp.137-138(LXIX).

인가.

앞 장(章)에서 보았듯이 불교에서 '정신'이라는 것은 아뜨만과 같은 존재의 작용이 아니고 여러 감각기관 즉 안(눈)·이(귀)·비(코)·설(혀)·신(몸)·의(마음)와 여기에 상응하는 대상들 즉 색(물체)·성(소리)·향(냄새)·미(맛)·촉(접촉할 수 있는 것)·법(생각)과의 만남에서 발생하는 복합적인 현상이다.[190]

각 감각기관이 그것에 해당하는 대상과 관계를 가질 때 그것에 해당하는 식(識)들 즉 안식·이식·비식·설식·신식·의식이 발생한다. 그러나 이 식들은 아직 '영혼'이나 『우빠니샤드』의 아뜨만에서 기대할 수 있는 그런 기능은 가지고 있지 않다. 그런 구실을 할 수 있기 위해서는 다른 정신작용들이 더 필요하다. 그 첫 작용은 일반적으로 6식 중의 하나처럼 생각하는 의식(意識, manovijñāna)이다. 이 식은 처음의 다섯 개의 식들과 같은 단계에 있지만 역시 이 단계를 넘어서서 "다른 식들을 대상으로 삼고 (그) 식들의 영역을 종합하고 통일하는 고유한 기능을 가지고 있다."[191]

6식 가운데 어느 한 식이 발생하면 의식(意識)은 앞에 생긴 그 식의 결과로서 자동적으로 생기게 된다. 밀린다가 나가세나에게 이 문제에 대해, "사람에게 안식이 발생할 때 안식과 의식[神, manovijñāna]은 함께 발생합니까."라고 질문하자 나가세나는 "그렇습니다. 그것들

---

190 Bareau, *Bouddha*, Paris, 1962, p.26.
191 Bareau, 앞의 책, p.26.

은 동시에 함께 발생합니다."라고 답했다.[192] 그리고 이 설명 뒤에 이식·비식·설식·신식도 이와 마찬가지로 이 중 어느 하나가 발생하면 의식(意識)이 뒤따라 일어난다고 자세하게 설명했다.[193]

일단 의식이 일어나면 필요한 다른 정신작용들, 즉 촉(觸, sparśa), 수(受, vedanā), 상(想, saṃjñā), 행(行, cetanā), 성찰(省察, 尋, vitarka), 고찰(考察, 伺, vicāra)이 (각각) 그들 앞에 발생한 정신작용의 결과로서 저절로 차례로 일어나게 된다.[194] 나가세나의 표현에 따르면, "눈[眼]과 사람에게 보이는 형상[色]에 의해서 의식(意識)이 움직이게 되고 의식의 움직임은 수[195]·상[196]·행[197]·촉[198]을 일으킨다. 귀[耳]·코[鼻]·입[舌]·몸

---

192 『大正』32권, p.713a: 人生眼時 眼與神俱生耶 那先言然 同時俱生; Demiéville, 앞의 책, p.140(LXX)과 Finot, 앞의 책, p.101(Ⅱ, 31). Rhys Davids, 앞의 책(Ⅰ), p.89(Ⅱ, 3, 7)와 같은 페이지 註3과 註4.
193 Finot, 앞의 책, p.104(Ⅱ, 31). 한역본에서는 명확하지 않다. 『大正』32권, p.713b; Demiéville, 앞의 책, p.142(LXX).
194 Finot, 앞의 책, p.101(Ⅱ, 30), p.104(Ⅱ, 32), 그리고 p.156 註6. 한역본에는 vitarka는 없다. 초기경전에서는 정신적인 요소들을 vedanā(受)·saṃjñā(想)·cetanā(行)·vijñāna(識)의 네 가지로 보고 있다. sparśa(觸)·cetanā(意志)·vitarka(尋)·vicāra(伺)는 일반적으로 saṃskāra(行)의 일부로 생각한다. Bareau, *Bouddhisme*, p.46 참조.
195 한역본에는 '苦樂'으로 되어 있다. Demiéville, 앞의 책, p.139, 註6.
196 한역본에는 '意'으로 되어 있다. Demiéville, 앞의 책, p.139, 註7.
197 한역본에는 '念'으로 되어 있다. Demiéville, 앞의 책, p.139, 註8.
198 한역본에는 '合'으로 되어 있다. 때로는 이것은 '패(沛)'라고도 표현되고 있다. 『大正』32권, p.713b; Demiéville, 앞의 책, p.142(LXXI). 沛는 sparśa 또는 phassa(觸)의 음역이고, '合'은 의역이다(合爲名沛). 中村元, 『佛敎語大辭典』, p.403. 한역본의 용어 사용은 항상 분명하지 않다. Demiéville은 "전문용어가 너무 불확실해서 이 구절은 빨리어본의 도움 없이는 이해되지 않는다."라고 불평하고 있다. Demiéville, 앞의 책, p.140, 註5와 p.145, 註1. 사실, 『나선비구경』에서는 용어의 사용에 있어서 다음과 같은 차이가 있다. 色(rūpa)은 顏色으로(Demiéville, 앞의 책, p.97, 註9), 受(vedanā)는 苦樂 또는 樂으로(同, p.97, 註10; 同, p.139, 註6; 同, p.142, 註4), 想(saṃjñā)은 善惡(同, p.98, 註1)과 意(同, p.139, 註7) 또는 覺(同, p.147, 註1)으로, 行(cetanā 또는 saṃskāra)은 身(同, p.98, 註2; 同, p.131, 註3) 또는 念(同, p.139, 註8; 同, p.143, 註4)으로, 識(vijñāna)은 心(同, p.98, 註3)과 神(同, p.131, 註2)으로 나타내고 있다.

[身]·마음[意]에서도 이것과 마찬가지다."¹⁹⁹

이렇게 해서 (사람은) 영혼과 같은 것에서 기대할 수 있는 여러 가지 필요한 정신작용들을 가지게 되는 것이다.『나선비구경』에서는 이들 정신작용들의 특성을 이렇게 설명했다.

① 촉(觸, sparśa, 沛)의 특성은 '접촉하는 것'이다. "촉이란 무엇입니까."라는 밀린다의 질문에 나가세나는 "촉이란 두 가지가 서로 만나는 것입니다. 촉이란 예를 들면 두 마리의 숫양이 (뿔을) 맞부딪치는 것입니다. 두 마리의 숫양 가운데 한 마리는 눈[眼]과 같고 다른 한 마리는 형상(形象, 色)과 같은 것입니다. 그것들의 접촉을 우리가 촉(觸, 沛)이라고 하는 것입니다."²⁰⁰라고 대답했다. 그러므로 이 촉의 특성은 '접촉'이다.²⁰¹ 다른 정신작용들은 이 촉의 결과로 발생하게 된다.

② 수(受, vedanā, 樂)²⁰²의 특성으로서는 '느끼는 것과 즐기는 것'이다.²⁰³ 나가세나는 그것을 이렇게 설명했다. "왕의 시중을 든 어떤 사람을 생각해 봅시다. 이 사람은 현명하고 덕이 있습니다. 왕은 부와 재산으로 그에게 보답해 줍니다. 그는 이 재산을 받아서 그가 원하던 대로 그것을 사용해서 즐깁니다. 이 사람은, '나는 왕을 섬기고 그 보

---

199 『大正』32권, p.713a; "人從眼見色神動 神動卽生苦樂意念合 耳鼻口身意皆同 …"; Demiéville, 앞의 책, p.142(LXIX); Finot, 앞의 책, p.101(Ⅱ, 30), p.104(Ⅱ, 32).
200 『大正』32권, p.713b; Demiéville, 앞의 책, p.142(LXXI); Finot, 앞의 책, p.105(Ⅱ, 32).
201 Finot, 앞의 책, p.104(Ⅱ, 32). 이 설명은 한역본에 없다.
202 『大正』32권, p.713c; Demiéville, 앞의 책, pp.142-143(LXXⅡ); Finot, 앞의 책, p.105(Ⅱ, 33).
203 Finot, 앞의 책, p.105(Ⅱ, 33). 한역본에서는 명확하지 않다.

답을 받았다. 그래서 지금 이렇게 모든 쾌락을 누릴 수 있다'라고 스스로 생각합니다."[204] 나가세나의 설명은 계속되었다. "덕스럽게 처신한 사람도 마찬가지입니다. 그렇게 덕을 닦은 후 죽어 천상에 태어나게 됩니다. 이 사람은 그의 소원을 모두 다 이루고 모든 쾌락을 누리면서, '내가 세상에 있었을 때 내 마음은 덕스럽게 생각했고 … 등등. 그래서 나는 내 자신의 힘으로 이곳에 다시 태어나 지극한 쾌락을 얻게 되었다'라고 스스로 생각합니다."[205]

③ 상(想, saṃjñā, 覺)의 특성은 '식별(識別)하는 것'이다.[206] 그것은 '검은 것, 노란 것, 붉은 것, 흰 것, 분홍색'[207] 등을 식별하는 것이다. 나가세나는 비유를 들어 설명했다. "왕에게 창고지기[持藏者]가 있습니다. 그는 (왕의 보물) 창고에 들어가 내부를 조사하면서 얼마 만큼의 돈과 금은과 주옥(珠玉)과 비단과 (역시 얼마만큼의) 각종 향(香)과 물건[色]이 있다는 것을 알고, 그것들이 (놓여 있는) 여러 장소를 압니다. 이것이 상(想, 覺知)입니다."[208]

④ 행(行, cetanā, 有所念)[209]의 특성은 '생각하는 것과 준비하는 것'이

---

204 『大正』32권, p.713c; Demiéville, 앞의 책, pp.142-143(LXXⅡ); Finot, 앞의 책, p.105(Ⅱ, 33).
205 『大正』32권, p.713c; Demiéville, 앞의 책, p.143(LXXⅡ); Finot, 앞의 책, p.105(Ⅱ, 33).
206 Finot, 앞의 책, p.106(Ⅱ, 34); 『大正』32권, p.713c; Demiéville, 앞의 책, p.143(LXXⅢ).
207 Finot, 앞의 책, p.106(Ⅱ, 34). 한역본에는 이 구절이 없다.
208 『大正』32권, p.713c; Demiéville, 앞의 책, p.143(LXXⅢ); Finot, 앞의 책, p.106(Ⅱ, 34).
209 일반적으로 네 번째 온(蘊)은 'saṃskāra'로 되어 있는데, 텍스트에서는 이것이 saṃskāra의 한 부분에 불과한 'cetanā'로 되어 있다. Demiéville, 앞의 책, p.143, 註4; Finot, 앞의 책, p.156, 註70; Rhys Davids, *The Questions of King Milinda*(Ⅰ), p.94(Ⅱ, 3, 11). saṃskāra에 대한 좀 더 자세한 설명을 위해서는, Bareau, *Bouddhisme*, p.46을 볼 것.

다.²¹⁰ 나가세나는 이렇게 설명했다. "예를 들면 어떤 사람이 독약을 만들어 그 자신이 마시고 역시 그것을 다른 사람들에게 마시게 합니다. 그 자신의 몸은 그것 때문에 고통을 받습니다. 역시 그것은 다른 사람들의 몸도 고통을 받게 합니다."²¹¹ 그는 계속했다. "마찬가지로 악을 행한 사람은 죽은 뒤에 지옥에 가게 되고 그가 가르친 모든 사람들도 역시 지옥에 갑니다."

⑤ 식(識, vijñāna,)의 특성은 지각(知覺)이다. 이것은 "어떤 도시의 관리자가 도시 중앙의 네거리에 앉아서 동쪽·남쪽·서쪽·북쪽에서 도착하는 사람은 누구이건 간에 알아볼 수 있는 것과 같습니다." 이와 마찬가지로 그 사람은 "식에 의해서 그가 눈으로 보는 형상을 알고 귀로 듣는 소리를 압니다 …."²¹²

⑥ 성찰(省察, vitarka)의 특성은 '맞춤'이다. 나가세나는 비유를 들어 설명했다. "목수가 문(門)의 장부 구멍에 나뭇조각을 맞추는 것처럼 그렇게 성찰의 특성은 맞춤입니다."²¹³

⑦ 고찰(考察, vicāra, 內動)의 특성은 '진동(振動)'이다. 나가세나의 설명에 의하면 그것은 마치 구리로 만든 징[銅鑼]을 쳤을 때처럼 "그 울림은 오랫동안 계속됩니다. (징을) 치는 것은 성찰이고 그 울림은 고찰

---

210 Finot, 앞의 책, p.106(Ⅱ, 35). 빨리어본이 한역본보다 명확하다. 『大正』 32권, p.713c; Demiéville, 앞의 책, p.143(LXXIV).
211 『大正』 32권, p.713c; Demiéville, 앞의 책, p.143(LXXIV); Finot, 앞의 책, p.106(Ⅱ, 35).
212 Finot, 앞의 책, p.107(Ⅱ, 36). 한역본에는 識(vijñāna)이 빠져 있다. W. Rahula에 의하면(앞의 책, p.45), vijñāna는 "대상을 인식하지 못한다. 그것은 단지 대상에 대한 주의 작용일 뿐이다."
213 Finot, 앞의 책, pp.107-108(Ⅱ, 37). 한역본에는 'vitarka'가 없다.

입니다."²¹⁴

이 여러 가지 정신작용들은 서로 구별될 수 있는 특성을 가지고 있지만 일단 결합되고 나면 분리될 수 없다. 『나선비구경』은 그것을 "결합되고 나면 그것들을 더 이상 분리할 수 없다."라고 한마디로 정의하고 있다.²¹⁵ 나가세나는 밀린다가 이것을 좀 더 잘 이해할 수 있도록 하기 위해 질문으로 유도한다. "왕은 요리사에게 물과 고기와 양파[蔥], 마늘[蒜], 생강[薑], 간장[鹽豉], 찹쌀[糯]을 섞어 맛좋은 국을 끓이게 합니다. 그리고 나서 왕은 요리사에게 '네가 만든 이 국에서 본래대로 물 맛, 양파 맛, 마늘 맛, 생강 맛을 골라내어라'고 명령합니다. 국이 만들어지고 나면 (요리사가) 국에서 그 맛들을 왕에게 하나하나 골라내 (보일) 수 있겠습니까." 밀린다가 답한 것처럼 그것은 가능한 일이 아니다. "국이 일단 만들어진 뒤에는 국에서 (여러 가지 재료들의) 맛을 하나하나 분리시킬 수 없습니다."²¹⁶

그런데 아뜨만과 같은 '어떤 것'이 없다면 이들 정신작용들이 어떻게 차례로 발생할 수 있는가. 이 문제에 대해 밀린다가 제기한 의문

---

214 Finot, 앞의 책, p.108(Ⅱ, 38). 빨리어본은 한역본보다 분명하다. 『大正』 32권, p.713c; Demiéville, 앞의 책, pp.143-144(LXXV).
215 『大正』 32권, p.713c; Demiéville, 앞의 책, p.144(LXXVI); Finot, 앞의 책, p.108(Ⅱ, 39). 그러나 다른 곳에서는, 붓다는 그것을 할 수 있다고 말한다. 『大正』 32권, p.718c; Demiéville, 앞의 책, p.177(CXIX); Finot, 앞의 책, p.144(Ⅲ, 45).
216 『大正』 32권, pp.713c-714a; Demiéville, 앞의 책, p.144(LXXVI); Finot, 앞의 책, pp.108-109(Ⅱ, 39). 그러나 붓다는 그것을 할 수 있다고 한다. 텍스트에서는(『大正』 32권, p.718c; Finot, 앞의 책, p.144) 바닷물의 비유를 들어 설명하고 있다. 즉 붓다는 여러 강물이 섞인 바닷물에서 각 강물의 물맛을 구별해낼 수 있다는 것이다.

은 정당했다. 그는 다음과 같은 식으로 말했다. 즉 하나의 정신작용이 일어나면 그것은 그 뒤에 일어날 정신작용에게, "내가 발생할 장소에 너도 내 뒤를 따라 발생해야한다."라든지 또는 "네가 발생한 장소에 내가 너의 뒤를 따라 발생하겠다."라고 말합니까."[217] 나가세나의 대답은 물론 "아니다."이었다. 그와 같은 대화가 있을 수 없다. "그들 둘(전후의 정신작용)은 서로 말을 주고받지 않습니다."[218] 그러나 이 정신작용들은 ① 하행(下行, ninnatā), ② 향문(向門, dvāratta), ③ 행철(行轍, ciṇṇattā), ④ 수(數, saṅkhā)라는 네 가지 특성[四事]을 가지고 있기 때문에 저절로 차례로 발생하게 된다는 것이었다.[219]

① 하행(下行)[220] : 나가세나는 빗물의 비유로써 설명했다. 높은 산 위에 비가 오면 빗물은 아래로 흐른다. 그리고 다시 비가 오면 "그 물은 앞의 물이 흘러간 바닥을 따라 내려갈 것입니다." 이때 "처음 흘러 내려간 물이 두 번째 흘러내릴 물에게 '너는 내 뒤를 따라 내려와야 한다.'라고 말합니까. (그리고) 두 번째 물은 첫 번째 물에게 '나는 네가 내려간 그 바닥을 따라 흘러내려가겠다'라고 말합니까." 물론 그렇게 말하지 않는다. 밀린다는 나가세나의 질문에, "각 물은 그들 스스로

....
217 『大正』32권, p.713a; Demiéville, 앞의 책, p.140(LⅩⅩ); Finot, 앞의 책, p.102(Ⅱ, 31).
218 『大正』32권, p.713a; Demiéville, 앞의 책, p.140(LⅩⅩ); Finot, 앞의 책, p.102(Ⅱ, 31).
219 『大正』32권, p.713a; Demiéville, 앞의 책, p.140과 註9, 그리고 p.141과 註2-4; Finot, 앞의 책, p.102(Ⅱ, 31). 빨리어본에서는 1°) 傾斜(pente), 2°) 門(porte), 3°) 前例(précédent), 4°) 實踐(pratique)으로 되어 있다.
220 『大正』32권, p.713a; Demiéville, 앞의 책, pp.140-141(LⅩⅩ, 1°); Finot, 앞의 책, p.102(Ⅱ, 31).

흐릅니다. 처음 물과 두 번째 물은 서로에게 (그렇게) 말하지 않습니다."라고 답했다.

② 향문(向門)[221] : 어떤 사람이 "하나의 문만 있는 (성)벽으로 둘러싸인 큰 도시에서 (바깥으로) 나가가려고 할 때, … 그 사람은 그 문을 통해서만 나갈 수 있을 것입니다." "다시 또 다른 한 사람이 (그 도시에서) 나가려고 할 때, (…) 그 사람 역시 앞 사람이 통과한 그 문을 통해서만 나갈 수 있을 것입니다." 그들 사이에 "너는 내 뒤를 따라 나와야 한다."라든지, "나는 네가 나간 그 문으로 나가겠다."라고 말하지 않는다. 그들 두 사람은 서로 알지도 못하고 역시 서로 같은 문으로 나가자는 말도 하지 않았지만 동일한 문으로 나간다. 왜냐하면 그 문은 그 도시에서 바깥으로 나갈 수 있는 유일한 문이기 때문이다.

③ 행철(行轍)[222] : "첫 수레가 (앞으로) 나아갈 때 수레바퀴 자국을 남깁니다. 두 번째 수레는 첫 수레가 남긴 그 바퀴 자국을 따라 나아가게 됩니다." 이 경우 첫 수레바퀴가 두 번째 수레바퀴에게 "너는 내가 가는 길을 따라와야 한다."라고 말하거나 두 번째 수레바퀴가 첫 번째 수레바퀴에게 "나는 네가 지나간 길을 따라 가겠다."라고 말하지 않는다. 그렇지만 두 번째 수레바퀴는 첫 번째 수레바퀴가 남긴 그 자국을 따라간다.

④ 수(數) : 나가세나에 의하면 "수란 교계(校計)이다. (즉) 서소(書

---

[221] 『大正』32권, p.713b; Demiéville, 앞의 책, p.141(LXX, 2'); Finot, 앞의 책, p.103(Ⅱ, 31).
[222] 『大正』32권, p.713b; Demiéville, 앞의 책, p.141(LXX, 3'); Finot, 앞의 책, p.103(Ⅱ, 31).

疏, lekhā)의 학문이 수이다." 이것을 드미에빌은 "수란 평가(評價)이다. (즉) 서예(書藝: 글씨 쓰는 법) 등이 수(數)이다."라고 번역했다.[223] 이 설명만으로는 의미가 명확하지 않다. 빨리어본에서는 '수' 대신 습숙(習熟, 숙달)이라는 말을 사용하면서 한역본보다 쉽게 설명했다. "부호술(符號術, muddā) · 산술 · 목산(目算) · 서예와 같은 기술을 익히는 데 있어서 초보자는 처음에 서툴지만 후에는 세심(細心)과 습숙(習熟)에 의해서 능숙하게 된다. 이와 같이 습숙이 있기 때문에 안식(眼識)이 생기면 즉시 의식(意識)이 생기게 된다."는 것이다.[224]

2) 기억의 문제

고정불변한 실체를 인정하지 않는 불교에서 기억현상을 어떻게 설명할 수 있는가. 르네 그루쎄의 표현대로, "발생하자마자 곧 사라져 버리는 생각이 오래전에 보았던 대상을 어떻게 기억할 수 있는가. 한 생각이 본 것을 어떻게 다른 생각이 (그것을) 기억해 낼 수 있는가. 영혼이 없는데 (도대체) 누가 기억하는가."[225]

기억[念, smṛti]은 무아(無我) 문제로 인해 야기되는 또 하나의 해결하

....
223 數者校計也 書疏學問是數,『大正』32권, p.713b; Demiéville은 이것을 "Le calcul, c'est l'estimation; les sciences de l'écriture[et autre], voilà le calcula."이라고 번역했다. 앞의 책, p.141(LⅩⅩ, 4˚); Finot, 앞의 책, p.104(Ⅱ, 31).
224 Finot, 앞의 책, p.104(Ⅱ, 31); 中村元·早島鏡正 譯,『ミリンダ王の問い(1)』, pp.157-158.
225 R. Grousset, Les philosophies indiennes(Ⅰ), Paris, 1931, p.192.

기 어려운 문제이다. 밀린다는 기회를 놓치지 않고 이에 대한 의문을 제기했다.[226] "나가세나(존자여), 무엇에 의해서 지나가버린 것, 오래전에 행해진 것을 도로 생각해냅니까." 나가세나는 "(그것은) 기억에 의해서"라고 답했다. 그러나 이 설명은 정신작용이 오직 수·상·행·식 네 가지 요소로 이루어져 있다고 가르치는 불교의 입장에서 빗나가는 것이다. 나가세나의 설명에 납득이 되지 않은 밀린다는, "그것은 (기억에 의해서가 아니라) 오히려 생각에 의해서가 아닙니까."라고 반문했다.[227] 그러자 나가세나는 다음과 같은 질문으로써 밀린다를 이해시키려고 했다. 즉 "무엇을 배우고 나서 뒷날 그것을 기억해내려고 한 일이 왕에게 있었습니까." 그런 일이 있었다고 밀린다가 대답하자 나가세나는 다시 물었다. "그 순간 만일 왕께서 잊어버렸다면 그것은 왕께서 생각[念]을[228] 가지고 있지 않았기 때문이었습니까." 밀린다는 "그때 내가 '잊어버렸던 것(perdre)'은[229] (생각이 아니라) 기억입니다."라고 답했다. 나가세나는 밀린다를 자신이 의도한 대로 따라오게 한 것에 만족하면서 그에게 다시 물었다. "(그렇다면) 왜 왕께서는 사람들이 기억에 의해서가 아니고 생각에 의해 상기한다고 말합니까."[230]

사람들은 생각을 '잊어버리지[忘]' 않았는데도 과거의 어떤 일을 기

....
226 Finot, 앞의 책, p.131(Ⅲ, 28);『大正』32권, p.716c; Demiéville, 앞의 책, p.160(CⅡ).
227 Finot, 앞의 책, p.131(Ⅲ, 28);『大正』32권, p.716c; Demiéville, 앞의 책, p.160(CⅡ).
228 여기서 '생각'이라고 번역한 말은 A본(『大正』32권, p.701a)에서는 '志'로, B본(p.716c)에서는 '忘'으로 되어 있다. B본이 틀렸다.
229 '잊어버리다'라고 번역한 말은 A본(『大正』32권, p.701a)에서는 '忘(잊을 망)'으로 B본(同, p.716c)에서는 '妄(허망할 망)'으로 되어 있다. B본이 틀렸다.
230 Finot, 앞의 책, p.131(Ⅲ, 28). 이 문장은 한역본에 없다.

억해내지 못 하는 수가 있다. 이것은 사고작용(생각)이 없어져버렸기 때문이 아니라 기억작용이 없어져버렸기 때문이다. 나가세나가 밀린다에게 설명하려고 한 것은 바로 이 점이었다.

나가세나에 따르면 기억에는 성질상 두 종류가 있다. 즉 "① 자발적(自發的) 기억과 ② 유발적(誘發的) 기억이다. '자발적(spontanée) 기억'이란 주관적 의식으로부터 일어나는 것이고, '유발적(provoqée) 기억'²³¹이란 외부로부터 만들어지는 기억이다. 자발적 기억은 과거의 소생(蘇生)이다. 즉 왕의 대관식과 같은 극적이고 엄숙한 상황으로부터 받은 인상에 의해 생기는 기억이다. 유발적 기억은 습관적인 기억이다. 이것은 직업·기술·학문 등의 수련(修錬)에 의해 만들어지는 기억이다."²³²

나가세나의 이와 같은 설명에 대해 밀린다는, "사람들은 기억을 모두 자각할 수 있으므로 (엄밀하게 말해서) '유발적 기억'은 존재하지 않는다."²³³라고 이의를 제기했다. 그러나 나가세나는 밀린다의 주장을 받아들이지 않았다. 그의 설명에 의하면 "유발적 기억이 없다면 장인(匠人)들이 직업이나 기술 또는 학문을 위해서 해야 할 일이 없을 것이고 스승들도 (아무) 소용이 없을 것이다. 이 모든 것이 필요한 것은 유발적인 기억이 있기 때문"이라는 것이었다.²³⁴

---
231 中村元·早島鏡正은 '유발적 기억'을 '시사적(示唆的) (기억)'이라고 번역했다. 앞의 책(1), p.224.
232 Finot, 앞의 책, p.131(Ⅲ, 29). 한역본의 내용은 빨리어본과 조금 다르다. 『大正』 32권, p.716c; Demiéville, 앞의 책, p.160(CⅢ).
233 Finot, 앞의 책, p.131(Ⅲ, 29);『大正』 32권, p.716c; Demiéville, 앞의 책, p.160(CⅢ).
234 Finot, 앞의 책, p.131(Ⅲ, 29);『大正』 32권, p.716c; Demiéville, 앞의 책, pp.160-

밀린다의 질문은 계속되었다. 그것은 기억들이 생기는 여러 가지 형식(ākāra, 形相)에 대해서였다. 나가세나는 먼저 "열여섯 가지 형식에 의해서 생긴다."[235]라고 말한 뒤 하나하나 자세히 설명하기 시작했다.

① 구원소작(久遠所作, abhijāna) : 사람들이 먼 과거세에 행한 것에서 기억이 생긴다.[236] 이것은 성자(聖者, 아라한)들의 경우이다. "붓다의 제자인 아난다와 여(女)신도 쿠줏따라(Khujjuttara, 鳩讎單羅)[237]가 자신들의 수많은 과거생[238]의 일들을 기억했다. 역시 수많은 다른 도인들도 모두 (자신들의) 과거생의 일들을 기억할 수 있었다. 이렇게 기억이 그들에게 일어난다."

② 신유소학(新有所學, kaṭumikā) : 새로 배운 것에서 기억이 생긴다.[239] 이것은 "셈하는 것[校計]을 배운 뒤 그것을 잊어버렸다가 다른 사람이 셈을 하고 있는 것을 보고 그에게 기억이 되살아나는 사람"의 경우이다.

③ 약유대사(若有大事, oḷārikaviññāṇa) : 큰 사건들로부터 기억이 생

161(CⅢ).
235 『大正』32권, p.716c; Demiéville, 앞의 책, p.161(CⅣ); Finot, 앞의 책, p.132(Ⅲ, 30). 빨리어본에서는 열일곱 가지로 되어 있다. 中村元·早島鏡正, 앞의 책(1), p.257 註1.
236 『大正』32권, p.716c; Demiéville, 앞의 책, pp.161-162(CⅣ, 1'); Finot, 앞의 책, p.132(Ⅲ, 30, 1'). 이하 각 항의 빨리어 용어를 위해서는, 『大正』32권, p.701의 註2에서 註17까지를 참조할 것.
237 '鳩讎單羅'의 끝 글자 罷는 羅의 잘못이다. Demiéville, 앞의 책, p.161의 註4.
238 B본(『大正』32권, p.716c)의 '宿念'은 A본(同, p.701b)의 '宿命'의 잘못이다.
239 『大正』32권, p.716c; Demiéville, 앞의 책, p.162(CⅣ, 2'); Finot, 앞의 책, p.132(Ⅲ, 30, 2'). 한역본과 빨리어본 사이에는 약간의 차이가 있다.

긴다.[240] 예를 들면 태자가 왕이 된 뒤 그가 왕이 될 때 행했던 화려한 의식[戴冠式]을 기억하는 것과 같은 경우이다.

④ 사선(思善, hitaviññāṇa): 선(善)을 생각하는 것에서 기억이 생긴다.[241] "예를 들면 어떤 사람에게 초대되어 매우 융숭한 대접을 받은 사람이 있다. 그는 그 일을 기억하면서, '전에 나는 이런 사람에게 초대를 받았다. 그는 친절하게 사람들을 대접했다'라고 말한다. 이처럼 선을 생각함으로서 기억이 생긴다."

⑤ 증소갱고(曾所更苦, ahitaviññāṇa) : 지난날 경험한 고통에서 기억이 생긴다.[242] "예를 들면 어떤 사람에게 두들겨 맞고 포박당하고 구금되었다고 하면 (그가) 경험한 이 고통에 의해서 기억이 생긴다."

⑥ 자사유(自思惟, sabhāganimitta) : 개인적인 생각(réflexion personnelle)에서 기억이 생긴다.[243] 이것은 '가족이나 친족이나 가축과 같이 이전에 본 것'에 대해 기억하는 경우이다. 빨리어본의 설명이 좀 더 분명하다. "유사한 모습에 의해서 (기억이 생긴다). 비슷한 사람을 보고 어머니·아버지·형제·자매를 상기하거나, 낙타·소·당나귀를 보고 그것과 비슷한 동물을 상기한다."[244]

---

240 『大正』32권, p.717a; Demiéville, 앞의 책, pp.162-163(CⅣ, 3°); 빨리어본의 내용이 더 명확하고 간단하다. "예를 들면, 한 왕이 그의 대관식과 改宗을 기억한다."(Finot, 앞의 책, p.132(Ⅲ, 30, 3°).
241 『大正』32권, p.717a; Demiéville, 앞의 책, p.163(CⅣ, 4°); Finot, 앞의 책, p.132(Ⅲ, 30, 4°).
242 『大正』32권, p.717a; Demiéville, 앞의 책, p.163(CⅣ, 5°); 빨리어본의 내용이 더 명확하다. "그러한 상황에서 불행했다라고 기억한다."(Finot, 앞의 책, p.132(Ⅲ, 30, 5°).
243 『大正』32권, p.717a; Demiéville, 앞의 책, p.163(CⅣ, 6°).
244 Finot, 앞의 책, p.132(Ⅲ, 30, 6°).

⑦ 증잡소작(曾雜所作, visabhāganimitta)[245] : 과거에 행한 여러 가지 행동에서 기억이 생긴다. 예를 들면, "사람의 이름, 물건들의 이름, 외형(外形),[246] 향기와 악취, 달고 쓴 맛 등에 의해 기억이 생긴다." 빨리어본에서는 약간 다른 설명을 하고 있다. "서로 다른 겉모습에 의해서 기억이 생긴다. 사람들은 '이와 같은 것은 이런 색깔, 이런 소리, 이런 맛, 이런 접촉(감촉)을 가지고 있다'고 기억한다."[247]

⑧ 교인(敎人, kathābhiññāṇa) : 가르침으로서 기억이 생긴다. "(이것은) 잘 잊어버리는 경향이 있는 사람의 경우다. 측근들 가운데 어떤 사람은 기억하고 어떤 사람은 잊어버린다. 전자는 후자에게 잊어버린 것을 가르쳐 준다. 이렇게 해서 (사람을) 가르치는 것이 기억을 생기게 한다."[248]

⑨ 상(像, lakkhaṇa)[249] : 공통점에서 기억이 생긴다. "사람·소·말들은 각각 그들 사이에 특유한 공통점을 가지고 있다. 이 공통점이 기억을 생기게 한다." 빨리어본의 내용이 명확하다.[250] "예를 들면 소를 낙인(烙印)으로써 또는 그 소가 갖고 있는 특징으로써 아는 것처럼" 기억은 특징에서 생긴다는 것이다.

⑩ 증유소망(曾有所忘, saraṇa) : 이전에 잊어버린 것에서 기억이 생

----

245 『大正』32권, p.717a; Demiéville, 앞의 책, p.163(CⅣ, 7°).
246 Demiéville은 A본(『大正』32권, p.701b)의 '顏色'이 옳고, B본(p.717a)의 '類色'이 잘못되었다고 보고, 顏色(vaṇṇo)을 'formes extérieures(外形)'라고 번역했다. 앞의 책, p.163, 註5.
247 Finot, 앞의 책, pp.132-133(Ⅲ, 30, 7°).
248 『大正』32권, p.717a; Demiéville, 앞의 책, pp.163-164(CⅣ, 8°), Finot, 앞의 책, p.133(Ⅲ, 30, 8°).
249 『大正』32권, p.717a; Demiéville, 앞의 책, p.164(CⅣ, 9°).
250 Finot, 앞의 책, p.133(Ⅲ, 30, 9°); 中村元·早島鏡正, 앞의 책(1), p.235.

긴다.²⁵¹ "예를 들면 갑자기 무엇을 잊어버렸다가 혼자 몇 번이나 그 것에 대해 생각하면서 다시 기억해 내는 것이다."

⑪ 인식(印識, muddhā)²⁵² : 인식(connaissance des sceaux)에서 기억이 생긴다. "(글자) 쓰기를 배우는 사람들은 글자에 그 순서²⁵³를 매길 수 있다. 이것은 인식(印識)에서 생긴 기억에 의해서다." 빨리어본에서는 (인식을) '기호'라고 번역했다. "쓰기를 배웠기 때문에 이 글자 바로 다음에 저 글자를 써야 한다는 것을 기억한다. 이와 같이 기억은 기호에서 생긴다."²⁵⁴

⑫ 교계(校計, gananā) : 한역본의 내용은 명확하지 않다. 빨리어본에 의하면 '교계'를 '산술(算術)'이라고 번역하고, "산술을 배웠기 때문에 계산하는 사람은 큰 수를 헤아릴 수 있다. 이와 같이 기억은 산술에서 생긴다."라고 설명했다.²⁵⁵

⑬ 부채(負債, dhāraṇa) : 빚에서 기억이 생긴다. "예를 들면 빚이 있다는 사실에 대한 기억, (그것을) 갚아야 할 것에 대한 기억이다."²⁵⁶ 빨

---

251 『大正』32권, p.717a; Demiéville, 앞의 책, p.164(CⅣ, 10°); Finot, 앞의 책, p.133(Ⅲ, 30, 10°). 양 본에서 용어는 다르지만 내용은 같다.
252 『大正』32권, p.717a. 한역본에는 '因識'으로 되어 있다. Demiéville에 의하면 '因'은 '印'으로 읽어야 한다. 이것에 해당하는 빨리어 'muddhā'가 일반적으로 '印'으로 번역되고 있기 때문이다. 그의 주장에 따르면, "그것은 틀림없이 인도어의 음철표(音綴表)에서 글자들의 순서를 다시 생각해내기 위해 사용되었던 '손가락 계산법'인 것 같다."(Demiéville, p.164, 註5) 사실 빨리어본에서는 그것을 "손가락 언어"(le langage des doigts)라고 번역했다(Finot, 앞의 책, p.133[Ⅲ, 30, 11°]).
253 B본(『大正』32권, p.717a)의 '求'는 '次'의 잘못이다(A본, 701b). Demiéville, 앞의 책, p.164, 註4.
254 中村元·早島鏡正, 앞의 책(1), p.235.
255 中村元·早島鏡正, 앞의 책(1), p.236; Finot, 앞의 책, p.133(Ⅲ, 30, 12°); 『大正』32권, p.717a; Demiéville, 앞의 책, p.164(CⅣ, 12°).
256 『大正』32권, p.701c. B본(同, 717a)은 분명하지 않다.

리어본의 내용은 다르다. "암송(暗誦)에서 기억이 생긴다. 암송하는 법을 배움으로서 암송자는 많은 것을 암송한다. 이와 같이 암송에서 기억이 생기는 것이다."[257]

⑭ 일심(一心, bhāvanā) : 일심에서 기억이 생긴다.[258] "사문(沙門, 수행자)들은 생각을 통일[一心]해서 그들의 수많은 전생 일들을 스스로 기억한다. 이와 같이 일심에서 기억이 생긴다."

⑮ 독서(讀書, potthakanibandhana) : 독서에서 기억이 생긴다.[259] "황제들과 왕들은 매우 오래된 책을 가지고 있다. (그것을 읽으면서) 그들은 '이것은 어느 황제가 어느 때 가지고 있었던 책이다'라고 기억한다."

⑯ 증유소기갱견(曾有所寄更見, upanikkhepa) : 이전에 다른 사람에게 맡겨 놓았던 물건[抵當物]을 다시 봄으로서 기억이 생긴다.[260] "예를 들면 어떤 사람이 물건을 맡겨두었다가 자신의 눈으로 그것을 다시 보고 기억을 되살린다."[261]

지금까지 살펴본 것에 의하면 『나선비구경』은 단지 과거의 일들을 기억해낼 수 있는 방법만을 말해 주고 있을 뿐 영혼과 같은 실체의 뒷받침 없이 '현재의 일들과 생각들이 어떻게 어디에 저장되었다

---

257 中村元·早島鏡正, 앞의 책(1), p.236; Finot, 앞의 책, p.133(Ⅲ, 30, 13˚).
258 『大正』32권, p.717a; Demiéville, 앞의 책, p.165(CⅣ, 14˚); Finot, 앞의 책, p.133(Ⅲ, 30, 14˚).
259 『大正』32권, p.717a; Demiéville, 앞의 책, p.165(CⅣ, 15˚); Finot, 앞의 책, pp.133-134(Ⅲ, 30, 15˚).
260 『大正』32권, p.717a; Demiéville, 앞의 책, p.165(CⅣ, 16˚); Finot, 앞의 책, p.134(Ⅲ, 30, 16˚).
261 빨리어본에는 '연상(聯想, association)'이라는 한 항목이 추가되어 있다. "보았기 때문에 형상을 기억하고, 들었기 때문에 기억할 수 있고 …"라고 되어 있다. Finot, 앞의 책, p.134(Ⅲ, 30, 17˚).

가 그것들이 뒷날까지 전달될 수 있는가'라는 문제에 대한 답은 주지 않았다.

3) 존재의 문제

『나선비구경』의 설명에 의하면 인간 존재는, "마치 여러 가지 (재목의) 부품들이 모여 수레라는 이름이 생기는 것처럼 '다섯 개의' 요소들이 모여 '살아 있는 존재'라는 이름이 생기게 된다."[262] 이 '존재'는 먼저 두 부분으로 나누어진다. 육체적인 부분과 정신적인 부분이다. 나가세나는 이것을 "물질적인 것은 '형상[色]'이고, 지적(知的)이고 감각적인 것(즉 정신)은 '이름[名]'이다."[263]라고 정의했다. 그는 인간의 육체와 정신을 각각 색(色)과 명(名)이라는 이름으로 나누었다.

육체와 정신은 다시 여러 부분으로 나누어진다. 육체는 32부분으로 이루어져 있다. 머리털, 몸의 털, 손톱, 이, 피부, 살, 힘줄, 뼈, 골수, 콩팥, 심장, 간, 진피(眞皮), 비장(脾臟), 허파, 장(腸), 장간막(腸間膜), 소화되지 않은 음식, 소화된 찌꺼기, 담즙, 가래, 고름, 피, 땀, 지방, 눈물, 피부기름, 침, 콧물, 관절활액[滑液], 오줌, 뇌수(腦髓)이다.[264]

---

262 『大正』32권, p.706b; Demiéville, 앞의 책, pp.98-99(ⅩⅩⅩⅥ). 빨리어본의 내용이 간단명료하다. Finot, 앞의 책, p.61(Ⅱ, 1).
263 Finot, 앞의 책, p.92(Ⅱ, 24);『大正』32권, p.711b; Demiéville, 앞의 책, p.129(LXⅡ).
264 Finot, 앞의 책, p.59(Ⅱ, 1);『大正』32권, p.706a; Demiéville, 앞의 책, pp.97-98(ⅩⅩⅩⅥ).

이와 같은 구분은 육체를 지(地)·수(水)·화(火)·풍(風)의 4요소로 나누고 있는 경전의 설명과 비교하면 완전히 새로운 것이다. 이에 반해 정신[名]은 다른 경전에서처럼 4부분, 즉 수·상·행·식으로 나누고 있다.[265]

색(色, 육체)과 명(名, 정신)은 '존재'를 이루기 위해서 분리될 수 없다. 밀린다는 다음과 같이 질문했다. "왜 명은 단독으로 재생할 수 없습니까. 역시 색은 단독으로 재생할 수 없습니까." 나가세나는 "그것들이 항상 함께 재생하는 것은 서로 의존해 있기 때문입니다."라고 답하고 다음과 같은 비유를 들었다. "암탉을 예로 들면 만약 암탉 속에 배자(胚子)가 없으면 알이 형성되지 않습니다. 배자와 알은 서로 의존하고 있습니다. 그것들은 함께 태어납니다. 그와 마찬가지로 명이 없으면 색이 없습니다. 명과 색은 서로 의존하고 있습니다."[266]

여기에서 당연히 하나의 다른 질문이 제기되지 않을 수 없다. 즉 "이 '존재'는 어떻게 태어날 수 있는가."라는 것이다. 밀린다는 이것을 "이 세상에서 저절로 태어나는 존재들이 있습니까."라고 물었다.[267] 나가세나는 "모든 것[存在]은 원인이 있어야 합니다."라고 답하면서 이렇게 질문했다. "지금 왕이 앉아 있는 이 건물은 이것을 지은 사람들의 작업에 의해서입니까. 또는 저절로 생긴 것입니까."[268] 밀린다는, "이 건물은 사람들의 작업에 의해서 만들어졌습니다. 대들보는

---

265 Finot, 앞의 책, p.59(Ⅱ, 1);『大正』32권, p.706a; Demiéville, 앞의 책, pp.97-98.
266 Finot, 앞의 책, p.92(Ⅱ, 24);『大正』32권, p.711b; Demiéville, 앞의 책, p.129(LXⅡ).
267 『大正』32권, p.712b; Demiéville, 앞의 책, p.136(LXⅧ); Finot, 앞의 책, p.97(Ⅱ, 29).
268 『大正』32권, p.712b; Demiéville, 앞의 책, p.136(LXⅧ); Finot, 앞의 책, p.97(Ⅱ, 29).

숲에서 나온 것입니다. 벽의 진흙은 땅에서 나온 것입니다."라고 답했다. 나가세나는 밀린다의 이 설명을 가지고 바로 결론으로 들어갔다. "인간들이 태어나는 것도 마찬가지입니다. 여러 요소들이 결합해서 인간(존재)을 이룹니다. 그렇기 때문에 저절로 태어나는 존재는 없다는 것입니다. 모든 것은 원인을 가지고 있습니다."[269] 그는 보충 설명으로 다음과 같은 비유를 들었다. "마치 옹기장이[陶工]가 흙과 물을 뒤섞어 진흙을 만들고 그것을 구워 항아리와 다른 물건들을 만드는 것과 같습니다. 이 진흙은 스스로 항아리가 될 수 없습니다. 사람의 작업과 나무와 불이 동시에 있어야 합니다. 그래야만 항아리가 이루어지게 됩니다. 이 세상에는 저절로 생기는 것은 아무것도 없습니다."[270]

이 비유를 인간 존재 문제에 적용할 경우 한 가지 설명이 더 필요하다. "누가 (또는 무엇이) 색(色, 육체)과 명(名, 정신)으로써 '존재'를 만드는가."라는 것이다. 집이나 항아리의 경우 그것들을 만드는 자는 목수나 옹기장이이다. 그러나 '(인간) 존재'의 경우 그것을 만드는 자는 누구인가. 불교는 그와 같은 '만드는 자'를 인정하지 않는다.

나가세나는 이 문제를 이렇게 설명했다. "이 명(名, 정신)과 이 색(色, 육체)을 가지고 현재의 생에서 선(업)과 악(업)을 짓습니다. 그런 다음 (그것으로 인해) 다음 생(生)에 다시 태어납니다."[271] 즉 '존재'를 '만드는 것'

---

269 『大正』32권, p.712b; Demiéville, 앞의 책, p.136; Finot, 앞의 책, p.97.
270 『大正』32권, p.712b; Demiéville, 앞의 책, p.136; Finot, 앞의 책, p.97.
271 『大正』32권, p.710b; Demiéville, 앞의 책, p.125(LⅩ); Finot, 앞의 책, p.87(Ⅱ, 22).

은 아뜨만(영혼)과 같은 것이 아니라 (존재가 지은) 업(業)이라는 것이다.

이렇게 형성된 이 '존재'는 끊임없이 변하면서 계속될 수 있다. 초기경전은 이것을 자주 등잔불에 비유해서 설명하고 있다. "(등잔)불은 기름과 심지를 인연하여 불이 붙는데 거기에 때때로 기름을 더하고 심지를 갈아주면 그 등불은 언제나 밝고 성하게 붙어 꺼지지 않는 것과 같다."[272] 여기에서 기름과 심지는 업(業)에, 그리고 등불은 '존재'에 비유되고 있다. 업이 남아 있는 한 '존재'는 계속된다. 마치 기름과 심지가 있는 한 등불이 계속되는 것과 같다.

나가세나는 이 주제에 대해 역시 불의 비유를 가지고 다시 설명했다. 그러나 위의 비유보다 훨씬 교묘하다. 나가세나와 밀린다 사이의 문답은 다음과 같이 계속되었다. "촛불을 켰다고 합시다. 그것은 밤새도록 탈 수 있겠습니까." "물론입니다." "초저녁의 불꽃은 밤중의 불꽃과 같고 밤중의 불꽃은 새벽의 불꽃과 같겠습니까." "그렇지 않습니다." "그렇다면 초저녁·밤중·새벽에 각각 다른 불꽃이 있습니까." "아닙니다. 밤새도록 탄 것은 같은 불꽃입니다."[273] 초저녁에서 밤중으로, 밤중에서 새벽으로 끊임없이 변하면서 계속해서 붙는 불꽃처럼 우리 '존재'도 그와 같이 변하면서 계속된다는 것이다.

---

272 『大正』 2권, p.101b(『雜阿含』 15권, 366경): 喻如緣油炷而燃燈 彼時時增油治炷 彼燈常明熾 燃不息; 同, p.80a-b(『雜阿含』 12권, 285경와 286경).
273 Finot, 앞의 책, p.79(Ⅱ, 17); 『大正』 32권, p.708c; Demiéville, 앞의 책, p.115(LⅤ).

4. 윤회설

1) 윤회설

밀린다는 윤회 문제에 대해 한 마디로 이렇게 질문했다. "나가세나 존자여, 그대가 윤회라고 말하고 있는데 그 윤회란 무엇입니까." "대왕이여, 여기(이 세상)에서 태어난 자는 여기에서 죽고, 여기에서 죽은 자는 다른 곳에 태어나고, 거기에서 태어난 자는 거기에서 죽고, 거기에서 죽은 자는 다시 다른 곳에 태어납니다. 대왕이여, 이것이 윤회입니다." 밀린다가 비유로써 설명해줄 것을 요청하자 나가세나는 계속했다. "어떤 사람이 익은 망고 과일을 먹은 후에 그 씨를 심는다고 합시다. 이 씨에서 큰 망고나무가 나오고 자라서 열매를 맺습니다. 다시 그 사람이 (이 나무의) 익은 망고 과일을 먹고 그 씨를 심는다고 합시다. 그 씨에서도 큰 망고나무가 나오고 자라서 열매를 맺을 것입니다. 이렇게 해서 이들 나무의 끝은 알 수 없습니다. 대왕이여, 이와 같이 여기에서 태어난 자는 여기에서 죽고, … 거기에서 죽은 자는 다시 다른 곳에 태어납니다. 대왕이여, 윤회란 이와 같은 것입니다."[274]

나가세나는 다시 닭과 달걀의 비유를 들었다. "닭이 알을 낳고 그 알에서 닭이 나오고, 이 닭이 역시 알을 낳고 그 알에서 다시 닭이 나

---

[274] 中村元·早島鏡正의 번역(1권, p.222)이 자세하다. Finot, 앞의 책, p.130(Ⅲ, 27); 한역본은(『大正』32권, p.711c; Demiéville, p.132) 곡식의 비유를 들고 있다: 如人種穀歲歲種穀寧有絶不生時不 … 人生亦如是展轉相生無有絶時.

오는 것처럼,[275] 사람의 생(生)과 사(死)도 결코 중단되는 때가 없습니다."[276] 나가세나는 땅위에 수레바퀴를 그린 뒤 밀린다에게 물었다. "이 바퀴에 모서리가 있습니까." 왕은 답했다. "그것은 완전한 원형으로서 모서리가 없습니다." 나가세나는 마지막으로 경전의 한 구절을 인용하면서 이 문답을 끝내었다. "사람의 생(生)과 사(死)는 수레바퀴처럼 돌고 돌면서 서로 생겨나 그치는 때가 없다."[277]

윤회가 이와 같이 '이 세상에 태어나 여기에서 죽고, 여기에서 죽어 다른 곳에 다시 태어나면서 끝없이 되풀이되는 것'이라면 한 생에서 다른 생으로 옮아 다니는 영혼 또는 아뜨만과 같은 '어떤 것'을 인정하지 않는 불교의 입장에서 이것이 어떻게 가능한가. 역시 밀린다는 이 문제를 놓치지 않고 제기했다. "이 몸에서 다른 몸으로 옮아가는 존재가 있습니까." 나가세나는 간단하게 한마디로 "없습니다."라고 답했다.[278]

나가세나는 한 생에서 다른 생으로 "옮아가는 것 없이 다시 태어난다."는 것을 설명하기 위해 여러 가지 비유를 들었다. "그것은 등잔의 심지들[炷]이 서로 다시 불붙는 것과 같습니다. 이전의 심지[故炷]

---

275 원문[從卵生卵從鷄生鷄]을 앞의 내용과 맞추기 위해 약간 고쳤음.
276 『大正』32권, p.711c; Demiéville, 앞의 책, p.132(LXV). 빨리어본에는 없다.
277 『大正』32권, p.711c; Demiéville, 앞의 책, p.132(LXV): 人生死如車輪展轉相生無有絶時. 출처는 밝히지 않았다. 비슷한 내용은 『雜阿含』제34권 955경(『大正』2권, p. 243b)에 나온다.
278 Finot, 앞의 책, pp.122-123(Ⅲ, 15). 한역본에서는 조금 다르게 말하고 있다. 즉 "사실은, 영혼이 있습니까[審爲有智無]." 여기에서 '智'는 '智慧'라는 의미가 아니고, '靈魂' 또는 'vedagū'라고 이해해야 한다. 『大正』32권, p.715c; Demiéville, 앞의 책, p.155(XCI). 이 책 4장, 2, 2)에서 설명.

불은 (그대로) 계속하고 있지만 새 심지[新炷]에 다시 불이 붙습니다. 인간의 몸[人身]도 이와 같습니다. 이전의 몸은 (넘어)가지 않지만[不行] 다시 새 몸을 받습니다."²⁷⁹ 빨리어본에서는 이것을 간단하게 표현했다. "한 등잔불에서 (다른) 등잔으로 불을 붙일 경우 첫 번째 등잔의 불이 두 번째 등잔으로 옮아갑니까." "아닙니다." 사실 옮아가지 않고 두 번째 등잔에 불이 붙는다. "이와 마찬가지로 옮아가는 것 없이 다시 태어날 수 있습니다."²⁸⁰

밀린다가 다시 비유를 들어줄 것을 요청하자 나가세나는 이렇게 질문했다.²⁸¹ "왕이여, 어릴 때 스승에게서 글자를 배우고 경전을 읽었습니까." "그렇습니다. 나는 그것을 계속해서 (지금도) 기억하고 있습니다." "스승으로부터 (배워) 받은 그 경전과 글자들을 스승은 아직도 알고 있습니까. 아니면 왕이²⁸² (스승으로부터) 그것들을 모두 빼앗아[奪] 버렸습니까."²⁸³ "(아닙니다.) 스승 역시 이 경전과 글자들을 계속해서 알고 있습니다."²⁸⁴ 빨리어본의 설명은 보다 간단하고 분명하다. "왕이여, 어릴 때 스승에게서 배운 시(詩)를 기억합니까." "그렇습니다." "그 시는 스승으로부터 왕에게 옮아 왔습니까." "물론 아닙니

---
279 『大正』32권, p.715c; Demiéville, 앞의 책, p.154(CX): 譬如燈中炷更相然 故炷續在新炷更燃, 人身如是故身不行更受新身.
280 Finot, 앞의 책, p.122(Ⅲ, 13).
281 『大正』32권, p.715c; Demiéville, 앞의 책, p.154(XC); Finot, 앞의 책, p.122(Ⅲ, 13). 王小時從師學書諷經不, 王言然 我續念之 那先問王 王所從師受經書 師寧復知本經書耶 悉奪得其本經書 王言不也 師續自知本經書耳 那先言人身如此 置故(身)更受新身.
282 B본에는 '王' 자가 없다.
283 B본의 '舊' 자는 A본에서처럼 '奪' 자로 읽어야 한다. 『大正』32권, p.700a; Demiéville, 앞의 책, p.154, 註7.
284 『大正』32권, p.715c; Demiéville, 앞의 책, pp.154-155(XC).

다.""(윤회도) 이와 마찬가지로 옮아가는 것 없이 다시 태어납니다."[285]

그러나 이와 같은 비유로써는 "옮아가는 것 없이 다시 태어난다."는 것은 설명될 수 있겠지만 다른 문제가 생긴다. 등잔불은 한 등잔에서 다른 등잔으로 전달된 뒤에도 첫 등잔에 여전히 남아 있고, 글자와 시(詩)도 스승으로부터 제자에게 전달된 뒤에도 여전히 스승에게 남아 있다는 사실이다. 이것을 윤회문제에 적용시키면 '죽은 자와 새로 태어난 자가 동시에 함께 존재하는 것'이 되기 때문에 '무아·윤회'에 대한 올바른 설명은 될 수 없다.

밀린다는 이 문제에 대해 "재생하는 것은 현재의 명(名)과 색(色)입니까."라고 물었다. 즉 '현재의 정신적인 것[名]과 육체적인 것[色]이 다음 생에 다시 태어나는가.'라는 것이었다. 나가세나의 답은 당연히 '아니'라는 것이었다. 그는 "현재의 명과 색이 선업 또는 악업을 짓고 이 업의 결과로 다른 명과 색이 다시 태어나게 된다."고 설명했다.[286]

역시 이것으로써도 윤회에 대한 밀린다의 의문이 모두 풀린 것은 아니었다. 윤회가 이 몸에서 다른 몸으로 옮겨 가는 것 없이 이루어진다면 죽은 자는 다시 태어난 자와 같은 존재가 아니다. 왜냐하면 죽은 자는 이미 사라져 버렸고 새로 태어난 자는 죽은 존재가 아니기 때문이다. 밀린다는 단도직입적으로 물었다. "나가세나여, 재생하는 자는 (죽은 자와) 같습니까, 다릅니까." 나가세나도 한마디로 답했다.

....

285 Finot, 앞의 책, p.122(Ⅲ, 13).
286 Finot, 앞의 책, p.87(Ⅱ, 22)과 p.122-23(Ⅲ, 15); 『大正』 32권, p.710b와 715c; Demiéville, 앞의 책, p.125(LX)와 p.155(XCⅠ). 빨리어본이 한역본보다 명확하다.

"같지도 않고 다르지도 않습니다."[287]

"같지도 않고 다르지도 않다."라는 이 관계를 더 잘 이해시키기 위해 나가세나는 여러 가지 비유를 들어 설명했다.[288] "대왕이여, (어머니의) 등에 업혀 있던 연약한 어린 아기였을 때의 왕은 어른이 된 지금의 왕과 같습니까." 물론 어릴 때의 밀린다와 어른이 된 밀린다는 같지 않다. 밀린다는 "같지 않습니다. 존자여, 나는 (어릴 때는 지금과) 달랐습니다."라고 대답했다. 나가세나의 질문은 계속되었다. "그렇다면 대왕이여, 왕께서는 어머니도, 아버지도, 스승도 없는 것이 됩니다. 왕께는 학문도, 덕도, 지혜도 쌓일 수 없는 것이 됩니다. 그리고 (뱃속의) 태아의 새로운 단계마다 새로운 어머니가 있었고, (그 이후에도) 어린아이였을 때의 어머니, 어른이 되었을 때의 어머니가 (따로) 있었다는 것이 됩니다 …."[289]

이와 같은 좀 짓궂은 질문 앞에서 밀린다는, "존자여, 그렇지는 않습니다. 그대 자신은 이것에 대해 어떻게 생각합니까."라고 되물었다. 그러자 나가세나는 "(이전의) 어린 아이였던 나는 성인이 된 현재의 나입니다. 이 신체에 의존해서 이들 모든 '상태'가 하나로 포섭되어 있는 것입니다."라고 대답했다. 한역본의 내용은 좀 더 구체적이

---

287 Finot, 앞의 책, p.78(Ⅱ, 17). 빨리어본의 내용이 한역본보다 명백하고 간단하다. 『大正』32권, p.708c; Demiéville, 앞의 책, pp.114-115(LV). 한역본에서는 "그것은 옛 몸[故身]의 영혼도 아니고 옛 몸의 영혼을 떠난 것도 아니다[亦非故身神亦不離故身神]."라고 표현한다.
288 Finot, 앞의 책, pp.79-80(Ⅱ, 17). 동일한 비유들을 한역본에서는 장황하게 서술하고 있다. 『大正』32권, p.708a; Demiéville, 앞의 책, p.115(LV).
289 Finot, 앞의 책, p.79(Ⅱ, 17); 中村元·早島鏡正의 번역은 Finot의 번역보다 훨씬 자세하다 (앞의 책[1], p.111); 『大正』32권, p.708c; Demiéville, 앞의 책, p.115(LV).

다. "(현재의) 내 몸은 내가 어렸을 때의 몸인 바로 그 옛 몸입니다. 소년시절부터 성년까지 옛 몸이 계속된 것입니다. 크거나 작거나 그것은 하나의 같은 몸입니다. 이것(현재의 몸)은 그것(과거의 몸)이 성장한 것입니다."[290]

밀린다는 또 다른 비유로써 설명해 줄 것을 요청했다. 나가세나는 등불의 비유를 들었다. 밤에 등불을 켜면 그것은 온밤 내내 켜져 있다. 겉으로 보기에 등불의 불꽃은 똑 같은 것 같지만 초저녁 불꽃은 밤중 불꽃과 같은 것이 아니고 밤중 불꽃은 새벽 불꽃과 같지 않다 (그러므로 전자와 후자는 같지 않다). 그렇지만 역시 초저녁 불꽃, 밤중 불꽃, 새벽 불꽃이 각각 별개의 것은 아니다. 왜냐하면 초저녁 불꽃에서 밤중 불꽃이 나왔고 밤중 불꽃에서 새벽 불꽃이 나왔기 때문이다 (그러므로 전자와 후자는 다르지 않다).[291]

나가세나는 다른 비유로 다시 설명했다. "예를 들면 우유(khīra)는 낙(酪, dadhi, 凝乳)으로 변합니다. 낙에서 생소(生酥, 肥, navanīta, 버터)를 얻습니다. 그것을 볶아서 제호(醍醐, ghata)를 만듭니다."[292] 나가세나는 밀린다에게 질문했다. "우유는 낙과 같고, 생소와 같고, 제호와 같다고 말한다면 이 말이 옳다고 할 수 있겠습니까." 밀린다는 "옳지 않다."고 대답했다. 왜냐하면 낙·생소·제호가 더 이상 우유가 아니기

---
290 Finot, 앞의 책, p.79(Ⅱ, 17);『大正』32권, p.708c; Demiéville, 앞의 책, p.115(LV): 我故小時身耳 從小至大 續故身爾 大與小時 含爲一身 養是命所養.
291 Finot, 앞의 책, pp.79-80(Ⅱ, 17);『大正』32권, p.708c, Demiéville, 앞의 책, p.115(LV).
292 『나선비구경』(p.709a)에서는 우유를 유동(乳湩)으로, 생소(生酥)를 비(肥)로 표기하고 있다. 『아함경』에서는 숙소(熟酥, ghṛta, 精製된 버터)가 더 있다. 이 책 3장, 3, 3), (4) 참조.『大正』1권, p.112b(『長阿含』);同, 2권, p.602a(『增一阿含』).

때문이다. 그렇지만 이것들이 우유와 다른 것이라고 말할 수도 없다. 왜냐하면 이 모든 것은 우유에서 나왔기 때문이다.[293] 이처럼 윤회의 경우에도 '죽는 존재'는 다시 '태어나는 존재'와 같지 않지만 역시 전자는 후자와 다르지도 않다는 것이다.

밀린다는 나가세나가 든 이 비유들로써 "재생하는 자는 죽는 자와 같지도 않고 다르지도 않다."는 사실을 잘 이해할 수 있었다. 그는 나가세나의 설명이 끝났을 때 "(존자여), 매우 훌륭하십니다[善哉善哉]!"라고 칭찬을 했다.[294]

그렇지만 이것으로도 윤회 문제에 대한 의문이 모두 풀린 것은 아니다. 윤회사상의 핵심인 '업과 과보의 문제'가 남아 있다. 이에 대한 명확한 답이 없다면 윤회설이 성립할 수가 없다. 업을 지은 (금생의) 존재가 업의 결과를 받는 (후생의) 존재와 동일하지 않다면 '자기가 지은 업의 결과[果報]를 자기가 받는다[自業自得]'는 업-윤회설의 근본 원칙에 어긋나게 된다. 밀린다는 나가세나와 대론을 시작할 때부터 이 문제에 대한 의문을 가졌다. "아뜨만과 같은 불변적인 '어떤 것'이 존재하지 않는다."라는 나가세나의 말을 들었을 때 밀린다는 즉시, "그렇다면 선도 없고 악도 없고, 선한 행위를 하는 자도 악한 행위를 하는 자도 없고, 선한 행위와 악한 행위의 과보도 없습니다."라고 응수

---

293 『大正』32권, p.709a; Demiéville, 앞의 책, p.116(LⅤ); Finot, 앞의 책, p.80(Ⅱ, 17). 우유의 비유는 『아함경』에 종종 나온다. 『大正』1권, p.112b(『長阿含』17권, 28경); 同, 2권, p.602a(『增一阿含』12권, 21의 1경). 이 책 3장, 3, 3), (4) 참조.
294 『大正』32권, p.709a; Demiéville, 앞의 책, p.117(LⅤ).

했던 것이다.[295] 다른 곳에서 밀린다는 역시, "만약 현생에서 이 육체[色]와 정신[名]으로 선과 악을 지었어도 육체(동일한 존재)[296]가 다음 생에 다시 태어나지 않는다면 사람들은 선과 악을 짓고 싶은 대로 지을 수 있을 것입니다. (그럼에도 불구하고) 곧 바로 해탈을 얻을 수 있을 것이며 역시 (전생에 지은 악업의 결과인) 고통을 받지 않을 수 있을 것입니다."라고 이의를 제기했다.[297]

밀린다의 이와 같은 반론은 정당하다고 할 수 있다. 그러나 나가세나는 그렇지 않다는 것을 한마디로 설명했다. "재생[輪廻]이 없다면 사실 그것(고통)에서 벗어날 수 있을 것입니다. 그러나 재생이 있기 때문에 그것에서 벗어날 수 없습니다."[298] 그리고 이 사실을 뒷받침하기 위해 여러 가지 비유를 들었다. "예를 들면 어떤 사람이 다른 사람의 과일을 훔쳤다고 합시다. 그 주인은 과일 도둑을 붙잡아 왕 앞에 데리고 와서 '이 사람이 내 과일을 훔쳤습니다.'라고 고발을 했습니다. 그 도둑은 '나는 저 사람의 과일을 훔치지 않았습니다. 그가 심은 것은 작은 (과일) 묘목(苗木, 小栽)이었을 뿐입니다. 그는 과일을 심지 않았습니다. (그런데) 내가 가지고 간 것은 (묘목이 아니라) 과일이었습니다. 여기에 어떻게 도둑질[竊盜]이 성립됩니까. 나는 이 사람의 과일을

---

295 Finot, 앞의 책, p.58(Ⅱ, 1). 이 내용은 한역본에 없다.
296 여기에서 '(같은) 身'이란 '名身(즉 정신과 육체)'을 말하는 것이라고 이해해야 할 것이다. 이것은 빨리어본에 의하면 '같은 名과 色(le même Nom-et-forme)'으로 되어 있다. Finot, p.87(Ⅱ, 22). 그러나 좀 더 정확하게는 '동일한 존재'라고 해야 할 것이다. 윤회에서는 (정신과) 육체가 윤회한다고 생각하지는 않기 때문이다.
297 『大正』32권, p.710b; Demiéville, 앞의 책, p.125(LⅩ).
298 Finot, 앞의 책, p.88(Ⅱ, 22)과 p.123(Ⅲ, 15); 『大正』32권, p.710b와 p.715c; Demiéville, 앞의 책, p.125(LⅩ)와 155(ⅩCⅠ).

훔치지 않았습니다. 나는 고발당할 이유가 없습니다.'라고 말했습니다."²⁹⁹

이 경우에 누가 옳고 누가 그른가. 비록 과일 도둑의 말이 그럴듯하지만 왕은 그의 행위가 도둑질이라고 판결을 내릴 것이다. 왜냐하면 먼저 묘목이 심어졌고 그것이 큰 나무로 자라 과일이 열리게 되었으므로 그 과일은 묘목을 심은 사람의 것이기 때문이다.³⁰⁰

나가세나는 다시 다른 비유를 들었다. 어떤 사람이 저녁 식사를 위해 촛불을 켜서 벽 위에 놓아두었다. 촛불은 점점 타들어가 벽을 태우고 집을 몽땅 태워 버렸다. 급기야 이 불은 대화재로 변해 도시 전체를 태웠다. 주민들은 촛불을 켠 사람을 그 화재의 책임자로 왕에게 고발했다. 그러나 그 사람은 자신의 유죄를 인정하지 않고 이렇게 주장했다. "나는 단지 식사하는 곳을 밝히기 위해 작은 촛불을 켰을 뿐입니다. (도시를 태운) 그 큰불은 (스스로) 발생한 것이지 내가 켠 그 촛불이 아닙니다." 이 경우에도 왕은 촛불을 켰던 그 사람이 도시의 화재에 대한 책임자라고 판결을 내릴 것이다. 왜냐하면 도시를 태운 그 큰 불은 처음의 그 촛불에서 나온 것이기 때문이다.³⁰¹

나가세나는 이 외에도 네 가지의 비유를 더 들었다.³⁰² 그 가운데

---

299 『大正』32권, p.710b-c; Demiéville, 앞의 책, p.125(LX); Finot, 앞의 책, p.88(Ⅱ, 22). 빨리어본에는 '과일의 苗木' 대신 '망고 과일'로 되어 있다. 이 책 5장, 2, 1) 참조.
300 『大正』32권, p.710c; Demiéville, 앞의 책, p.126(LX); Finot, 앞의 책, p.88(Ⅱ, 22).
301 『大正』32권, pp.710c-711a; Demiéville, 앞의 책, p.127(LX); Finot, 앞의 책, pp.89-90(Ⅱ, 22).
302 『大正』32권, pp.710c-711a; Demiéville, 앞의 책, p.127(LX); Finot, 앞의 책, pp.89-90(Ⅱ, 22).

우유의 비유가 가장 흥미롭다. 어떤 사람이 소치는 사람에게서 우유 한 항아리를 사서 맡겨두고 다음날 그것을 찾으러 갔다. 그 사이 그 우유는 낙(酪, 凝乳)으로 변해 버렸다. 그래서 소치는 사람은 그에게 낙을 내어 주었다. 그러자 그는 "내가 사서 맡겼던 것은 우유였지 낙이 아니었다."라고 항의했고, 소치는 사람은 "그 우유는 당신이 모르는 사이에 낙으로 변했다."고 말했다. 나가세나는 밀린다에게 이 두 사람이 왕에게 와서 판결을 내려 달라고 한다면 누구의 손을 들어 주겠느냐고 물었다. 왕의 대답은 소치는 사람의 주장이 옳다는 것이었다. 왜냐하면 "우유를 샀던 사람이 무슨 말을 하든 우유가 변해서 낙이 되었기 때문이다."[303]

이처럼 윤회에서도 한 생에서 다른 생으로 옮겨 가는 불변적인 '어떤 것'은 없지만 업의 과보는 피할 수 없다는 것이다. 나가세나의 표현에 의하면 "다시 태어나는 자는 죽은 자와 다르지만 후자는 전자로부터 나왔으므로 다시 태어나는 자는 죽은 자가 지은 업에서 벗어날 수 없다."는 것이다.[304]

---

[303] Finot, 앞의 책, p.91(Ⅱ, 22); 『大正』32권, p.711a; Demiéville, 앞의 책, p.128(LX).
[304] 빨리어본이 더 명확하다. Finot, 앞의 책, p.90(Ⅱ, 22); 『大正』32권, p.711a; Demiéville, 앞의 책, p.128(LX): 是人今世用是名身作善惡, 乃生於後世今世作善惡者 是其本也.

2) 업설과 과보설

(1) 업설

윤회는 전적으로 업에 달려 있다. 이것을 『나선비구경』에서는, "현재의 명과 색 (즉 존재)이 선업 또는 악업을 짓는다. 그리고 이 업의 결과로 '명(정신)과 색(육체)'이 다시 태어난다."라고 설명한다.[305] 이루어진 업은 반드시 결과(果報)를 남기게 된다. 그래서 업이 존재하는 한 윤회는 계속된다. 역시 업이 모두 소멸되면 윤회도 그치게 된다. 그렇기 때문에 어떤 사람이 다음 생에 다시 태어날 것인지 아닌지를 미리 알 수 있다. 이 문제에 대해 나가세나와 밀린다 사이에 다음과 같은 문답이 오고 갔다. "나가세나여, 재생하지 않을 사람은 그가 더 이상 재생하지 않을 것이라는 것을 압니까." "그렇습니다. 그는 그것을 압니다." "어떻게 그것을 압니까." "재생하게 하는 원인과 조건의 소멸에 의해서 (압니다).[306] 이 유일한 원인, 이 유일한 조건이 바로 업이다.

밀린다는 이 문제를 좀 더 잘 이해하기 위해 나가세나에게 비유로써 설명해 줄 것을 요청했다. 나가세나는 다음과 같은 비유를 들었다. "한 농부가 땅을 갈고 씨를 뿌려 (추수를 한 뒤) 창고를 가득 채운 다음 다시 땅을 갈고 씨 뿌리기를 그치고 저장해 둔 곡식을 먹기도 하고 팔기도 하고 사정에 따라 (모두) 처분했다고 생각해 봅시다."

---

[305] Finot, 앞의 책, p.88(Ⅱ, 22); 『大正』32권, p.710b; Demiéville, 앞의 책, p.125(LⅩ). 빨리어본의 내용이 한역본보다 명확하다.
[306] Finot, 앞의 책, pp.80-81(Ⅱ, 18); 『大正』32권, p.709a; Demiéville, 앞의 책, p.117(LⅥ).

이 경우 농부는 곡식이 창고에 더 이상 남아 있지 않다는 것을 안다. "마찬가지로 재생하지 않을 사람은 그가 다시 재생하지 않을 것을 압니다. 왜냐하면 재생의 원인인 (업이 모두) 소멸되어 버렸기 때문입니다."[307]

업이 존재를 윤회하도록 하기도 하지만 역시 윤회하는 존재의 모든 것은 업에 의해 결정되기도 한다. 밀린다는 이 문제에 대해 다음과 같은 식으로 질문을 했다. "이 세상 사람들은 모두 머리[頭]와 수염과 머리털과 피부와 얼굴과 눈과 귀와 코·입·몸·4지(四肢) 그리고 손과 발을 갖추고 있습니다. (그런데) 왜 그들 가운데 어떤 사람들은 오래 살고 어떤 사람들은 일찍 죽습니까. 왜 어떤 사람들은 병이 많고 어떤 사람들은 병이 적습니까. 왜 가난한 사람들이 있고 부자들이 있고 귀한 사람들이 있고 천한 사람들이 있습니까. 왜 그들 사이에는 높은 관리[大士]들이 있고 낮은 관리[小士]들이 있습니까. 왜 잘생긴 사람들이 있고 못생긴 사람들이 있습니까. 왜 신용이 있는 사람들이 있고 (신용이) 없는 사람들이 있습니까. 왜 지혜로운 사람들이 있는가 하면 어리석은 사람들이 있습니까. 왜 그들은 동일하지 않습니까."[308]

나가세나는 이 긴 질문에 비유를 사용해서 명쾌하게 설명했다. "그것은 여러 가지 나무들의 열매와 같습니다. 많은 과일 가운데서

---

307 Finot, 앞의 책, p.81(Ⅱ, 18); 『大正』32권, p.709a; Demiéville, 앞의 책, p.117(LⅥ). 역시 Finot, 앞의 책, p.124(Ⅲ, 17); 『大正』32권, p.715c; Demiéville, 앞의 책, p.156(XCⅣ) 참조.
308 『大正』32권, p.714a; Demiéville, 앞의 책, pp.145-146(LXXIX); Finot, 앞의 책, p.114(Ⅲ, 2). 동일한 내용을 『中阿含』44권, 170(『大正』1권, p.704c)에서 볼 수 있다.

어떤 것은 맛이 시고[酸] 달지 않습니다. 그 가운데는 쓴[苦] 것이 있고 매운[辛] 것이 있고, 단[甘] 것이 있고 매우 신[正酸] 것이 있습니다." 왜 이 나무들의 열매 맛이 이처럼 같지 않은가. 말할 것도 없이 그것은 "각 나무들의 종자가 다르기 때문이다."[309]

과일 나무들의 종자가 다양하기 때문에 과일 맛도 여러 가지로 다른 것처럼 사람들 사이에 온갖 차별이 있는 것도 각자가 지은 다른 업 때문이라는 것이다. 나가세나는 이렇게 결론을 지었다. "인간의 경우도 마찬가지입니다. 인간들이 지은 업은 각각 다릅니다. 그래서 그들은 동일하지 않습니다. 오직 이 하나의 이유로 이 세상 사람들은 단명하기도 하고 장수하기도 하고 병이 자주 들기도 하고 이따금 들기도 하고 부자이기도 하고 가난하기도 합니다. 고귀하기도 하고 비천하기도 하고 고급 관리가 되기도 하고 하급관리가 되기도 합니다. (용모가) 잘생기기도 하고 못생기기도 합니다. 신용이 있기도 하고 없기도 하고 지혜롭기도 하고 어리석기도 합니다."[310] 이렇게 설명한 다음 붓다의 말을 인용했다. "사람들은 그들이 행한 선과 악에 따라 그 (과보)를 받는다. 그들 가운데 귀한 사람도 있고 가난한 사람도 있다. 이 모든 것은 (그들이) 전생에 지은 선(업)과 악(업)에 따른다. 각자는 그들이 지은 업[德]에 따라 그 과보를 받는다."[311]

....
309 『大正』32권, p.714a-b; Demiéville, 앞의 책, p.146(LXXIX); Finot, 앞의 책, p.114(Ⅲ, 2); 中村元·早島鏡正, 앞의 책(1), p.181에서는 "(과일들은) 시기도[酸] 짜기도[鹽] 쓰기도 [苦] 맵기도[辛] 떫기도[涉] 달기도[甘] 하다."라고 되어 있다. 『增一阿含』8권, 「安般品」②(『大正』2권, p.583a-b)에도 동일한 내용.
310 『大正』32권, p.714b; Demiéville, 앞의 책, p.146(LXXIX).
311 『大正』32권, p.714b; Demiéville, 앞의 책, p.146(LXXIX). 中村元·早島鏡正, 앞의 책(1),

업이 과보로 나타나기 전에는 어디에서 어떻게 존재하는가. 자이나(Jaina) 교에서는 업을 물질적인 것으로 생각한다.[312] 그래서 업은 "마치 물이 여러 운하를 통해 못 속으로 흘러 들어갈 수 있는 것처럼,"[313] "생(生)의 단자(單子:個體, monade-vie) 속에 들어가 거기에 머문다."[314] 역시 "업은 영혼(jiva)에 달라붙어 결합하고 영혼을 제압해서 일종의 사슬에 묶어 놓는다."[315] "때가 되면 (업은) 삶의 상황으로 바뀐다. … 삶의 과정은 장작을 불태우는 것처럼 '업의 물질(substance karmique)'을 태우는 것이다."[316]

초기경전에서는 이와 동일한 설명은 찾아볼 수 없다. 밀린다는 다음과 같이 문제를 제기했다. "현재의 이 '명과 색'(인간 존재)이 선업과 악업을 지으면 이 업들은 어디로 갑니까." 이에 대해 나가세나는, "그 업들은 '그림자가 몸을 따라다니는 것처럼' 업을 지은 사람을 따라 다닙니다."라고 설명했다.[317] 이것은 『법구경』에 나오는 비유이다.[318] 밀린다는 다시 질문했다. "(그렇다면), 나가세나 존자는 (과거에 지은) 각 선업과 악업들이 (머물고) 있는 장소를 식별해서 가리켜 줄 수 있겠습

....
  p.193, 註9 (*Majjhimanikāya*, 135경). 『南傳』11권(下)『中部經典』135경, 「小業分別經」), pp.275-276.
312 A. Guérinot, *La Religion Djaïna*, p.144. "업(karman)은 물질적인 성질을 가지고 있다 (paudgalikam karma). 그것은 몸(śarīra)이기도 하다. 업은 무수한 미립자로 이루어져 있기 때문이다." 服部正明(外),『世界の名著(イバラ-モ教典)(1)』, 東京, 1981, p.31.
313 A. Guérinot, 앞의 책, p.144.
314 H. Zimmer, *Les philosophies de l'Inde*, Paris, 1953, p.197.
315 A. Guérinot, 앞의 책, p.144.
316 H. Zimmer, 앞의 책, pp.197-198.
317 빨리어본이 한역본보다 분명하다. Finot, 앞의 책, p.123(Ⅲ, 16);『大正』32권, p.715c; Demiéville, 앞의 책, p.155(XCⅡ).
318 李元燮 譯,『法句經의 眞理』, p.11, 「雙叙品」(2): 卽言卽行 福樂自追 如影隨形.

니까." 나가세나는 "선업과 악업이 어디에 있는지 알 수 없습니다."라고 답하면서, 밀린다에게 "나무가 아직 열매들을 맺지 않았는데 왕은 각 가지[枝]를 식별해서 가리키면서 (어느 가지에 어떤 열매가 있고 어느)[319] 가지에 열매가 없다고 말할 수 있겠습니까."라고 반문했다. 밀린다의 대답은 당연히 "그렇게 말 할 수 없다."는 것이었다. 마찬가지로 과보가 나타나기 전에는 업이 있는 곳을 알 수 없다.[320]

『나선비구경』에서 말하는 업설(業說)에는 한 가지 독특한 점이 있다. 그것은 의도(意圖, cetanā)와 관계되는 것이다. 정통 불교에서는 의도적이거나 의식적으로 행한 행위만을 문제 삼는다.[321] 그러나 나가세나의 주장은 이와 다르다. 밀린다가 "나가세나 존자여, 악행을 저지른 두 사람 가운데 한 사람은 (그것이 나쁘다는 것을) 알고 했고 다른 한 사람은 모르고 했습니다. 이들 중 누가 더 큰 화(禍, 殃)를 입습니까."라고 묻자 나가세나는 "모르고 악을 행한 사람이 더 큰 화를 입고 알고 악을 행한 사람은 화를 적게 입습니다."라고 답했다.[322]

이와 같은 주장은 정통적인 불교 입장에서는 받아들일 수 없다. 역시 상식적으로도, 일반 윤리적인 입장에서도 용납될 수 없다. 밀린다는 나가세나의 이와 같은 설명에 당장 반대 발언을 했다. "그렇다

....
319 B본에는(『大正』32권, p.715c(XCⅢ)) 괄호 속의 부분, 즉 "某枝間有某菓某…."는 빠졌다. 『大正』32권, p.700a(A본); Demiéville, 위의 책, p.156(XCⅢ).
320 『大正』32권, p.715c; Demiéville, 앞의 책, p.156(XCⅢ); Finot, 앞의 책, p.124(Ⅲ, 16).
321 이 책 3장, 3, 4), (1) 참조.
322 Finot, 앞의 책, p.140(Ⅲ, 37); Demiéville, 앞의 책, p.173(CXⅡ);『大正』32권, p.718a: 那先言 愚人作惡 得殃大 智人作惡得殃小.

면 왕자나 관리가 (어떤 일에 대해) 그것이 나쁘다는 것을 모르고 잘못을 저지르면 그에게 두 배로 벌을 주어야 합니까."[323] 나가세나는 밀린다의 반문에 바로 대답을 하는 대신 이렇게 물었다. "매우 뜨겁게 달구어진 쇳덩어리[鐵丸]를 두 사람이 쥔다고 합시다. 한 사람은 아무것도 모르고 쥐고, 다른 한 사람은 (뜨겁다는 것을 알고) 경계하면서 쥔다고 합시다. 어느 사람이 더 심하게 화상을 입겠습니까." 당연히 무심코 쇳덩어리를 쥐는 사람이 더 심하게 화상을 당할 것이다. 왜냐하면 그 사람은 그것에 조금도 주의를 기울이지 않을 것이기 때문이다. 나가세나는 "그와 같이, 더 큰 화를 입는 사람은 모르고 악을 행하는 사람입니다."라고 설명을 끝내었다.[324]

빨리어본 제2편에서 나가세나는 이 문제에 대해 좀 더 멀리 갔다. 나가세나의 주장에 의하면 업의 결과는 업 자체에 달려 있을 뿐 업을 짓는 사람의 의도와는 관계가 없다는 것이다. 나가세나는 다음과 같은 여러 가지 예를 들어 설명했다.[325]

① 독약인 줄 모르고 먹어도 독약은 그 사람의 생명을 빼앗아간다.

② 불인 줄 모르고 밟아도 불은 그 사람에게 화상을 입힌다.

③ 독사인 줄 모르고 물려도 독사는 그 사람의 생명을 빼앗아간다.

---

323 Finot, 앞의 책, p.140(Ⅲ, 37); 「大正」32권, p.718a; Demiéville, 앞의 책, p.173(CXⅡ).
324 Finot, 앞의 책, p.140(Ⅲ, 37); 「大正」32권, p.718a; Demiéville, 앞의 책, p.173(CXⅡ).
325 Rhys Davids, 앞의 책(Ⅱ)(Ⅳ, 6, 49), pp.80~81; 中村元・早島鏡正, 「ミリンダ王の問い(2)」, 제2편 6장 8, p.316.

사실 이들 경우에 행위의 결과는 행위를 한 사람의 '의도'와는 관계가 없다. 중요한 것은 오직 행위[業] 그 자체이다.

(2) 과보설

『나선비구경』에서는 『아함경』의 경우와는 달리 어떤 업을 지으면 어떤 과보를 받는다는 것에 대한 설명은 별로 없다.[326] 단지 이 문제에 대한 큰 원칙만 말하고 있을 뿐이다. 일단 이루어진 업의 과보는 절대로 그냥 사라질 수 없다는 것이다. 밀린다는 이 주제에 대해 이렇게 문제를 제기했다. "그대들 사문은 이 세상의 불이 지옥의 불만큼 뜨겁지 않다고 말합니다. 그대들은 역시 말하기를 이 세상의 불 속에 한 개의 작은 돌[小石]을 온종일 넣어두어도 그 돌은 타지 않는다고 합니다. 그대들은 또 말하기를 아주 큰 바위를 지옥불 속에 집어넣으면 그것은 즉시 타서 없어진다고 합니다. 나는 그것을 믿을 수 없습니다. 게다가 그대들은 말하기를 악을 행한 사람은 죽은 후 수천만 년 동안 지옥에 들어가 있어도 불에 타지도 않고 죽지도 않는다고 합니다. 나는 이 사실 역시 믿을 수 없습니다." 나가세나는 이렇게 반문했다. "왕이여, 물속에 있는 왕뱀[雌蟒]·악어·자라의 암컷들이 새끼를 배었을 때 모래와 (작은) 돌멩이를 먹는다는 말을 들었거나 (먹는 것을) 본 일이 있습니까." 왕이 그렇다고 대답하자 나가세나는, "그렇다면 어떻게 그 암컷들의 뱃속에 들어 있는 모래와 돌멩이는 녹아버리

---

[326] 이 책 3장, 3, 4), (2).

는데 그들이 밴 새끼[懷子]는 녹아버리지 않습니까."라고 물었다. 밀린다는 좀 엉뚱하게, "그것은 (그들이 지은) 업(業)의 영향 때문이라고 생각한다."고 답했다. 나가세나는 지옥에 있는 사람들의 경우도 마찬가지라고 하면서 "수천 년 동안 이 사람들이 타지도 죽지도 않는 것은 그들이 전생에 지은 업[罪]이 아직 다 없어지지 않았기 때문"이라고 설명했다.[327]

밀린다는 이 문제에 대해 몇 가지 비유를 더 들어서 설명해 달라고 요청했다. 그러나 나가세나가 말한 비유들의 내용은 앞의 것과 비슷한데다 저급하다. "암사자·암표범·암늑대 … 등이 새끼를 배고 있는 동안 그들이 고기와 뼈를 먹으면 그것은 모두 뱃속에서 (소화되어) 녹아 버리는데, 뱃속에 있는 (그들의) 새끼가 녹아 버리지 않는 이유," "암소·암말·암사슴 등이 새끼를 배고 있는 동안 온갖 풀을 먹으면 그것은 모두 소화되어 없어지는데, 그들이 배고 있는 새끼가 없어지지 않는 이유," "(여자들이) 온갖 맛있는 음식을 먹으면 그것은 모두 뱃속에서 소화되어 녹아 버리는데 뱃속의 아기는 녹아 없어지지 않는 이유" 등에 대해서 질문하고, 밀린다는 "그것은 (그들이 지은) 업(業)의 영향 때문"이라고 답했다. 나가세나는 "지옥에 있는 사람들이 수천 년 동안 타버리지도 죽지도 않는 것은 그들이 전생에 지은 업[罪]이 아직 다 없어지지 않았기 때문"이라고 설명했다.[328]

-----

327 『大正』32권, p.714b-c; Demiéville, 앞의 책, pp.148-149(LXXXI); Finot, 앞의 책, pp.116-117(Ⅲ, 4).
328 『大正』32권, p.714c; Demiéville, 앞의 책, pp.149-150(LXXXI); Finot, 앞의 책, pp.117-118(Ⅲ, 4). '여자들'은 한역본에는 '夫人及長子富家女,' 빨리어본에는 'Yonaka, Khattiya, 바

과보의 필연성에 대해서는 밀린다가 마우드갈야야나[目犍連]의 죽음과 관계된 옛일을 가지고 제기한 문제로부터 좀더 깊이 다루어지게 되었다. 밀린다는 붓다의 제자들 가운데 신통으로 제일인자였던 마우드갈야야나가 어떻게 (사람들의) 몽둥이에 맞아 "두개골이 깨지고 뼈가 부러지고 근육과 혈관과 골수가 끊어져 (죽을 수 있었는가)."라고 그의 신통력에 대해 의문을 제기했다. 나가세나의 설명에 의하면 그는 붓다의 제자들 가운데서 신통력에 있어서 제일인자였음에 틀림없었지만 자신이 지난 세상에 지은 업[宿業]에 묶여 있었기 때문에 그렇게 되었다는 것이다.[329]

나가세나의 설명은 계속되었다. 업보(業報)의 세력은 다른 어떤 세력보다도 강력하기 때문에 그것은 다른 모든 것을 압도하고 지배한다는 것, 업에 묶여 있는 사람에게는 (업 이외의) 다른 것은 영향을 미칠 수 없다는 것, 그래서 마우드갈야야나는 몽둥이에 맞아 죽으면서도 자신의 신통력을 발휘할 수 없었다는 것이었다.[330] 나가세나는 이것을 비유로써 설명했다. "밀림에 화재가 일어났을 때는 1,000항아리의 물로도 그 불을 끌 수 없습니다. 그 큰 불은 모든 것을 압도하고 모든 통제에서 벗어납니다. 그 이유는 무엇이겠습니까. 그 불의 열이

라문, 중산층' 여자들로 되어 있다.
[329] 밀린다가 의문을 제기한 것은 '과보' 문제가 아니라 마우드갈야야나의 '신통' 문제에 대해서였다. 中村元·早島鏡正, 앞의 책(2), p.181(제2편 4장, 1); Rhys Davids, 앞의 책(1), p.261(Ⅳ, 4, 1). 마우드갈야야나의 과보 문제에 대해서는 이미 이 책 3장, 3, 4), (2)에서 보았다. 經典에 의하면, 마우드갈야야나는 '거의 죽음에 이르렀지만' 죽지는 않았다(『增─阿含』 18권 26의 9경).
[330] 中村元·早島鏡正, 앞의 책(2), pp.181-183; Rhys Davids, 앞의 책(Ⅰ), pp.261-262(Ⅳ, 4, 3).

매우 강력하기 때문입니다."³³¹

과보는 '이런 업에 이런 과보'라는 것처럼 산술적인 방식으로 나타나지 않는다. 그래서 동일한 업에 대해서 항상 동일한 과보가 나오는 것이 아니다. 상황에 따라 달라질 수 있다. 밀린다는 이 문제에 대해 질문했다. "(그대들은) 이 세상에서 100년 동안 악을 행한 사람들이 죽는 순간에 붓다를 생각하면 그들은 죽은 후에 모두 천상의 높은 곳에 태어날 수 있다고 말합니다. … 그리고 역시 그대들은 말하기를 단 하나의 산목숨을 죽여도 사후에 지옥으로 들어가야 한다고 말합니다. 나는 이와 같은 말을 믿지 않습니다."³³²

언뜻 보기에는 밀린다가 말한 것처럼 업의 과보는 보편적인 원리에 의해 초래되지 않는 것 같다. 나가세나는 밀린다에게 이 문제에 대해 비유로써 설명해 주었다. "만약 한 개의 조약돌을 집어 수면에 놓으면, … 그 조약돌은 물 밑으로 가라앉을 것입니다." 그러나 "만약 100개의 큰 돌을 배[船] 위에 얹어 놓으면 … 배 때문에 그 위에 놓인 100개의 큰 돌은 물 밑으로 가라앉지 않습니다."³³³ 돌들의 무게는 수면에 있거나 배 위에 있거나 동일하지만 배가 상황을 바꾸어 놓는다. 업의 법칙에 있어서도 같은 원리가 적용된다는 것이다.³³⁴

빨리어본은 이것보다 더 구체적인 비유를 들고 있다. 나가세나는 밀린다에게 질문했다. "대왕이여, (이것을) 어떻게 생각합니까. 어떤

---
331 Rhys Davids, 앞의 책(Ⅰ), p.263(Ⅳ, 4, 3); 中村元・早島鏡正, 앞의 책(2), p.183.
332 『大正』32권, p.717b; Demiéville, 앞의 책, p.166(CⅥ); Finot, 앞의 책, p.134(Ⅲ, 31).
333 『大正』32권, p.717b; Demiéville, 앞의 책, p.166(CⅥ); Finot, 앞의 책, p.134(Ⅲ, 31).
334 이 비유는 이 책 3장, 3, 4), (2)에서 본 소금의 비유와 형식은 다르지만 내용은 거의 같다.

사람이 손으로 다른 사람을 때렸다고 합시다. 대왕은 그 사람에게 어떤 벌을 내리겠습니까." 밀린다는 답했다. "만약 그(피해자)가 그 일을 용서해 주려고 하지 않는다면 나는 가해자로 하여금 피해자에게 1까하빠나(kahāpaṇa) 정도의 벌금을 물리게 할 것입니다." 나가세나는 계속했다. "이번에는 그 사람이 손으로 대왕 자신을 쳤다면 그때는 어떤 벌을 내리겠습니까." 밀린다는 "그의 손과 발을 자르고 산 채로 껍질을 벗기라고 명령할 것입니다. 그리고 그의 모든 재산을 몰수하고 그의 부·모 양쪽의 7대(代)까지 모든 가족을 죽이도록 할 것입니다."라고 답했다. 나가세나는 다시 물었다. "대왕이여, 이 (두 경우의) 차이점은 무엇입니까. 왜 어떤 사람의 뺨을 친 것에 대해서는 1까하빠나 정도의 (벌금을 물게 하는) 가벼운 벌을 주면서 단 한 번 왕을 친 것에 대해서는 그런 무시무시한 벌을 내립니까." 밀린다는, "그것은 (폭행을 당한) 사람이 다르기 때문"이라고 답했다. 나가세나가 기대했던 답은 바로 그것이었다. 동일한 업도 그것이 지어진 상황에 따라 결과는 다르게 나타난다는 것이다.[335]

마지막으로, 과보를 받는 시기의 문제다. 좋은 과보를 원하는 때에 받기 위해서는 선업(善業)을 언제 지어야 하는가, 선업은 미리 지어야 할 필요가 있는가, 살아 있는 동안에 하고 싶은 일을 마음대로 하면서 즐기다가 죽는 순간에 선을 행하면 되지 않는가. 밀린다는 이 문제에 대한 질문도 놓치지 않았다. "만일 사람들 가운데 선을 행하

---

335 中村元·早島鏡正,『ミリンダ王の問い(2)』, 제2편, 4장, 3, pp.189-190; Rhys Davids, 앞의 책(Ⅰ), pp.269-270(Ⅳ, 4, 10).

고자 하는 사람이 있다면 그것을 미리 해야 합니까, 뒤에 해야 합니까." 나가세나는 "그것을 미리 해야 합니다. 뒤에 선(善)을 행하는 것은 그 사람에게 이익이 될 수 없습니다. 미리 선을 행하는 것이 그에게 이익이 됩니다."라고 답했다.[336] 나가세나는 여러 가지 비유를 들어 그 이유를 설명했다. "목이 말라 물을 마시고 싶을 때 땅을 파서 우물을 만들게 한다면 왕은 (원할 때) 물을 마실 수 있겠습니까."[337] "배가 고플 때 왕이 밭을 갈게 하고 땅에 거름을 주게 하고 씨앗을 뿌리게 한다면 왕은 배고플 때 음식을 가질 수 있겠습니까."[338] "왕에게 적이 있다고 가정해 봅시다. 곧 전쟁을 하러 떠나야 할 때 왕이 말과 코끼리들을 길들이게 하고 병사들을 훈련시키게 하고 (전쟁에 사용할) 무기를 만들게 할 수 있겠습니까."[339] 이와 같은 여러 가지 경우에 필요한 일들은 미리 준비해야 할 것은 말할 나위도 없다. 그것을 나가세나는 한마디로 이렇게 설명했다. "사람은 해야 할 모든 것을[340] 미리 해야 한다. 그것을 뒤에 하면 이익이 없다."[341] 원할 때 좋은 과보를 얻기 위해서는 선업은 빨리 지어야 한다. 때늦게 짓는 선업은 별로 이익이 없다.

....

336 『大正』32권, p.714b; Demiéville, 앞의 책, p.147(LXXX); Finot, 앞의 책, p.115(Ⅲ, 3).
337 『大正』32권, p.714b; Demiéville, 앞의 책, p.147(LXXX); Finot, 앞의 책, p.115(Ⅲ, 3).
338 『大正』32권, p.714b; Demiéville, 앞의 책, p.147(LXXX); Finot, 앞의 책, p.115(Ⅲ, 3).
339 『大正』32권, p.714b; Demiéville, 앞의 책, p.147(LXXX), 註5 참조; Finot, 앞의 책, p.115(Ⅲ, 3). 이 세 가지 비유는 다시 『大正』32권, p.717b와 Finot, 앞의 책, p.135(Ⅲ, 32)에서 보게 된다.
340 여기서 '居' 자는 '作' 자의 잘못이다. Demiéville, p.147, 註4.
341 『大正』32권, p.714b; Demiéville, 앞의 책, p.147(LXXX). 긴 내용을 정리했음.

3) 시간의 문제

초기불교에서는 시간(kāla)이란 존재의 범주는 아니라고 생각했다. 그것은 "정신적 구조를 과거·현재·미래로 나타내는 하나의 표현이었다. 천문학자들이 생각하는 것처럼 시간은 '현상들의 지속(持續) 양상'으로 간주되었다."[342] 그런데 이 현상들은 인간이 짓는 업(業)에 의해서 생기는 것이므로 시간은 업이 존재하는 동안만 계속된다. 따라서 "우주의 전체적인 시간은 없고 각자 자신의 시간이 있을 뿐이다."[343]

『나선비구경』은 시간에 대해 흥미 있는 설명을 하고 있다. "시간이란 무엇입니까."[344]라는 밀린다의 질문에 나가세나는 "(그것은) 과거·미래·현재의 시간입니다."[345]라고 답했다. 불교에 의하면 영속적인 것은 아무것도 없을 뿐 아니라 불변적인 것도 없다. 그런데 나가세나가 (영속적인) 시간에 대해 말하자 밀린다는 의외라는 듯이 "그렇다면 시간은 존재하는 것입니까."라고 물었다. 나가세나의 설명에 의하면 시간에는 두 종류가 있다는 것이었다. 즉 '존재하는 시간'과 '존재하지 않는 시간'이다.[346] 나가세나는 좀 더 자세하게 설명했다. "결과를 초래할 수 있거나 또는 그 자체로서 결과를 낼 가능성을 가지고 있거나

---

342 J. Filliozot, *L'Inde classique*(Ⅱ). p.527(§ 2264).
343 L. Silburn, *Instant et cause*, p.312.
344 『大正』32권, p.711b; Demiéville, 앞의 책, p.129(LXⅢ).
345 Finot, 앞의 책, p.93(Ⅱ, 25);『大正』32권, p.711b; Demiéville, 앞의 책, p.129(LXⅢ).
346 Finot, 앞의 책, p.93(Ⅱ, 25). 빨리어본이 한역본보다 명확하다.『大正』32권, p.711b; Demiéville, 앞의 책, p.130(LXⅢ).

역시 다른 생(生)을 야기(惹起)할 수 있는 '형성력(saṁskāra, 形成力 또는 潛在力)'³⁴⁷은 '존재하는 시간'에 속합니다." 이와 반대로 "지나가 버렸거나 사라져 버렸거나 소멸되어 버렸거나 변화되어 버린 '형성력[業]'은 '존재하지 않는 시간'에 속합니다."³⁴⁸ 나가세나는 이 문제를 구체적으로 설명했다. "죽어서 다른 곳에 다시 태어나는 존재(즉 業이 남아 있는 존재)들에게는 시간이 존재합니다. 죽어서 다른 곳에 다시 태어나지 않는 존재(즉 열반을 성취한 아라한)들에게는 시간은 존재하지 않습니다."³⁴⁹ 그러므로 시간은 아직 열반을 성취하지 못한 사람들에게는 존재하는 것이고 그 반면 무여의열반에 들어간 존재들에게는 '그들의 완전한 소멸 때문에'³⁵⁰ 시간은 더 이상 존재하지 않는다는 것이다.

그런데 시간이 '그 자체로서 존재하는 것'이 아니고 단지 '현상들의 지속하는 모습[樣相]'이라고 한다면, 시간의 근원(racine)은 무엇이며 그것은 어떻게 발생하는가. 그래서 밀린다는 다시 "과거·미래·현재의 근원"에 대해 질문했다. 나가세나에 의하면 "그것은 무명(無明)이다."³⁵¹ 왜냐하면 발생된 시간은 단지 업 때문에 존재하는 것이고 업의 근본 원인은 무명이기 때문이다.³⁵² "사람은 무명 때문에 선(업)과 악(업)을 짓는다." 그리고 그 업 때문에 현재의 생(生)뿐 아니라 후

---

347 '형성력'은 '업을 형성하는 잠재력'인데, 여기서는 전후 내용상 '業-karman'이라고 이해하는 것이 좋을 것이다. 中村元, 『佛敎語大辭典』, p.241 참조.
348 Finot, 앞의 책, p.93(Ⅱ, 25). 이 설명은 한역본에는 없다.
349 Finot, 앞의 책, p.93(Ⅱ, 25).『大正』32권, p.711b; Demiéville, 앞의 책, p.130(LXⅢ).
350 Finot, 앞의 책, p.93(Ⅱ, 25).
351 Finot, 앞의 책, pp.93-94(Ⅱ, 26);『大正』32권, p.711b-c; Demiéville, 앞의 책, p.131(LXⅣ).
352 Finot, 앞의 책, p.94(Ⅱ, 26);『大正』32권, p.711b-c; Demiéville, 앞의 책, p.131(LXⅣ).

생까지 계속해서 존재하게 된다는 것이다. 이것을 나가세나는 "사람은 현생에서 선(업)과 악(업)을 짓고 후생에 다시 태어난다."³⁵³라는 말로써 보충 설명을 했다.

나가세나에 의하면 시간의 기원(origine)은 '알 수 없다.' 그 이유는 시간의 시작이 너무나 아득하게 멀기 때문이 아니라 시작도 끝도 없는 바퀴의 원형과 같은 것이기 때문이다. 다르게 표현하면 시간은 시작된 곳과 끝나는 곳을 알 수 없는 동그라미[圓]와 같다는 것이다. 나가세나는 이것을 좀 더 잘 이해시키기 위해 땅 위에 동그라미를 그렸다. 그리고 밀린다에게 물었다. "이 동그라미에 끝이 있습니까." 물론 동그라미에는 시작도 끝도 없다.³⁵⁴ 그는 다시 식물의 생성 발전 과정의 비유를 들었다. "땅속에 한 개의 작은 씨앗을 심습니다. 그것은 발육하고 자라서 열매를 맺습니다. 이 열매 한 개를 다시 땅에 심으면 싹이 나고 자라서 열매를 맺습니다. ⋯ 그렇게 계속됩니다."³⁵⁵ 이처럼 시간의 기원은 알 수 없다.

시간은 그 시작도 끝도 알 수 없는 것이지만 어떤 사람이 시간에서 벗어나는 것은 알 수 있다. 생의 순환(循環) 즉 윤회에서 벗어난 사람의 시간의 끝은 알 수 있다. 나가세나의 설명에 의하면 이미 열반을 성취한 사람의 시간의 끝은 미리 알 수 있다. 사람이 재생의 원인인 무명과 욕망을 더 이상 가지고 있지 않으면 설사 그가 현재 삶을

---

353 『大正』32권, p.711a; Demiéville, 앞의 책, p.128(LⅩ).
354 Finot, 앞의 책, p.94(Ⅱ, 26); 『大正』32권, p.711c; Demiéville, 앞의 책, p.132(LⅩⅤ). 한 역본에는 수레바퀴로써 비유를 들고 있다.
355 Finot, 앞의 책, p.94(Ⅱ, 26); 『大正』32권, p.711c; Demiéville, 앞의 책, p.132(LⅩⅤ)

계속하고 있다 하더라도 그의 생존의 끝, 즉 그의 시간의 끝은 알 수 있다는 것이다.

밀린다와 나가세나 사이에는 이 문제에 대해 이와 같은 문답이 오고 갔다. "다음 생에 다시 태어나지 않을 사람들이 있습니다. 이 사람들은 (그들이 다시 태어나지 않을 것이라는 것을) 그들 자신이 알 수 있습니까." "그렇습니다. 어떤 사람들은 (그것을) 그들 자신이 알 수 있습니다." "이 사람들은 그들이 사랑도 욕망도, 그리고 어떠한 업(業)도 가지고 있지 않다는 것을 자신들이 압니다. 그것에 의해서 그들은 자신들이 다음 생에 다시 태어나지 않을 것이라는 것을 스스로 압니다."[356] 즉 자신들의 시간의 끝을 스스로 안다는 것이다.

나가세나는 그것을 비유를 들어 구체적으로 설명했다. 한 농부가 곡식을 추수해 창고를 채운 뒤, 다시 땅을 갈고 씨뿌리기를 그치고 저장해둔 곡식을 먹기도 하고 팔기도 하면서 모두 처분한다면, 농부는 곡식이 창고에 더 이상 남아 있지 않다는 것을 알 수 있다. 마찬가지로 이미 지은 업을 소멸시키고 새로운 업을 짓지 않으면, 업이 모두 없어질 것을 미리 안다. 업이 고갈되면 다음 생은 존재하게 되지 않게 되고 그 생의 소멸과 더불어 그 사람의 시간도 끝나게 된다는 것이다.[357]

---

356 『大正』32권, p.709a; Demiéville, 앞의 책, p.117(LⅥ); Finot, 앞의 책, p.80(Ⅱ, 18).
357 Finot, 앞의 책, p.81(Ⅱ, 18)과 p.124(Ⅲ, 17); 『大正』32권, p.709a(Demiéville, LⅥ)와 p.715c(Demiéville, LCⅥ).

5. 열반설

1) 열반의 의미

밀린다는 나가세나에게 대뜸 "열반이란 모든 것이 지나가 버리고 더 이상 아무것도 없는 것입니까[泥洹道皆過去無所復有耶]."라고 질문했다. 나가세나 역시 한마디로 "(그렇습니다.) 열반이란 더 이상 아무것도 없는 것입니다[泥洹道無所復有耶]."라고 대답했다.[358] 이것은 nirvāṇa라는 말을 글자 그대로 번역한 것이라고 할 수 있다. 이것을 빨리어본에서는 '지멸(止滅, cessation)'[359]이라고 했다.

그러나 여기서 "아무것도 없다"라는 말은 열반 그 자체가 무(無)라는 의미가 아니라 불교에서 제거하기를 목표로 삼고 있는 괴로움 또는 괴로움을 일으키는 원인들을 모두 소멸시킨 결과 그것들이 더 이상 아무것도 없다는 의미로 "모두 다 사라져 버리고 더 이상 남아 있지 않다."라는 의미이다.

나가세나는 이것을 자세하게 설명했다. "무식한 사람들은 안과 밖의 육체적인 애착에 몰두한다. 그 때문에 그들은 생·노·병·사의 (괴로움)에서 벗어나지 못한다. 그러나 도를 공부한 사람들은 안과 밖의 육체적인 애착을 가지지 않는다. 사랑이 없기 때문에 욕망이 없고, 욕망이 없기 때문에 포태(胞胎, 임신)가 없고 포태가 없기 때문에 생로

---

358 『大正』32권, p.715a; Demiéville, 앞의 책, p.150(LXXXⅢ).
359 Finot, 앞의 책, p.118(Ⅲ, 6); 中村元·早島鏡正, 앞의 책(1), p.188. 빨리어본의 '止滅'은 nirodha에서 번역된 것으로 '制止하는 것, 抑制하는 것'이라는 의미다. 같은 책, p.195 註19.

병사와 슬픔과 한탄(恨歎)이 없다. 슬픔과 한탄이 없기 때문에 마음은 안으로 괴롭힘을 당하지 않는다. 그래서 사람들은 열반도에 이르게 된다." 애(愛)·취(取)·유(有)·생(生)·노(老)·사(死)·고(苦)가 차례로 그 치게[止] 된다. 그래서 열반은 '지멸'인 것이다."[360]

열반은 그것을 달성한 사람들에게만 인식된다. 만약 열반이 그것을 성취한 사람에게만 인식되는 것이라면 아직 열반을 이루지 못한 사람이 열반이 좋고 즐거운 것인지 어떻게 알 수 있는가. 왕은 이 문제에 대해 먼저 "열반도(涅槃道, 열반의 경지)를 얻지 못한 사람이 열반도가 좋다는 것을 압니까."[361]라고 질문하고, 나가세나는 "그렇습니다. 아직 열반도를 이루지 못했어도 열반이 즐거운 것이라는 것을 압니다."라고 답했다. 밀린다가 다시 "열반을 얻지 못한 사람이 어떻게 열반도가 좋다는 것을 압니까."라고 묻자 나가세나는 대답 대신 질문으로 왕을 유도했다. "어떤 사람이 태어나서부터 손이나 발을 잘려 본 경험을 하지 않고서도 (그것이 고통스럽다는 것을 압니까.)"[362] "그렇습니다." "어떻게 그것이 고통스럽다는 것을 압니까." "어떤 사람의 손이나 발을 자르면 그 사람이 비명을 지르는 것을 볼 수 있습니다. 그래서 그것이 고통스럽다는 것을 압니다." 나가세나는 열반의 경우도 마찬가지라고 말했다. "먼저 (열반을) 얻은 사람들이 다른 사람들에게

---

360 『大正』32권, p.715a; Demiéville, 앞의 책, pp.150-151(LXXXⅢ); Finot, 앞의 책, p.118(Ⅲ, 6). 괄호 안의 내용은 빨리어본에만 있다.
361 『大正』32권, p.715a; Demiéville, 앞의 책, p.151(LXXXV); Finot, 앞의 책, p.119(Ⅲ, 8).
362 괄호 부분[寧知截手足] A본에만 있다. 『大正』32권, p.699c.

'열반도는 좋다[快]'고 말합니다. 그래서 그들은 그것을 믿는 것입니다."363

2) 열반의 내용

초기경전에서는 열반을 유여의열반(有餘依涅槃)과 무여의열반(無餘依涅槃)으로 구분했지만 『나선비구경』에서는 유여의열반에 대해서만 관심을 가지고 있다.

열반이란 '괴로움의 소멸'이므로 열반을 성취한 사람은 괴로움에서 해탈된다. 그런데 밀린다에게는 열반을 성취한 사람과 아직 열반에 이르지 못한 사람 사이에는 차이가 없는 것처럼 생각되었다. 그래서 나가세나에게 이렇게 물었다. "열반(해탈)을 얻은 사람과 아직 그것을 얻지 못한 사람 사이에는 어떤 차이가 있습니까." 이 질문에 대해 나가세나는 "열반(해탈)을 얻지 못한 사람은 마음속에 욕망을 가지고 있습니다. (그러나) 열반을 성취한 사람은 욕망을 가지고 있지 않습니다."라고 답했다. 나가세나의 설명에 밀린다는 만족할 수 없었다. "내가 보기에 이 세상 사람들은 모두 자신들의 육체에 쾌락을 주고 싶어하고 그들이 좋아하는 음식을 얻기를 원합니다."364 그는 다시 이렇게 말했다. "부모가 죽은 사람은 슬퍼서 울면서 눈물을 흘립니다. 불교

....
363 『大正』32권, p.715a; Demiéville, 앞의 책, pp.151-152(LXXXV); Finot, 앞의 책, p.119(Ⅲ, 8).
364 『大正』32권, p.716b; Demiéville, 앞의 책, p.159(CⅠ); Finot, 앞의 책, p.129(Ⅲ, 25).

경전을 독송(讀誦)하는 것을 듣는 사람도 울면서 눈물을 흘립니다."³⁶⁵ 이와 같은 경우 열반을 얻은 사람과 얻지 못한 사람 사이에 어떤 차이가 있는가. 겉으로 보기에는 차이가 없다는 것이었다.

나가세나는 그것을 이렇게 설명했다. 해탈을 얻지 못한 사람은 "음식을 먹을 때 그는 맛을 즐기고 맛에 집착합니다."³⁶⁶ 그리고 그가 울 때 그의 눈물은 "애착과 증오와 자만으로 오염되어 있습니다." 그 눈물은 (번뇌로 인해) "뜨겁습니다."³⁶⁷ 그리고 그 사람의 괴로움은 "전적으로 애착과 사랑의 생각으로 야기된 슬픔에서 나온 것입니다. 이와 같은 슬픔은 단지 무명에서 나온 슬픔일 뿐입니다."³⁶⁸ 이와 반대로 열반을 성취한 사람은 음식을 먹지만 "(음식) 맛에 대해서는 생각하지 않습니다. 그가 음식을 먹는 목적은 생명을 유지하기 위한 것일 뿐입니다."³⁶⁹ 빨리어본에서는 좀 더 설명적이다. 열반을 이룬 사람은 음식을 먹을 때 "(음식의) 맛을 음미(吟味)합니다. 그러나 맛에 대한 집착이 없습니다." 불교경전의 독송을 듣고 눈물을 흘릴 때 그 눈물은 "기쁨과 평온으로 깨끗합니다."³⁷⁰ 역시 "그의 마음은 자비로 가득 차서 세상의 괴로움을 생각합니다. 이 모든 것이 눈물을 나게 하는 것

---

365 『大正』32권, p.716b; Demiéville, 앞의 책, p.159(C); Finot, 앞의 책, p.129(Ⅲ, 24). 한역본에는 佛經을 讀誦하는 것을 듣는 사람도 "슬퍼서 울고 눈물을 흘린다[悲啼淚出]"라고 되어 있다.
366 Finot, 앞의 책, p.130(Ⅲ, 25).
367 Finot, 앞의 책, p.129(Ⅲ, 24).
368 『大正』32권, p.716b; Demiéville, 앞의 책, p.159(C).
369 『大正』32권, p.716b; Demiéville, 앞의 책, p.159(CⅠ).
370 Finot, 앞의 책, pp.129-130(Ⅲ, 24-25).

입니다. 그는 그 눈물에서 큰 행복을 얻습니다."[371]

밀린다는 역시 이와 같은 질문도 했다. "다음 생에 더 이상 재생하지 않게 된 도(道)를 얻은 뒤에도 (즉 유여의열반을 얻은 뒤에도) 사람은 아직 괴로움을 느낍니까."[372] 나가세나의 대답은 '어떤 괴로움은 더 이상 존재하지 않지만 어떤 괴로움은 여전히 계속된다.'는 것이었다. 그의 표현에 따르면 "그것을 느끼는 어떤 것이 있습니다. (그리고) 그것을 더 이상 느끼지 않는 어떤 것이 있습니다." 나가세나는 다시 설명했다. "육체만이 괴로움을 느낍니다. 정신은 괴로움을 더 이상 느끼지 않습니다."[373] 빨리어본에서도 같은 내용을 좀 더 분명하게 말하고 있다. "(열반을 이룬 사람은) 육체적인 괴로움을 느낄 수 있다. (그러나) 정신적인 괴로움은 느끼지 않는다."[374] 나가세나는 그 이유를 이렇게 설명했다. "육체가 괴로움을 느끼는 것은 이 육체가 현재 존재하고 있기 때문이다. 정신은 모든 악을 버리고 (더 이상) 욕망이 없다. 그렇기 때문에 정신은 더 이상 괴로움을 느끼지 않는다."[375]

열반을 성취한 아라한은 모든 정신적인 괴로움에서 벗어났을 뿐 아니라 더 이상 재생하지 않는다면 왜 현재 그에게 괴로움을 주고 있는 자신의 육체를 제거해 버리지 않는가. 이것을 밀린다는 이렇게 표현했다. "그가 고통을 받는다면 왜 죽음으로서 (고통을) 사라지게 하지

---

371 『大正』32권, p.716b; Demiéville, 앞의 책, p.159(C).
372 『大正』32권, p.709b-c; Demiéville, 앞의 책, p.120-121(LVⅢ); Finot, 앞의 책, p.85(Ⅱ, 20).
373 『大正』32권, p.709c; Demiéville, 앞의 책, p.120(LVⅢ).
374 Finot, 앞의 책, p.85(Ⅱ, 20).
375 『大正』32권, p.709c; Demiéville, 앞의 책, p.121(LVⅢ); Finot, 앞의 책, p.85(Ⅱ, 20).

않는가." 빨리어본에 의하면 약간 다르게 표현되었다. "고통을 받는 그 사람이 왜 완전한 열반에 들어가지 않는가."[376] 이것은 당연한 의문이다. 이 문제는 붓다가 생존하고 있었을 때에 이미 제기되었을 뿐 아니라 많은 비구들이 육체적인 괴로움에서 벗어나기 위해 자살한 일도 있었다.[377]

그렇다면 유여의열반을 성취한 사람이 괴로움에서 완전히 벗어나기 위해 자살을 하는 것이 바람직한 일인가. 이것은 밀린다의 의문이기도 했다. 나가세나는 이렇게 설명했다. "(열반에 도달한) 아라한에게는 애착심도 염오심(厭惡心)도 없다. 성자(아라한)들은 (익지 않은) 푸른 과일을 (억지로) 떨어지게 하지 않는다. 그들은 (기다렸다가) 그것이 익을 때 딴다."[378] 나가세나는 샤리뿌뜨라 장로의 말을 인용했다. "나는 죽음을 원하지 않는다. 나는 삶도 원하지 않는다. 고용인이 품삯을 기다리는 것처럼 나는 단지 때를 기다릴 뿐이다(적당한 때가 오면, 나는 떠날 것이다)."[379]

『나선비구경』에서 볼 수 있는 열반에 대한 설명은 이것이 거의 전

---

376 Finot, 앞의 책, p.85(Ⅱ, 20); 『大正』32권, p.709c; Demiéville, 앞의 책, p.121(LⅤⅢ); 中村元·早島鏡正의 앞의 책(1권, p.120)에서는 "고통을 받는 그 사람이 왜 완전한 열반에 들어가지 않는가."라고 번역.
377 이 책3장, 3, 4), (3)에 자세한 내용.
378 Finot, 앞의 책, pp.85-86(Ⅱ, 20); 『大正』32권, p.709c; Demiéville, 앞의 책, p.121(LⅤⅢ).
379 빨리어본에서 인용한 이 구절은 Theragāthā, 1002게-1003게에 있다. 604게-607게에서는 Saṅkiccha가 읊은 게송으로 되어 있다. 괄호 안의 내용[可時至便去]은 한역본(p.709c)에만 있다.

부이다. 그러나 빨리어본의 제2편에서는 많은 설명들이 있다. 이 부분은 후기에 추가된 것이기 때문에 제1편의 견해와는 차이가 있다.[380] 그렇지만 1편의 정신을 어느 정도는 계승하고 있다고 할 수 있으므로 『나선비구경』의 열반을 아는 데 도움이 될 것이다.

제2편에서 나가세나는 열반의 경지를 "재난·위험·두려움과 무서움[怖畏]이 없고, 안온·적정(寂靜)·안락·환희·절묘(絶妙)·청정·청렬(淸冽, freshness: 爽快)"한 것이라고 묘사했다.[381] 그는 역시 열반의 상태를 구체적인 비유를 들어 설명했다. "많이 쌓아올린 장작더미의 맹렬한 불길에 타고 있던 사람이 힘을 다해 거기에서 벗어나 불이 없는 곳으로 가서 최상의 안락을 얻는 것과 같다."[382] 역시 열반의 특성에 대해 여러 가지 비유로써 길게 설명했다. 그 가운데 몇 가지만 들어보면 다음과 같다. "열반은 연꽃이 진흙물에 더럽혀지지 않는 것처럼 모든 번뇌에 더럽혀지지 않는다. 열반은 맑고 서늘해서[淸凉] 마치 신선한 물이 열을 진정시키는 것처럼 모든 번뇌의 뜨거운 고통[熱苦]을 가라앉힌다. 열반은 (세상의) 모든 강물이 다 흘러들어가도 가득 차지 않는 넓고 큰 바다처럼 모든 중생이 다 들어가도 가득 차지 않는다."[383] 또한 열반은 허공처럼 열 가지 특성을 가지고 있다. "열반은

---

380 이 책 4장, 1, 1), 「(나선비구경의) 구성과 내용」 참조.
381 이것은 열반의 경지를 표현하는 열 가지 특성이다. 中村元·早島鏡正 譯, 『ミリンダ王の問い(3)』, p.105와 p.127의 註108; Rhys Davids, *The Questions of King Milinda*(Ⅱ), p.196(Ⅳ, 8, 77).
382 中村元·早島鏡正, 앞의 책(3), pp.105-106; Rhys Davids, 앞의 책(Ⅱ), pp.196-197(Ⅳ, 8, 78). 계속해서 비슷한 비유를 세 가지 더 들고 있다.
383 中村元·早島鏡正, 앞의 책(3), p.98; Rhys Davids, 앞의 책(Ⅱ), pp.189-190(Ⅳ, 8, 66-67).

태어나지도 늙지도 죽지도 않는다. 그리고 사라지지도 재생하지도 않는다. 그것은 정복할 수 없다. 어떠한 도둑도 그것을 훔쳐갈 수 없다. 그것은 아무것에도 얽매이지 않는다. 그것은 아라한들이 돌아다니는 곳이다. 아무것도 그것을 방해할 수 없다. 그것은 끝이 없다."[384] 열반은 생기거나 만들어지는 '어떤 것'이 아니다. 그래서 열반은 그것이 생기는 원인이 없다. 나가세나의 설명에 의하면, 열반이란 "생겨지는 것이 아니다. 그래서 열반이 생기는 원인을 말할 수 없다."[385] 역시 "열반은 형성되는 것이 아니고, 어떠한 것에 의해서도 만들어지지 않는다."[386]

밀린다는 나가세나의 이와 같은 설명에 만족하지 않았다. 밀린다에 의하면, "열반을 증득(證得)하는 원인이 있다면 열반이 생기는 원인도 추측할 수 있을 것이다." 그의 주장은 이렇게 전개되었다. "아들에게는 아버지가 있으므로 아버지에게도 역시 (그의) 아버지가 있었다는 것을 추측할 수 있다. 또 제자에게는 스승이 있으므로 스승에게도 역시 (그의) 스승이 있었다는 것을 추측할 수 있다. 또 (식물의) 싹[芽]에는 씨앗[種子]이 있으므로 그 씨앗에도 역시 (이전의) 씨앗이 있었다는 것을 추측할 수 있다. 이처럼 만약 열반을 증득하는 원인이 있다면 열반이 생기는 원인도 추측할 수 있을 것이다."[387]

그러나 나가세나의 설명은 밀린다의 생각과 다르다. 열반은 (스스

---

384 中村元·早島鏡正, 앞의 책(3), p.101 ; Rhys Davids, 앞의 책(Ⅱ), p.192-193((Ⅳ, 8, 71).
385 中村元·早島鏡正, 앞의 책(3), pp.14-15 ; Rhys Davids, 앞의 책(Ⅱ), p.104(Ⅳ, 7, 14).
386 中村元·早島鏡正, 앞의 책(3), p.16 ; Rhys Davids, 앞의 책(Ⅱ), p.105(Ⅳ, 7, 16).
387 中村元·早島鏡正, 앞의 책(3), p.14 ; Rhys Davids, 앞의 책(Ⅱ), p.104(Ⅳ, 7, 14).

로) 생겨나는 것도 아니고 (누구에 의해) 만들어지는 것도 아니므로 그 생기는 원인은 말할 수 없지만 열반에 도달할 수는 있으므로 "열반을 증득(證得)할 수 있는 원인은 말할 수 있다."는 것이다. 나가세나는 밀린다를 좀 더 잘 이해시키기 위해 여러 가지 비유를 들어 설명했다. 사람은 보통의 힘으로 여기에서 히말라야 산까지 갈 수 있다. 그러나 그는 히말라야 산을 여기에 가지고 올 수는 없다. 역시 사람은 보통의 힘으로 배를 타고 큰 바다를 건너 저쪽 해안에 갈 수는 있다. 그러나 그쪽 해안을 이곳으로 가져올 수는 없다. 나가세나는 각 비유마다 "그와 같이 열반을 증득할 수 있는 방법[道]을 말할 수는 있지만 열반이 생기는 원인을 보여줄 수는 없다. 왜냐하면 열반은 형성되는 것이 아니고 어떠한 것에 의해서도 만들어지는 것이 아니기 때문이다."라는 말을 되풀이했다.[388]

나가세나의 계속되는 설명에 의하면 열반은 "이미 생겼다든가, 아직 생기지 않았다든가, 생겨날 것이라든가, 과거라든가, 미래라든가 또는 현재라든가, 눈이나 귀나 코나 혀나 몸으로 식별할 수 있다고 말할 수 있는 것이 아니다."[389] 나가세나의 이와 같은 설명에 밀린다는 다음과 같이 반문했다. "존자 나가세나여, 만일 열반이 이미 생긴 것도 아니고, 아직 생기지 않은 것도 아니고 … 눈이나 귀나 코나 혀나 몸으로써 인식되는 것도 아니라면, 존자여, 그대는 열반이 존재하지 않는다는 사실을 (설명해) 보여 주었습니다. (따라서) 열반은 존재하

....
388 中村元·早島鏡正, 앞의 책(3), pp.15-16; Rhys Davids, 앞의 책(Ⅱ), p.105(Ⅳ, 7, 15).
389 中村元·早島鏡正, 앞의 책(3), p.16; Rhys Davids, 앞의 책(Ⅱ), p.105(Ⅳ, 7, 16).

지 않는 것입니다."390

그러나 나가세나는 "열반은 존재한다."라고 한마디로 잘라 말하면서 바람의 비유를 들어 설명했다. 나가세나는 이렇게 물었다. "바람[風]이라는 것이 존재합니까." 밀린다는 그렇다고 대답했다. "그렇다면 대왕이여, 바람을 색깔이나 형태 또는 크기와 길이로써 나에게 보여주십시오." "존자여, 바람을 그렇게 보여 줄 수는 없습니다. 바람은 손으로 잡을 수도 만질 수도 없습니다. 그렇지만 바람은 존재합니다." 항상 그랬듯이 나가세나가 밀린다로부터 이와 같은 답이 나오기를 기다렸다. 그는, "대왕이여, 만일 바람을 보여줄 수 없다면 바람은 존재하지 않습니다."라고 따져 물었다. 밀린다는 "그러나 존자여, 나는 (바람이 존재한다는 것을) 알고 있습니다. '바람이 존재한다'고 확신하고 있습니다. 그렇지만 나는 바람을 보여 줄 수는 없습니다."라고 대답했다. 이와 같은 밀린다의 대답을 가지고 나가세나는 열반의 존재 문제에 대한 결론을 내렸다. "대왕이여, 그것과 같이 열반은 존재합니다. 그렇지만 열반을 색깔이나 형태로써 보여줄 수는 없습니다."391

밀린다는 조금 뒤에 다시 이 주제로 되돌아왔다. "존자여, 그대가 '열반, 열반'이라고 (항상) 말하는 그 열반의 형태라든가 위치라든가 연수(年數)라든가 분량을 비유·이유·원인 또는 방법에 의해서 보여줄 수 있습니까." 나가세나는 '그와 같은 일은 불가능하다'고 대답했다.

....
390 中村元·早島鏡正, 앞의 책(3), p.16; Rhys Davids, 앞의 책(Ⅱ), pp.105-106(Ⅳ, 7, 16).
391 中村元·早島鏡正, 앞의 책(3), p.17; Rhys Davids, 앞의 책(Ⅱ), pp.106-107(Ⅳ, 7, 17).

그 이유는 열반은 (그것과) 비교할 수 있는 것이 없기 때문이라는 것이었다. 그러나 거듭되는 밀린다의 요청에 따라 나가세나는 비유를 들어 설명했다. "대왕이여, 어떤 사람이 대왕께 '바닷물의 양(量)은 얼마나 됩니까, 또 거기에 살고 있는 생물은 얼마나 됩니까'라고 묻는다면 대왕은 어떻게 대답하겠습니까." "존자여, 나는 그에게 '그대는 나에게 물어서는 안 될 것을 물었소. 누구도 그런 질문을 해서는 안 됩니다. 그런 질문은 (대답하지 말고) 내버려 두어야 합니다. … 어떠한 사람도 큰 바닷물의 양이나 그곳에 살고 있는 생물들을 헤아릴 수 없습니다'라고 대답하겠습니다." 그러자 나가세나는 "대왕이여, 왜 그대는 (실제로) 존재하는 바다에 관해서 이와 같은 대답을 합니까. (그대는 오히려) '바다에는 이 정도의 물이 있고 역시 이 정도의 생물이 산다'라고 계산해서 그에게 알려 주어야 하지 않겠습니까."라고 반문했다. 밀린다는 "존자여, 그것은 불가능합니다. 이 질문은 (우리의 인식) 영역을 넘어서는 것입니다."라고 대답했다. 나가세나는 동일한 이유로 열반은 존재하지만 그것을 사람들에게 보여줄 수는 없다고 말하면서 열반 문제에 대한 설명을 끝내었다.[392]

....
392 中村元·早島鏡正, 앞의 책(3), pp.94-96; Rhys Davids, 앞의 책(Ⅱ), pp.186-187(Ⅳ, 8, 61-63). '바닷물의 비유'는 『相應部經典』(『南傳』 16권 上. pp.101-102)에서 '무기(無記)'를 설명할 때 사용했지만, 여기서는 '존재[有]하지만 설명하기가 매우 어렵다'는 것을 나타내기 위해 사용했다. 이 책 제3장 4, 4) 참조.

3) 열반의 길

(1) 길의 특성

불교의 궁극 목적이 열반의 성취라면 붓다가 제시한 모든 길(mārga)은 오로지 이 목표만을 향하고 있다. 『나선비구경』에서는 밀린다가 이 주제에 대해 한마디로 이렇게 질문했다. "(모든 경전의) 유일한 목표는 모든 괴로움[苦, 惡]을 제거하는 것입니까." "그렇습니다. 붓다의 경전이 말하는 모든 종류의 좋은 것[種種諸善]은 모든 괴로움을 제거하는 것을 유일한 목표로 삼고 있습니다."[393] 그리고 나가세나는 비유를 들었다. "마치 어떤 왕이 전쟁을 하기 위해 4종의 군대[象兵·馬兵·車兵·步兵][394]를 일으킬 때 마음속에는 단 한 가지 계획만 가지고 있습니다. 즉 적을 공격하는 것입니다. 마찬가지로 붓다의 경전들은 온갖 종류의 좋은 것[諸善]을 말하고 있지만 모든 괴로움[一切惡]을 공격해서 그것을 제거하는 것이 유일한 목표입니다."[395]

열반에 이르는 길은 붓다 자신이 처음으로 가르쳤다. 그러나 초기 경전에 의하면 이 길은 고따마 붓다 이전에 이미 존재했던 것인데 그동안 잊혀졌다가 붓다가 재발견했다. 『잡아함』의 「성읍경(城邑經)」에서는 옛길[故道]의 비유를 들어 설명하고 있다. 즉 옛사람들이 지나간 길을 붓다가 다시 발견하고 그 길을 따라가서 옛사람들이 도달했던 동

---

393 『大正』32권, p.708c; Demiéville, 앞의 책, p.114(LIV); Finot, 앞의 책, p.78(II, 16).
394 B본에는 4종의 군대[四種兵]의 이름은 없다.
395 『大正』32권, p.708c; Demiéville, 앞의 책, p.114(LIV); Finot, 앞의 책, p.78(II, 16).

일한 목적지인 열반에 이를 수 있었다는 것이다. "어떤 사람이 광야를 여행하면서 거친[荒] 곳을 헤치고 길을 찾다가 갑자기 옛사람이 다니던 옛길을 만나서 그는 곧 그 길을 따라갔다. 점점 앞으로 나아가 옛 성읍, 옛 왕궁, 동산, 목욕 못[池], 청정한 수풀을 보았다."[396] 이 비유에서, '어떤 사람이 발견한 길'은 '열반으로 가는 길'이고, '옛 성읍, 옛 왕궁' 등이 '열반'을 가리키고 있다.

빨리어본의 제2편에서도 같은 식으로 설명하고 있다. "대왕이여, 과거의 여러 붓다가 돌아가시고 그 때문에 가르치고 지도할 사람이 없어지자 그 길은 흔적도 없이 사라지고 말았습니다. 전지자(全知者)인 붓다는 과거에 바르게 깨친 사람들이 걸어간 길이 무너지고 파손되고 막혀서 통행할 수 없게 된 것을 지혜의 눈으로 찾아내었습니다."[397]

이와 같은 길[道] 앞에서 붓다의 위치는 길 안내자, 즉 도사(導師)이다. 그는 사람들에게 길을 가르쳐 주고 자신이 모범을 보이면서 그들이 그 길을 가도록 격려해 줄 뿐이다.[398] 이것을 붓다는 가나까 목갈라나(Gaṇaka Moggallāna, 算數目犍連)라는 한 바라문에게 이렇게 설명했다. "열반은 틀림없이 존재한다. 거기에 이르는 길도 역시 존재한다. (그 길의) 안내자인 나도 존재한다. 그러나 내 제자들 가운데 어떤 사람은 열반에 도달할 수 있고 어떤 사람은 그렇게 할 수 없다. 내가 그것에 대해 어떻게 할 수 있겠는가. 나는 단지 길을 가르쳐 주는 사

....
396 『大正』2권, p.80c(『雜阿含』12권, 287경); 同, p.718b-c(『增一阿含』31권, 38의 4경).
397 中村元·早島鏡正, 앞의 책(2), p.242; Rhys Davids, 앞의 책(Ⅱ), pp.13-14(Ⅳ, 5, 13).
398 André Migot, *Le Bouddha*, Paris, 1960, p.144; La Vallée-Poussin, *Nirvāṇa*, p.4; 같은 저자, *Bouddhisme, opinion.*, pp.140-141.

람에 불과할 뿐이다."³⁹⁹

열반의 길은 모두에게 열려 있는 길이다. 그러나 개인적으로 각자가 스스로 가야 할 길이다. 오로지 자신의 노력으로 혼자서 가지 않으면 안 된다. 누구의 도움도 직접 받을 수 없다. 어떠한 제사도 의식(儀式)이나 기도 역시 아무런 쓸모가 없다.⁴⁰⁰ 그러나 누구라도 붓다가 가르쳤고 모범을 보인 길을 향해 가면 모두 목적지에 도달할 수 있다.

나가세나의 표현에 의하면 "좋은 길에서 바로 가고 올바른 것을 배우고, 행해야 할 것을 행하고 행해서는 안 될 것을 멀리 피하고, 생각해야 할 것을 생각하고 생각해서는 안 될 것을 물리치는 사람은 (누구든지) 열반에 도달할 수 있다."⁴⁰¹ 여기에서 문제가 제기된다. 만약 누구든지 열반을 성취하기 위해 필요한 일을 실천하기만 하면 열반을 이룰 수 있다면 반드시 출가를 해서 수행을 해야 할 필요가 없을 것이다. 그렇다면 출가의 의미가 없어지게 되고 만다.

밀린다는 나가세나를 만나기 전에 이 문제를 사갈라의 고승 아유빨라(Āyupāla, 野和羅)에게 제기했다. "존자여, 그대는 무슨 이유로 가정과 처자를 버리고 머리를 깎고 가사를 입고 사문이 되었습니까. 그대는 무슨 도(道)를 구하고 있습니까."⁴⁰² 그러자 아유빨라는, "나와 나

---

399 *Majjhimanikāya*, 107, PTS, Ⅲ, p.56; 『大正』1권, pp.652c-653b(7-9)(『中阿含』35권, 144경).
400 *Saṃyuttanikāya*, 42, 8, §6, PTS, Ⅳ, pp.219-220; André Migot, 앞의 책, p.159; Lamotte, 앞의 책, p.473.
401 『大正』32권, p.715a; Demiéville, 앞의 책, p.151(LⅩⅩⅩⅣ); Finot, 앞의 책, p.119(Ⅲ, 7).
402 『大正』32권, p.705b; Demiéville, 앞의 책, p.94(ⅩⅩⅧ). 빨리어본(p.47, Ⅰ, 11)은 간단하게 "그대의 출가 목적이 무엇입니까. 그리고 그대의 최종 목표가 무엇입니까."라 하고 있다.

의 도반(道伴, 我曹)들은 붓다의 가르침을 공부하고 있습니다. 바른 덕을 닦으면서 우리는 금생에 복을 얻고 후생에도 복을 얻을 것입니다. 이 때문에 우리는 출가해서 가사를 입고 사문이 되었습니다."라고 답했다.[403]

밀린다는 그에게 다시 질문했다. "재가자들도 가정에서 처자를 거느리고 바른 덕을 닦으면 금생에 복을 얻고 후생에도 복을 얻을 수 있습니까." 아유빨라는, "재가자들도 가정에서 처자를 거느리고 바른 덕을 닦으면 금생에서 복을 얻고 후생에서도 복을 얻습니다."라고 답했다. 그렇다면 출가해서 고행을 하는 것이 무슨 소용이 있겠는가. 그래서 밀린다는 "존자여, (그대가 가정을 떠나)[404] 처자를 버리고 삭발하고 가사를 입고 사문이 된 것은 의미가 없습니다."라고 말했다.[405] 계속해서 밀린다는 출가생활에 아무 이익이 없다는 것을 나름대로 조리 있게 서술했다. "(불교 수행자들은) 전생에 저질렀던 악행의 결과로 출가해서 여러 가지 고행을 하는 것입니다. '하루 한 끼씩 식사를 하는 비구들'은 아마 전생에 다른 사람들의 음식을 빼앗은 도둑들이었으므로 그 행위의 결과로 지금은 '1일 1식 하는 비구들'이 되어 때에 맞추어 식사를 할 수 없게 된 것입니다. 이들에게는 계행도 없고, 고행도 청정한 수행도 없습니다. 역시 '집 바깥에 거주하는 비구들'은

---

403 『大正』32권, p.705b-c; Demiéville, 앞의 책, pp.94-95(ⅩⅩⅧ). 忠政은 A본(p.695b)에서 中正이고, Demiéville은 'une morale droite'이라고 번역(p.94). 빨리어본(p.47, Ⅰ, 11)에 의하면 "대왕이여, 경건한 삶, 조용한 삶, 이것이 우리의 출가 목적입니다."
404 괄호 안의 내용은 B본에 없다.
405 『大正』32권, p.705c; Demiéville, 앞의 책, p.95(ⅩⅩⅧ); Finot, 앞의 책, p.47(Ⅰ, 11).

아마 전생에 마을을 빼앗은 도적들로서 다른 사람들의 집을 파괴한 행위의 결과 지금은 '집 바깥에 거주하는 사람들'이 되어 잠잘 곳을 사용할 수 없게 된 것입니다. '앉은 채로 눕지 않는 비구들'은 아마 전생에 노상강도나 도둑들로서 길가는 사람들을 잡아 묶어 앉혀 놓았던 행위의 결과로 지금은 '앉은 채로 눕지 않는 사람들'이 되어 침대에서 잠잘 수 없게 된 것입니다. 이들에게는 계행도 없고 고행도, 청정한 수행도 없습니다." 밀린다의 이와 같은 신랄한 야유 앞에서 아유빨라는 침묵하고 말았다.[406]

빨리어본의 제2편에서 밀린다는 이 문제를 다시 제기했다. 그는 먼저, "비구들아, 나는 재가자이든 출가자이든 바르게 실천하는 사람을 칭찬한다. 비구들아, 재가자이든 출가자이든 바르게 실천하는 사람은 바른 실천에 따르는 어려움을 극복하고 정리(正理), 선법(善法)을 성취한다."[407]라는 붓다의 말을 인용한 뒤 질문을 던졌다. "가정에서 쾌락적인 생활을 하면서도 올바로 실천을 하면 열반을 이룰 수 있는데 왜 가정을 떠나 많은 계율을 지키면서 고행을 해야 하는가." 밀린다는 계속했다. "재가자와 출가자의 차이는 무엇인가. 고행은 헛된 것이고 출가도 이익이 없는 것 아닌가."[408]

밀린다의 이와 같은 정당한 주장에 나가세나의 답은 명쾌했다.

....

406 이 내용은 한역본에는 없다. 中村元·早島鏡正, 앞의 책(1), pp.32-39. 내용을 약간 생략했음. Finot의 번역(pp.47-48[Ⅰ, 11])은 中村元의 번역보다 간략하다.
407 中村元·早島鏡正, 앞의 책(2), p.295; Rhys Davids, 앞의 책(Ⅱ), pp.56-57(Ⅳ, 6, 16). 이 내용은 Majjhimanikāya, 99경, PTS, Ⅱ, pp.386-387.
408 中村元·早島鏡正, 앞의 책(2), pp.295-296; Rhys Davids, 앞의 책(Ⅱ), pp.57-58(Ⅳ, 6, 16). 긴 내용을 간추렸음.

"대왕이여, 출가자는 무슨 일이든 해야 할 일을 모두 빨리 성취하기 때문에 긴 시간이 걸리지 않습니다. 왜냐하면 출가자는 (간소한 생활에) 만족하고 기뻐하면서 (세상을) 멀리하고 세속(世俗)과 사귀지 않고 (수행을) 열심히 하고 집도 거처도 없고 계율을 완전히 지켜 (번뇌를) 없애기 위한 수행을 하고 두타행을 실천하는 데 익숙하기 때문입니다." 나가세나는 비유를 들어 설명했다. "그것은 마치 마디[節]가 없고 잘 다듬어졌을 뿐 아니라 똑바르고 흠집이 없는 화살이 빠르게 발사되어 확실하게 날아가는 것처럼, 출가자는 무슨 일이든 해야 할 일을 모두 빠르게 성취하고 긴 시간이 걸리지 않습니다."[409]

나가세나의 설명에 의하면 재가자와 출가자의 차이는 출가자 쪽이 열반을 성취하는 데 더 빠르고 더 효과적일 뿐 출가생활이 열반을 성취하는 데 필수적인 조건은 아니라는 것이다.

(2) 길의 내용

초기경전에서 열반을 성취하기 위해 일반적으로 권장되는 수행법은 8정도의 실천이었다. 그러나 『나선비구경』에서 가르치는 열반의 길은 '지혜와 여선사(餘善事)'이다.[410] 여선사(autres bonnes choses, 다른 좋은 일들)란 성신(誠信)・효순(孝順)・정진(精進)・염선(念善)・일심(一心)이다.[411] 『나선비

---

[409] 中村元・早島鏡正, 앞의 책(2), pp.296-297; Rhys Davids, 앞의 책(Ⅱ), p.58-59(Ⅳ, 6, 17-19).
[410] 『大正』32권, p.707b; Demiéville, 앞의 책, p.104(XLV). 이 내용은 빨리어본에 없다.
[411] 『大正』32권, p.707b; Demiéville, 앞의 책, p.104(XLVII). 지혜를 한역본에서는 餘善事에 포함시켰지만 빨리어본에서는 제외시켰다(Finot, p.69, Ⅱ의 10).

구경』에서는 이것을 "어떤 사람이 … 지혜와 여선사를 (실천하면) 그는 후생에 다시 태어나지 않는다(즉 열반을 이룬다)."라 하고 있다.[412]

그러나 이들 여러 요소 가운데 지혜가 핵심이다. 지혜로써 번뇌와 애착(愛着)을 제거할 수 있고 결과적으로 열반을 성취할 수 있게 된다. 나가세나의 설명을 빌리면, "지혜에 의해서 (수행자는) 사랑과 애착을 끊는다."[413] "지혜를 가진 자[智人]는 지혜로써 (열반)도(道, 경지)에 이른다. 마치 건장한 투사가 승리를 얻는 것처럼."[414] 그래서 "세상 사람들에게 지혜가 으뜸이다. 지혜를 가진 사람은 생사의 괴로움으로부터 해탈을 얻을 수 있다."[415]

지혜와는 달리 여선사(餘善事)는 열반을 이루기 위한 보조적인 요소이다. 즉 그것은 지혜를 얻기 위해 필요한 것이다[諸善事是爲智慧].[416] 나가세나는 다른 곳에서 여선사를 5선심(五善心)으로 나타내면서,[417] "5선심을 실천하는 사람은 지혜를 얻는다."라고 설명했다.[418]

---

412 『大正』32권, p.707b; Demiéville, 앞의 책, p.104(XLV).
413 『大正』32권, p.707b; Demiéville, 앞의 책, p.104(XLVI); Finot, 앞의 책, p.69(Ⅱ, 9). 역시 같은 책 p.68(Ⅱ, 8).
414 『大正』32권, p.709b; Demiéville, 앞의 책, p.120(LVII).
415 『大正』32권, p.708c; Demiéville, 앞의 책, p.114(LIII).
416 『大正』32권, p.708b; Demiéville, 앞의 책, p.114(LIII). 中村元·早島鏡正, 앞의 책(1)에서는 "지혜를 돕는 것"이라는 제목으로, (9) 戒行(pp.85-87), (10) 信仰(pp.88-90), (11) 精勤(pp.90-91), (12) 專念(p.91-94), (13) 心統一(定)(pp.94-95)에 대해 자세하게 서술하고 있다. 『那先比丘經』의 '餘善事'와 동일한 내용이다.
417 五善(心)과 餘善事는 명칭과 내용이 약간 다르지만 근본적으로는 같은 것이라 할 수 있다. 『大正』32권, p.707b(Demiéville, 앞의 책, p.104)와 p.709b(Demiéville, p.119) 참조. 그리고 Demiéville은 (五)善心과 餘善事는 모두 'kusalādhammā'라는 말에서 번역된 것이라고 설명하고 있다(앞의 책, p.104 註10과 p.119 註3).
418 『大正』32권, p.709b: 人能奉行是五善者 便得智慧; Demiéville, 앞의 책, p.119(LVII).

〔A〕여선사(餘善事, kuśaladhamma)

1°) 성신(誠信, saddhā)[419] : 나가세나는 성신을 다음과 같이 정의했다. "성신이란 의심을 더 이상 가지지 않는 것이다. 그것은 붓다가 있다는 것과 붓다의 경법(經法)이 있다는 것을 믿는 것이고, 비구승가가 있다는 것을 믿는 것이다. (역시) 아라한의 도(道)가 있다는 것을 믿고 현세와 후세가 있다는 것을 믿는 것이다. (역시) 부모에 대한 효순(孝順, 孝誠)이 있다는 것을 믿는 것이고, 선을 행하면 좋은 (과보)를 받고 악을 행하면 나쁜 (과보)를 받는다는 것을 믿는 것이다."[420]

성신은 '정화(淨化)'와 '돌진(突進)'이라는 두 가지 특성을 가지고 있다.[421] 성신이 정화의 특성을 가지고 있으므로 사람들이 성신을 가질 때 "마음이 깨끗해지고 다섯 가지 악[五惡]을 제거한다." 마치 전륜성왕이 청수주(淸水珠, 摩尼珠)로써[422] 더러워진 물을 깨끗하게 하는 것과

---

419 빨리어본에는 '믿음[信]'으로 되어 있다. Finot, 앞의 책, p.71(Ⅱ, 11). 그러나 '믿음'이라고 번역된 'saddhā'는 일반적으로 생각하고 있는 그런 '믿음'이 아니다. A. Bareau에 의하면, "불교는 기독교에서 말하는 '믿음'과 같은 그런 순수한 '믿음'을 인정하지 않는다. 불교에서 말하는 '믿음'이란 제자들이 붓다가 가르친 교리의 여러 요소들을 개인적으로 검토하고 깊이 연구함으로써 생겨나게 된 확신으로서, 수학적인 논증을 이해한 뒤에 느끼게 되는 믿음과 유사한 것이다."(그의 책, *Bouddha*, p.48, 註1) 그러나 W. Rahula는 여기에 약간의 설명을 더 보탠다. "통속적인 불교 또는 일반적인 관례에서는 'saddhā'라는 말이 불·법·승에 대한 숭배를 뜻하는 의미의 신앙적인 요소를 가지고 있다."(앞의 책, p.28)
420 『大正』32권, p.707b; Demiéville, 앞의 책, pp.104-105(XLⅧ, aʲ). 이 설명은 빨리어본에 없다.
421 Finot, 앞의 책, p.71(Ⅱ, 11). 한역본에는 특성에 대한 설명은 있지만 정의는 없다. 中村元은 약입(躍入, 뛰어 들어감)이라 번역(앞의 책[1], p.88)했지만 Finot의 번역, élan(돌진)을 택했음(앞의 책, p.71).
422 『大正』32권, p.707c; Demiéville, 앞의 책, p.105(XLⅧ); Finot, 앞의 책, p.72(Ⅱ, 11). 빨리어본에서는 '물을 정화하는 구슬[摩尼珠]'을 가지고 탁한 물을 정화하는 것을 자세하게 묘사하고 있다.

같다.[423]

성신의 다른 특성인 '돌진'[424]에 의해 사람들은 "아직 얻지 못한 것을 얻기 위해 노력하고 달성하지 못한 것을 달성하고 아직 이루지 못한 것을 이룬다."[425] 나가세나가 든 비유에 의하면 그것은 마치 홍수로 인해 물이 불어난 강가에 "몰려 있던 많은 사람들이 강물이 깊은지 어떤지 몰라 걱정하면서 강변에 서 있었다. 그러나 자신의 능력과 힘을 알고 있던 한 사람이 허리띠를 단단히 동여매고 물에 뛰어 들어 강을 건넜다."[426] 이것을 보고 "강변에 있던 사람들은 그를 본보기로 삼아 뒤를 따라 떼를 지어 (강을) 건넜다."[427] 이와 마찬가지로 붓다의 제자들은 "해탈한 다른 사람들을 보고 (네) 단계로 이루어진 성자[阿羅漢]의 위(位)에 오르기 위해 '돌진'하는 것이다."[428] 나가세나는 경전의 한 구절을 인용하면서 설명을 끝낸다. 즉 "사람은 믿음으로써 격류(激流)를 건너고 불방일(不放逸)로써 바다를 건넌다. 정진으로써 괴로움을 극복하고 지혜로써 완전히 청정하게 된다."[429]

---

423 『大正』32권, p.707b; Demiéville, 앞의 책, p.105(XLVIII); Finot, 앞의 책, p.72(II, 11). 여기에서 말하는 5惡이란 경전에서 일반적으로 말하는 다섯 가지 기본적인 죄, 즉 살생·투도·사음·망어·악구가 아니라, 5개(五蓋) 즉 탐욕(貪婬)·진에(瞋恚)·기와[嗜臥 또는 睡眠]·희락(戱樂)·소의(所疑)를 말한다. 『大正』32권, p.707b; Demiéville, 앞의 책, p.105(XLVIII), 그리고 같은 쪽, 註1.
424 한역본(p.707c)에서는 精進誠信(sampakkhandana-lakkhaṇā sadā)이다. '餘善事 3')의 精進(vīrya)과는 다른 내용이다. Demiéville, 앞의 책, p.106 註51과 中村元, 『佛敎語大辭典』, p.731(4).
425 Finot, 앞의 책, pp.72-73(II, 11). 이 설명은 한역본에 없다.
426 Finot, 앞의 책, p.73(II, 11). 빨리어본이 한역본보다 분명하다. 『大正』32권, p.707c; Demiéville, 앞의 책, p.106(XLVIII)(a-2).
427 『大正』32권, p.707c; Demiéville, 앞의 책, p.106(XLVIII); Finot, 앞의 책, p.73(II, 11).
428 Finot, 앞의 책, p.73(II, 11); 『大正』32권, p.707c; Demiéville, 앞의 책, p.106(XLVIII).
429 Finot, 앞의 책, p.73((II, 11); 中村元·早島鏡正, 앞의 책(1), p.90; 『大正』32권, p.707b;

2°) 효순(孝順, sīla) : 빨리어본에서는 효순이라는 말 대신 계(戒)라는 말을 사용하고 있다.[430] 이 두 번역은 '실라(sīla)'라는 말에서 나왔다.[431] 실라는 일반적으로 계(戒)·윤리·도덕 등으로 번역된다. 『나선비구경』에서 이것을 '계' 대신 '효순'이라는 말을 사용한 것은 중국적(中國的)인 상황에 맞추기 위해서였을 것이다.

『나선비구경』에 의하면 효순은 '모든 선한 것[諸善事]'[432]의 근본이 되고 그것을 근거로 해서 '모든 선한 것'이 쇠퇴하지 않는다는 것이다. 나가세나는 여러 가지 비유로써 이것을 설명했다. 그 가운데 두 가지만 들면 다음과 같다. '모든 종류의 식물들이 땅을 의존하고 땅을 근거로 해서 발육하고 자라고 번성하는 것처럼,' 그리고 '도시의 건축가가 도시를 건설하기 위해서 먼저 장소를 정리하고 (나무의) 그루터기와 가시덤불을 걷어내고 바닥을 평평하게 만든 다음 길과 광장과 네거리를 설계하는 것처럼,'[433] 효순에 의지하고 그것에 근거해서 사람들은 자신 속에 모든 선법(善法), 즉 신력(信力)·진력(進力)·염력(念力)·정력(定力)·혜력(慧力)의 5력(五力, pañcabalāni)을 발달시킨다는 것이다.[434] 나가세나는 붓다의 말을 인용하면서 설명을 끝낸다. "생각과 지혜를 닦는 현인이나 열성적이고 신중한 비구가 (인생의) 가시덤불을

....

Demiéville, 앞의책, p.106-107(XLVIII); *Saṃyuttanikāya*, X, §12, PTS, I, p.276.
430 Finot, 앞의 책, p.69(II, 10).
431 Demiéville, 앞의 책, p.107, 註2.
432 37助道品을 말한다. 『나선비구경』에서는 자세한 설명을 하고 있다. 『大正』 32권, pp.707c-708a; Demiéville, 앞의 책, pp.108-109(XLIX, b).
433 Finot, 앞의 책, p.70(II, 10); 『大正』 32권, p.708a; Demiéville, 앞의 책, p.110(XLIX, b).
434 Finot, 앞의 책, p.70(II, 10).

제거할 수 있는 것은 이 효순[律]에 의해서이다."⁴³⁵

3°) 정진(精進, vīrya) : 나가세나에 의하면 정진은 "선(善)을 굳게 유지시키고 선을 돕는다."⁴³⁶ 빨리어본에 의하면 정진의 특성은 "선(善)을 돕는 것이다. 정진에 의해 도움을 받는 모든 선법(善法)은 멸망하여 없어지지 않는다."⁴³⁷

나가세나는 이것을 비유로써 설명했다. 그것은 마치 "넘어지려는 벽과 무너지려는 집을 옆에서 떠받치는 것과 같다."⁴³⁸ 다시 다른 비유를 들었다. "왕이 (전쟁에) 군대를 파견한다. 한 번의 공격이 있다. 그들은 숫자가 적어서 뜻대로 되지 않는다. 왕은 다시 (증원)군을 파견해 그들을 도와 승리를 거둔다." 나가세나는 설명을 계속했다. "사람들이 가지고 있는 악(惡)은 '숫자가 적은 군대와 같다. 선심(善心)으로 악심(惡心)을 소멸시킨다. (이것은) 왕이 증원군을 파견해 전투에서 승리를 거두는 것과 같다."⁴³⁹

4°) 염선(念善, sati)⁴⁴⁰ : 이것은 '마음이 좋은 것을 생각하는 것[意當念諸善事者]'이다. 빨리어본에서는 '염선' 대신 '전념(專念)'으로 되어 있

---

435 Finot, 앞의 책, p.71(Ⅱ, 10). Finot에 의하면(p.154, 註53), *Saṃyuttanikāya*, Ⅰ, p.13과 p.165;『大正』2권, p.160b(『雜阿含』22권, 599): 智者建立戒 內心修智慧 比丘勤修習 於纏能解纏.
436 『大正』32권, p.708a; Demiéville, 앞의 책, p.112(L); Finot, 앞의 책, p.74(Ⅱ, 12).
437 中村元・早島鏡正, 앞의 책(1), pp.90-91.
438 『大正』32권, p.708a; Demiéville, 앞의 책, p.112(L); Finot, 앞의 책, p.74(Ⅱ, 12).
439 『大正』32권, p.708a-b; Demiéville, 앞의 책, p.112(L); Finot, 앞의 책, p.74(Ⅱ, 12).
440 念善 대신 意當念諸善事者으로 되어 있다. 그러나 意當念諸善事者는 餘善事의 네 번째 항목인 '念善'이라는 것을 알 수 있다(『大正』32권, p.704a). Demiéville(p.112, 註3)과 中村元(『佛教大辭典』, p.1078의 4)은 意當念諸善事者를 sati라 했다. 특히 中村元에 의하면 이것은 '專念, (餘)善事의 하나'이다(『那先比丘經』A본과 B본,『大正』32권, p.697上과 下, p.707上과 p.708中).

다. 나가세나는 염선을 "여러 가지 꽃을 따서 실[縷]로 함께 꿰어 묶어 놓으면 바람이 불어도 흩어지지 않는 것과 같다."라고 비유를 들었다.[441] 염선의 특성은 '열거(列擧)'와 '승인(承認)'이다.[442]

나가세나는 '열거'라는 특성을 길게 설명했다. (수행자는) 그것에 의해 선과 악, 정(正)과 사(邪), 존(尊)과 비(卑), 흑과 백 등의 대조적 성질을 가진 것을 열거하게 된다. 즉 "이것들은 4념처(四念處)이다, 4정근(四正勤)이다, 4신족(四神足)이다, 5근(五根)이다, 5력(五力)이다, 7각지(七覺支)이다, 8정도(八正道)이다.[443] 이것은 집중(集中)이다, 이것은 관찰이다, 이것은 명지(明智)이다, 이것은 해탈이다(라고 열거한다)." 이렇게 해서 "수행자는 배워야 할 것을 배우고 배워서는 안 될 것을 배우지 않고, 가까이 할 것을 가까이 하고 가까이 해서는 안 될 것을 가까이 하지 않는다."는 것이다. 나가세나는 "대왕이여, 이와 같이 염선(念善, 專念)은 열거를 특성으로 합니다."라고 말했다.[444]

나가세나는 승인(承認)이라는 또 하나의 특성에 대해 이렇게 설명했다. "염선이 생길 때 수행자는 이익이 되는 것과 이익이 되지 않는 것을 추구합니다. 즉 이것들은 이익이 되는 것이고 이것들은 이익이 되지 않는 것이다, 이것들은 도움이 되고 이것들은 도움이 되지 않는다(라고 판단합니다). 그렇게 한 다음, 수행자는 이익이 되지 않는 것은

---

441 『大正』32권, p.708b; Demiéville, 앞의 책, p.112(L Ⅰ); 이 비유는 빨리어본에 없다.
442 Finot, 앞의 책, p.74(Ⅱ, 13). 中村元은 승인(承認, admission) 대신 注視라고 했다(앞의 책, p.92). 한역본에는 '열거(列擧)와 승인(承認)'이라는 구분 없이 설명만 있다.
443 한역본은 이것을 모두 '三十七品經(=37助道品)'이라는 한마디로 나타내고 있다.
444 이어서 珥揺官-王의 守藏者의 비유를 들었다. 『大正』32권, p.708b; Demiéville, 앞의 책, p.113(L Ⅰ). 빨리어본을 취했음(中村元·早島鏡正, 앞의 책[1], pp.92~93).

물리치고 이익이 되는 것은 승인합니다. (역시) 도움이 되지 않는 것은 물리치고 도움이 되는 것은 승인합니다. 대왕이여, (이와 같이) 염선은 승인을 특성으로 합니다."445

5°) 일심(一心, samādhi) : 일심은 일반적으로 삼매(三昧) 또는 정(定)으로 번역된다. 이것은 '정신통일'이다. 『나선비구경』에 의하면 "일심은 모든 좋은 것[諸善] 가운데 으뜸이다. 사람이 정신을 통일하면 좋은 것은 모두 그것을 뒤따르게 된다."446 나가세나는 한 경(經)을 인용하면서 일심의 중요성을 말했다. "일심은 모든 선(善) 가운데 근본이다. 도를 공부하는 사람은 모두 먼저 일심에 의지해야 한다."447 비유를 들면 누각의 계단이 어떤 것에 의지해야 하는 것처럼, "모든 좋은 것은 일심에 근거를 두고 있다."448 그래서 일심은 '패권(覇權, suprématie)'이라는 특성을 가지고 있다는 것이다.449 나가세나는 그것을 비유로써 "왕이 4종의 병(兵)을 거느리고 전투를 하러 나갈 때 모든 병들 즉 상병·마병·차병·보병들이 왕의 앞과 뒤에서 그를 인도하는 것과 같다."고 설명했다.

----

445 이어서 전륜왕의 將軍寶-守門者의 비유를 들었다. 『大正』32권, p.708b; Demiéville, 앞의 책, p.113(LⅠ). 빨리어본을 취했음(中村元·早島鏡正, 앞의 책[1], pp.93-94).
446 『大正』32권, p.708b; Demiéville, 앞의 책, p.113(LⅡ); Finot, 앞의 책, p.76(Ⅱ, 14).
447 『大正』32권, p.708b; Demiéville, 앞의 책, p.113(LⅡ).
448 『大正』32권, p.708b; Demiéville, 앞의 책, p.113(LⅡ). 빨리어본에서는 비유로 '계단' 대신 집의 대들보를 들고 있다. Finot, 앞의 책, pp.76-77(Ⅱ, 14).
449 Finot, 앞의 책, p.76(Ⅱ, 14). 中村元은 '主要者'라고 했다. 앞의 책, 1권, p.94.

〔B〕 지혜(智慧, paññā)

지금까지 살펴본 여선사(餘善事)는 열반을 성취하는 데 보조적인 요소이다. 핵심은 지혜이다. 즉 여선사를 실천함으로 지혜를 얻을 수 있고 지혜로써 무명과 욕망을 소멸해 열반을 성취하게 된다.

『나선비구경』은 지혜에 대해 자주 언급하면서도 분명한 설명은 주지 않는다. 밀린다는 나가세나에게 이 문제에 대해 질문했다. "지혜란 무엇입니까." 그러자 나가세나는 "지혜를 가진 사람은 모든 의심을 끊을 수 있고 모든 선한 것을 밝힐 수 있습니다. 이것이 지혜입니다."라고 답했다.[450] 나가세나의 이 대답은 지혜의 작용에 대한 설명일 수는 있겠지만 지혜의 의미에 대한 것은 아니다. 다른 곳에서 나가세나는 지혜(sagesse)를 통찰력(洞察力, clairvoyance)과 같은 것이라 말하고 있다. 그의 표현에 따르면 "지혜(智, paññā)와 통찰력(明, jñāna)은 전적으로 같은 것이다[智與明等耳]."[451]

지혜 또는 통찰력을 가지게 되면 모든 것을 다 알 수 있는가. 밀린다는 이 문제에 대해 다음과 같이 질문했다. "지혜와 통찰력을 가진 사람은 모든 것을 전부 압니까. 또는 그 가운데 모르는 것도 있습니

---

450 『大正』 32권, p.708b: 人有智慧 能斷諸疑 明諸善事 是爲智慧; Demiéville, 앞의 책, p.114(LⅢ).
451 『大正』 32권, p.709a; Demiéville, 앞의 책, p.118(LⅦ); Finot, 앞의 책, p.81(Ⅱ, 19). Demiéville은 지혜와 통찰력에 대한 차이점을 註(p.118, 註3)에서 설명하고 있다: "지혜는 종교적인 직감과 관계가 있고, 통찰력은 일상적 또는 세속적인 지식과 관계가 있는 것 같다. 그렇지만 그것들을 '전적으로 같은 것이다[等耳].' 틀림없이 종교적(불교적)인 지혜에는 초인간적인 것은 아무것도 없는 것 같다."

까." 나가세나는 "사람들의 지혜가 미치는 것도 있고 미치지 못하는 것도 있습니다."라고 답하면서 이렇게 설명했다. "(지혜를 가진) 사람이 알 수 없는 것은 이전에 배우지 않은 것입니다. 그러나 그 사람이 알 수 있는 것은 이전에 배운 것입니다."[452]

빨리어본에서는 이것을 좀 더 구체적으로 설명해 준다. 즉 지혜를 가진 사람도 어떤 일에 대해서는 틀릴 수 있다. 예를 들면 '그가 연구하지 않은 학문에 대해서, 그가 가보지 않은 지방에 대해서, 그가 (이전에) 한번도 들어보지 못한 용어의 의미에 대해서'는 알 수 없다. 그러나 '진리, 즉 무상·고·무아에 대해서는' 확실하게 알 수 있다는 것이다.[453]

지혜는 조명(照明)과 절단(切斷)이라는 두 가지 특성을 가지고 있다.[454] 조명이라는 특성에 의해서 지혜는 "무명의 어두움을 소멸시키고 지식(science)의 빛을 일으키고 이해(connaissance)의 광명을 빛나게 하고, 성스러운 진리를 드러내 보여준다. 지혜에 의해서 수행자는 무상·고·무아에 대해 완전하게 이해를 하게 된다." 비유로써 설명하면, "등불을 들고 어두운 방에 들어가는 것과 같다. 등불이 방에 들어가면 즉시 어두움은 사라져 버리고 방은 밝아진다. 현명한 사람의 지혜는 불빛과 같다."[455]

....

452 『大正』32권, p.709a; Demiéville, 앞의 책, p.118(LVII). '人前所不學 前(=則)所不及知 人前所學前(=則)所及不'에서 각 문장에 있는 두 번째의 '前' 자는 '則' 자의 잘못이다. Demiéville, 앞의 책, p.118, 註5 참조.
453 Finot, 앞의 책, p.82(II, 19).
454 Finot, 앞의 책, p.82(II, 19).
455 『大正』32권, p.708b; Demiéville, 앞의 책, p.114(LIII); Finot, 앞의 책, p.78(II, 15).

지혜의 다른 특성인 '절단'이라는 작용에 의해서 지혜를 가진 사람은 "모든 의심을 끊을 수 있다."[456] 역시 "사랑과 욕망을 끊을 수 있다."[457] 나가세나는 이렇게 설명했다. "날카로운 칼로 나무를 자르는 것처럼 그렇게 지혜로써 모든 악을 끊는다."[458]

지혜가 가지고 있는 조명과 절단이라는 이 두 가지 특성에 의해 열반의 마지막 걸림돌인 무명을 소멸시키고 욕망을 끊어 마침내 열반에 이를 수 있게 된다. 그러나 지혜를 얻은 뒤 바로 열반에 도달하는 것은 아니다. 아직 몇 단계를 더 거쳐야 한다. 지혜는 먼저 (인생의 실상인) '무상·고·무아에 대한 이해'를 하게 한다. 그리고 나서 지혜는 곧 사라져 버린다. 그러나 지혜가 이루어 놓은 결과는 남게 된다.

나가세나의 설명을 빌리면 다음과 같다. "지혜는 그 역할을 끝내면 즉시 사라진다. 그러나 지혜가 얻게 한 것, 즉 무상·고·무아에 대한 이해(상태)는 사라지지 않는다."[459] "그것은 마치 어떤 사람이 밤에 등불 밑에서 글을 쓰는 것과 같다. 등불이 꺼진 뒤에도 (써놓은) 글자들은 남는다. 마찬가지로 지혜가 어떤 것을 일으켰을 때 지혜는 소멸되어도 지혜가 해놓은 결과는 남는다."[460]

무상·고·무아에 대한 이해로써 사람들은 욕망과 집착심을 사라지게 할 수 있고 욕망과 집착이 소멸됨으로써 열반을 성취할 수 있게

---

456 『大正』32권, p.708b; Demiéville, 앞의 책, p.114(LⅢ).
457 『大正』32권, p.707b; Demiéville, 앞의 책, p.104(XLⅥ).
458 『大正』32권, p.708c; Demiéville, 앞의 책, p.114(LⅢ). 빨리어본에서는 낫으로 보리를 베는 비유를 들고 있다. Finot, 앞의 책, p.69(Ⅱ, 9).
459 Finot, 앞의 책, p.82(Ⅱ, 19); 『大正』32권, p.709b; Demiéville, 앞의 책, p.119(LⅦ).
460 『大正』32권, p.709b; Demiéville, 앞의 책, p.119(LⅦ); Finot, 앞의 책, p.83(Ⅱ, 19).

된다. 빨리어본의 제2편에서 나가세나는 이 문제를 더욱 구체적으로 설명하고 있다. 즉 어떤 사람이 인생의 현실을 완전히 이해할 때 "그는 인생에서 어떠한 안락이나 기쁨도 보지 못한다. 그는 그것에서 집착할 만한 아무것도 보지 못한다." 그것은 마치 어떤 사람이 빨갛게 달구어진 쇳덩어리[鐵丸]의 어디에도 (손으로) 잡을 곳을 찾지 못하는 것과 같다.[461] 욕망과 애착이 없어지게 되면 열반은 확실하다. 나가세나는 그것을 이렇게 설명했다. "지혜로운 사람, 즉 도(道)를 공부하는 사람은 안과 밖으로 육체에 대해 집착하지 않는다. 따라서 사랑[恩愛, 愛]이 없다. 사랑이 없으면 욕망[貪慾, 取]이 없다. 욕망이 없으면 포태(胞胎, 有)가 없다. 포태[有]가 없으면 태어남도 늙음[生, 老]도 없다. … 그러면 그는 열반을 달성한다[便得泥洹道]."[462]

지금까지 추구한 것을 몇 문장으로 간추리면 열반에 이르는 단계는 다음과 같다. 여선사(餘善事)를 실천함으로써 지혜를 획득하고, 획득한 지혜로써 무상·고·무아를 이해하게 된다. 이것을 이해함으로써 욕망을 소멸시킨다. 욕망이 소멸되면 괴로움[苦] 역시 사라진다. 괴로움이 소멸된 상태가 열반이다.

....
461 中村元·早島鏡正, 앞의 책(3), p.107(2편, 7장, 11).
462 『大正』32권, p.715a; Demiéville, 앞의 책, pp.150-151(LXXXⅢ).

제 5 장

『나선비구경』의 무아·윤회설의 자료출처

이 장(章)에서는 『나선비구경』에서 설하고 있는 무아설과 윤회설의 위치를 알기 위해 초기경전과 부파불교 문헌에서 이 문제들과 관련이 있는 자료들을 찾아 『나선비구경』에 나오는 자료들과 비교 검토할 것이다.

이것을 위해 먼저 연구 범위를 한정할 필요가 있다. 첫째, 이 연구의 주제인 무아와 윤회 문제, 그리고 이 주제들과 밀접한 관계가 있는 자료들의 추구에만 한정한다. 둘째, 연구대상으로 할 부파들을 한정한다. 부파불교에는 30여 부파가 있었으므로[1] 이 연구에서 이들 모두를 다룬다는 것은 불가능할 뿐 아니라 역시 그렇게 할 필요도 없다.

학자들의 일반적인 견해에 따르면 『나선비구경』에 나오는 교리들은 상좌부계(上座部系, Sthavira) 부파들의 교리와 동일하다.[2] 따

---

[1] 전통에 따르면 18부파 또는 20부파이다. 그러나 Bareau의 연구에 의하면 34부파가 있었다. Bareau, *Les sectes bouddhiques du petit Véhicule*, p.55 이하.
[2] Demiéville, *Les versions chinoises du Milindapañha*, p.71 ; Lamotte, *Histoire du Bouddhisme indien*, p.465.

라서 이 연구를 위해서는 이 계통에 속하는 부파들 특히 독자부(犢子部, Vātsīputrīya)·정량부(正量部, Sammatīya)·분별설부(分別說部, Vibhajyavādin)·화지부(化地部, Mahīśāsaka)·법장부(法藏部, Dharmaguptaka)·설일체유부(說一切有部, Sarvāstivādin)·경량부(經量部, Sautrāntika)에 대해서만 살펴보아도 될 것이라 생각한다.

1. 무아설의 자료출처

1) 무아설

(1) 뿟갈라설의 배척

뿟갈라(pudgala)라는 말은 경전에서 종종 볼 수 있다. 그러나 "이 말의 어원이나 그 의미는 명백하지 않다. (…) 그것은 영혼(ātman)을 가진 아(我), 사람(puruṣa), 생명원리(jīva), 살아 있는 존재(sattva) 등을 가리키는 말들 가운데 나온다."[3] 중국의 역경가들은 이 말을 음역(音譯)해서 보통가라(補特伽羅)라 하기도 하고, '인(人)'[4] 또는 '사부(士夫)'[5]라 번역하기도 했다. 서구의 학자들은 그것을 일반적으로 '개인(individu)' 또는 '사람(personne)'[6]으로 이해하고 있다.

---

3 La Vallée-Poussin, *Nirvāṇa*, p.35.
4 『大正』2권, p.631c(『增一阿含』17권, 25의 4경).
5 『大正』2권, p.19a(『雜阿含』3권, 73경).
6 Bareau, *Le Bouddhisme*, p.109; Filliozat, *L'Inde classique*(II), p.543(§2288); La Vallée-

『아함경』에서 '뿟갈라'라는 말은 다음과 같은 경우에 사용되고 있다. "4종의 뿟갈라가 있다. 그들은 이것을 하고, 그들은 저것을 한다." "어떤 뿟갈라들은 이생에서부터 열반을 성취하고 또 어떤 뿟갈라들은 후생에서 (열반을 성취한다)."[7] "한 뿟갈라가 1겁 동안 윤회의 세계를 돌면서 (남긴) 해골과 뼈를 쌓는다면 그 무더기는 (왕사성의) 웨뿔라(Vepulla) 산처럼 클 것이다."[8] 그리고 위에서 본 『중담경(重擔經)』에서 붓다는 뿟갈라를 짐꾼이 짐을 짊어지고 다니는 것처럼 육체를 짊어지고 다니는 영혼과 같은 존재로 설명하고 있다.[9]

부파불교시대가 되면 뿟갈라에 대해 경전에서 언급하고 있는 내용을 근거로 몇몇 부파에서는 하나의 '설(說)'을 만들게 된다. 뿟갈라는 윤회를 하고 업의 결과를 거두고 열반 후에도 존속하는 존재처럼 여겨지게 된다. '뿟갈라'를 가지고 '설'을 만들어낸 목적은 무아·윤회 때문에 제기된 문제를 해결하기 위해서였다.[10] 뿟갈라의 존재를 인정하는 부파들은 다음과 같이 주장했다. "뿟갈라를 제외하고 어떠한 것도 이 세상에서 저 세상으로 윤회하지 않는다. 만약 어떠한 것도 윤회하지 않는다면 생명의 기능이 그칠 때 '모든 것 역시 그친다'고 말할 수 있을 것이다. 그러나 뿟갈라가 (존재하기를) 그치지 않으므로 그

Poussin, *Nirvāṇa*, p.35; 中村元, 『佛敎語大辭典』, p.783과 p.1152.
7   La Vallée-Poussin, *Bouddhisme, opinion.*, p.159.
8   『南傳』23권, p.262(『如是語經』, 24[1·3·4]); La Vallée-Poussin, *Nirvāṇa*, p.35.
9   이 책 3장, 3, 3), (2) 참조.
10 이 책 3장, 3, 3), (1) 참조. Bareau, *Le Bouddhisme*, p.109; La Vallée-Poussin, *Nirvāṇa*, pp.37-38과 p.64.

것은 이 세상에서 다른 세상으로 윤회할 수 있다."¹¹ 뿟갈라설을 인정하는 사람들은 '보특가라논자(補特伽羅論者, Pudgalavādin)' 또는 '개체존재론자(個體存在論者)'라고 불렸다.¹² 이 설을 받아들인 부파는 독자부(犢子部, Vātsīputrīya)와 정량부(正量部, Sammatīya)였다.¹³

이 설(說)은 처음부터 정통파 불교도들에게 심한 반발을 불러일으켰다. 그들은 뿟갈라에서 붓다가 인정하지 않았던 아뜨만과 같은 존재를 보았던 것이다. 라모뜨(Lamotte)에 의하면 "모든 불교 부파들은 독자부와 정량부가 주장하는 이 정체불명의 뿟갈라에 반대해서 동맹을 맺었다. 그들은 독자부와 정량부가 외도들이 믿고 있던 아뜨만을 (불교에) 끌어들이고 있다고 의심했을 뿐 아니라 붓다가 금지한 '아(我)가 존재한다는 믿음'으로 오염되었다고 판단했다."¹⁴ 그렇지만 이 뿟갈라설의 신봉자들인 독자부(犢子部)는 부파불교시대를 통해서 뿟갈라를 인정하지 않은 부파들만큼 세력을 얻었을 뿐 아니라 그들만큼 번창했다.¹⁵

『나선비구경』에서는 밀린다가 여러 가지 이름으로 이 뿟갈라의 존재를 인정하려 하고 있다. 그러나 '뿟갈라'라는 명칭 대신 베다구

---

11 Bareau, *Les sectes bouddhiques*, p.116, 犢子部의 thèse 3.
12 La Vallée-Poussin, *Bouddhisme, opinion.*, p.156; Glasenapp, *La philosophie indienne*, p.252.
13 Bareau, *Les sectes bouddhiques.*, pp.115-116, 犢子部의 thèse 1과 2; 같은 책, p.123, 正量部의 thèse 1. 역시 Silburn, *Instant et cause*, p.246; Filliozat, *L'Inde classique*(II), p.559(§ 2317).
14 Lamotte, 앞의 책, p.675; Bareau, *Le Bouddhisme*, p.85와 p.109.
15 Bareau, 앞의 책, p.85; 같은 저자 *Les sectes bouddhiques.*, pp.115-121. Lamotte에 의하면 (앞의 책, pp.672-674), "이 부파는 기원후 4세기에서 8세기 사이에 크게 번창했다."

(vedagū)라는 표현을 사용하고 있다.¹⁶ 밀린다에 의하면 뿟갈라는 때로는 '선정(禪定)에 전념하는 존재, 도(道)와 과보와 열반을 실현하는 존재,'¹⁷ 때로는 지와(jīva)나 베다구(vedagū)라는 이름으로 '우리 내부에 살면서 눈으로 형상을 보고 귀로 소리를 듣는 … 존재'이다.¹⁸ 이것은 초기경전에서 볼 수 있는 묘사와 거의 같다.

나가세나는 이와 같은 존재를 인정하지 않았다. 밀린다와 대론하기 시작할 때부터 나가세나는 뿟갈라(베다구)와 같은 존재가 없다고 말했다. 그러자 밀린다는 이 말에 놀라면서 반박을 했다. 그는 자신의 주장이 그 자리에 참석한 청중들로부터 지지 받기를 바라면서, "여러분, 모두 들어보십시오. 여기 계시는 나가세나는 '뿟갈라(인격적 개체)는 없다'고 말합니다. 이 말을 인정할 수 있겠습니까."라고 말했다. 그리고 나서 그는 나가세나에게 다음과 같이 추궁했다. "만약 뿟갈라(베다구)와 같은 존재가 없다면 누가 그대에게 의복, 음식물, 거처할 곳, 약품을 줍니까. 그리고 누가 그것을 (받아) 사용합니까. 누가 공덕을 닦으며 누가 수행을 합니까. 누가 도를 닦고 열반을 성취합니까. … 그렇다면 선한 행위를 하는 자도 없고 악한 행위를 하는 자도 없고 선한 행위와 악한 행위에 대한 과보도 없습니다."¹⁹

이와 같은 이의가 제기되자 위에서 보았듯이 나가세나는 밀린다의 주장을 단호하게 물리치면서 뿟갈라(베다구)가 존재하지 않는다는

....
16 이 책 3장, 3, 3), (2) 참조. 이 용어는 이곳에서만 볼 수 있다.
17 Finot, 앞의 책, p.58(Ⅱ, 1). 이 문장은 한역본에는 없다.
18 Finot, 앞의 책, p.98(Ⅱ, 30);『大正』32권, p.712b-c; Demiéville, 앞의 책, p.137(LXⅨ).
19 Finot, 앞의 책, p.58(Ⅱ, 1).

것을 그에게 이해시키려 했다. 그는 여러 가지 비유를 들어 그것을 설명했다.[20] 예를 들어 만약 뿟갈라가 인격적인 개체처럼 실재한다면 그것은 우리의 감각기관들과 완전히 독립해서 형상을 볼 수 있고 소리를 들을 수 있을 것이고, 눈알을 빼서 눈구멍을 넓히거나 귓구멍을 파서 그것을 확장한다면 우리 내부에 들어 있는 뿟갈라(베다구)는 형상을 더 잘 볼 수 있을 것이고 소리를 더 잘 들을 수 있을 것이다. 마치 방안에 앉아 있는 사람이 사방의 창문을 뜯어 버렸을 때 외부를 더 잘 볼 수 있는 것과 같을 것이다.[21] 그러나 우리가 형상을 볼 수 있고 소리를 들을 수 있는 것은 뿟갈라와 같은 존재에 의해서가 아니고 우리의 감각기관들과 그것에 대응하는 대상들과의 관계에서 발생되는 정신현상에 의해서이다.[22] 나가세나는 또한 밀린다에게 뿟갈라(베다구)와 같은 존재 없이도 재생할 수 있고 업의 과보를 받을 수 있다는 것을 설명했다.[23] 마침내 밀린다는 뿟갈라(베다구)와 같은 존재가 없다는 것을 이해하게 되었다.

한마디로 『나선비구경』의 입장은 뿟갈라설을 인정하지 않는다는 것이다. 이 사실에서 『나선비구경』의 '무아와 윤회설'의 자료들은 이 뿟갈라설을 지지하는 부파들인 독자부와 정량부에서 나온 것이 아니라는 것을 알 수 있다.

---

20 이 책 4장, 2, 2) 참조.
21 『大正』32권, p.712b-c; Demiéville, 앞의 책, p.138(LXIX); Finot, 앞의 책, p.99(II, 30).
22 이 책 4장, 3, 1) 참조.
23 이 책 4장, 3, 3) 참조.

(2) 식설의 추가

초기경전에서는 식(識, vijñāna)이란 일반적으로 여섯 개의 감각 기관[六根]과 이 기관들에 관계되는 대상[六境]들이 만날 때 발생하는 일종의 정신현상으로서 순간적으로 발생했다가 사라지고 사라졌다가 다시 발생하기를 되풀이하면서 계속되는 것이라고 설명하고 있다.[24] 그러나 때로는 한 생에서 다른 생으로 옮겨갈 수 있는 영혼과 같은 것으로 이해되기도 했다.[25] 육체가 병이 들어 죽으면 식(識)은 다른 곳으로 옮겨 가서 재생할 수도 있고,[26] 수태(受胎)하는 데 없어서 안 될 요소이기도 하다.[27] 게다가 식은 어떤 크기를 가지고 있는 존재로서 사람이 죽으면 마라(魔羅)에게 붙잡혀 가기도 하는 것처럼 생각된다.[28] 이와 같은 경우 식은 이름만 다를 뿐 아뜨만이나 뿟갈라처럼 '여러 생(生)에 계속 존재하는' 일종의 영혼과 같은 것이다.[29] 뿟갈라(pudgala)와

---

24 이 책 3장, 2, 2), (2)와 4장, 3, 1), (1) 참조.
25 이 책 3장, 3, 3), (3) 참조. La Vallée-Poussin, *Nirvāṇa*, p.28; 같은 저자, *Bouddhisme, opinion.*, p.68과 p.160.
26 『大正』2권, p.815a-b(『增一阿含』49권, 51의 3경); 同, 2권, p.178a(『雜阿含』25권, 640경).
27 *Dīghanikāya*(Ⅱ, 63)에서 붓다는 아난다에게 다음과 같이 질문한다. "만약 識(vijñāna)이 母胎에 내려오지 않는다면 名色(nāmarūpa)이 거기에 이루어지겠는가." "아닙니다, 세존이시여." 설사 식이 모태에 내려온다 하더라도, 그것은 출생 때까지 거기에 머물러 있어야 한다. 붓다는 질문을 계속했다. "만약 식이 모태에 내려왔다가 나가 버린다면 그 名色(존재)은 태어나겠는가 …." "아닙니다, 세존이시여." La Vallée-Poussin, *La théorie des douze causes*, pp.12-13에서 인용. Oltramare, *La formule bouddhique des douze causes, son sens originel et son interprétation théorique*, Genève, 1909, p.15; Oldenberg, *Le Bouddha*, pp.223-224; 『大正』1권, p.579c(『中阿含』24권, 97경).
28 이 책 3장, 3, 3), (3); 『大正』2권, pp.642c-643a(『增一阿含』19권, 26의 10경); 同, p.286b(『雜阿含』39권, 1091경). 魔羅가 자살한 비구들의 識을 잡아가려고 했지만 그들은 열반에 들었기 때문에 식이 없었다.
29 Bareau, *Présence du Bouddhisme(Richesse et diversité de la pensée bouddhique ancienne)*, p.455; Silburn, 앞의 책, p.207.

식(vijñāna) 사이에 다른 점이 있다면 뿟갈라는 열반 후에도 존속하고 식은 열반 후에 소멸된다는 것이다.[30]

정통불교의 관점에서 보면 뿟갈라의 존재가 인정될 수 없는 것처럼 여러 생으로 옮아갈 수 있는 이와 같은 식(識)은 용납될 수 없다. 그러나 이상한 사실은 『나선비구경』에서 특히 빨리어본(Milindapañha)에서 뿟갈라의 존재는 단호히 배척되면서도 '일종의 식(識)'의 존재는 받아들여지고 있다는 사실이다. 먼저 빨리어본에서 말하고 있는 식에 대해 간추려 보면 다음과 같다.

나가세나와 밀린다의 전생담을 서술하고 있는 빨리어본의 서화(序話) 부분에서 사갈라(Sāgalā)의 왕 밀린다가 궤변적인 질문들을 해서 끊임없이 승단을 괴롭혔으므로 모든 수행자와 비구들이 그곳을 떠나 버렸다는 것을 말하고 있다.[31] 이 문제를 해결하기 위해 히말라야에 있던 한 사원에서는 밀린다 왕과 대론(對論)해서 그의 의문을 풀어 줄 수 있는 수행자를 사방에서 찾았지만 뜻대로 되지 않았다. 마침내 천상에 아라한들을 보내어 신들의 왕인 삭까(Sakka, Indra)에게 사갈라의 사정을 알리고 밀린다의 궤변을 논파시킬 수 있는 마하세나(Mahāsena) 신을 지상에 보내줄 것을 요청했다.[32] 삭까는 마하세나

---

30 Oltramare, 앞의 책(Ⅱ), p.93, 註1.
31 Finot, 앞의 책, pp.26-29(Ⅰ, 4).
32 승단에서 마하세나가 '밀린다 왕과 토론해서 그의 의문을 풀어 줄 수 있는' 유일한 사람이라고 생각하는 이유가 있다. 빨리어본에 의하면, 옛날 나가세나와 밀린다는 갠지스 강변의 한 사원에서 비구와 사미로 함께 살았다. 어느 날 이 사미가 "신속하고 확고한 대답을 할 수 있는 정신을 갖게 해 달라."는 원을 세웠다. 비구는 사미가 이와 같은 원을 세우는 것을 듣고 그 역시 "이 사미가 나에게 제기할 모든 질문을 능란하게 풀 수 있게 해 달라."는 원을 세웠다. 사미는 밀린다가 되었고, 비구는 마하세나가 되었다가 뒷날 나가세나로 태어났다. Finot, 앞의

에게 지상에 태어나서 사갈라 승단을 보호해 주라고 말했다. 마하세나는 "나는 욕망이 많이 있는 인간 세상에서 할 일이 없습니다. 인간 세상은 괴롭습니다."라고 하면서 그들의 요청을 받아들이지 않았다. 그러나 비구들의 간청 앞에서 끝내 인간 세계에 태어날 것을 승낙했다. "마하세나는 천상에서 내려와서 (그의 식[識]을 내려) 소눗따라(Soṇuttara)라는 바라문 여인의 태 속에 다시 태어났다."[33] 그가 바로 나가세나였다.

빨리어본의 제2편에서는 '수태에 관한 물음'이라는 제목으로 이 문제가 더욱 구체적으로 다루어지고 있다. 밀린다는 나가세나에게 이렇게 질문했다. "나가세나 존자여, 세존께서는 '비구들아, 수태(受胎)를 하기 위해서는 '세 가지 요소'가 합쳐야 한다. 즉 부모의 결합, 어머니의 수태능력, (수태를 맡은) 간다르바(Gandharava)의 출현이다. 수태를 위해서는 이 세 가지 요소가 합쳐야 한다'고 말씀하셨습니다. 이 말씀은 더 이상 보충설명이 필요 없는 것입니다. 완전무결한 말씀입니다 …."[34] 밀린다의 설명 가운데 수태를 위해 필요한 간다르바는 이름이 다를 뿐 실제로는 식(識, vijñāna)과 동일한 존재라는 것을 알 수 있다.[35]

....

책, pp.22-23(Ⅰ, 2-3). 한역본에서는 이것과 상당히 다른 이야기를 하고 있다. 『大正』32권, pp.703c-704b; Demiéville, 앞의 책, pp.75-82(Ⅰ-Ⅹ).
33 Finot, 앞의 책, pp.27-30(Ⅰ, 4-6).
34 中村元·早島鏡正, 앞의 책(2), p.34. 내용 요약 정리했음.
35 이 책 3장, 3, 3)의 (3)에 자세한 내용. 『增一阿含』12권, 21의 2경, 「三寶品」(『大正』2권, pp.602c-603a)에서 같은 내용을 볼 수 있다. 그러나 gandarva 대신 식신(識神)이라는 말을 사용하고 있다. La Vallée-Poussin, *Nirvāṇa*, p.28; 같은 저자, *Bouddhisme, opinion.*, p.68; Oltramare, 앞의 책(Ⅱ), pp.209-210.

『아함경』의 여러 곳에서 이와 거의 비슷한 내용들을 볼 수 있다. 위의 두 경우 가운데 처음의 것과 같은 내용은 『증일아함』에 나온다.[36] 인도의 한 왕이 왕위를 물려줄 아들이 없었으므로 인드라[釋提桓因, 삭까] 신에게 아들을 갖게 해 달라고 간청한다. 그의 기도에 응해서 인드라는 수부띠(Subhūti, 須菩提) 신에게 왕의 아들로 태어나 줄 것을 제의했다. 그러나 수부띠는 다음과 같이 말하면서 그의 제의를 거절한다. "그만두십시오, 대왕이여. 나는 집을 떠나 도를 배우려고 합니다. 왕궁에 있으면 도를 배우기가 매우 어렵습니다." 왕은 수부띠가 왕자로 태어나 주기만 한다면 원하는 모든 것을 들어주겠다고 약속한다. 마침내 수부띠는 그의 신(神, 識)을 왕비의 태에 내릴 것을 승낙했다.

위에서 든 두 번째의 경우는 『중아함』의 「차제경(嗏帝經)」에 나오는 내용과 거의 동일하다는 것을 알 수 있다. "부모가 한 곳에 모이고, 어머니가 가득한 정(精)을 참고 견디면 간다르바[香陰]가 나타난다. 이 세 가지 요소가 함께 모여 어머니 태에 들어간다. 어머니 태는 (그것을) 아홉 달 또는 열 달 동안 품고 있다가 다시 낳는다."[37]

'나가세나의 출생 이야기'와 '수태에 관한 물음'이 나오는 부분들은 (『나선비구경』의 빨리어본인) 『밀린다빵하』의 고층(古層) 즉 오래된 부분에 속하지 않는다. 이 부분은 '경(經)의 소개'(이 책, 제4장 1의 1)에서 보았듯이 '경'의 핵심 부분이 만들어져 다른 곳으로 전해진 뒤에 추가된 것

---

36 『大正』2권, pp.814c-815a(『增一阿含』49권, 51의 3경, 「非常品」).
37 『大正』1권, p.769b(『中阿含』54권, 201경): 父母聚集一處 母滿精甚耐 香陰已至 此三事合會 入於母胎 母胎或持九月十月更生.

이다. 이 사실로 미루어보아 식(識)이 아뜨만과 같은 역할을 하는 이
와 같은 내용이 『밀린다빵하』에 들어가게 된 것은 분명히 후기일 것
이다. 그러므로 이곳에서 아뜨만과 유사한 식의 존재를 인정하고 있
지만 그것은 『밀린다빵하』의 근본적인 입장이라고는 생각할 수 없을
것이다.

앙드레 바로에 의하면 식설(識說)을 인정하는 부파는 독자부와 설
일체유부를 제외한 거의 모든 상좌부 소속 부파들이다.[38] 이 부파들
가운데서 가장 중요한 부파들은 분별설부(分別說部)와 이 부파에서 갈
라져 나간 화지부(化地部)와 장로부(長老部, Theravādin)이다.[39]

그런데 장로부가 식설을 받아들인 부파라는 사실은 이 연구의 주
제를 위해서 시사하는 바가 있다. 왜냐하면 『밀린다빵하』에서 식의
존재를 말하고 있는 부분은 장로부가 번창하고 있던 나라들에서 성
립되어 추가되었을 것이라고 추측되고 있으므로[40] 식설이 『밀린다빵
하』에 나오는 것은 장로부의 식설이 삽입된 것이라고 생각할 수 있기
때문이다.

---

38 Bareau, *Présence du Bouddhisme*(앞의 논문), p.455; 같은 저자, *Le Bouddhisme*, p.111.
39 Bareau, *Le Bouddhisme*, p.111; 같은 저자, *Les sectes bouddhiques.*, p.177, Vibhājyavādin(分別說部)의 thèse 41과 p.187, Mahīsāsaka(化地部)의 thèse 37, 역시 p.240, Theravādin(長老部)의 thèse 218과 219.
40 中村元, 『インドとギリシアとの思想交流』, pp.83-85와 p.92. 早島鏡正(中村元 共譯), 『ミリンタ王の問い(3)』, 「解說」, p.336과 p.339

(3) 무아설의 채택

초기경전에서는 주로 5온설로써 무아(無我, anātman)를 설명하고 있다는 것을 제3장에서 자세하게 서술했다.[41] 동일한 목적을 위해서『나선비구경(밀린다빵하)』이 사용하고 있는 것은 바로 이 5온설(五蘊說)이다.『나선비구경』은 먼저 육체를 32부분으로 세밀하게 분석한다. 그 다음 그것을 수레를 10부분으로 분석했다. 그리고 수레[車]에 비유해서 수레의 부분품들이 집합할 때 수레라는 이름이 생기게 되는 것처럼 인간의 모든 요소들이 인연에 의해 하나로 모일 때 '인간 존재'라는 이름이 임시적[假]으로 생기게 된다는 것을 설명했다. 결론적으로 수레의 구성 요소들이 흩어지면 수레가 사라지듯이 인간을 구성하는 요소들이 흩어지면 '인간 존재'도 사라지게 된다는 것, 거기에 실체적인 자아가 없다는 것을 설명했다.

① 존재의 분석

초기경전에서는 일반적으로 인간 존재를 두 부분 즉 육체적인 부분과 정신적인 부분으로 나눈다. 육체적인 부분인 색(色)은 지(地)·수(水)·화(火)·풍(風)의 4요소로 이루어져 있다. 정신적인 부분 역시 수(受)·상(想)·행(行)·식(識)의 4요소로 구성되어 있다.[42]

그런데『나선비구경』은 육체를 4요소 대신 32부분으로 분석했

---

41 이 책 3장, 2, 2), (2) 참조.
42 이 책 3장, 2, 2), (2) 참조.

다.⁴³ 이와 같은 분석 방법은 초기경전의 여러 곳에서 볼 수 있다.⁴⁴ 그러나 이것은 무아를 설명하기 위한 것이 아니고 부정관(不淨觀, aśubhabhāvanā)이라는 수행방법의 일종이다.⁴⁵ 육체는 겉으로 아름답게 보일 수 있다. 그래서 육체에 대해 애착심이 생기게 되고 애착심은 괴로움(duḥkha)을 불러일으킨다. 그러나 실제로는 다르다. 육체는 깨끗하지 않은 것[不淨]으로 가득 차 있다. 이와 같은 실상을 이해시키기 위해 육체의 모든 부분을 세밀하게 분석하고 하나하나 관찰하게 하는 것이다.

붓다는 먼저 육체를 머리에서 발끝까지 이렇게 생각하면서 관찰해야 한다고 가르쳤다. "이 몸에는 머리털 … 콧물·가래침·고름·피·오줌이 있다." 자신의 몸이 이와 같은 온갖 더러운 것으로 가득 차 있다고 관찰하면 육체의 참 모습을 알 수 있게 되고, 그래서 "마음의 모든 근심[諸患, 애착심]을 끊어 마음의 안정(定心)을 얻고 마음의 안정을 얻은 뒤에는 그 참된 의미를 알게 된다."는 것이다.⁴⁶

『나선비구경』은 육체의 이와 같은 분석을 조금 다르게 했을 뿐 아니라 다른 목적으로 사용했다. 밀린다는 나가세나에게 이렇게 질문

---

43 이 책 4장, 2, 1) 참조.
44 『大正』1권, p.556a(『中阿含』20권, 81경); 同, p.583b(同, 24권, 98경); 『大正』2권, p.311a-b(『雜阿含』43권, 1165경).
45 부정관 수행으로는 다른 방법들이 있다. 예를 들면 묘지에 버려져 '푸른빛으로 썩어 문드러지고' '까마귀나 솔개에게 쪼이고, 승냥이에게 먹히는' 시체를 관찰하는 것이다. 시체의 각 부분을 자기 자신의 몸의 각 부분과 비교하면서 관찰하는 방법이다(『大正』1권, p.583b-c, 『中阿含』24권, 98경, 「念處經」). 이 부정관법의 목적을 잘못 이해해서 붓다의 많은 제자들이 자살했다. 붓다는 방법을 바꾸어 수식관법(數息觀法, ānāpanasāti)을 가르쳤다(『大正』2권, p.207b-c, 『雜阿含』29권, 809경, 「金剛經」).
46 『大正』1권, p.556a(『中阿含』20권, 81경).

했다. "'나의 동료들이 나를 나가세나라고 부른다'고 말할 때 그대가 말하는 이 나가세나(라는 존재)는 무엇입니까. 머리털이 나가세나입니까. (…) 몸에 난 털 … 침·콧물·관절활액(關節滑液)·오줌·뇌수가 나가세나입니까."

이렇게 모든 육체적인 부분들을 분석한 다음 이번에는 정신적인 부분까지 포함해서 존재 전체를 분석했다. 밀린다와 나가세나의 문답은 이렇게 계속되었다. 즉 "색(色)이 나가세나입니까, … 행(行)이 나가세나입니까, 식(識)이 나가세나입니까." "(그것들은 나가세나가) 아닙니다, 대왕이여." "이 다섯 가지 요소[五蘊]의 집합체가 나가세나입니까. 다섯 가지 요소 외에 나가세나가 (따로) 있습니까." "그렇지 않습니다, 대왕이여."[47]

이와 비슷한 설명은 역시 초기경전의 도처에 있다. 예를 들면 『잡아함』의 「아습파서경(阿濕波誓經)」에서 붓다와 아슈와짓(Aśvajit) 비구 사이에 다음과 같은 문답이 있었다. 아슈와짓은 최초의 5비구 가운데 한 사람이다. "아슈와짓아, 너는 '색(色)이 곧 나[我]다, 다른 나다[異我], 나와 다른 나가 함께 있는 것이다[相在]'라고 보는가." "아닙니다, 세존이시여." "너는 '수·상·행·식은 곧 나다, 다른 나다, 나와 다른 나가 함께 있는 것이다'라고 보는가." "아닙니다, 세존이시여."[48]

....
47 Finot, 앞의 책, pp.58-59(Ⅱ, 1); 『大正』32권, p.706a-b; Demiéville, 앞의 책, p.97(ⅩⅩⅩⅥ).
48 『大正』2권, p.267b(『雜阿含』37권, 1024경, 「阿濕波誓經」).

② 수레의 비유

『나선비구경』은 이번에는 수레[車]의 비유로써 무아에 대한 설명을 전개했다. 동일한 내용을 『잡아함 (1202경)』에서 볼 수 있다. 어느 날 시라(尸羅, Sīla) 비구니는 안타림(安陀林)의 한 나무 밑에 앉아 낮 선정(禪定)에 들었다. 그때 단정한 젊은이로 모습을 바꾼 마라(魔羅, Pāpīyas)가 시라 비구니에게 다가가서 이렇게 말했다. "중생(이라는 존재)은 어떻게 생겼으며 누가 그것을 만들었는가. 중생은 어디서 생겨났으며 다시 어디로 가는 것인가." 그러자 시라 비구니는 마라에게 답했다. "너는 중생이 있다고 말하지만 그것은 옳지 못한 견해이다. 오직 '비실체적인 요소들의 모임[空陰聚]'이 있을 뿐 중생(存在)이라는 것은 없다. (수레를 구성하는) 여러 가지 재목이 모인 것을 사람들이 수레라 하는 것처럼 (인간 존재를 구성하는) 여러 가지 요소들[五蘊]이 인연으로 모인 것을 중생(존재)이라 한다."[49]

『나선비구경』에서는 이 내용을 확대해서 사용하고 있다. 나가세나는 먼저 수레를 이루고 있는 부분들을 하나하나 분해했다. "사람들이 수레라고 부르는 것, 그 수레란 도대체 무엇입니까. 굴대[軸]가 수레입니까." "수레바퀴 테[輞]가 수레입니까." "수레바퀴 살[輻]이 수레입니까" 등등. 그런 다음 이번에는 한데 묶어서 생각해 보게 했다. "이 모

....
49 『나선비구경』은 이 수레의 비유가 '한 經'에서 나왔다고 말한다(Finot, 앞의 책, p.61(Ⅱ, 1); 『大正』 32권, p.706b; 사실 『雜阿含(제1202경)』의 『尸羅經』에서 이 비유의 원형이라고 할 수 있는 내용을 볼 수 있다: 衆生云何生 誰爲其作者 衆生何處去 去復至何所 汝謂有衆生 此則惡魔見 唯有空陰聚 無是衆生者 如和合衆材 世名之爲車 諸蘊因緣合 假名爲衆生(『大正』 2권, p.327a-b). Saṃyuttanikāya, Ⅴ, §10, PTS, Ⅰ, pp.169-170에서는 Sīla 대신 Vajirā로 되어 있다.

든 재목[部品]들이 한꺼번에 모여서 조립된 것이 수레입니까." "이 모든 재목[部品]들을 흩어놓았다고 생각해 봅시다. 그것이 수레입니까." "(그렇다면) 수레가 내는 소음이 수레입니까." 밀린다의 대답은 모두 '아니'라는 것이었다. 마침내 나가세나는 다음과 같이 결론을 내렸다. 즉 수레는 실제로 존재하는 것이 아니고 그것을 구성하고 있는 부분품들이 한군데 모여 있는 것을 가리키는 이름일 뿐이라는 것이다. 그의 표현에 의하면 수레의 굴대, 바퀴의 테 등에 의해서 "(수레라는) 호칭과 공통적인 개념, 일상적인 표현, 수레라는 이름이 이루어진다."[50]

이와 마찬가지로 인간 존재라는 것도 실제로 존재하지 않는 것이지만 존재를 이루고 있는 여러 가지 요소들이 일시적으로 모여 이룬 '집합체'에 주어진 이름에 불과하다. 즉 "그것은 머리털, 몸에 난 털 등 (육체의 모든 부분)에 의해서 '나가세나(Nāgasena)'라는 호칭, 공통적인 개념, 일상적인 표현, (그) 이름이 형성되는 것(일 뿐)" 실제로 아뜨만과 같은 실체적(實體的)인 존재는 없다는 것이다.[51] 이 마지막 설명 역시 초기경전에서 볼 수 있다. "찟따(Citta, 質多羅)야, 이것들은 단지 세상에서 일반적으로 사용하는 이름이고 표현이고 말투(turn of speech)이고 지칭(指稱)일 뿐이다."[52]

지금까지 추구해 온 것을 한 마디로 요약하면, 『나선비구경』에서

---

50 『大正』32권, p.706a-b; Demiéville, 앞의 책, pp.98-99(XXXVI); Finot, 앞의 책, p.60(II, 1).
51 Finot, 앞의 책, p.61(II, 1).
52 *Dīghanikāya*, IX, 53(PTS, I), p.263. La Vallée-Poussin, *Dogmatique bouddhique*(I), JA, 1902(II), p.256; 같은 저자, *Bouddhisme, opinion.*, p.172.

사용한 자료들은 초기경전에서 거의 그대로 볼 수 있다는 것이다. 그러나 때로는 처음의 목적과는 다르게 사용되기도 하고 내용이 확대되기도 했다.

무아설은 설일체유부와 경량부가 채택했던 것 같다. 왜냐하면 이 부파들은 '뿟갈라설'도 '식설'도 인정하지 않았을 뿐 아니라 조금 뒤에 보게 될 상속설(相續說)을 받아들이고 있기 때문이다.

2) 정신현상

영혼 또는 아뜨만(ātman) 같은 '어떤 것' 없이 어떻게 정신현상이 생기게 되는가. 이 문제는 가장 중요한 주제 중의 하나이다. 초기불교 특히 『아함경』에서는 여러 곳에서 이 문제를 다음과 같이 설명하고 있다. "눈[眼]과 물질[色]을 인연하여 안식(眼識)이 생긴다. 이 세 가지가 합쳐진 것이 촉(觸)이다. 촉과 함께 수·상·행이 생긴다."[53]

부파불교에서는 이 문제에 대해 초기불교에서보다 구체적인 설명을 찾기 위해서 여러 모로 모색을 했다. 뿟갈라의 존재를 인정한 독자부(犢子部)와 정량부(正量部)에 의하면 정신현상은 감각기관과 그 대상과의 관계에서 생기는 것이 아니라 뿟갈라가 보고 듣고 느끼는 것

---

53 『大正』 2권, p.87c(『雜阿含』 13권, 305경); 同, p.72c(『雜阿含』 11권, 273경); 『大正』 2권, p.54 이하(『雜阿含』, 8권, 213경, 218경, 221경); 同, p.743b(『增一阿含』 35권, 2의 10경); Lamotte, 앞의 책, p.33(*Saṃyuttanikāya*, Ⅱ, p.72; 同, Ⅳ, p.33).

이다. 이 부파들의 주장에 의하면 "보고(passati) 듣고(sunāti) 느끼고 (ghāyati) 맛보고(sāyati) 감촉하고(phusati) 인식하는(vijānāti) 어떤 것(뿟갈라와 같은 주체)이 있고, 보이고 들리는 어떤 것(대상)이 있고, 볼 수 있고 들을 수 있는 (감각기관과 같은) 어떤 것이 있다."[54]

뿟갈라와 같은 존재를 인정하지 않는 장로부(長老部, Theravādin), 화지부(化地部, Mahīśāsaka), 분별설부(分別說部, Vibhājyavādin)에서는 정신현상의 기능뿐 아니라 이들 모든 정신현상의 주체적 역할을 하는 것은 의식(意識, manovijñāna)이라고 주장했다.[55] 이것을 장로부는 다음과 같이 설명했다. "형상(rūpa, 色)은 눈에 의해서 보이는 것이 아니다." 왜냐하면 "눈은 단지 물질적인 형상(形狀)일 뿐이므로 형상은 형상에 의해서 보여지지 않고, 인식되지 않고, 느껴질 수 없기(때문이다). 의식(意識)이 감각들을 한 가운데로 모으면서 보고 듣고 느끼고 맛본다."[56]

초기불교에서는 일반적으로 정신을 담당하고 있는 기관인 의근(意根, manendriya)과 그 대상인 법(法, dharma)과의 관계에서 발생하는 의식(意識)은 순간적으로만 존재할 수 있는 일종의 정신현상으로 간주된다. 그런데 분별설부·화지부·장로부에서는 이 '식(識)'을 순간적으로 생겼다가 사라지는 것이 아니라 계속성이 있는 '어떤 것'이라고 주

....

54 Bareau, *Les sectes bouddhiques,* pp.115-116, Vātsīputrīyā(犢子部)의 thèse 1과 3; 같은 책, pp.123-124, Sammatīya(正量部)의 thèse 1과 10.
55 Bareau, 앞의 책, p.235와 p.240, Theravādin의 thèse 181과 219-220; 같은 책, p.187, Mahīśāsaka의 thèse 37; 같은 책, p.177, Vibhājyavādin의 thèse 41.
56 Bareau, 앞의 책, p.235, Theravādin의 thèse 181; 『南傳』, 58권, pp.358-360, 『論事(2)』 18品 9章; 같은 저자, *Présence du Bouddhisme(Richesse et diversité de la penseé bouddhique ancienne),* p.458.

장하고 있다. 이 부파들에 의하면 다른 모든 정신현상들이 그 활동을 멈추는 선정(禪定) 속에서조차도 이 식은 존속한다는 것이다. 그들의 표현을 빌리면 "멸진정(滅盡定: 마음의 작용이 모두 소멸해 버린 삼매) 속에서 미세한 식이 존속한다."[57] 뿐만 아니라 이 식은 인간이 죽어서 육체가 사라지고 난 뒤에도 계속 살아남아서 이 생에서 저 생으로 옮겨 다닐 수 있다. 즉 "수태·죽음 … 등의 순간에 어떤 의식(意識)이 존재한다."[58] 역시 "존재의 식체(識體, bhavaṅgavijñāna, 有分識)가 있다. 이 특수한 식은 존재의 인(因, hetu)으로서, 되풀이되는 여러 생을 연결시킨다."[59]

그러나 모든 것은 순간적으로 발생했다가 사라진다는 설(說)을 주장하는 설일체유부에서는 이와 같은 식의 연속성을 인정하지 않았다. 이 부파에 의하면 '만들어진 모든 것은 매 순간에 파괴되므로' 어떠한 경우에도 그와 같은 식이 계속될 수도 없고 한 생에서 다른 생으로 옮겨 다닐 수도 없다.[60] 설일체유부에 의하면 "멸진정(滅盡定) 속에서는 모든 생각은 소멸한다."[61] 또한 "이 세상에서 저 세상으로 옮겨 가는 것은 아무것도 없다."[62]고 주장했다.

이와 같은 입장을 취하고 있는 설일체유부는 초기경전의 입장을 충실하게 따르고 있다고 할 수 있다. 이 부파는 "식은 두 가지에 의

....

57 Bareau, *Les sectes bouddhiques*, p.240, Theravādin의 thèse 217.
58 Bareau, 앞의 책, p.240, Theravādin의 thèse 218: Au moment de la conception, de la mort, etc., il existe une certaine conscience mentale. 같은 책, p.187, Mahīśāsaka의 thèse 37.
59 Bareau, 앞의 책, p.240, Theravādin의 thèse 219; 같은 책, p.177, Vibhājyavādin의 thèse 41.
60 Bareau, 앞의 책, pp.144-145, Sarvāstivādin의 thèse 47-48.
61 Bareau, 앞의 책, p.151, Sarvāstivādin의 thèse 127-128.
62 Bareau, 앞의 책 p.144, Sarvāstivādin의 thèse 48.

해 발생한다. 두 가지란 무엇인가. 안근과 (그 대상인) 색이고, 의근(意根)과 (그 대상인) 법(dharma, 생각)이다."라고 설명한다.[63] 여기서 이(耳)·비(鼻)·설(舌)·신(身)의 네 가지 근(根, 기관)과 성(聲)·향(香)·미(味)·촉(觸)의 네 가지의 경(境, 대상)에 대한 언급은 생략되었다. 따라서 6종의 감각기관과 그 대상들에 의해서 발생된 6종의 식 가운데 앞의 5종의 식들은 각각의 영역에만 관여하고 다른 영역에는 상관할 수 없다. 즉 안식(眼識)은 형상을 인식할 뿐이고, 이식(耳識)은 소리만 인식할 뿐이다. 그리고 비식·설식·신식은 각각 냄새·맛·접촉에만 관계할 뿐이다. 그런데 의식(意識)은 이들 여러 식들을 연결시켜 한 곳으로 모으는 역할을 한다. 설일체유부의 설명에 의하면, "그들 감각적인 5종의 식은 단지 그들 자신의 고유분야만 담당할 뿐이다. 그것들(5종의 識)을 중앙으로 집결시키는 것은 의식이다."[64]

경량부(經量部, Sautrāntika)의 주장은 이와 다르다. 이 부파에 의하면 우리가 사물을 볼 수 있고 소리를 들을 수 있는 것은 이들 여러 가지 정신현상에 의해서가 아니고 단지 '원인과 결과의 작용'에 의해서라는 것이다. 경량부에서는 "눈은 형상을 보지 못 한다. 거기에는 보는 기관도 없고 보여지는 것(대상)도 없다. 거기에는 어떠한 보는 작용도 없고 어떠한 보는 주체도 없다. 그것은 원인과 결과의 작용일 뿐이다."[65]

---

63 Bareau, 앞의 책, p.137, Sarvāstivādin의 thèse 1.
64 Bareau, 앞의 책, p.143, Sarvāstivādin의 thèse 33.
65 Bareau, 앞의 책, p.158, Sautrāntika의 thèse 17; 같은 저자, *Le Bouddhisme*, p.113.

이 주제에 대한 『나선비구경』의 설명은 무엇인가. 나가세나에 의하면 감각기관이 그것과 관계되는 대상과 접촉할 때 그것에 상응하는 식이 발생한다. 그리고 6종의 식 가운데 어느 한 가지 식(識)이 발생하면 그 결과로서 의식(意識)이 반드시 발생하게 된다. "사람에게 안식이 발생할 때 안식과 의식은 함께 발생합니까." "그렇습니다. 그것들은 동시에 (그리고) 함께 발생합니다."[66] 의식이 발생하면 필요한 다른 정신현상들 즉 촉·수·상·행·심(尋, vitarka, 省察)·사(伺, vicāra, 考察)들 역시 저절로 발생하게 된다는 것이다. 나가세나는 이것을 다음과 같이 결론을 내렸다. "이 모든 것은 상호관계 속에서 되풀이하면서 발생하는 것입니다. 거기에 (불변하고) 항상(恒常)하는 주체는 없습니다."[67]

독자부(犢子部)에서 내세우는 뿟갈라와 같은 '어떤 것' 없이 어떻게 이들 정신현상들이 스스로 차례로 생기게 되는가. 나가세나는 이 질문에 대해 그것은 네 가지 일[四事, 作用?], 즉 ① 하행(下行), ② 향문(向門), ③ 행철(行轍), ④ 수(數)에 의해서라고 설명했다.[68]

이들 '4사(四事)'는 '습관' 또는 '반복'이라는 특성을 가지고 있다. 하나의 정신현상이 발생하면 다른 정신현상이 그것을 뒤따른다. 마치 산 위에 비가 내리면 빗물은 아래로 향해 흐르고 다시 또 비가 오면

---

66 『大正』32권, p.713a; Demiéville, 앞의 책, p.140(LXX); Finot, 앞의 책, p.101(Ⅱ, 31).
67 『大正』32권, p.713a; 展轉相成 適無常主; Demiéville, 앞의 책, p.140(LXIX); Finot, 앞의 책, p.101(Ⅱ, 30).
68 『大正』32권, p.713a; Demiéville, 앞의 책, pp.141-143(LXX); Finot, 앞의 책, pp.102-104(Ⅱ, 31); 이 책 4장, 3, 1) 참조.

그 빗물은 앞의 물이 흘러간 바닥을 따라 내려가는 것과 같다는 것이다. 다른 비유를 들면 지산(指算, 손가락 계산?), 평가, 글씨와 같은 기술을 배우기 위해서 처음에는 서툴지만 주의 깊은 행동과 연습에 의해서 능숙하게 되는 것'과 같다.[69]

지금까지 추구한 내용을 가지고 결론을 내리면, '정신현상' 문제에 대해 『나선비구경』이 하고 있는 설명은 독자부와 정량부가 주장하고 있는 것을 따르지 않고 있다는 것이 확실하다. 또한 분별설부·화지부·장로부에서 하고 있는 설명과도 다르다. 이 부파들을 제외하고 나면 설일체유부와 경량부만 남는다. 이 두 부파 가운데서 『나선비구경』이 하고 있는 주장은 설일체유부의 입장과 가깝다.

경량부는 "거기에는 어떠한 보는 작용도 없고 어떠한 보는 주체도 없다. 그것은 원인과 결과의 작용일 뿐이다."라고 하는 데 반해, 설일체유부의 설명에 따르면 정신현상은 여러 가지 요소들의 협력 결과로서 발생한다는 것이다. 그러나 『나선비구경』은 각 정신현상들의 연속문제에 대해 설일체유부가 하고 있는 것보다 좀 더 발전된 설명을 주고 있다. 즉 4사(四事)의 설명에다 심(尋, vitarka)과 사(伺, vicāra)라는 두 요소를 더하고 있는 것에서 그것을 알 수 있다.

....
69 이 책 4장, 3, 1) 참조.

2. 윤회설의 자료출처

1) 상속설

무아설을 가르치고 있는 불교에서 가장 풀기 어려운 문제 가운데 하나가 윤회설이다. 위에서 보았듯이 초기불교에서부터 이 문제를 해결하기 위해 여러 가지 탐구가 이루어졌고 뒷날 이 문제는 교단분열의 한 원인이 되기도 했다. 불교논사들이 이 문제를 위해 찾아낸 해결책은 뿟갈라설, 식설, 상속설이었다.[70]

이들 3종 해결책 가운데 뿟갈라(vedagū)설은 『나선비구경』에서 가차 없이 배척되었다. 식설은 빨리어본에서 받아들였지만 그것은 후기에 추가된 부분에 나온다. 이 사실은 『나선비구경』의 핵심 부분에서는 식설(識說)도 인정하지 않는다는 것을 알 수 있게 해준다. 이제 상속설(相續說)만 남게 된다.

상속설에 의하면 인간 '존재' 또는 '아(我)'라고 부르는 것은 끊임없이 순간적으로 발생하고 소멸하는 요소들의 연속을 가리키는 것에 불과하다. 다른 말로 설명하면 '존재'는 단지 '한 줄[一列]로 그칠 사이 없이 계속되는 물질적, 정신적 요소들'[71]의 연속일 뿐이다. 인간 존재를 이루고 있는 모든 요소들은 생기자마자 저절로, 그리고 즉시 사라지므로 "존재란 단지 나란히 놓인 찰나(刹那, kṣaṇa)들의 한 연속적인

....
70 이 책 3장, 3, 3) 참조.
71 Lamotte, 앞의 책, p.672.

사슬에 불과하다."⁷²

헬무트 폰 글라제나프는 이것을 영화 필름의 영상(映像)에 비유해서 설명했다. "그것은 영화의 영상과 같다. 우리에게 계속되는 존재처럼 보이는 것은 실제로는 순간적으로 나타났다 사라지는 영상들의 연쇄(連鎖) 상태일 뿐이다."⁷³

이 상속설에 의하면 죽은 자는 다시 태어난 자와 동일한 '존재'가 아니다. 왜냐하면 존재를 구성하는 모든 요소들은 나타나자마자 저절로 그리고 즉시 사라져 버리기 때문에 아무것도 한 존재에서 다른 존재로 옮아가지 않는다. 그렇지만 전자(죽은 자)는 후자(재생한 자)와 전적으로 다르지는 않다. 왜냐하면 후자는 전자 없이 존재할 수 없기 때문이다. 이와 같은 관계는 나비의 탈바꿈[變態]의 비유로써 설명할 수 있다. "그것은 먼저 알[卵]이다. 그 다음 애벌레가 된다. 애벌레는 번데기로 변화하고 번데기는 나비가 된다."⁷⁴ 이 경우 나비는 애벌레와 같지 않지만 그렇다고 그것과 완전히 다른 것도 아니다. 왜냐하면 나비는 그 애벌레에서 나왔기 때문이다.

상속의 원리는 자립적인 것이다. 왜냐하면 "상속(相續)의 원리가 그 상속 자체에 있기 때문이다. 상속은 업과 욕망에 의해서 계속된

---

72 Lamotte, 앞의 책, p.669.
73 H. von Glasenapp, *Brahma et Bouddha*, pp.179-180; Ven. Narada, *La doctrine bouddhique de la Renaissance*, Paris, 1953, p.57. Narada는 동일한 비유를 들고 있다. La Vallée-Poussin, *Bouddhisme, opinion.*, p.178.
74 Ven. Narada, 위의 논문, p.59.

다."⁷⁵ "어떠한 외부적인 원인도 이 상속을 중단시킬 수 없다. 역시 어떠한 외부적인 원인도 그 변신 또는 변화를 일으킬 수 없다. 상속은 업과 욕망에 의해 인간의 모습이나 동물 또는 신의 모습을 취한다."⁷⁶

이 상속은 업이 존재하는 한 계속된다. 죽음은 그것을 중단시키지 못한다. "죽음이란 단지 업의 새로운 몫에 대한 대가를 새로운 상황에서 시작해야 하는 그 순간을 가리키는 것일 뿐이다."⁷⁷ 그러나 업이 다할 때 '상속'은 멈춘다. 이것이 열반이다.

이 '상속의 원리'는 윤회와 과보가 요구하는 '영혼'의 역할을 대신한다. 발레 뿌쌩에 의하면 불교는 이 상속설을 만들어냄으로써 마침내 윤회와 무아 문제를 해결했을 뿐 아니라 하나의 논리적인 체계로 모습을 나타내게 되었다는 것이다.⁷⁸

상속설은 부파불교에서 독창적으로 만들어진 것이 아니라 이미 초기경전에서 윤곽이 잡혀져 있었다. 『잡아함』의 다음과 같은 구절에서 이 상속설의 싹[萌芽]을 볼 수 있다. "업과 그 과보는 있지만 그것을 짓는 자는 없다. 이 존재가 사라지면 다른 존재가 계속한다."⁷⁹ 『장아함』의 「포타바루경(布吒婆樓經)」에서는 이것을 우유가 변화하는 비

---

75 La Vallée-Poussin, *Nirvāṇa*, p.41; 같은 저자, *Le dogme et la philosophie du bouddhisme*, p.151.
76 La Vallée-Poussin, 앞의 책, pp.66-67.
77 La Vallée-Poussin, 앞의 책, p.40.
78 La Vallée-Poussin, *Dogmatique bouddhique.*, JA, 1902(II), p.302; 같은 저자, *Nirvāṇa*, p.42.
79 『大正』2권, p.92c(『雜阿含』13권, 335경, 「第一義空經」): 有業報而無作者 此陰滅已異陰相續; 『大正』3권, p.608a(『方廣大莊嚴經』11권). *Saṃyuttanikāya*, Ⅲ, 143; *Dīghanikāya*, Ⅲ, 105.

유로써 더욱 구체적으로 설명하고 있다. "비유하면 우유와 같다. 우유는 변하여 낙(酪, 凝乳, 엉긴 우유)이 되고 낙은 생소(生酥, 버터)가 되고 생소는 숙소(熟酥, 精製된 버터)가 되고 숙소는 제호(醍醐, 요구르트)가 된다."[80]

이 교리는 뿟갈라설이나 식설을 주장하지 않았던 부파들인 설일체유부와 경량부에서 완성되었다.[81] 그러나 이 두 부파는 원칙에 있어서는 동일한 견해를 가지고 있지만 세부적으로는 주장을 달리하고 있다.

설일체유부에 의하면 인간 존재의 요소들을 이루고 있는 원자(原子, paramāṇu, 極微)들은 "넓이를 가지지 않은 '점(点)'들에 불과하다. 그것들은 서로 닿아 있지 않다."[82] 그리고 "만들어진 모든 것[諸行]은 매 순간마다 파괴되고,"[83] "아무것도 이 세상에서 저 세상으로 옮아가지 않는다."[84] 이 경우 존재는 어떻게 계속하는가. 이 부파의 주장은 다음과 같다. 즉 업이 이루어지는 순간 업은 과보(果報)를 내재(內在)하게 되고 그 업에 대한 '득(得, prāpti)'이라는 '작용'을 만들게 된다. 이 '득'은 생기자마자 곧 소멸해 버리지만 그 자신과 닮은 다른 '득'을 발생시킨다. '득'은 생성과 소멸을 되풀이하면서 업이 과보를 낼 때까지 계속

....
80 『大正』1권, p.112b(17권, 28); 同, 2권, p.602a(『增一阿含』12권, 21의 1경).
81 Lamotte, 앞의 책, pp.672~673; Bareau, *Le Bouddhisme*, p.109 및 이하; 같은 저자, *Les sectes bouddhiques*, p.144, Sarvāstivādin의 thèse 46과 同, p.157, Sautrāntika의 thèse 12.
82 Bareau, *Les sectes bouddhiques*, p.152, Sarvāstivādin의 thèse 135.
83 Bareau, 위의 책, p.144, Sarvāstivādin의 thèse 47.
84 Bareau, 위의 책, p.144, Sarvāstivādin의 thèse 48.

한다. 업이 과보를 내는 순간 계속되던 '득'의 한 기(期)는 끝나게 된다는 것이다.[85]

그런데 모든 것이 변하면서 존재한다면 업은 어떻게 변하지 않고 전달되는가. 이 문제에 대해 설일체유부의 논사들은 여러 가지 설명을 내놓았다. 그 가운데 다르마뜨라따(Dharmatrāta, 法救)의[86] 설(說)은 다음과 같다. 즉 하나의 다르마(dharma, 法)가 한 순간에서 다른 순간으로 진행할 때 그 다르마는 형식만 바뀔 뿐 그 성질은 변하지 않는다. 예를 들면 금으로 만든 그릇[金器]이 파괴되어 모양이 변해도 금의 성질이나 색깔은 동일한 것과 같다는 것이다.[87]

경량부에 의하면 "(존재의 기본 입자인) 원자(原子)는 (점과 같은 것이 아니라) 면적이 있고 공간적으로 (서로) 구분되어 있다. 원자들은 그들이 가지고 있는 '면적' 때문에 (그들끼리) 서로 닿고 부딪친다."[88]라고 주장하면서 설일체유부와 입장을 달리했다. 게다가 이 부파는 "5요소[五蘊]들이 한 생에서 다른 생으로 옮아간다."[89]라고 주장했다. 이 때문에 이 부파에 '이전부(移轉部, Saṃkrāntivādin)'라는 별명이 붙여지기도 했다.[90]

경량부는 과보가 업에 의해 직접 생긴다고 보지 않았다. 상속(相

---

85 Lamotte, 앞의 책, p.672.
86 『大毘婆沙論』에 등장하는 4大 論師 가운데 한 사람. 三枝充悳 編, 『インド佛教人名辞典』, 京都, 1987, p.159.
87 Lamotte, 앞의 책, p.667; 『大正』 27권, p.396a(『大毘婆沙論』 17권): 諸法於世轉時 由類有異 非體有異 如破金器等 作餘物時 形雖有異 而顯色無異.
88 Bareau, 앞의 책, p.158, Sautrāntika의 thèse 25.
89 Bareau, 앞의 책, p.156, Sautrāntika의 thèse 1.
90 Bareau, 앞의 책, p.155; 같은 저자, *Le Bouddhisme*, p.111.

續)이라는 것은 물질적·정신적 요소들이 한 줄[一列]로 중단 없이 서로 계속되는 것이라고 생각했다. 이 연쇄의 최초 원인은 업인데, 업이 이루어지는 순간 그것은 상속을 변화시키고 이 변화된 상속은 '전변(轉變, 생멸변화)'을 한다. 그리고 이 전변의 최후에 업이 성숙하게 된다. 즉 과보를 내게 된다. 비유를 들면 과일이 씨[種子]에서 직접 나오지 않는 것과 같다. 과일은 씨에서 비롯하지만 그 중간 단계로 새싹·줄기·잎·꽃의 과정을 거쳐서 마지막으로 그 모습을 나타나는 것과 같다는 것이다.[91]

『나선비구경』은 위의 두 부파에서 주장하고 있는 것처럼 "이 몸에서 다른 몸으로 옮겨가는 (실체적인) 존재는 없다."[92]라고 하면서, (인간) '존재'의 계속성에 대해서 이렇게 설명했다. "명(名: 정신)과 색(色: 육체)에 의해서 선업과 악업을 짓는다. 이 업에 의해서 다른 '명과 색'이 발생한다."[93] 이렇게 해서 앞 존재에서 다음 존재로 아무것도 옮아가지 않는다. 다른 곳에서『나선비구경』은 좀 더 명확한 설명을 하고 있다. "현재의 명과 색은 선업 또는 악업을 짓는다. 그리고 이 업의 결과로서 다른 명과 색이 다시 태어난다."[94]

나가세나는 이미 초기경전에서 볼 수 있었던 것과 동일한 비유로써 이 문제에 대해 밀린다에게 설명했다. "우유[乳潼]는 낙(酪, 凝乳: 엉

---
91 Lamotte, 앞의 책, pp.672-673, 내용을 요약 정리했음; Bareau의 *Le Bouddhisme*, p.111(*Abhidharmakośa*, Ⅱ, pp.183-185, p.212) 참고.
92 Finot, 앞의 책, p.122(Ⅲ, 15);『大正』32권, p.715c; Demiéville, p.154(XC). 빨리어본의 내용이 한역본보다 분명하다.
93 Finot, 앞의 책, p.123(Ⅲ, 15);『大正』32권, p.715c; Demiéville, p.154(XC).
94 Finot, 앞의 책, p.87(Ⅱ, 22);『大正』32권, p.710b; Demiéville, p.125(LX).

긴 우유)으로 변합니다. 낙에서 비(肥, 生酥, navanīta, 버터)를 취합니다. 그것을 볶아서 제호(醍醐, ghata)를 만듭니다."⁹⁵ 유동에서 낙으로, 낙에서 비로, 비에서 제호가 되는 이 과정에서는 한 단계에서 다른 단계로 옮아가는 것은 아무것도 없다. 단지 하나에서 다른 것이 생길 뿐이다. 모든 것은 단지 상속, 즉 연속일 뿐이다. 또 다른 비유를 들었다. "만약 등불을 켜면 이 등불은 밤새도록 켜져 있다."⁹⁶ 이 경우 초저녁 불꽃은 밤중 불꽃이나 새벽 불꽃으로 옮아가지는 않는다. 그러나 불꽃은 밤새도록 계속된다. 겉으로 보기에는 항상 똑같은 불꽃이지만 역시 계속해서 다른 것이고 새로운 것이다. 우유와 불꽃은 쉼 없이 변화하고 바뀐다. 그러나 그것들은 계속한다. 이 계속 가운데 옮아가는 것은 아무것도 없고 각 상태를 이어주는 것도 없다. 그것들은 변화의 연속으로 차례차례로 계속된다. 나가세나는 이 상태를 "이와 같이(즉 밤새도록 계속되는 등불처럼), 존재(dharma)의 연속은 계속된다. 하나가 나타나면 동시에 다른 것은 사라진다. 이를테면 그것들 사이에는 앞서는 것도 뒤따르는 것도 없다."라고 설명했다.⁹⁷

이와 같은 연속 가운데 한 상태와 다른 상태와의 관계는 "같은 것도 아니고 다른 것도 아니다."⁹⁸라고 표현한다. 우유가 낙(酪, 凝乳)이 될 때 우유와 낙은 같은 것이 아니다. 그래서 "같은 것이 아니다."라

----

95 『大正』32권, p.709a; Demiéville, p.116(LⅤ); Finot, 앞의 책, p78(Ⅱ, 15). 우유를 가공해서 만든 네 가지 인도 음식.
96 Finot, 앞의 책, pp.79-80(Ⅱ, 17);『大正』32권, p.708c; Demiéville, 앞의 책, p.115(LⅤ).
97 Finot, 앞의 책, p.80(Ⅱ, 17);『大正』32권, p.708c: 人精神展轉相續 亦譬如是一者去一者來; Demiéville, 앞의 책, p.116(LⅤ). 中村元・早島鏡正,『ミリンダ王の問い(1)』, p.112와 p.131.
98 Finot, 앞의 책, p.78(Ⅱ, 17);『大正』32권, p.708c; Demiéville, 앞의 책, p.115(LⅤ).

고 하는 것이다. 그렇지만 우유와 낙 사이에는 불가분의 관계가 있다. 왜냐하면 우유 없이 낙은 존재할 수 없기 때문이다. 그래서 그들의 관계는 역시 "다른 것이 아니다."라는 것이다. 또 다른 비유를 들고 있다. "한 남자가 어린 소녀와 결혼을 하고 지참금을 지불한 뒤 여행을 떠났다. 그 소녀가 커서 결혼적령기가 되자, (다시) 다른 남자가 그 여자에게 지참금을 지불하고 결혼식을 올렸다. 첫 번째 결혼한 남자가 여행에서 돌아와 그의 아내와 결혼한 남자를 비난했다. 그러자 그 두 번째 남편은 '나는 당신의 아내와 결혼하지 않았다. … 당신이 결혼하고 지참금을 지불했던 그 어린 소녀와 내가 결혼하고 지참금을 지불한 결혼적령기의 여자는 다른 사람이다'라고 말했다."[99] 이 비유에서도 그 어린 소녀와 결혼적령기의 그 여자와의 관계는 "같은 것도 아니고 역시 다른 것도 아니다."

상속설을 채택한 윤회설에서 역시 해결하기 어려운 일은 업과 과보의 문제이다. 상속설에서 설명하는 것처럼 존재가 계속될 수 있다고 해도 아뜨만과 같은 '어떤 것'이 없다면 누가 업의 과보를 받는가. 이미 사라져 버린 존재가 지은 업의 결과를 다시 태어난 다른 존재가 받는다는 것은 부당하다고 하지 않을 수 없다. 그러나 이 문제는 "같은 것도 아니고 다른 것도 아니다."라는 원리에 의해서 설명될 수 있다.

나가세나는 다음과 같은 비유로써 설명했다. 즉 망고(과일)를 훔친

....
99 Finot, 앞의 책, p.90(Ⅱ, 22); 『大正』32권, p.711a; Demiéville, 앞의 책, pp.127-128(LⅩ).

도둑이 "내가 가져간 망고는 이 사람의 망고가 아니다. 그가 심은 망고와 내가 가지고 간 망고는 다른 것이다. 나는 어떠한 벌도 받을 수 없다."[100]라고 주장한다면 어떻게 할 것인가. 도둑의 논리에 의하면, 망고나무 주인이 심은 망고는 벌써 썩어 없어져 버렸으므로 그 망고의 씨에서 싹이 나와 자란 나무에 열린 망고는 처음의 그 망고와는 다른 것이다. 언뜻 생각하기에는 망고 도둑의 논리가 정당한 것처럼 보인다. 그러나 도둑이 훔친 망고는 망고나무 주인이 심은 망고에서 나온 것이므로 망고나무 주인의 것이다. 두 번째의 망고는 첫 번째의 망고와 동일한 것이 아니지만 그 두 가지는 불가분의 관계이다. 이 비유에서 말하고자 하는 것은 죽은 자와 다시 태어난 자가 비록 동일한 사람은 아니라 해도 다시 태어난 자는 죽은 자로부터 비롯되었으므로 죽은 자가 지은 업의 결과를 다시 태어난 사람이 받아야 한다는 것이다.

지금까지 추구해 온 바에 의하면 『나선비구경』은 '무아와 윤회문제'를 상속설(saṃtati)로써 설명하고 있다는 것을 알 수 있다. 『나선비구경』이 사용한 설명과 비유들은 망고 도둑과 약혼녀의 비유와 같은 독창적인 것도 있지만 대부분의 내용은 초기경전과 부파불교의 논서에서 볼 수 있는 것들이다.

『나선비구경』이 채용하고 있는 이 상속설이 설일체유부와 경량부

---

100 Finot, 앞의 책, p.88(Ⅱ, 22);『大正』32권, p.710b-c; Demiéville, 앞의 책, p.125(LⅩ). 한 역본에서는 망고 주인은 망고 과일 대신 苗木(小栽)을 심었다.

두 부파 가운데 어느 부파의 설(說)에 더 가까운지 정확하게 밝히기는 어려운 일이다. 그러나 몇 가지 점으로 미루어 보아 그것이 설일체유부의 교리와 더 가깝다고 말할 수 있다. 설일체유부에서는 "아무것도 이 세상에서 저 세상으로 옮아가지 않는다."라 하고, 『나선비구경』에서도 "이 몸에서 다른 몸으로 옮아가는 존재는 없다."라 하는 데 반해, 경량부에서는 "5요소[五蘊]들이 한 생에서 다른 생으로 옮아간다."라고 다른 주장을 했다.

역시 물질의 기초단위인 원자의 문제에 있어서도 두 부파는 의견을 달리했다. 설일체유부에 의하면 "원자들은 부피가 없는 점(点)들에 불과하다. 그리고 그것들은 서로 닿아 있지 않다." 『나선비구경』에서는 "다르마[事象]의 연속은 계속된다. 하나가 나타나면 동시에 다른 것은 사라진다."라고 했다. 이것을 달리 표현하면 다르마가 동시에 공존하지 않는 것이므로 "다르마들은 서로 닿아 있지 않다."라는 것과 같다. 이것은 설일체유부의 주장과 동일한 것이라고 할 수 있다. 그 대신 경량부는 "원자는 부피가 있다. 그것은 공간적인 구분을 필요로 한다. 원자들은 그들이 가지고 있는 면적 때문에 그들끼리 서로 닿고 부딪친다."라고 원자들이 동시에 공존하고 있는 것을 말함으로서 『나선비구경』의 경우와 입장을 달리하고 있다.

2) 시간의 문제

시간 문제는 부파불교에서 중요한 논쟁점 가운데 하나가 되었다. 그 성질 또는 상태에 대한 여러 가지 주장들이 나왔다.[101] 불교에서 시간이 중요하게 된 이유는 그것이 존재의 성질과 밀접한 관계를 가지고 있기 때문이었다.[102]

설일체유부는 과거와 미래는 현재처럼 존재한다고 주장했다.[103] 이 부파에서 3시(三時)가 존재해야 한다고 생각한 이유 중의 하나는, "과거가 존재하지 않는다면 어떻게 선업이나 악업이 미래에 과보를 가져 올 수 있는가."[104]라는 것이었다. 설일체유부에서는 다음과 같이 추론했다. "같은 사람이 업을 짓고 동시에 그 과보를 받을 수는 없다. (왜냐하면) 업이 지어질 때는 그 과보는 (아직) 미래의 것이다. 그리고 윤회하는 존재(agent)가 이 과보를 받을 때는 그것을 초래한 업은 (이미) 과거의 것이다. 만약 과거와 미래가 존재하지 않는다면 과거에 지은 업은 존재하지 않을 것이므로 과보를 낼 수 없을 것이다."[105]

대부분의 부파들은 '3시가 존재한다[三世實有]'는 이 주장에 반대했다. 특히 경량부(經量部)는 설일체유부의 이와 같은 설(說)에 비판을 가했다. "우리에게는 현재만이 존재한다. 과거는 (이미) 존재했던 것이

....

101 시간 문제에 대한 부파들의 주장에 대해서는 A. Bareau, *Les sectes bouddhiques.*, p.137과 p.202; 같은 저자, *Le Bouddhisme*, p.109 참조.
102 A. Bareau, *Le Bouddhisme*, p.116.
103 A. Bareau, *Les sectes bouddhiques*, p.137, Sarvāstivādin의 thèse 1; 같은 저자, *Le Bouddhisme*, p.116.
104 É. Lamotte, *Histoire du Bouddhisme indien*, p.666; L. Silburn, 앞의 책, p.231.
105 A. Bareau, *Les sectes bouddhiques*, p.137, Sarvāstivādin의 thèse 1.

고 미래는 (앞으로) '존재할 것'이다. 그러나 과거와 미래는 현재처럼 존재하지 않는다."[106] 이 부파의 주장에 의하면 만약 3시(三時)가 실제로 존재한다면 유위법(有爲法, 현상세계)[107]은 항상 존재할 것이고 따라서 그것은 영원할 것이다. 그런데 실제로는 그렇지 않다.[108] 화지부와 상좌부 계통의 다른 부파들은 경량부의 주장에 동조했다.[109]

화지부에서 분열된 음광부(飮光部, Kāśyapīya)[110]는 이 두 가지 상반되는 주장에 대해 절충안을 내놓았다. 이 부파에 의하면 어떤 과거는 존재하고 어떤 과거는 존재하지 않는다. "과보가 아직 익지 않은 업을 갖고 있는 과거는 존재한다. 그 나머지 과거는 존재하지 않는다."[111] "그것은 식물의 경우와 같다. 싹이 나오지 않는 한 씨앗은 존재한다. 그러나 싹이 나오면 동시에 씨앗은 더 이상 존재하지 않는다."[112] 동일한 방식으로 미래도 부분적으로 존재한다고 주장했다. "확정되지 않은 미래는 존재하지 않는다. 그러나 확정된 미래는 반드시 존재한다."[113] 즉 과보를 확실하게 초래할 수 있는 업을 갖고 있는

---

106 É. Lamotte, 앞의 책, p. 668 ; L'Abhidharmakośa, Ⅴ, p.58.
107 中村元, 『佛敎語大辭典』, p.241.
108 Bareau, Les sectes bouddhiques., p.157, Sautrāntika(經量部)의 thèse 10 ; La Vallée-Poussin, L'Abhidharmakośa, Ⅴ, pp.49-50.
109 Bareau, 위의 책, p.202.
110 Silburn에 의하면(그의 책, p.230) 음광부는 Sarvāstivādin(說一切有部)에서 파생되었다. 그러나 Bareau는 Mahīśāsaka(化地部)에서 나온 Dharmaguptaka(法藏部)의 支末部派라고 생각했다. Les sectes bouddhiques, p.34.
111 Silburn, 앞의 책, p.245 ; Bareau, Les sectes bouddhiques, p.202, Kāśyapīya의 thèse 1.
112 Bareau, 위의 책, p.202. Bareau에 의하면 이 '타협안'은 격렬한 논쟁을 일으켰을 뿐 거의 성공을 거두지 못했다. Présence du Bouddhisme(Richesse et diversité de la pensée bouddhique ancienne), p.454. 역시 Le Bouddhisme, pp.109-110.
113 Silburn, 앞의 책, p.246.

미래는 존재한다. 그러나 그와 반대인 미래는 존재하지 않는다는 것이다.

나가세나는 시간을 '과거·미래·현재의 시간'이라고 정의했다.[114] 따라서 『나선비구경』은 3시를 인정하고 있다는 것을 알 수 있다. 그렇지만 그것은 설일체유부의 주장과 다르다. 나가세나의 설명에 의하면 시간에는 두 종류가 있다. 즉 '존재하는 시간'과 '존재하지 않는 시간'이다.

'존재하는 시간'이란 '결과[果報]를 초래할 형성력(saṃskāra, 業)[115]과 결과를 초래할 가능성을 가진 형성력, 그리고 다른 생(生)의 원인이 되는 형성력'을 말한다.[116] 이와 반대로 '존재하지 않는 시간'이란 '지나가 버렸거나, 사라져 버렸거나, 소멸되어 버렸거나, 변화되어 버린 형성력(= 業)'이다.[117] 나가세나는 이 문제를 다른 표현을 사용해서 다시 설명했다. "죽어서 다른 곳에 다시 태어나는 존재들에게는 시간이 존재한다. (그러나) 죽어서 다른 곳에 태어나지 않는 존재(즉 아라한)들에게는 시간이 존재하지 않는다."[118]

『나선비구경』에서 말하고 있는 시간관을 다른 부파들의 것과 비교해보면 그것은 명백히 음광부의 시간관과 같다는 것을 알 수 있다.

---

114 Finot, 앞의 책, p.93(Ⅱ, 25);『大正』32권, p.711b; Demiéville, 앞의 책, p.129(LXⅢ).
115 이 책 3장, 4, 3)과 註347 참조. '업을 형성하는 잠재력'의 의미이지만 여기서는 '業'으로 보는 것이 내용을 이해하기 쉽다.
116 Finot, 앞의 책, p.93(Ⅱ, 25). 이 내용은 漢譯本에 없다.
117 Finot, 앞의 책, p.93(Ⅱ, 25)
118 Finot, 앞의 책, p.93(Ⅱ, 25);『大正』32권, p.711b; Demiéville, 앞의 책, p.130(LXⅢ).

3) 의도와 업의 관계

'쩨따나(cetanā, volition)'라는 말은 '계획을 세우다'라는 의미를 가진 'ceteti'에서 유래한 것으로서 의도(意圖) 또는 의지라고 번역된다. 쩨따나는 일종의 정신적인 행위이다. 행위를 일으키는 결정은 이 쩨따나에 달려 있다. 그것은 스스로 결과를 낳는 행위이다.[119]

업이 진정한 업, 즉 과보를 초래할 수 있는 업이 되기 위해서는 윤리적으로 선(善, kuśala)하거나 악(惡, akuśala)한 것이어야 하지만 의도적으로 행해진 행위이어야 한다. 무의도적이거나 무의식적으로 행해진 업은 비록 업이긴 하지만 진정한 업이 될 수 없다. 왜냐하면 의도되지 않은 업은 과보를 맺을 수 없기 때문이다.[120] 붓다는 이것을, "만일 일부러 지은 업이면 나는 반드시 그 과보를 받되 현세에서 받거나 후세에서 받는다고 말한다. 만일 일부러 지은 업이 아니면 나는 이것은 반드시 과보를 받는다고 말하지 않는다."[121]라고 설했다.

'무엇을 하고자 의도한 후'에 행하는 행위라야 진정한 업이 되므로, 업이란 의도가 바깥으로 표현된 것이다. 그래서 붓다는 "업이란 무엇인가. 업은 의도(cetanā)라고 나는 말한다. 왜냐하면 몸[身]과 말[口]과 생각[意]으로 행위를 하는 것은 (그것을 하고자) 원해서 하는 것이

---

119 L. Silburn, 앞의 책, p.204; 中村元, 앞의 사전, p.436, p.540.
120 이 책 3장, 3, 4), (1) 참조. La Vallée-Poussin, *La morale bouddhique,* p.122; Lamotte, 앞의 책, p.36.
121 『大正』1권, p.437b(『中阿含』3권, 15경).

기 때문이다."¹²²라고 가르쳤다. 의도가 구체적으로 표현된 것이 업이므로 업은 의도의 결과이다. 그러므로 의도는 업의 본질이기도 하다.

인간은 각자 자신이 의도해서 업을 짓기 때문에 그 결과에 대해서는 전적으로 자신이 책임을 져야 한다. 업은 그것을 지배하는 "어떠한 외부적인 힘의 개입 없이 그 스스로 작용한다."¹²³ 의도는 인간만이 가지고 있는 심리적 기능이다. 이것은 인간의 특수성이다. 그렇기 때문에 업은 5도(五道) 가운데 인간도(人間道)에서만 짓게 되고 다른 4도에서는 그것을 소비만 한다.¹²⁴ 이처럼 의도(cetanā)와 업(karman)은 불가분의 관계이다. 그래서 업이란 의도와 동의어이다. 이것은 불교적인 업의 특성이다.¹²⁵

부파불교에서도 의도와 업의 문제는 역시 중요한 주제로서 자세하게 추구되었다. 이 주제에 대한 부파들의 관점은 거의 차이가 없다. 한결같이 의도(意圖)로써 업의 중심을 삼고 있다. 설일체유부도 같은 입장을 취하고 있다. 이 부파는 "의도는 업이다. 그것은 의업(意業, manokarman)이다."¹²⁶ "살인의 의도가 없다면 살인은 없다."¹²⁷라고 했다.

---

122 *Anguttaranikāya*, Ⅲ, p.415; Lamotte, 앞의 책, p.37에서 인용.
123 Nyanaponika Mahāthera, *Initiation au Bouddhisme*, p.22; Bareau, *Le Bouddhisme*, p.50.
124 Filliozat, *L'Inde classique*(Ⅱ), p.541(§2286).
125 바라문교에서는 karman(業)을 '儀式 행위 특히 제사'로 생각했다(L. Renou, *L'Inde classique*[Ⅰ], p.555[§1142]). 그러나 자이나교에서는 까르만이란 신업을 의미했다: "身業은 설사 그것이 무의도적이고 무의식적인 것이라 할지라도 완전한 業이다."(La Vallée-Poussin, *La morale bouddhique*, p.120); H. Zimmer, *Les philosophies de l'Inde*, p.202.
126 Bareau, *Les sectes bouddhiques*, p.148, Sarvāstivādin의 thèse 89; 『大正』 27권, p.216b 이하 (『阿毘曇磨大毘婆沙論』 제40권).
127 La Vallée-Poussin, *La morale bouddhique*, p.125와 p.127.

경량부의 주장은 더욱 철저하다. 이 부파에 의하면 업은 엄밀한 의미에서는 존재하지 않는다. 왜냐하면 업이란 신·구·의라는 도구를 통한 '의도의 실행'일 뿐이기 때문이다. 경량부는 이것을 다음과 같이 설명했다. "신업은 실제로 존재하지 않는다. 왜냐하면 신업이란 몸으로 짓는 업이기 때문이다. … 즉 육체를 움직이게 하는 것은 의도이다. … 의도는 육체라는 문을 통해 행동으로 나타난다. 그래서 신업이라고 불리는 것이다."[128] 경량부의 한 부파인 비유사부(譬喩師部, Dārṣṭāntika)는 이것을 "신업·구업·의업은 의도에 불과하다."[129]라고 주장한다.

화지부는 의도를 업과 동일한 것으로 보고 있다. 왜냐하면 업은 의도가 개입되어야만 진정한 업이 되기 때문이다. 이 부파의 표현을 빌리면, "업이란 실제로 의도(cetanā)이다. 신업(kāyakarman)도 구업(vākkarman)도 없다."[130] 장로부에서는 무의식적으로 범해진 죄는 죄가 아니라고 말한다. 그것이 설사 5역죄(五逆罪)의 하나인 부모살해[殺父母] 죄에 해당되는 것이라 해도 마찬가지다. 이 부파의 논서인 『까타밧투(Kathāvatthu, 論事)』에 의하면, "본의 아니게 자신의 어머니의 생명을 빼앗은 사람이라도 용서받지 못할 죄인은 아니다. 모든 범죄는 그것이 의도적으로 지어져야만 죄가 된다."[131]

---

128 Bareau, 위의 책, pp.157-158, Sautrāntika의 thèse 16.
129 Bareau, 앞의 책, p.160, p.165, Dārṣṭāntika의 thèse 54.
130 Bareau, 앞의 책, p.188, Mahīśāsaka의 thèse 4.
131 *Kathāvatthu*, ⅩⅩ, 2; Bareau, 위의 책, p.236, Theravādin의 thèse 190.

『나선비구경』에서도 의도 문제를 다루고 있다.[132] 밀린다는 이렇게 질문했다. "나가세나여, 악업을 지은 두 사람 가운데 한 사람은 알고 지었고 다른 한 사람은 모르고 지었습니다. 이들 가운데서 누가 더 큰 화(禍)를 당하겠습니까." 나가세나는 한마디로 "모르고 지은 사람입니다."라고 답했다. 밀린다는 이 대답에 수긍하지 않았다. 왜냐하면 상식적으로 받아들일 수 없는 일이기 때문이었다. 밀린다는 "그렇다면 왕자나 관리가 나쁘다는 것을 모르고 잘못을 저지르면 그에게 두 배로 벌을 주어야 합니까."라고 반문했다. 나가세나는 비유로써 설명했다. "아주 뜨겁게 불에 달구어진 쇳덩어리를 한 사람은 그 사실을 전혀 모르고 잡았고, 다른 한 사람은 (그것을 알고) 경계하면서 잡았다고 합시다. 어느 사람이 더 심하게 화상을 입겠습니까." 이 경우 말할 것도 없이 쇳덩어리가 달구어져 있다는 것을 모르고 그것을 잡은 사람이 더 심하게 데일 것이다. "이와 마찬가지로 더 큰 화를 당하는 사람은 모르고 죄를 짓는 사람"이라는 것이다.

빨리어본의 제2편에서 나가세나의 설명은 더 멀리 간다. 업의 결과(果報)는 업을 지은 사람의 '의도(cetanā)'와는 관계없이 전적으로 업 그 자체에 달려 있다는 것이다. 나가세나는 이 문제를 설명하기 위해 여러 가지 비유를 들었다. 독약은 그것이 독약인 줄 모르는 사람이 마셨다 해도 그를 죽일 수 있고, 불은 무심코 그 위로 걷는 사람도 데이게 한다는 것이다. 마찬가지로 모르고 독사에게 물려도 그 사람

132　Finot, 앞의 책, p.140(Ⅲ, 37); 『大正』32권, p.718a; Demiéville, 앞의 책, p.173(CⅩⅡ); 이 책 4장, 4, 2), (1) 참조.

은 죽을 수 있다.[133] 이 모든 경우 의도는 조금도 문제가 되지 않는다. 여기서 중요한 것은 단지 행위[業] 그 자체이다. 업과 의도의 관계에 대한 『나선비구경』의 이와 같은 주장은 정통 불교의 입장과는 반대된다. 위에서 본 것처럼 이와 같은 견해는 초기불교와 부파불교에서는 받아들여질 수 없다.

『나선비구경』의 입장은 중요한 경쟁 관계에 있었던 자이나교의 주장과 일치한다. 자이나교에 의하면 의도는 의미가 없다. 중요한 것은 오직 몸으로 짓는 업, 즉 신업(身業)뿐이다. 살생을 범하는 줄도 모르고 살생을 해도, 즉 의도가 개입되지 않은 살생을 해도 그것은 자동적으로 살생이 된다. 그렇기 때문에 "자이나교 수행자가 걸어가는 곳은 어디든지 작은 벌레들이 밟혀 죽지 않도록 하기 위해 빗자루로 발 앞을 깨끗이 청소해야 한다." 자이나교의 수행자는 탁발로 얻은 음식을 먹다가 그 속에 들어 있는 고기(토막)를 모르고 삼켜도 오염이 된다. 이것은 죽은 짐승의 고기를 먹은 것에 대한 결과이다.[134] 이와 같은 사실은 나가세나가 비유에 사용했던 독약의 경우와 동일하다. 즉 독약은 그것이 독약인 줄 모르는 사람이 마셨다 해도 그 사람을 죽일 수 있는 것과 같다.

---

133 中村元·早島鏡正, 『ミリンダ王の問い(2)』, p.316(제6장, 8). 이 책 4장, 4, 2), (1) 참조.
134 Zimmer, *Les philosophies de l'Inde*, p.202.

3. 열반설의 자료출처

1) 열반설

초기경전에 의하면 유여의열반은 정신적인 괴로움이 모두 소멸된 열반으로 수행자가 생전에 성취한다. 무여의열반은 유여의열반을 이룬 아라한이 죽어 육체적인 괴로움마저 소멸된 열반이다.[135]

유여의열반을 이루기 위해서는 괴로움의 근본 원인인 욕망과 집착을 소멸시켜야 한다. 『잡아함』의 「열반경」에 의하면[136] "색(·수·상·행·식, 五蘊)을 싫어하고 욕망을 소멸하고 모든 번뇌를 일으키지 않아 마음이 바로 해탈하면 이것을 … (유여의)열반을 이룬 것이라고 한다." 다른 경전에서도 역시 "… 욕망을 끊고 나면 집착할 것이 없게 된다. 집착하지 않기 때문에 안온한 즐거움에 머무르고 안온한 즐거움에 머무르게 되면 그것을 (유여의)열반이라고 한다."[137]라고 설명하고 있다.

무여의열반의 성취는 육체와 관계되는 것이기 때문에 이 열반을 이루기 위해서는 수행상으로는 실천해야 할 것은 아무것도 없다. 육체로 말미암아 생기는 괴로움은 궁극적으로 육체가 소멸됨으로서 완전히 해결된다.[138]

....
135 이 책 3장, 4, 2)와 3) 참조.
136 『大正』2권, p.6a(『雜阿含』1권, 28경).
137 『大正』2권, p.8b(『雜阿含』2권, 36경). 이 책 3장, 4, 2) 참조.
138 이 책 3장, 4, 3) 참조.

『나선비구경』에서는 유여의열반에 대한 설명은 있지만 무여의열반에 대한 언급은 짧은 내용뿐이다. 그러나 그 설명은 분명하다. 밀린다가 "다음 생에 더 이상 재생하지 않게 된 도(道, 즉 유여의열반)를 얻은 후에도 사람은 아직 괴로움을 느낍니까."라고 질문하자 나가세나는 이렇게 대답했다. "육체만이 괴로움을 느낍니다. 정신은 괴로움을 더 이상 느끼지 않습니다." "육체가 괴로움을 느끼는 것은 이 육체가 현재 존재하기 때문입니다." 그러나 "정신은 악을 버리고 욕망이 없기 때문에 더 이상 괴로움을 느끼지 않습니다."[139]

열반의 인식에 대한 문제도 제기되었다. 먼저 초기경전의 설명을 보면 이렇다. 열반에 대해 질문을 받은 붓다는 '그것은 설명될 수 없다'고 말하면서 장님과 색깔의 비유를 들었다. 장님에게 푸른 색, 붉은 색 등에 대해 설명해주어도 장님이 그것을 알 수 없지만, 치료를 받아 눈을 뜨면 스스로 그 색깔을 볼 수 있다. 그것처럼 수행자도 수행을 해서 지혜를 갖추면 열반을 알 수 있게 된다는 것이다.[140] 이와 달리 열반에 도달하지 못한 사람도 열반에 대해 알 수 있다고 말하는 경전도 있다.[141] 비유를 들면 더위와 목마름에 시달린 여행자가 우물을 발견했지만 두레박이 없어 물은 퍼 마실 수 없었다. 그러나 우물의 물을 잘 관찰해서 그것을 알고 볼 수는 있었다. 이 여행자의 경우

---

139 『大正』32권, p.709b-c(『那先比丘經』상권); Demiéville, 앞의 책, pp.120-121(LVIII); Finot, 앞의 책, p.85(II, 20). 이 책 4장, 5, 2).
140 이 책 3장, 4, 2. 『大正』1권, p.672c(『中阿含』38권, 153경, 「鬚閑提經」).
141 이 책 3장, 4, 2). 『大正』2권, pp.98c-99a(『雜阿含』14권, 351경, 「茂師羅經」).

처럼 번뇌의 소멸 상태인 열반에 이르지 못한 사람도 "(괴로움이) 소멸되면 적멸(寂滅)이고 열반이라는 것을 알 수 있다."

『나선비구경』에서는 비유로써 이 문제를 이해하기 쉽게 설명했다. 밀린다가 "존자 나가세나여, 만일 열반이 … 눈이나 귀나 코나 혀나 몸으로써 인식되는 것이 아니라면 … 열반은 존재하지 않는 것입니다."라고 문제를 제기했다. 두 사람 사이에는 다음과 같은 문답이 오고 갔다. "대왕이여, 바람[風]을 색깔이나 형태 또는 크기와 길이로써 나에게 보여주십시오." "존자여, 바람을 그렇게 보여줄 수 없습니다. 바람은 손으로 잡을 수도 만질 수도 없습니다. 그렇지만 바람은 존재합니다." "대왕이여, 만일 바람을 보여줄 수 없다면 바람은 존재하지 않습니다." "그러나 존자여, 나는 (바람의 존재를) 알고 있습니다. '바람이 존재한다'고 나는 확신합니다. 그렇지만 나는 바람을 보여줄 수는 없습니다." 나가세나는 이와 같은 밀린다의 대답을 가지고 이 문제에 대해 결론을 내렸다. "대왕이여, 그와 같이 (무여의)열반은 존재합니다. 그러나 열반은 색깔이나 형태로써 보여줄 수는 없습니다."[142]

열반을 성취하지 못한 사람이 설사 '열반이 존재한다'는 것을 알수 있다 하더라도 '열반이 좋다'는 사실을 어떻게 알 수 있는가. 초기경전에서는 이 문제에 대한 직접적인 설명은 없다. 단지 열반을 성취한 아라한들이 즐겁게 살고 있는 모습을 보고 사람들은 '열반이 좋다'

....
142 中村元·早島鏡正, 앞의 책(3), pp.16-17; Rhys Davids, 앞의 책(Ⅱ), pp.105-107(Ⅳ, 7, 16-17). 이 내용은 빨리어본 제2편에서만 볼 수 있다.

는 것을 알 수 있다는 것이다. 『법구경』을 비롯한 몇몇 경전에서 그것을 "마을이건 숲속이건 낮은 곳이건 평지이건 성자(아라한)가 살고 있는 곳은 (어디든) 즐겁다."[143]라고 설명하고 있다.

『나선비구경』에서는 이 문제에 대해 밀린다가 나가세나에게 "열반도(涅槃道, 열반의 경지)를 얻지 못한 사람이 열반도가 즐겁다[快]는 것을 압니까."라고 질문했다. 나가세나는 "그렇습니다. 아직 열반도를 이루지 못했더라도 열반이 즐겁다는 것을 압니다."라고 답했다. 다시 밀린다가 "열반을 얻지 못한 사람이 어떻게 열반도가 즐겁다는 것을 압니까."라고 묻자 나가세나는 직접적인 대답 대신 질문으로 왕을 유도했다. "태어나서부터 (한 번도) 손(목)이나 발(목)을 잘려본 경험이 없는 어떤 사람이 (그와 같은 손발의 절단이)[144] 고통스럽다는 것을 압니까." "손(목)이나 발(목)을 아직 한 번도 잘려보지 않았어도 그는 그것이 고통스럽다는 것을 압니다." "그것이 고통스럽다는 것을 어떻게 압니까." "손(목)이나 발(목)이 잘리는 사람이 비명을 지르는 것을 볼 수 있습니다. 그래서 그것이 고통스럽다는 것을 압니다." 나가세나는 열반의 경우도 마찬가지라고 설명했다. "먼저 (열반을) 얻은 사람들이 다른 사람들에게 '열반도는 즐거운 것'이라고 가르칩니다. 그 때문에 그들은 그것을 믿는 것입니다."[145]

---

143 中村元 譯, 『ブッダの眞理のことば(Dhammapada)』, p.24, 98게; 같은 역자, 『佛弟子の告白(Theragāthā)』, p.188, 991-992게. 역시 p.138과 p.189, 642게-644게와 1000게.
144 괄호 안의 내용[寧知截手足]은 A본에만 있다. 『大正』32권, p.699c.
145 『大正』32권, p.715a; Demiéville, 앞의 책, pp.151-152(L X X X V); Finot, 앞의 책, p.119(Ⅲ, 8).

밀린다의 의문은 아직도 남아 있다. 유여의열반을 성취한 아라한의 육체적인 괴로움에 대한 문제이다. 아라한에게는 정신적인 괴로움은 더 이상 존재하지 않지만 육체적인 괴로움은 그대로 남아 있다. 이 괴로움은 육체가 없어지지 않는 한 계속될 뿐 아니라 정신적인 괴로움보다 훨씬 더 고통스럽다. 그런데도 그것을 견디면서 자연사할 때까지 기다려야 할 이유는 무엇인가.

이 문제에 대해 밀린다는 "(유여의열반을 이룬) 아라한들이 (육체적) 고통을 받는다면 그것을 소멸하기 위해 왜 (당장) 죽지 않는가."라고 물었다. 나가세나는 비유를 가지고 설명했다. "(열반에 도달한) 아라한들에게는 애착심도 염오심(厭惡心)도 없다. 성자(아라한)들은 (익지 않은) 푸른 과일을 (억지로) 떨어지게 하지 않는다. 그들은 (기다렸다가) 그것이 익을 때 딴다." 그리고 나서 샤리뿌뜨라가 지었다는 게송을 인용했다. "나는 죽음도 원하지 않는다. 나는 삶도 원하지 않는다. 고용인이 품삯을 기다리는 것처럼 나는 단지 (죽음의) 때(가 오기)를 기다릴 뿐이다."[146]

사실 초기경전에서 샤리뿌뜨라가 말했다고 하는 이 게송을 볼 수 있다.[147] 그러나 이것은 샤리뿌뜨라 혼자 말한 것이 아니다. 붓다의 첫 제자인 아즈냐따 까운디냐도 이 게송을 사용했고, 상낏차(Saṅkiccha)와 왕기사(Vaṅgīsa, 婆耆舍)도 이 내용을 말했다.[148] 이 게송은 샤리뿌뜨라와

....
146 Finot, 앞의 책, pp.85-86(Ⅱ, 20);『大正』32권, p.709c; Demiéville, 앞의 책, p.121(LⅧ).
147 中村元 譯,『佛弟子の告白』, p.189, 1002-1003게.
148 中村元 譯, 위의 책, p.146(685게-686게, *Kondañña*). 역시 p.132(606게-607게, *Saṅkiccha*)와『雜阿含』(36권 994경, *Vaṅgīsa*)에서도 동일한 게송이 나온다. 이 책 3장, 4, 3) 참조.

같은 특정인이 말한 것이라고 하기보다는 열반과 아라한의 죽음 문제에 대해 '정형화(定型化)된 하나의 설명'으로 사용되었던 것 같다.

무여의열반의 상태에 대해서는 앞에서 자세하게 추구하면서 알 수 있었듯이 초기경전에 의하면 때로는 소멸상태로, 때로는 존재하는 상태로, 때로는 무기(無記) 상태로 나타내고 있다.[149]

'소멸상태'라고 말할 경우에는 꺼진 불의 비유로써 설명했다. 타고 있는 불에 땔나무를 공급해 주지 않으면 불은 꺼져 버린다. 꺼진 불이 동쪽으로 갔다, 서쪽으로 갔다 또는 남쪽이나 북쪽으로 갔다고 말할 수 없다. 땔나무가 다 타버렸기 때문에 붙고 있던 불이 꺼져 버렸을 뿐이다. 이와 같이 유여의열반을 성취한 아라한이 죽으면 더 이상 존재할 육체도 없고 다음 생을 만들 업(業)도 남아 있지 않기 때문에 '소멸'과 같은 것이라고 보았다.[150]

'존재하는 상태'라고 보는 경우는, 무여의열반을 아라한들이 죽은 뒤 도달하는 장소처럼 생각했다. "현세에서는 모든 번뇌를 다하고 죽은 뒤에는 … 영원히 반열반에 머물게 된다."[151] "생사의 바다를 건너 열반성에 들어간다."[152] 『우다나(Udāna, 自說經)』에 의하면, "(모든 강물과 빗물이 바다로 흘러 들어가도 그것이 불어나거나 줄어드는 일이 없듯이) 많은 비

---

149 이 책 3장 4, 4) 참조.
150 『大正』2권, pp.245c-246a(『雜阿含』34권, 962경); *Majjhimanikāya*, 72경, PTS, Ⅱ, pp.165-166. 이 책 3장, 4, 4), (1) 참조.
151 『大正』2권, pp.120c-121a(『雜阿含』17권, 470경-473경).
152 『大正』2권, p.669b(『增一阿含』23권, 31의 5경, 「증상품」); 同, 1권, p.30a-b(『長阿含』2권 「遊行經」제2).

구가 무여의열반[般涅槃]에 들어간다 해도 그 때문에 (그) 열반의 (세계가) 줄거나 늘어나는 일은 없다."[153]

무기(無記)상태라고 보는 경우는 무여의열반이 언어와 생각의 범위를 벗어난 경지이므로 말이나 생각으로써 나타낼 수 없다는 것이다. "소멸해 버린 자에게는 그것을 헤아릴 기준(즉 尺度)이 없다. 그를 이렇다 저렇다 말할 근거가 그에게는 없다. 모든 것이 깨끗이 끊어지면 모든 논의(論議)의 길도 완전히 끊어져 버린다."[154] 이것을「무기설상응(無記說相應)」에서[155] 붓다는 꼬살라 국의 쁘라세나짓 왕에게 이렇게 설명했다. "여래(붓다)는 반열반 후에 존재한다거나 (또는) 존재하지 않는다거나, 존재하기도 하고 존재하지 않기도 한다거나, 존재하는 것도 아니고 존재하지 않는 것도 아니라고 설하지 않는다."는 것이었다.

부파불교에서는 무여의열반의 상태에 대해서 두 가지 입장으로 나누어진다. 즉 '소멸상태'와 '존재하는 상태'로 보는 입장이다. 열반을 '소멸'과 같은 것으로 생각하는 부파들은 무아설(無我說)과 상속설(相續說)을 받아들이면서 윤회할 수 있는 실체의 존재를 인정하지 않는다. 왜냐하면 열반을 성취한 아라한이 죽으면 존재를 이루고 있던 육체적·정신적 요소[五蘊]들은 분해되어 흩어져 버리고 다음 생을 계속시킬 업(業)도 남아 있지 않으므로 그 이상 존재할 수 없게 되기 때

---

153 John D. Ireland 譯, *The Udāna*, p.77. 이 책 3장, 4, 4), (2) 참조.
154 中村元 譯,『ブッダのことば』, p.226, 1075-1076게; 法頂 옮김,『숫타니파타』, p.307.
155 『南傳』16권(상), pp.101-105(제10,「無記說相應」, 13경-34경); 전재성 역,『쌍윳따니까야』7권, pp.481-482. 이 책 3장, 4, 4), (3) 참조.

문이다. 이와 같은 견해를 지지하는 부파들은 특히 설일체유부(說一切有部, Sarvāstivādin)와 경량부(經量部, Sautrāntika)였다. 이 부파들은 무아설과 상속설을 받아들이면서 반열반 후에 존속할 수 있는 실체적인 '어떤 것'을 인정하지 않았다.[156]

이와 반대로 반열반을 '존재하는 상태'처럼 생각하는 부파들은 뿟갈라(pudgala)와 같이 '윤회하는 실체'를 지지하는 부파들이었다. 그들에게 열반이란 유여의열반에 들어간 "존재가 어떤 식으로든 머물 수 있는 (장소)"[157]처럼 생각되었다. 이와 같은 견해를 지지하는 부파들은 독자부(犢子部, Vātsīputrīya)와 정량부(正量部, Sammatīya)였다.[158]

『나선비구경』에서는 아라한의 사후 문제인 무여의열반에 대해 거의 관심을 보이지 않았다. 밀린다 왕은 이 주제에 대해 짧게 한마디로 질문했다. "(무여의)열반은 존재하지 않습니까[審有泥洹無]." 그러자 나가세나도 역시 한마디로 "(무여의)열반은 존재합니다[審有]."라고 대답했다.[159] 이 내용만으로써는 이 경(經)이 취하고 있는 입장을 알기 어렵다. 나가세나가 설명하고 있는 '열반(泥洹)'이라는 말 역시 그것이 유여의열반인지 무여의열반인지조차 분명하지 않다. 빨리어본에서

---

156 Lamotte, 앞의 책, pp.676-677; Filliozat, *L'Inde classique*(II), p.547(§2295); Bareau, *Les sectes bouddhiques.*, p.157, Sautrāntika의 thèse 9.
157 Lamotte, 앞의 책, p.677.
158 Lamotte, 앞의 책, p.577과 p.677; Filliozat, 앞의 책(II), p.547(§2295); Bareau, *Les sectes bouddhiques.*, pp.115-116, Vātsīputrīya의 thèse 3; 同, p.123, Sammatīya의 thèse 11-12.
159 『大正』32권, pp.715c-716a; Demiéville, 앞의 책, p.156(XCV): 王復問那先 審有泥洹無 那先言審有.

는 이것과 다르다. "나가세나 존자여, 붓다는 (사후에) 계십니까." "그렇습니다. 대왕이여."¹⁶⁰ 이 문답에서 "붓다는 (사후에) 계십니까."라는 이 질문은 붓다가 반열반, 즉 "무여의열반 후에 존재합니까."라는 의미인 것을 알 수 있다. 따라서 나가세나의 대답은 "붓다는 무여의열반 후에 존재한다."는 것이다.

빨리어본의 제2편에서는, 위에서 자세하게 본 것처럼¹⁶¹ 나가세나가 여러 가지 비유를 들어 열반을 설명했는데, 그 가운데 다음과 같은 내용이 있다. "열반은 (세상의) 모든 강물이 다 흘러들어가도 가득차지 않는 넓고 큰 바다처럼 모든 중생이 다 들어가도 가득 차지 않는다."¹⁶² "그것(무여의열반)은 아라한들이 (들어가서) 돌아다니는 곳이다. 아무것도 그것을 방해할 수 없다."¹⁶³

지금까지 살펴본 바에 의하면 『나선비구경』에서 주장하고 있는 무여의열반은 '존재하는 것'이다. 아라한들이 죽은 뒤 들어가는 장소와 같은 것으로서, 모든 강물이 흘러들어가는 큰 바다에 비유된다. 이와 같은 『나선비구경』의 견해는 뿟갈라(pudgala)의 존재를 인정하는 부파들, 즉 독자부와 정량부의 입장과 같다.

이 사실은 뜻밖이다. 왜냐하면 무아설과 상속설을 내세우면서 열반 후에 존속하는 뿟갈라와 같은 존재를 부정하는 『나선비구경』이 무

----
160 Finot, 앞의 책, p.124(Ⅲ, 18).
161 이 책 4장, 5, 2) 참조.
162 中村元·早島鏡正, 앞의 책(3), p.98; Rhys Davids, 앞의 책(Ⅱ), pp.189-190(Ⅳ, 8, 66-67).
163 中村元·早島鏡正, 앞의 책(3), p.101; Rhys Davids, 앞의 책(Ⅱ), p.192-193((Ⅳ, 8, 71).

여의열반을 '존재하는 상태'처럼 생각하고 있기 때문이다. 뿟갈라와 같은 '어떤 것'이 없다면 무여의열반 후에 무엇이 존재할 수 있을 것이며, '어떤 것'이 들어갈 수 있는 장소가 무엇 때문에 필요할 것인가. 무아설과 상속설을 인정한다면 논리상으로도 열반은 '소멸상태'와 같은 것으로 생각되어야 할 것이다.

2) 출가의 길과 재가의 길

불교의 궁극 목표는 열반이다. 열반에 이르는 길은 고따마 붓다가 처음으로 가르쳤다. 그러나 불교의 입장은 붓다를 길의 재발견자라고 생각한다. 이 길은 붓다 이전에 있었던 길인데 그 동안 잊혀졌던 것을 붓다가 다시 발견했다는 것이다. 『잡아함』의 「성읍경(城邑經)」에서 이 사실을 옛길[古道]의 비유로 설명하고 있다.[164] 이와 같은 길 앞에서 붓다는 길 안내자[導師]이다. 그는 사람들에게 길을 가르쳐주고 모범을 보이면서 그들이 그 길을 가도록 격려하는 사람이라는 것이다.[165]

열반의 길은 모든 사람에게 열려 있는 길이다. 남자·여자·출가자·재가자, 그리고 사회적인 계급과 같은 차별은 없다. 누구이든 그 길의 안내자인 붓다의 가르침을 따라 잘 실천하면 모두 목적지에 도

---

[164] 『大正』 2권, p.80c(『雜阿含』 12권, 287경); 同, p.718b-c(『增一阿含』 31권, 38의 4경).
[165] *Majjhimanikāya*, 107경, PTS, Ⅲ, p.56; 『大正』 1권, p.653b(『中阿含』 35권, 144, 「算數目犍連經」).

달할 수 있다.¹⁶⁶ 이것을 『잡아함』의 「출가경(出家經)」은 구체적으로 설명하고 있다. "하늘에서 많은 비가 내리면 물이 아래로 흘러내려가는 것처럼 고따마(붓다)의 법(法)과 율(律) 또한 그와 같다. 비구·비구니와 우바새·우바이로서 남자나 여자는 모두 흐름을 따라 열반으로 향하고 열반으로 실려 내려간다. 참으로 특별한 것은 붓다와 법과 승가의 평등한 법과 율이다."¹⁶⁷

그러나 원칙적으로는 그렇다 해도 실제에 있어서는 다르다. 분명히 두 가지 길이 있다. 즉 출가(出家)의 길과 재가(在家)의 길이다. 출가자는 주로 8정도를 실천하면서 열반을 목표로 삼고 재가자는 보시를 해서 공덕을 짓고 신앙생활을 함으로써 천상이나 인간계에 다시 태어나기를 목표로 삼는다.¹⁶⁸ 이와 같은 차이점은 사람들이 처해 있는 상황이나 그들의 능력에서 생기게 되는 것일 뿐 다른 이유에서가 아니다. 출가해서 열반의 성취를 위해 전념하고 있는 사람들은 재가자들보다는 빨리 목표에 도달할 수 있는 조건 속에 놓여 있다. 그 대신 재가자들은 열반에 전념하는 일에 최고의 가치가 있다는 것을 모르는 것은 아니지만 자신들이 현재 처해 있는 환경적, 정신적 상황이 아직 성숙되지 못했기 때문에 열반의 이루는 일에 전념하지 않는다. 출가의 길은 열반이라는 궁극목표에 도달하는 데 더 효과적이고 빠

---

166 이 책 4장, 5, 3), (1) 참조. 『大正』2권, p.80c(『雜阿含』12권, 287경); 同, 1권, p.653b(『中阿含』35권, 144경).
167 『大正』2권, p.247a(『雜阿含』34권, 964경, 「出家經」).
168 La Vallée-Poussin, *Nirvāṇa*, p.1; Lamotte, 앞의 책, p.59(출가자의 길)와 p.73(재가자의 길). 재가자들은 3論 즉 施論·戒論·天上之論을 실천한다. 『大正』1권, p.88a(『長阿含』12권, 20경, 「阿摩晝經」); 同, 2권, p.678b(『增一阿含』24권, 「善趣品」⑥).

른 길인데 반해 재가의 길은 비효과적일 뿐 아니라 열반의 성취를 위한 가능성도 적다는 것이다. 그러나 붓다의 당시에는 재가자들도 적지 않게 열반을 이루었다는 사실을 경전은 전하고 있다.[169]

부파불교에서는 열반의 성취는 출가자들에게만 해당되는 것으로 열반을 얻기 위해서는 출가의 길이 절대적인 조건이라고 생각하게 되었다. 장로부(長老部, Theravādin)의 주장에 의하면 재가자는 절대로 아라한, 즉 열반을 성취한 사람이 될 수 없다는 것이다. 왜냐하면 그들은 "부부생활, 가정생활, 베나레스 산(産) 백단, 향유, 향수, 꽃 장식, 금, 은 … 등"[170]을 포기하지 못하기 때문이다. 그런가 하면 다른 한편에서는 이와 같은 출가자들의 우선권을 인정하지 않았다. 웃따라빠타까(Uttarāpathaka, 北道部)[171]의 북파(北派)는 재가자도 열반을 성취한 아라한이 될 수 있다고 주장했다. 이 부파의 표현을 빌리면, "재가상태로 남아서 재가자의 특성을 유지하면서도 아라한이 될 수 있다."[172]

여기에 문제가 있다. 만약 장로부에서 말하는 것처럼 열반이 오직 출가자에게만 해당되는 것이라면 불교의 길은 "모든 사람들에게 열려 있다."고 말할 수 없을 것이고 이와 반대로 북도부가 주장하는 것

---

169 *Majjhimanikāya*, 73경, PTS, Ⅱ, p.169; Oltramare, *L'Histoire des idées théosophiques dans l'Inde*(Ⅱ), p.56.
170 *Kathāvatthu*, Ⅳ, 1; Bareau, *Les sectes bouddhiques.*, p.218, Theravādin의 thèse 34.
171 Bareau(*Les sectes bouddhiques*, p.247)에 의하면 이 부파는 단지 *Kathāvatthu*(『論事』)에서만 언급되고 있다. 아마도 특정의 부파의 이름이 아니고, 인더스 분지 전역에 분포되어 있었던 여러 부파들의 통칭(通稱)으로 추정된다.
172 *Kathāvatthu*, Ⅰ, p.267; Lamotte, 앞의 책, p.89.

처럼 재가자도 출가자와 다름없이 열반을 이룰 수 있다면 '출가의 길'
은 의미 없게 될 것이다.

『나선비구경』에서는 이 문제가 처음부터 제기되었다. 밀린다는 나
가세나와 대담을 하기 이전에 사갈라의 고승 아유빨라(Āyupāla)에게
"재가자도 수행을 하면 출가자와 동일한 결과를 얻을 수 있는지."에
대해 질문했다. 아유빨라는 "있다."라고 대답했다. 그러자 밀린다는
"(그렇다면) 고행을 하면서 출가의 길을 추구하는 것이 무슨 소용이 있
느냐."고 추궁했다. 아유빨라는 밀린다의 이와 같은 반론에 침묵하고
말았다.[173]

빨리어본의 제2편에서 이 문제는 다시 제기되었다. 밀린다는 같
은 질문을 나가세나에게 한 다음 이렇게 결론을 내렸다. "그대의 고
행은 헛된 것이다. 그대의 출가는 이익이 없는 것이다."[174] 그러나 나
가세나의 답은 명쾌했다. 출가자의 길은 "재가자의 길보다 더 빠르고
더 효과적"이라는 것이었다. 왜냐하면 출가자는 어디에도 속박되지
않고 아무것에도 애착하지 않기 때문에 "무엇을 하든 출가자는 그가
해야 할 일을 지체 없이 곧 실행한다."는 것이다.[175]

나가세나의 이 설명은 출가자와 재가자의 두 입장을 모두 만족시

---

173 『大正』32권, p.705c; Demiéville, 앞의 책, p.95(XXVIII); Finot, 앞의 책, p.47(I, 11). 이 책 4장, 5, 3), (1).
174 Rhys Davids, 앞의 책(II), p.58(IV, 6, 16). 中村元·早島鏡正, 『ミリンダ王の問い』(2), p.295.
175 Rhys Davids, 앞의 책(II), p.59(IV, 6, 19); 中村元·早島鏡正, 앞의 책(2), p.297.

키는 것이다. 즉 원칙적으로는 모든 사람에게 열려 있지만 실제에 있어서는 출가의 길과 재가의 길 사이에 차이가 있다는 것이다. 『나선비구경』의 이와 같은 주장은 초기경전의 입장과 동일하다. 그러나 초기경전에서보다는 명백하고 더 설명적이다.

3) 열반의 길

붓다의 모든 가르침이 궁극목표로 삼는 것은 열반의 성취이다. 이 목표에 이르기 위해서 초기경전은 일반적으로 8정도 즉 정견·정사·정어·정업·정명·정정진·정념·정정을 실천하라고 가르친다.[176] 초기경전의 곳곳에서 이 8정도가 열반을 이루기 위해 가장 좋은 방법이라고 설하고 있는 것을 볼 수 있다. "어떠한 도가 있어 … 열반에 이르게 되었는가. (그것은) 이른바 8지성도(八支聖道)이다."[177] "그때 나(붓다)는 다시 생각하였다. '반드시 8지성도를 닦아야 생·사의 끝에 갈 수 있다'라고."[178]

이 여덟 단계 가운데서 첫 일곱 가지는 준비 단계이고 여덟 번째 정정이 핵심이다. 정정은 다시 4단계의 선(禪)으로 나누어진다. 즉 제1선·제2선·제3선·제4선이 그것이다. 최종단계인 제4선에 도달하면 생각이 매우 고요해진다. 그래서 우리의 실상, 즉 우리의 '존재'가

---

176 이 책 3장, 4, 5).
177 『大正』2권, p.593c(『增一阿含』10권, 19의 2경). 이 책 3장, 4, 5).
178 『大正』2권, p.756b(『增一阿含』38권, 43의 1경); 同, p.752b(『增一阿含』37권, 42의 2경). 이 책 3장, 4, 5).

무아적인 것이라는 사실을 구체적으로 이해할 수 있게 된다. 초기경전에서는 이것을 다음과 같이 말하고 있다. "항상 방편을 써서 선정을 닦아 익혀 안으로 마음을 고요히 해야 한다. 왜냐하면 비구는 항상 방편을 써서 선정을 닦아 익혀 안으로 마음을 고요하게 하면 참답게 관찰할 수 있기 때문이다. 어떻게 참답게 관찰하는가. '이것은 색(色, 육체)이다, 이것은 색의 모임이고, 이것은 색의 멸함이다. 이것은 수(受)·상(想)·행(行)·식(識)이다. 이것은 그것들의 모임이고, 이것은 그것들의 멸함이다'라고 관찰하는 것이다."[179]

우리 존재의 실상을 이렇게 관찰하면 우리는 더 이상 집착하지 않게 되고 마침내 열반에 도달할 수 있다. 『잡아함』(3권, 76)의 「욕탐경」에서는 이것을, "많이 아는 거룩한 제자들은 이 5온에서 그것을 '나[我]'도 아니고, '내 것[我所]'도 아니라고 관찰한다. 이렇게 관찰한 뒤에는 세간(世間, 五蘊)에서 전연 취할 것이 없다. 취할 것이 없으면 곧 집착할 것이 없고 집착할 것이 없으면 스스로 '열반'을 깨닫는다."[180]라고 가르친다.

『나선비구경』에서 설명하고 있는 열반의 길은 이것과 다르다. 8정도 대신 '지혜와 여선사(餘善事)의 길'을 제시하고 있다.[181] 그리고 여선

---

179 『大正』2권, p.17a(『雜阿含』3권, 65경); 同, pp.17b-18a(『雜阿含』3권, 66경-68경). 이 책 3장, 4, 5) 참조.
180 『大正』2권, p.19c; 同, p.21c(『雜阿含』3권, 84경); 同, 2권, p.241b(『雜阿含』33권, 939경); 『中阿含』21권, 86경; 同, 23권, 89경; 『增一阿含』31권, 38의 1경.
181 『大正』32권, p.707b; Demiéville, 앞의 책, p.104(ⅩLⅤ); Finot, 앞의 책, p.68(Ⅱ, 8).

사는 다시 성신(誠信)·효순(孝順)·정진(精進)·염선(念善)·일심(一心)으로 나뉜다.[182] 지혜와 여선사 가운데서 여선사는 보조적인 것으로 이것을 실천함으로써 지혜를 얻을 수 있게 된다. 이 지혜가 우리를 열반으로 인도하는 것이다. 나가세나는 그것을 이렇게 설명했다. "이 5 선사[餘善事]를 실천하는 사람은 지혜를 얻는다." 그리고 "지혜에 의해서 현인(賢人)은 도(道, 열반)에 이른다."[183]

지혜는 조명(照明)과 절단(切斷)이라는 두 가지 특성을 가지고 있다. 지혜는 조명이라는 특성에 의해서, "무명의 어두움을 소멸시키고 지식의 빛을 일으키고 이해의 광명을 빛나게 하고 성스러운 진리들을 알아볼 수 있게 해준다. 지혜에 의해서 수행자는 무상·고·무아에 대해 완전히 알 수 있게 된다."[184] 두 번째 특성인 절단에 의해서 지혜는 "사랑과 욕망을 끊을 수 있다."[185] 역시 "모든 (무명에 대한) 의심을 끊을 수 있다."[186]

우리가 존재의 실상인 무상·고·무아에 대해 확실하게 이해하면 그 가운데 행복도, 지복(至福)도, 그리고 애착할 만한 아무것도 볼 수 없다. 그래서 열반을 얻지 못하게 막는 욕망과 애착을 끊을 수 있게 되는 것이다. 나가세나는 "현인들, 즉 도를 배우는 사람들은 내적, 외적인 육체에 애착하지 않는다. 따라서 사랑도 없다. 사랑이 없으면

----

182 『大正』32권, p.707b; Demiéville, 앞의 책, p.104(XLVⅡ); Finot, 앞의 책, p.69(Ⅱ, 10).
183 『大正』32권, p.709b; Demiéville, 앞의 책, pp.119-120(LVⅡ).
184 Finot, 앞의 책, p.77(Ⅱ, 15).
185 『大正』32권, p.707b; Demiéville, 앞의 책, p.104(XLVⅡ); Finot, 앞의 책, p.69(Ⅱ, 9).
186 『大正』32권, p.708b; Demiéville, 앞의 책, p.114(LⅢ).

욕망이 없다. … 그러므로 그들은 열반의 길(경지)에 도달한다."[187]라고 설명하고 있다.

이렇게 해서 초기경전에서 가르치고 있는 8정도에 의해서나『나선비구경』에서 말하고 있는 5선사(五善事, 餘善事)에 의해서나 비록 그 과정에 큰 차이가 있긴 하지만 동일한 결과에 도달하게 된다.『나선비구경』에서 가르치고 있는 열반의 길은 그다지 독창적인 것이 아니다. 이 길[道]은 초기경전에서나 부파불교의 문헌에서 자주 볼 수 있는 5근(五根)과 비슷하다.『잡아함』에서 붓다는 비구들에게 "5근이 있다. 어떤 것이 5근인가. 이른바 신근(信根, saddhā), 정진근(精進根, vīrya), 염근(念根, sati), 정근(定根, samādhi), 혜근(慧根, paññā)이다."[188]라고 설하고 있다. 그리고 "이 5요소는 지혜를 그 우두머리로 한다[慧爲其首]."라고 덧붙인다. 역시『잡아함』의「사문바라문경(沙門婆羅門經)」에서 붓다는 이 5근에 의해서 정각을 이룰 수 있었다고 말하고 있다.[189]

부파불교에서 독자부는 이 5근을 '출세간적인 것'으로 생각하고, 5근에 의해서 열반을 성취할 수 있다고 말하고 있다. "5근은 결의(決意)를 증가시킨다. 5근을 골고루, 그리고 충분히 연마하고 실천함으로써 완전하게 해탈을 이룬다."[190] 분별설부도 독자부와 같은 주장을 하고

---

187 『大正』32권, p.715a; Demiéville, 앞의 책, pp.150-151(LXXXⅢ).
188 『大正』2권, p.183b(『雜阿含』26권, 654-656경).
189 『大正』2권, p.183a(『雜阿含』26권, 651경).
190 Bareau, *Les sectes bouddhiques.,* p.118, Vātsīputriya의 thèse 14;『大正』27권, p.8b(『大毘婆沙論』2권).

있다.[191]

『나선비구경』에서 가르치고 있는 열반의 길과 초기불교와 부파불교에서 설하고 있는 5근을 비교해 보면 한역(漢譯)으로서는 명칭이 다르게 표시되어 있지만 빨리어로서는 내용이 동일하다.[192] 단지 『나선비구경』에서 말하고 있는 것이 5근에서 말하고 있는 것보다 효순(孝順, 한역본) 또는 율(律, sīla, 빨리어본)이라는 한 요소가 더 첨가되어 있다.

....

191 Bareau, 위의 책, p.172, Vibhājyavādin의 thèse 3;『大正』27권, pp.7c와 8b(『大毘婆沙論』2권).
192 Finot, 앞의 책, p.83(Ⅱ, 19); 中村元·早島鏡正, 앞의 책(1), 9. 117.

제 6 장

결론

제2장에서 윤회사상의 기원(起源)에 대해 추구했다. 『베다』와 『브라흐마나』에서는 아직 윤회사상이 나타나지 않았다. 베다 시대 사람들의 생각과 관심은 오로지 현세의 삶에 쏠려 있었다. 그들이 추구한 것은 이 세상에서 일찍 죽지 않는 것, 즉 지상에서 100년을 사는 것이었다. 사후에 대한 두려움은 막연한 신앙심을 갖게 했지만 다음 생의 생존 조건이나 지속 기간에 대해서 명확한 생각은 없었다.[1]

브라흐마나 시대 사람들은 사후에 존재한다는 사실에 대해서는 의심하지 않았다. 그러나 사후의 존재란 생전에 행한 제사의 결과로 다음 생에 만들어 지는 육체(ātman)였다. 이 육체는 제사에 대한 보상으로 어떤 신과 같은 존재에 의해 보장되는 것이 아니라 제사 또는 제물(祭物) 그 자체가 육체가 된다는 것이다. 이 육체는 시간에 의해 파괴된다고 생각했다. 따라서 저 세상에서 누리는 삶의 길이는 이 세

---

1 이 책 2장, 2, 2) 참조.

상에서 행하는 제사의 양(量)에 달려 있었다.[2]

베다와 브라흐마나 시대에도 아뜨만이라는 용어가 사용되었다. 그러나 『베다』에 의하면 그것은 신들의 호흡(呼吸)과 같은 바람[風]을 의미했고, 『브라흐마나』에서는 제사의 결과로 만들어진 육체를 가리켰다. 그것들은 후기에 나오는 실체적인 아뜨만과 같은 것이 아니라 변하고 소멸되는 것이었다.[3]

『베다』와 『브라흐마나』에서 이미 까르만(karman)이라는 용어가 나왔다. 그러나 그것은 뒷날 윤회설과 함께 사용되는 까르만과는 달랐다. 이 시대의 까르만은 의식(儀式) 행위 특히 '제사행위'로서 업(業)과 같은 보편적인 윤리행위는 아니었다. 『샤따빠타 브라흐마나』(X, 1, 2, 7)에 의하면 "사람이 행하는 모든 선(업)은 제단(祭壇) 위에서 이루어진다. 사람이 행하는 모든 악(업)은 제단 바깥에서 이루어진다."는 것이다.[4]

우빠니샤드 시대에 들어와서 비로소 윤회사상이 모습을 드러내었다. 아직 원초적인 내용이기는 하지만 재생사상(saṃsara), 아뜨만(ātman, 我), 브라흐만(brahman, 梵), 까르만(karman, 業), 목샤(mokṣa, 解脫) 등 윤회설의 기본 요소들이 모두 성립되었다.[5]

브라흐만은 우주의 본체이고 아뜨만은 브라흐만에서 분화(分化)된 개체이다. 전자는 우주의 영혼이고 후자는 개체(個體)의 영혼이다. 아

---

2 이 책 2장, 2, 3) 참조. *Śatapatha Brāhmaṇa*, XI, 2, 2, 5; 同, XI, 2, 6, 13.
3 이 책 2장, 3, 4), (1) 참조.
4 이 책 2장, 2, 3); 同, 3, 4), (2) 참조.
5 이 책 2장, 3, 5), (1)–(2) 참조.

뜨만과 브라흐만은 모두 실체적인 것이다.[6] 사람은 자신의 내부에 있는 아뜨만이 우주적인 브라흐만과 동일하다는 사실을 깨달을 때 자신의 아뜨만이 브라흐만과 하나가 되는 범아일여(梵我一如)의 극적인 정신 상태를 체험하게 된다. 이것이 궁극적 목적인 목샤[解脫]이다. 목샤를 이룬 사람이 죽으면 아뜨만은 육체를 떠나 브라흐만 속으로 들어가서 브라흐만과 하나로 융합된다. 마치 수많은 강이 바다에 들어가서 바다와 하나가 되는 것처럼, 물속에 넣어진 소금 덩어리가 녹아서 물과 하나로 되는 것과 같은 상태가 된다.[7]

제3장에서는 초기경전 특히 『아함경』에서 무아와 윤회 문제에 대해 추구했다. 그 의미·구조·실천 등 여러 면에서 고찰했다. 불교의 중심 문제는 인생의 괴로움[苦]이다. 이 괴로움은 인간의 욕망과 집착에서 비롯된다. 욕망과 집착은 '내가 존재한다는 생각'에서 발생한다. 이것이 불교가 '나[我, ātman]'에 대해 집요하게 추구하는 이유이다. 괴로움을 발생시키는 근본 원인을 알고 그것을 제거하기 위해서이다. '나[我]'란 몇 가지 비실체적인 물질적, 정신적인 요소들이 임시로 모인 것이다. 이와 같은 인간 존재에 '실체적인 내'가 없을 뿐 아니라[無我] 역시 그것은 '실체적인 내가 아니다[非我].[8] 나[我]라는 존재가 무아적이고 비실체적이고 무상하다는 사실을 확실하게 이해할 때 욕망과

---

6 이 책 2장, 2, 3) 참조.
7 이 책 2장, 3, 5), (2) 참조.
8 이 책 3장, 2, 2), (1)-(2) 참조.

집착을 다스릴 수 있게 된다. 욕망과 집착이 다스려지면 괴로움은 그 근거를 잃게 된다. 욕망이 소멸될 때 괴로움은 사라진다. 괴로움이 소멸된 상태는 불교가 추구하는 궁극 목적인 열반이다.[9]

불교는 무아설로써 괴로움의 해결책을 가지게 되었다. 그 대신 풀기 어려운 문제를 만나게 되었다. 실체적인 아[我, ātman]가 없다면 무엇이 또는 누가 윤회하는가. 누가 업(業, karman)을 짓고 누가 업의 결과[果報]를 받는가. 무아를 내세우면 윤회설은 성립 근거를 잃어버린다. 윤회설이 무너지면 불교는 존재 이유가 없어진다. 반대로 무아설을 포기하면 불교는 더 이상 불교일 수 없다. 이와 같은 상황에서 무아설과 윤회설은 양립할 수 없다.

그렇지만 불교는 이 상반된 두 가지 설(說)을 양립시켜야 한다. 이 문제로 인해 초기경전에서 내놓은 해결책은 뿟갈라(pudgala)설·식(vijñāna)설·상속(saṃtati 또는 saṃtāna:연속)설의 3가지였다. 초기불교에서는 아직 '설(說)'이라고 까지는 말하고 있지 않지만 이것을 내용으로 하는 경전들이 만들어졌다. 부파불교에서는 이 경전들의 내용이 확대 발전되어서 나름대로 여러 가지 설(說)이 이루어지게 되고 그 설들을 따르는 추종자들이 모여 부파들을 만들었다.[10]

뿟갈라설을 택한 사람들은 독자부(犢子部, Vātsīputrīya)와 정량부(正量部, Sammatīya)를 이루었고, 식설을 받아들인 사람들은 분별설부(分別說部, Vibhajyavādin)와 이 부파에서 갈라져 나간 화지부(化地部,

---

9 이 책 3장, 2, 2), (3); 同, 4, 2) 참조.
10 이 책 3장, 3, 3), (1) 참조.

Mahīśāsaka), 장로부(長老部, Theravādin) 등 대부분의 상좌부계 부파들을 이루었다. 이들 부파는 상속설을 수용한 설일체유부(說一切有部, Sarvāstivāin)와 경량부(經量部, Sautrāntika) 못지않게 오래도록 번창했다.[11] 이 사실은 초기·부파불교에서 윤회의 주체문제가 해결되지 않았다는 것을 보여준다.[12]

제4장에서는 먼저 『나선비구경』의 자료적인 문제에 대한 추구를 했다. 이 저술은 지금까지 대부분의 학자들이 주장했던 것과는 달리 기원전 2세기 중엽 인도 서북지방을 통치했던 메난드로스 왕과 나가세나 비구 사이에 실제로 행해진 토론을 집대성한 것이 아니었다. 사실은 기원후 1세기경 불교교단 내외에 제기되고 있었던 불교교리상의 여러 가지 '어려운 문제들[難問]'에 답을 하기 위해 의도적으로 만들어진 일종의 교리 문답서였을 것이라는 결론을 내리게 되었다.[13]

『나선비구경』에서도 초기경전의 경우처럼 윤회의 주체문제와 관련해서 뿟갈라설·식설·상속설이 언급되었다. 베다구(vedagū)라는 이름으로 표현된 뿟갈라는 나가세나의 조리 정연한 논법에 의해 여지없이 반박되었다.[14] 식설은 애매한 입장을 취했다. 무아설을 역설한 『나선비구경』이 윤회의 주체로 식(識)을 인정할 수 없었던 것은 당

---

11 Lamotte, 앞의 책, pp.672-673; Bareau, *Le Bouddhisme*, p.111 이하. 같은 저자 *Présence du Bouddhisme(Richesse et diversité de la pensée bouddhique ancienne)*, p.455 이하.
12 L. Silburn, *Instant et cause*, pp.189-190.
13 이 책 4장, 1, 1)-5).
14 이 책 4장, 2, 2) 참조.

연한 일이지만 뒷날 빨리어본의 추가 부분에서는 재생의 주체 역할을 하는 식이 등장했다.[15]

『나선비구경』의 무아설과 상속설은 초기경전에서보다 훨씬 자세하고 구체적인 내용이었다. 먼저 육체의 32부분과 수레[車]를 구성하는 열 가지 부분품을 비유로 인간 존재에 인격적 개체(人格的個體)가 없다는 것 즉 실체적인 '아[我]'가 없다는 것[無我]을 설명했다.[16]

나가세나의 설명에 의하면 인간 존재는 여러 가지 요소들의 결합에 의해 '만들어진다.' 이것을 건물과 항아리의 비유로써 설명했다. 건물이 목수의 작업과 재목과 흙의 결합에 의해서 세워지고 항아리가 옹기장이[陶工]의 작업과 흙과 물과 불의 결합에 의해서 만들어지는 것처럼 인간 존재도 여러 가지 요소들의 결합에 의해서 '만들어진다.' 이 경우 목수와 옹기장이의 역할을 하는 것은 뿟갈라(또는 베다구)와 같은 '어떤 것'이 아니라 업(業, karman)이다. '현재의 존재가 업을 짓고 그 업에 의해서 다음 존재가 만들어진다'는 것이다.[17]

윤회설에 대한 나가세나의 설명은 단순 명쾌했다. "여기서 태어난 자는 여기서 죽고, 여기서 죽은 자는 다른 곳에 태어나고, 거기서 태어난 자는 거기서 죽고, 거기서 죽은 자는 다시 다른 곳에 태어난다. 이것이 윤회이다." 그리고 비유를 들었다. "망고 과일의 씨를 심으면 그 씨에서 망고 나무가 나와 열매를 맺는다. 그 열매의 씨를 다시 심

---

15 이 책 5장, 1, 1), (2) 참조.
16 이 책 4장, 2, 1) 참조.
17 이 책 4장, 3, 3) 참조.

으면 그 씨에서도 망고 나무가 나와 열매는 맺는다(이렇게 계속된다)."[18]

나가세나는 실체적인 주체 없이 윤회하는 것 즉 '무아·윤회'를 위해서는 등불과 우유의 비유를 들었다. 등불을 켜면 초저녁에서 새벽까지 그치지 않고 계속한다. 그러나 초저녁 불꽃에서 새벽 불꽃으로 변하지 않고 옮아가는 것은 아무것도 없다. 역시 우유가 낙(酪)과 생소[肥]를 거쳐 제호(醍醐)가 되는 과정에서 변하지 않고 옮아가는 것은 아무것도 없다.[19] 이와 같은 사실을 나가세나는 한마디로 "존재(dharma)의 연속은 계속된다. 하나가 나타나면 동시에 다른 것은 사라진다. 이를테면 그것들 사이에는 앞서는 것도 뒤따르는 것도 없다." 라고 설명했다.[20]

제5장에서는 초기경전과 부파들의 논서에서 『나선비구경』의 무아·윤회설의 출처를 찾았다.

● 무아문제 : 『나선비구경』의 무아설은 초기경전에서 무아를 설명할 때 사용하는 5온·무아설과 같은 체계이지만 그 방법은 독특했다. 먼저 인간의 육체를 32부분으로 세밀하게 분석하고 그것들에 실체적인 것이 없다는 것을 이해하게 했다. 다시 수레의 비유를 가지고 인간존재란 여러 요소들이 모여 이루어진 임시적인 결합체라는 것을 설

---

18 이 책 4장, 4, 1) 참조. 원문 내용을 요약 정리했음.
19 이 책 4장, 4, 1) 참조.
20 이 책 4장, 4, 1) 참조; Finot, 앞의 책, p. 80(Ⅱ, 17).

명했다.

　육체를 32부분으로 분석해서 관찰하는 것은 육체에 대한 욕망과 집착을 소멸시키도록 하는 '부정관(不淨觀)'이라는 수행법일 뿐 무아설과는 아무 관계가 없다.[21] 수레의 비유는 시라(尸羅) 비구니가 자신의 선정을 방해하는 마라(魔羅)를 물리치기 위해 읊은 게송의 한 부분이었다.[22] 나가세나는 그 게송에서 '중재(衆材, 여러 부분품)가 모인 것을 수레라 한다.'라는 구절을 취해서 "수레는 굴대[軸]·바퀴 테[輞] …" 등등 10부분으로 세분했다.[23] 그 부분품들의 어떤 것도 수레가 아니라는 것, 그 부분품들을 모아 놓은 것도, 흩어 놓은 것도 수레가 아니라는 것을 말했다. 수레란 "굴대[軸]·바퀴 테 등에 의해서 (생긴) 호칭, 공통적인 개념, 일상적인 표현"에 불과하다는 것이었다.[24]

　마지막으로 수레에 대한 설명을 부정관법(不淨觀法)과 합쳐, "(수레의 경우와) 마찬가지로[25] 머리털 등등 (육체의 32부분)에 의해서 호칭과 공통적인 개념, 일상적인 표현, 인간존재(= 나가세나)'라는 이름이 생기게 되는 것(일 뿐), 실제로 거기에 인격적 개체(= ātman과 같은 실체)는 없다."라는 독특한 무아설을 만들었다.[26]

　『나선비구경』의 이와 같은 무아설은 초기경전의 어디에서도 볼 수

....
21　이 책 4장, 2, 1); 同, 5장, 1, 1), (3) 참조; 『大正』1권, p.556a과 p.583b-c, 外.
22　이 책 5장, 1, 1), (3); 『大正』2권, p.327a-b.
23　이 책 4장, 2, 1); 同, 5장, 1, 1), (3) 참조.
24　문답식으로 된 내용을 서술체로 요약정리 했음. 전체 내용은 이 책 4장 2, 1) 참조.
25　원문은 "대왕이여, (당신은) 수레가 무엇인지 알게 되었습니다(마찬가지로 …)."이다. 이 책 4장, 2, 1).
26　이 책 4장, 2, 1) 참조.

없다. 그러나 이 무아설을 위해 사용된 자료들은 비록 본래의 내용과 용도가 달라지기는 했지만 모두 초기경전에 있는 것들이었다. 자료들의 내용과 용도를 바꾸어서 좀 더 구체적이고 가시적(可視的)으로 이해할 수 있는 무아설을 재구성하는 데 사용했다.[27]

● 윤회문제 : 나가세나는 윤회를 '여기서 죽은 자는 다른 곳에 태어나고 거기서 죽어 다시 다른 곳에 태어나면서' 생(生)과 사(死)를 되풀이하는 것이라고 정의하고, 망고 씨[核]의 비유로써 설명했다.[28] 그리고 무아 윤회를 "이 몸에서 다른 몸으로 옮아가는 (실체적인) 존재는 없다."[29] "현재의 명과 색[名色, 존재]이 업을 짓고 그 결과로서 다른 명과 색이 다시 태어난다."[30]라고 설명했다. 역시 우유와 등불 등 여러 가지 비유를 가지고 실체적인 것 없이 존재가 계속되는 것을 설명했다.[31] 나가세나가 사용한 우유와 등불의 비유는 『아함경』에서 볼 수 있는 것이었다.[32]

무아설을 주장할 경우 업의 과보에 대한 문제가 제기된다. 즉 '앞

---

27 이 책 4장, 2, 1). 同, 5장, 1, 1), (3), ② 참조. 일반적으로 인간 존재를 단순하고 추상적인 색·수·상·행·식이라는 5요소의 결합과 분산으로 설명하지만, 『나선비구경』은 '피부·살[肉]·힘줄·뼈·골수' 등 (구체적인) 인간 육체의 분석과 '굴대, 바퀴 테, 수레 채, 수레 덮개' 등 확실하게 눈으로 볼 수 있는 (가시적) 부분품들로 이루어진 수레를 예로 들어 설명한 것을 말한다.
28 이 책 4장, 4, 1) 참조. 요약 정리한 내용임.
29 Finot, 앞의 책, p.122(Ⅲ, 15); 『大正』32권, p.715c.
30 Finot, 앞의 책, p.87(Ⅱ, 22)과 『大正』32권, p.710b. 역시 Finot, 앞의 책, p.123(Ⅲ, 15)과 『大正』32권, p.715c.
31 이 책 4장, 4, 1); Finot, 앞의 책, pp.79-80(Ⅱ, 17).
32 『大正』1권, p.112b(우유의 비유); 同, 2권, p.101b(등불의 비유).

의 존재'가 지은 업의 결과를 뒤에 태어나는 '다른 존재'가 받는 것처럼 된다(즉 업은 A라는 존재가 짓고 과보는 B라는 존재가 받는다). 이것은 '자신이 업을 짓고 자신이 그 과보를 받는다'는 자업자득(自業自得)의 원칙에 어긋난다.

이 문제를 나가세나는 "같지도 않고 다르지도 않다."라는 원리로써 설명했다. 망고를 훔친 도둑의 논리에 의하면 망고나무 주인이 심은 망고는 이미 썩어 없어졌고 자신이 가져간 망고는 그 망고의 씨에서 싹이 나와 자란 나무에 열린 망고로서 나무 주인이 심은 망고와 다른 것이기 때문에 절도(竊盜)가 성립되지 않는다는 것이었다. 사실 망고나무 주인이 심은 망고와 도둑이 훔쳐간 망고는 다른 것이다. 그렇지만 나무 주인이 심은 망고에서 나무가 자랐고 그 나무에 망고가 열렸기 때문에 도둑이 가져간 망고는 나무 주인의 것임에 틀림없다.[33] 죽은 자와 다시 태어나는 자가 동일인이 아니라 해도 다시 태어난 자는 죽은 자로 말미암아 존재하는 것이므로 죽은 자가 지은 업의 과보는 다시 태어난 자가 받게 된다는 것이다.

이외에도 『나서비구경』의 무아·윤회설의 위치를 아는 데 도움을 받기 위해 다음과 같은 문제들을 초기·부파불교의 교리들과 비교 검토했다.

---

[33] 이 책 4장, 4, 1). 同, 5장, 2, 1) 참조.

1) 정신현상의 문제 : 초기불교와 마찬가지로 『나선비구경』에서도 '정신'이란 단지 인간의 감각기관과 그에 대응하는 대상과의 관계에서 발생하는 현상에 불과하다고 했다. 이와 같은 입장은 보고 듣고 맛보는 등의 작용을 하는 영혼과 같은 존재인 뿟갈라를 인정하는 독자부와 정량부의 교리와 다르다. 역시 윤회의 주체와 같은 존재로 생각되는 식(識)을 인정하는 분별설부·화지부·장로부의 입장과도 다르다. 그 대신 설일체유부의 설과 일치한다. 그러나 『나선비구경』에서는 각 정신적인 요소에 네 가지씩의 특성이 있기 때문에 뿟갈라와 같은 '주체'가 없어도 각 정신현상들이 연결될 수 있다고 설명하면서 설일체유부의 설명보다 발달된 모습을 보여주었다.[34]

2) 시간의 문제 : 시간문제는 부파불교에서 하나의 중요한 쟁점으로 되었다. 설일체유부는 과거·미래·현재의 3시(三時)가 존재한다고 주장했다. 그 대신 나머지 대부분의 부파, 그 중에서도 특히 경량부는 현재만 존재한다고 주장했다. 그러나 화지부(化地部)에서 분열된 음광부(飮光部)는 이 주장들에 대해 절충안을 제시했다. 이 부파에 의하면 모든 시간이 존재하는 것이 아니라 '어떤 과거와 어떤 미래'만 현재처럼 존재한다는 것이었다. 즉 아직 업의 과보가 나타나지 않은 과거 또는 과보를 초래할 수 있는 업을 갖고 있는 미래는 존재한다. 이와 반대 경우의 과거와 미래의 시간은 존재하지 않는다. 이와 같은 음광부의 주장은 '존재하는 시간'과 '존재하지 않는 시간'이 있다고 말

---

[34] 이 책 4장, 3, 1). 同, 5장, 1, 2) 참조.

하는 『나선비구경』의 입장과 일치했다.[35]

3) 의도와 업의 관계 : 초기불교와 부파불교에 의하면 한결같이 의도(意圖)와 업은 불가분적인 관계를 가지고 있다. 의도가 개입되지 않는 업은 무기업(無記業)으로 과보를 초래할 수 없다.

『나선비구경』에 의하면 의도는 아무런 의미도 갖지 않는다. 중요한 것은 업 그 자체이다. 모르고 업을 지어도 알고 업을 지은 사람과 똑같이 과보를 받는다. 이것을 비유로 설명했다. 즉 독약인줄 모르고 그것을 먹어도 알고 먹는 사람과 똑같이 죽고, 독사인줄 모르고 물려도 알고 물린 사람과 결과가 동일하다는 것이다. 『나선비구경』의 주장은 정통 불교의 입장과 완전히 반대된다. 그 대신 자이나(Jaina)교의 교리와 동일하다.[36]

4) 인간불평등의 문제 : 『중아함(제170경)』에 의하면 한 바라문이 이렇게 질문했다. "(사람들 간에는) 왜 지위가 높고 낮으며 얼굴이 아름답기도 하고 밉기도 한가. … 목숨이 짧은 이와 긴 이가 있고 병이 많은 이와 적은 이가 있으며 … 재물이 있는 이와 없는 이가 있고 나쁜 지혜를 가진 이와 착한 지혜를 가진 이가 있는가." 붓다는 한마디로, "그것은 그들이 전생에 지은 업(業) 때문"이라고 설명했다."[37]

『나선비구경』에서 밀린다와 나가세나가 이 문제에 대해 주고받은 문답은 『아함경』의 내용과 동일했다. "왜 어떤 사람들은 오래 살고 어

....

35 이 책 5장, 2, 2) 참조.
36 이 책 4장, 4, 2), (1). 同, 5장, 2, 2) 참조.
37 이 책 2장, 1 참조;『大正』1권, p.704c(『中阿含』44권, 170경, 『鸚鵡經』).

떤 사람들은 일찍 죽는가. … 왜 가난한 사람들이 있고 부자들이 있는 가. … 왜 지혜로운 사람들이 있고 어리석은 사람들이 있는가." 나가세나 역시 "인간들이 지은 업이 각각 다르기 때문"이라고 설명했다.[38]

『아함경』과 『나선비구경』에서는 똑같이 식물의 비유로써 이것을 설명했다. 여러 가지 종자들을 같은 땅에 심어도 거기에서 나온 식물의 잎이나 과일의 맛은 달고[甛] 쓰고[苦] 맵다[辛]. 그 이유는 종자들이 다르기 때문이다.[39]

5) 열반의 문제 : 반열반은 윤회의 주체를 인정하지 않을 경우 '소멸상태'처럼, 그와 반대일 경우 '존재하는 상태'처럼 설명되었다. 이와 같은 주장은 이미 초기경전에서 볼 수 있었다.[40] 부파불교에서는 독자부와 정량부가 열반을 '존재하는 것(상태)'으로 생각했고, 설일체유부와 경량부는 '소멸(상태)'처럼 생각했다. 『나선비구경』은 열반을 '모든 강물이 다 흘러들어가는 바다' 또는 '아라한들이 마음대로 돌아다닐 수 있는 장소'처럼 '존재하는 것'으로 생각했다. 이것은 독자부와 정량부의 주장과 같다.[41]

***

무아·윤회문제에 대해 지금까지 추구한 내용을 요약하면 다음과 같다.

....
38 이 책 4장, 4, 2), (1) 참조; 『大正』32권 p.714a; Finot, p.114(Ⅲ, 2).
39 『大正』2권, p.583a-b(『增一阿含』8권, 5경); 『大正』32권, p. 714a(『那先比丘經』).
40 이 책 3장, 4, 4); 同, 5장, 3, 1) 참조.
41 이 책 4장, 5, 2); 同, 5장, 3, 1) 참조.

초기경전에서는 윤회와 그 주체 문제를 위해 세 가지 대안(對案)이 제시되었다. 즉 뿟갈라(pudgala)설·식(vijñāna)설·상속(saṃtati)설이었다.[42] 부파불교에서는 이들 세 가지 설(說)이 더욱 심화되어 부파의 성립 원인이 되기도 했다. 뿟갈라설을 지지한 사람들이 모여 독자부와 정량부를 이루었고, 식설을 수용한 사람들은 장로부·화지부·분별설부를 구성했다. 그리고 상속설을 받아들인 사람들은 설일체유와 경량부를 만들었다.[43]

『나선비구경』에서도 이들 세 가지 설이 나왔다. 밀린다가 윤회의 주체로서 베다구(vedagū)라는 이름으로 뿟갈라의 존재를 강력하게 주장했다. 그러나 그 주장을 나가세나는 단호하게 배격했다. 식(識)설은 빨리어본의 후기에 추가된 부분에서만 나왔다. 즉 서화(序話, 머리말)의 '나가세나 탄생 이야기'에서, 그리고 제2편의 '수태(受胎)에 관한 물음'에서 간다르바(gandharva)라는 명칭으로 간단하게 언급되었다. 『나선비구경』이 수용한 것은 상속설이었다.[44]

『나선비구경』은 무아설의 추구에 많은 노력을 기울였다. 그것은 초기경전의 5온·무아설과 같은 체계이지만 설명 방법은 독특했다. 일반적으로 사용되는 5온설 대신 수행법의 일종인 부정관법(不淨觀法)을 차용해서 용도를 변경하고, 수레의 비유를 확대 부연(敷衍)한 뒤 이 두 가지 설명을 종합해서 인간 존재가 무아적(無我的)이라는 것을 설

....
42 이 책 3장, 3, 3)의 '윤회의 주체'에서 자세하게 서술했다.
43 이 책 3장, 3, 3), (1)과 註129; 同, 5장, 1, 2).
44 이 책 3장, 3, 3), (3); 同, 5장, 1, 1) (2) 참조.

명했다. 이와 같은 무아설은 『나선비구경』을 제외한 다른 곳에서는 결코 볼 수 없는 것이었다. 그러나 이것을 위해 사용된 자료들은 비록 본래의 내용과 용도를 달리했지만 모두 초기경전에 있었다. 『나선비구경』의 무아설은 5온·무아의 내용을 계승해서 그것을 좀 더 구체적이고 가시적(可視的)으로 재구성한 것이었다.[45]

『나선비구경』의 윤회설은 "업과 과보는 있지만 그것을 짓는 자는 없다. 이 존재가 사라지면 다른 존재가 계속한다."라는 『잡아함』 제335경의 구절에서 근거를 가지고 있었다.[46] 이 내용을 거의 그대로 따르면서, "이와 같이 (즉 밤새도록 계속되는 등불처럼) 존재의 연속은 계속된다. 하나가 나타나면 동시에 다른 것은 사라진다. 이를테면 그것들 사이에는 앞서는 것도 뒤따르는 것도 없다."라고 표현을 달리했다.[47] 이것을 설명하기 위해 『아함경』에 나오는 우유와 등불의 비유들을 그대로 사용했다. 과보의 문제를 위해 망고 도둑의 비유뿐 아니라 도시의 대화재, 약혼한 소녀, 목동에게 맡겨둔 우유의 비유 등 독창적인 비유들을 사용해서 좀 더 쉽게, 그리고 구체적으로 설명했다.[48]

『나선비구경』의 '무아·윤회설'은 초기경전의 '무아·윤회설'에 비추어 보아 대체로 동일한 내용이라고 할 수 있다. 약간의 다른 점이 있다 해도 정통 교리의 큰 흐름에서 벗어나는 것이 아니었다. '무아·윤회'를 설명하기 위해 사용된 거의 모든 자료들이 초기경전에 있기

....
45 이 책 5장, 1, 1), (3).
46 이 책 3장, 3, 3), (4); 『大正』2권, p.92c(『雜阿含』13권, 335경).
47 이 책 4장, 4, 1); 5장, 2, 1) 참조; Finot, 앞의 책, p.80(Ⅱ, 17).
48 이 책 4장, 4, 1)과 5장, 2, 1) 참조; Finot, 앞의 책, p.88-89(Ⅱ, 22).

때문에 이와 같은 결론에 도달했다. 부파불교와 관련지어 생각하면 설일체유부의 무아·윤회설과 동일하다고 할 수 있었다.[49]

무아·윤회설 외에 몇 가지 문제들에 대해 관련 있는 부파들을 살펴보았다. 정신이란 감각기관과 대상과의 관계에서 일시적으로 발생하는 현상에 불과하다고 생각했다. 이것은 설일체유부의 주장과 같았다. 시간문제는 현재와 함께 일부의 과거 및 일부의 미래가 존재한다고 하는 음광부의 주장과 동일했다. 업과 과보 문제는 의도가 개입되지 않는다는 점에서 자이나교의 교리와 동일했다. 인간불평등의 문제는 『아함경』에서 설하는 것과 같았다. 반열반 문제는 독자부와 정량부의 주장과 동일했다.

이 사실로써 알 수 있는 것은 이들 여러 교리들이 특정한 한 부파의 것이 아니라는 것이다. 『나선비구경』이 성립될 당시 찾을 수 있었던 가장 좋은 설명들을 부파를 초월해 모아 놓은 것이라고 생각된다. 그래서 때로는 교리들 간에 일관성이 없는 경우도 있게 되었을 것이다. 결과적으로 『나선비구경』은 어떤 한 부파 소속의 문헌이 아니었을 것이라는 추측도 가능하게 된다. 이 경(經)에서 사용된 많은 비유들은 『아함경』에 나오는 것도 있지만 독창적인 것도 적지 않다. 이 비유들은 이론적으로 설명하기 까다로운 문제들을 쉽게 설명하는 데 기여했다.

― 終 ―

....
49 이 책 5장 1, 1), (3); 同, 1, 2); 同, 2, 1) 참조

약어

AN : *Aṅguttaranikāya*
AV : *Atharvaveda*
AU : *Aitareya Upaniṣad*
BĀU : *Bṛhadāraṇyaka Upaniṣad*
ChU : *Chāndogya Upaniṣad*
DN : *Dīghanikāya*
JA : *Journal Asiatique*
KaU : *Kāṭha Upaniṣad*
KauU : *Kauṣitaki Upaniṣad*
KeU : *Kena Upaniṣad*
MN : *Majjhimanikāya*
MU : *Maitreya Upaniṣad*
MuU : *Muṇḍaka Upaniṣad*
RV : *Ṛgveda*
SN : *Saṃyuttanikāya*
ŚB : *Śatapatha Brāhmaṇa*
ŚvU : *Śvetāśvatara Upaniṣad*
TU : *Taittirīya Upaniṣad*
『大正』:『大正新修大藏經』
『南傳』:『南傳大藏經』

참고문헌

1. 경전·인도고전

1) 『那先比丘經A』(2권본), 『大正新修大藏經』32권, 東京, 1961.
2) 『那先比丘經B』(3권본), 『大正新修大藏經』32권, 東京, 1961.
3) *Les versions chinoises du Milindapañha*, par P. Demiéville, BEFEO, vol. XXIV, 1924.
4) *Les Questions de Milinda*, par L. Finot, Paris, Bossard, 1923.
5) *The Questions of King Milinda*(Ⅰ-Ⅱ), par T. W. Rhys Davids, Oxford, 1890-1894.
6) 『ミリンダ王の問い』(1-3권), 中村元·早島鏡正 譯, 東京, 平凡社, 1987.
7) 『밀린다왕문경』, 한글대장경, 제201권, pp.241-627, 서경수 옮김, 동국역경원, 1983.
8) *Canon bouddhique Pāli*, par J. Bloch, L. Renou et J. Filliozat, Paris, A. Maisonneuve, 1949.
9) *Majjhimanikāya "Les moyens discours"*, par J. Bertrand-Bocande, Paris, Véga, 1953.
10) *Ṛgveda*, par A. Langlois, Paris, Maisonneuve et Cie., Libraires Editeurs, 1872.
11) *Hymnes spéculatifs du Veda*, par L. Renou, Paris, Gallimard, 1958.
12) *Hymnes de l'Atharvaveda*, livres VII-XIII, par V. Henry, Paris, 1891-1896.
13) *Aitareya Upaniṣad*, par L. Siburn, Paris, Maisonneuve, 1950.
14) *Bṛhadāraṇyaka Upaniṣad*, par E. Senart, Paris, Bellies Lettres, 1967.
15) *Chāndogya Upaniṣad*, par E. Senart, Belles Lettres, 1971.

16) *Iṣa Upaniṣad*, par L. Renou, Paris, Maisonneuve, 1943.
17) *Taittirīya Upaniṣad*, par Em. Lesimple, Paris, Maisonneuve, 1948.
18) *Kāṭha Upaniṣad*, par L. Renou, Paris, Maisonneuve, 1943.
19) *Kauṣitaki Upaniṣad*, par L. Renou, Paris, Maisonneuve, 1948.
20) *Kena Upaniṣad*, par L. Renou, Paris, Maisonneuve, 1943.
21) *Maitry Upaniṣad*, par M. Esnoul, Paris, Maisonneuve, 1952.
22) *Māndūkya Upaniṣad, et Kārikā de Gaudapadā*, par E. Lesimple, Paris, Maisonneuve, 1944.
23) *Muṇḍaka Upaniṣad*, par J. Maury, Paris, Maisonneuve, 1943.
24) *Śvetāśvatara Upaniṣad*, par A. Silburn, Paris, Maisonneuve, 1948.
25) *Six Upaniṣad majeures(Kena, Muṇḍaka, Iṣa, Kāṭha, Aitareya, Prashna)*, par P. Lebaill, Paris, Le Courrier du Livre, 1971.
26) *The thirteen principal Upanishad*, par R.E.Hume, Oxford University Press, 1968.
27) 『장아함』·『중아함』·『잡아함』·『증일아함』(전7권), 한글대장경, 동국역경원, 1967-1968.
28) *Dīghanikāya·Majjhimanikāya·Saṃyuttanikāya·Aṅguttaranikāya*, PTS, 1972-1975.
29) 『大正新修大藏經』, 1권-2권(阿含部), 東京, 1962, 1969.
30) 『南傳大藏經』, 6권-22권(長部經典-增支部經典), 東京, 1970.
31) 『ブッダのことば(Suttanipāta)』·『ブッダの眞理のことば(Dhammapada)』·『ブッダの感興のことば(Udānavarga)』·『ブッダ最後の旅(Mahāparinibbāna-suttanta)』·『佛弟子の告白-尼僧の告白(Theragāthā-Therīgāthā)』, 中村元 譯, 東京, 1984.
32) 『숫타니파타』, 法頂 옮김, 샘터, 1991.
33) *The Udāna*, translated by John D. Ireland, BPS, Kandy(Sri Lanka), 1990.

2. 저서 및 논문

1) Auboyer (J.) : *La vie quotidienne dans l'Inde jusqu'au VII°siécle*, Paris, Hachette, 1974.
2) Bacot (J.) : *Le Bouddha*, Paris, PUF, 1947.
3) Bhaktivedanta (A.C) : *La Bhagavadgītā telle qu'elle est*, Paris, Edition Bhactivedanta, 1975.
4) Bagchi (P. C.) : *Le Canon bouddhique en Chine, les traducteurs et les traductions*, Paris, Geuthner, 1927.
5) Bareau (A.) : *Bouddha*, Paris, Segher, 1962.
　　―― *Bouddhisme*(*Les Religions de l'Inde*, Ⅲ), Paris, Payot, 1966.
　　―― *Recherches sur la biographie du Bouddha dans les Sūtrapiṭka et les Vinayapiṭaka anciens: de la quête de l'éveil à la conversion de Śāriputra et de Maudgalyāyana*, Paris, EFEO, 1963.
　　―― *Recherches sur la biographie du Bouddha dans les Sūtrapiṭka et les Vinayapiṭaka anciens: Les derniers mois, le parinirvāṇa et les funérailles*, tome Ⅰ-Ⅱ, Paris, EFEO, 1970-1971.
　　―― *Recherches sur la biographie du Bouddha dans les Sūtrapiṭka et les Vinayapiṭaka anciens*, tome Ⅲ, Articles complémentaires, Paris, 1995.
　　―― *Richesse et diversité de la pensée bouddhique ancienne*(*Présence du Bouddhisme*, pp.455-471), France-Asien, Tome ⅩⅥ, Saigon, Vietnam, 1959.
　　―― *La Date du Nirvāṇa*, JA,1953(I), pp.27-62.
　　―― *Le Bouddhisme indien*(*Histoire des Religions*[I], pp.1146-1212), Encyclopédie de la Pléiade, Paris, 1970.
　　―― *L'Absolu dans le Bouddhisme*(Entretiens 1955), Pondichery, Institut français d'Indologie, 1956.
　　―― *Les premiers conciles bouddhiques*, Paris, PUF, 1955.
　　―― *L'Absolu en philosophie bouddhique, évolution de la notion d'Asaṃskṛta*, Paris, Centre de doc., univers., 1951.

―――― *Les sectes bouddhiques du petit véhicule,* Paris, EFEO, 1955.

6) Basham (AR. L.) : *La Civilisation de l'Inde ancienne,* Paris, Arthaud, 1976.

7) Bergaigne (A.) : *La Religion védique,* Paris, 1963.

―――― *Quarante hymnes du Ṛgveda,* Paris, 1895.

―――― *Manuel pour étudier la langue sanskrite,* Paris, Honoré Champion, 1971.

8) Bernard-Thierry : *Le Bouddhisme d'après les textes pālis(Présence du Bouddhisme,* pp.571-632), France-Asie, No.153-157, Saigon, 1959.

9) Bhattacharya (K.) : *L'Ātman-Brahman dans le bouddhisme ancien,* Paris, EFEO, 1973.

10) Biardeau (M.) : *Le sacrifice dans l'Inde ancienne,* Paris, PUF, 1976.

―――― *Théorie de la connaissance et philosophie de la parole dans le Brahmanisme classique,* Mouton et Co., Paris, 1964.

11) Boyer (A. M.) : *Études sur l'origine de la doctrine du saṃsāra,* JA, 1901 (Ⅱ), pp.451-499.

12) Bugault (G.) : *La Notion de Prajñā ou de Sapience selon les perspectives du Mahāyāna,* Paris, Boccard, 1968.

13) Burnouf (E.) : *Essai sur le Veda,* Paris, 1863.

―――― *Introduction à l'histoire du Bouddhisme indien,* Paris, Maisonneuve et Cie., 1876

14) Caillat (C.) : *Dilectes dans les littératures indo-aryennes,* Paris, 1989.

15) Conze (E.) : *Le Bouddhisme dans son essence et son développement,* trad. par M. S. Renou, Paris, Payot, 1971.

16) Coomaraswamy (A. K.) : *La Pensée de Gotama Bouddha,* Paris, Corréa, 1949.

17) Danielou (A.) : *Histoire de l'Inde,* Paris, Fayard, 1971.

18) David-Néel (A.) : *Le Bouddhisme du Bouddha,* Paris, Rocher, 1977.

―――― *Le Bouddhisme, ses doctrines et ses méthodes,* Paris, Librairie Plon, 1936.

19) Demiéville (P.) : *Sur la mémoire des existences antérieures,* extrait du BEFEO, vol.XXVII, 1927, pp.283-298.

―――― *Choix d'études bouddhiques* par Paul Demiéville, Leiden E. J. Brill, 1973.

20) Dumont (L.) : *Le renoncement dans les religions de l'Inde,* Archives de sociologie des Religions, 1959.
21) Durand-Dastes (Fr.) : *Géographie de l'Inde,* Paris, PUF, 1973.
22) Eliade (M.) : *Histoire des croyances et des idées religieuses*(I et Ⅱ), Paris, Payot, 1976 et 1978.
 ―――― *Le Yoga, Immortalité et Liberté,* Paris, Payot, 1972.
23) Esnoul (A. -M.) : *L'Hindouisme, textes recueillis et présentés,* Paris, Fayard, 1972.
24) Feer (L.) : *L'Enfer indien*(I), *les enfers bouddhiques,* JA, 1892(Ⅱ), p.185 이하.
25) Filliozat (J.) : *Le Bouddhisme*(*L'Inde classique,* t. Ⅱ), Paris, Hanoi, 1953.
 ―――― *Les philosophies de l'Inde,* Paris, PUF, 1970.
 ―――― *La doctrine classique de la médecine indienne,* Paris, Impr. Nationale, 1948.
26) Finot (L.) : *Textes historiques dans le Canon Pāli,* JA, 1932, p.158이하.
27) Fleet (J. F.) : *The Yojana and the Li,* JRAS, 1906, pp.1011-1013.
28) Formichi (Carlo) : *La pensée religieuse de l'Inde avant Bouddha,* trad. par H. Hayward, Paris, Payot, 1930.
29) Foucaux (P. E.) : *Doctrine du Bouddhisme sur le Nirvāṇa,* Paris, 1964.
30) Foucher (A.): *La vie du Bouddha d'après les textes et les monuments de l'Inde,* Paris, Payot, 1949.
 ―――― *L'art gréco-bouddhique du Gandhāra,* 3 vol. Paris, Leroux, 1905-1922.
 ―――― *La vieille route de l'Inde de Bactres à Taxila,* 2 vol. Paris, 1942-1947.
 ―――― *A propos de la conversion au bouddhisme du roi indo-grec Ménandre,* extrait des mémoires de l'académie, vol.XLIII, 2° partie, 1943, Paris.
 ―――― *Le lieu de naissance du roi indo-grec Ménandre,* publié dans les comptes rendus de l'académie des Inscriptions et Belles Lettres, 1941, pp.541-557.
 ―――― *Les vies antérieures du Bouddha*(특히 p. 82까지), Paris, PUF, 1955.
31) Glasenapp (Helmuth von) : *Brahma et Bouddha,* Paris, Payot, 1937.

―― *La philosophie indienne, Initiation à son histoire et à ses doctrines*, trad. par A. -M. Esnoul, Paris, Payot, 1951.
―― *Les cinq grandes religions du monde*, trad. par P. Jundt, Paris, Payot, 1954.
―― *Les littératures de l'Inde*, trad. par R. Sailley, Paris, Payot, 1963.
32) Gonda (J.) : *Les Religions de l'Inde*, vol.I-II, trad. par L. Jospin, Paris, Payot, 1965.
33) Guérinot (A.) : *La Religion Djaïna, histoire, doctrine, culte, coutumes, institutions*, Paris, Geuthner, 1926.
34) Grousset (R.) : *Sur les traces du Bouddha*, Paris, Plon, 1929.
―― *Les philosophies indiennes*, tome 2, Paris, Desclée et ed Brouwer, 1931.
―― *Histoire de la philosophie orientale(Inde, Chine, Japon)*, Paris, Nouvelle, Librairie Nationale, 1923.
35) Henseler (E. de) : *L'âme et le dogme de la transmigration dans les Livres sacrés de l'Inde ancienne*, Freibourg(Suisse), 1928.
36) Herbert (J.) : *Spiritualité hindoue*, Paris, A. Michel, 1972.
37) Hoãng (S. Q.) : *Le moi qui me dépasse selon le Védānta*, Saigon(Vietnam), 1971.
38) Hofinger (M.) : *Étude sur le concile de Vaiśāli*, Louvain, Muséon, 1946.
39) Hulin (M.) : *Le principe de l'égo dans la pensée indienne classique, la Notion d'Ahamkāra*, Paris, Boccard, 1978.
40) Hutton (J. H.) : *Les castes de l'Inde*, trad. par M. Planiol, Paris, Payot, 1949.
41) Kern (H.) : *L'histoire du bouddhisme dans l'Inde*, 2 vol. trad. par G. Huet, Paris, Leroux, 1901-1903.
42) Kosambi (D. D) : *Culture et civilisation de l'Inde ancienne*, trad. par C. Malamoud, Paris, Maspero, 1970.
43) Lacombe (Olivier) : *L'Absolu selon le Védānta*, Paris, Geuthner, 1966.
―― *Approche négative de l'absolu dans la pensée indienne*, dans "La Table Ronde", No.182, mars, 1963, pp.46-50.
―― *Réflexions sur la philosophie indienne*, dans "Diogéne", No.24, oct., déc.,

1958, pp.40-50.
44) Lalentin (H.) : *La vie et la mort selon l'Inde antique, dans "Le voyage d'un pélerin chinois dans l'Inde des Bouddhas"*, pp.9-62, Paris, Maisonneuve, 1932.
45) Lamotte (É.) : *Histoire du Bouddhisme indien*, Louvain, Muséon, 1976; 「인도 불교사」(1-2), 호진 옮김, 시공사, 2006.
46) La Vallée-Poussin (L. de) : *Bouddhisme, études et matériaux*, London, Luzac and Co., 1898.

―― *La controverse du temps et du Pudgala dans le Vijñānakāya*, Mélanges, BFEFO, vol.I, pp.343-376, Paris, 1925.

―― *Le dogme et la philosophie du bouddhisme*, Paris, Beauchesne, 1930.

―― *La morale bouddhique*, Paris, Nouvelle Librairie Nationale, 1927.

―― *Bouddhisme, opinions sur l'histoire de la dogmatique*, Paris, Beauchesne, 1925.

―― *Nirvāṇa*, Paris, Beauchesne, 1925.

―― *Remarques sur le Nirvāṇa*, pp.25-43, extr., Studia Catholique, 1924.

―― *Une dernière note sur le Nirvāṇa, Mémoire de R. Linossier, tirage à part*, Paris, Leroux, 1932, pp.329-354.

―― *Dogmatique bouddhique, la négation de l'âme et la doctrine de l'acte*, JA, 1902(II), pp.237-306.

―― *Dogmatique bouddhique, nouvelles recherches sur la doctrine de l'acte, grand véhicule-système Mādhyamika*, JA, 1903(II), pp.357-450.

―― *L'Abhidharmakośa de Vasubandhu*, vol.6(surtout 9°chapitre, ou réfutation de la doctrine du pudgala), Paris, Geuthner, 1923, 1931.

―― *La théorie des 12 causes*, Univ., de Gand, rec. de trav. 42, 1913.

―― *Deux notes sur le Pratītyasamutpāda*, extr. t. I, des Actes du XIV° congrès intern. des Orientalistes 1905.

―― *Extase et spéculation(Dhyāna et Prajñā)*, extr. Indian Studies, 1929.

―― *The Bouddhist "Weel of life" from a new source*, JRAS, N°29, 1897.

―― *The Ātman in the Pāli Canon*, Indian Culture, vol.II, N°4, 1936.

―― *Le Bouddhisme et le yoga de Patañjali, dans Mélanges chinois et bouddhiques*, V, pp.223-242, Bruxelles, 1937.

―――― *L'Inde aux temps des Mauryas et des Barbares, Grecs, Scythes, Parthes et Yue-Tchi*, Paris, Boccard, 1930.

47) Lemaître (S.) : *Hindouisme ou Sanātana Dharma*, Paris, Fayard, 1957.

48) Lévi (S.) : *L'Inde civilisatrice*, Paris, Maisonneuve, 1938.

―――― *La doctrine du sacrifice dans les Brāhmaṇa*, Paris, PUF, 1966.

―――― *La transmigration des âmes dans les croyances hindoues*, dans *Mémorial S. Lévi*, Paris, 1937, pp.24-38.

―――― *Le Bouddhisme et les grecs*, dans *Mémorial S. Lévi*, Paris, 1937, pp.204-213.

―――― *Le nouveau document sur le Milinda-Praçna*, dans *Mémorial S. Lévi*, Paris, 1937, pp.214-217.

―――― *Observations sur une langue précanonique du Bouddhisme*, JA, 1912(II), pp.508-510.

―――― *Les saintes écritures du Bouddhisme*, Ann. du Musée Guimet XXXI, 1908-1909, pp.105-129.

―――― *Alexandre et Alexandrie dans les documents indiens*, dans *Mémorial S. Lévi*, Paris, 1937, pp.413-423.

―――― *La question de l'impersonnalité dans l'explication du Grand Véhicule*, JA, 1928(II), pp.207-216.

49) Masson-Oursel (P.) : *L'Inde antique et la civilisation indienne*, Paris, A. Michel, 1933.

―――― *Esquisse d'une histoire de la philosophie indienne*, Paris, Geuthner, 1923.

―――― *La noria, prototype du Saṃsāra et son rapport au dharmacakra*, Mélanges de R. Linossier, vol. II, Paris, 1932, pp.419-421.

―――― *Essai d'interprétation de la théorie bouddhique des douze conditions* dans Rev. Hist. Relig. 71, 1-2, Paris, 1915, pp.30-46.

50) McDermott(J.P) : *Developmet in the Early Buddhist Concept of Karma*, New Delhi, 1984.

51) Migot (A.) : *Le Bouddha, le club français du livre*, Paris, 1960.

—— *Le Bouddhisme en général, son origine, ses dogmes, sa philosophie, son évolution*, Saigon, 1946.

52) Milloué (L. de) : *Le Brahmanisme*, Paris, Dujarric et Cie., 1905.

53) Murty (K. S.) : *La pensée philosophique indienne*, dans *"Diogène"*, No.24, oct.-déc, 1958, pp.21-39.

54) Mus (P.) : *La Lumiére sur les six voies*, Paris, Institut d'Ethnologie, XXXV, 1931.

55) Narada (Thera) : *La doctrine bouddhique de la Renaissance*, trad. par A. Migot, Paris, Maisonneuve, 1953.

—— *La Doctrine du kamma(Présence du Bouddhisme*, pp.251-259), France-Asie, Tome XVI, Saigon, 1959.

56) Nyanaponika Mahāthera et alii : *Initiation au Bouddhisme*, trad. par S. Stork, Paris, Albin-Michel, 1968.

57) Oldenberg (H.) : *Bouddha, sa vie, sa doctrine, sa communauté*, trad. par A. Foucher, Paris, Félix Alcan, 1903.

—— *La religion du Veda*, trad. par V. Henry, Paris, Félix Alcan, 1903.

58) Oltramare (P.) : *L'histoire des idées théosophiques dans l'Inde*(I), *la théosophie brahmanique*, Paris, Leroux, 1906.

—— *L'histoire des idées théosophiques dans l'Inde*(II), *la théosophie bouddhique*, Paris, Geuthner, 1923.

—— *La formule bouddhique des douze causes, son sens originel et son interprétation théorique*, Genève, 1909.

59) Otto Hermann Straus(湯田豊 日譯) : *Indische phlosophie*(「インド哲學」), 東京, 1987.

60) Pelliot (P.) : *Les noms propres dans les traductions chinoises du Milindapañha*, JA, 1914(II), pp.379-419.

61) Percheron (M.) : *Le Bouddha et le Bouddhisme*, Paris, Seuil, 1947.

62) Przyluski (J.) : *La Roue de la vie à Ajantā*, JA, 1920(II), pp.314-317.

—— *La légende de l'empereur Aśoka*, Paris, Geuthner, 1923.

—— *Le concile de Rājagriha,* Paris, Geuthner, 1926.

—— *La théorie de Skandha,* Rocznik Orjentalistyczny, XIV, 1938, pp.1-5.

—— *Le Bouddhisme,* Paris, Rieder, 1932.

—— *Le Bouddhisme et Upanishad,* BEFEO, vol.32, 1932, pp.141-169.

63) Rahula (W.) : *L'enseignement du Bouddha,* Paris, Seuil, 1961.

—— *L'enseignement fondamental du Bouddhisme(Présence du Bouddhisme,* pp.455-471), France-Asien, Tome XVI, Saigon, 1959.

64) Renou (L.) : *L'Inde classique*(I), Paris, Payot, 1947, chapiter III et V.

—— *La civilisation de l'Inde ancienne,* Paris, Flammarion, 1950.

—— *Hymnes spéculatifs du Véda, traduits et annotés,* Paris, 1956.

—— *Sur la notion de Brahman*(avec L. Silburn), JA, 1949, pp.7-46.

—— *Les littératures de l'Inde,* Paris, PUF, 1966.

—— *L'Hindouisme,* Paris, PUF, 1974.

—— *Anthologie sanskrite,* Paris, Payot, 1974.

—— *Bibliographie védique,* Paris, Adrien-Maisonneuve, 1931.

65) Roussel (A.) : *Le Bouddhisme primitif,* Paris, Piere Téqui, 1911.

66) Senart (E.) : *Les castes dans l'Inde: les faits et les systèmes,* Paris, Geuthner, 1927.

—— *A propos de la théorie bouddhique des douze nidānas,* extr. des Mélanges Charles de Harlez, pp.281-297.

—— *Bouddhisme et Yoga,* dans Rev. Hist. Relig. nov. 1900, pp.345-364.

67) Silburn(L.) : *Instant et cause, le discontinu dans la pensée philosophique de l'Inde,* Paris, Vrin, 1955.

—— *Le Bouddhisme, textes traduits et présentés,* Paris, Fayard, 1977.

68) Specht (E.) (et S. Lévi) : *Deux traductions chinoises du Milindapañho,* Paris, Leroux, 1898.

69) Stcherbatsky (Th.) : *Rapports entre la théorie bouddhique de la connaissance et l'enseignement des autres écoles philosophiques de l'Inde,* Louvain, Muséon, vol.V, 1904.

70) Takakusu (J.) : *Chinese translation of the Milindapañho,* JRAS, No.28, 1896, pp.1-21.

71) Woodcock (G.)(金倉圓照・塚本啓詳, 日譯) : *The Greeks in India*(『古代インドとギリシア文化』), 京都, 1972.
72) Zimmer (H.) : *Les philosophies de l'Inde*, Paris, Payot, 1953.
73) 김동화 : 『原始佛敎思想』, 서울, 1973.
　──『俱舍學』, 서울, 1973.
74) 안양규 : 『붓다의 열반에 관한 연구』, 민족사, 2009.
75) 정세근 : 『윤회와 반윤회』, 도서출판 개신, 2008.
76) 정승석 : 『윤회의 자아와 무아』, 장경각, 1999.
77) 호진(윤병식) : 「輪廻理論의 起源」, 『精神文化硏究』(창간호), 한국정신문화연구원, 1983.
　──「佛滅年代考」, 『불교학보』(동국대학교), 25집, 1988, pp.201-223.
　──「Menandros王의 佛敎改宗 問題」, 『불교학보』, 제29집, 1992, pp.185-203.
　──「初期佛典의 成立硏究」(1, 2), 『불교학보』, 제30집(1993), 32집(1995).
78) 鎧淳 譯(J. Gonda) : 『インド思想史』, 東京, 1981.
79) 高崎直道 : 「古ウパニシャッドのアートマン」(中村元 編, 『自我と無我』, pp.145-200), 京都, 1974.
80) 金倉圓照 : 『印度古代精神史』, 東京, 1940.
　──『インド哲學の自我思想』, 東京, 1974.
81) 木村泰賢 : 『原始佛敎思想論』, 東京, 1924.
82) 服部正明 : 「バラモン敎典」(『世界の名著』), 東京, 1981.
83) 三枝充悳 : 『初期佛敎の思想』, 東京, 1978.
84) 森 章司 : 「五取蘊について」, 『東洋學術硏究』(東洋大學), 第6號, 1972, pp.107-124.
85) 松濤誠達 : 『ウパニシャッドの哲人』(『人類の知的遺産』②), 東京, 1980.
86) 水野弘元 : 『原始佛敎』, 京都, 1972.
　──『經典, その成立と展開』, 東京, 1980.
87) 雲井昭善 : 『佛敎興起時代の思想硏究』, 京都, 1967.
　──『業思想硏究』, 京都, 1979.
88) 早島鏡正 : 「ミリンダパンハーにおける我と無我の論点」(『自我と無我』, pp.423-

445), 京都, 1974.
89) 佐保田鶴治:『ウパニシャッド』, 東京, 1987.
90) 佐佐木現順:『業論の研究』, 京都, 1990.
91) 舟橋一哉:『業の研究』, 京都, 1976.
　　―― 『原始佛教思想の研究』, 京都, 1978.
92) 中村元:『原始佛教の成立』, 東京, 1978.
　　―― 『原始佛教の思想』(上, 下), 東京, 1981.
　　―― 『インドとギリシヤとの思想交流』, 東京, 1979, pp.3-94.
93) 增谷文雄(李元燮 譯):『佛教槪論』, 서울, 1969.
　　―― 『阿含經(智慧と愛のことば)』, 東京, 1960.
94) 湯田豊:『インド哲學の諸問題』, 東京, 1978.
　　―― 『ウパニシャッドの哲學』, 京都, 1986.
　　―― 「梵我一如とウパニシャッド」『印度學佛教學研究』, 第25卷-1, 1976.
95) 泰本融:「原始佛教の無我思想」『東洋學術研究』(15-3), 1974, pp.1-26.
　　―― 「無我の難點と其の解決法」『日本佛教學會年報』(第15號), 1949, pp.126-157.
96) 平川彰:「無我と主体」(中村元 編,『自我と無我』, pp.381-421), 京都, 1974.
97) 和辻哲郎:『原始佛教の實踐哲學』, 東京, 1972.
98) 大谷大學佛教學會 編:『業思想の研究』, 京都, 1975.

3. 사전

1) 水野弘元(外), 『佛典解題事典』, 東京, 1983(정승석 편, 1988, 민족사).
2) 李耘虛, 『佛教辭典』, 서울, 1965.
3) 中村元, 『佛教語大辭典』, 東京, 1981.
4) 赤沼智善 編, 『印度佛教固有名詞辭典』, 京都, 1979.
5) 橫超慧日(外), 『佛教學辭典』, 京都, 1985.
6) 荻原雲來 編, 『梵和大辭典』, 東京, 1986.
7) *Dictionnaire Sanskrit-Français,* par N. Stchoupak, L. Nitti et L. Renou, Paris, 1972.
8) *L'Inde classique*(Ⅰ-Ⅱ), par L. Renou et J. Filliozat(外), Paris, 1947·1953.
9) *The pāli texte society's Pāli-English Dictionary,* Edited by W. T. Rhys Davids and W. Stede, London, 1972.

찾아보기

[ㄱ]

가르기 와짜끄나위(Gārgī Vācaknavī, 여성 철학자) 49, 83
가르기야(Gargya, 바라문) 49
가우따마(Gautama, 바라문) 54-55
간다르바(gandharva, 中陰衆生) 153 350-351(香陰)
결집(結集, saṃgīti) 107
경량부(經量部, Sautrāntika) 157, 358, 363, 368, 374, 379, 406
고디까(Godhika, 瞿低迦, 비구) 151, 186
고성제(苦聖諦) 141, 200
과보(설) 162, 164-166, 303, 306-308
괴로움(duḥkha, 苦) 20, 111-112(의미), 113-116(원인), 183
구업(口業) 159, 379(부파불교)
그루세(R. Grousset) 53, 133
글라제나프(H. von Glasenapp) 44, 51, 365
기억[念, smṛti] 275-277

까르만(karman, 業) 27, 45(제사행위), 55-56(최초의 설명), 59, 67, 75-79, 403
까샤빠(Kāśyapa, 제자) 184-185(죽음)
『까우쉬따끼 우빠니샤드 (Kauṣitaki Upaniṣad)』 50, 60, 63, 87
『까타밧투(Kathāvathu, 論事)』 379
『까타 우빠니샤드(Kāṭha Upaniṣad)』 51, 71
『께나 우빠니샤드(Kena Upaniṣad)』 50

[ㄴ]

나[我] 115, 117, 120-121, 125, 150, 176
나가세나(Nāgasena, 那先, 비구) 218-221(생애), 222-223
나라다(Narada, 학승) 137, 157
나선(那先, Nāgasena, 비구) 208
『나선비구경(那先比丘經)』 208, 214, 215-216(구성), 229-233(연대), 233-234(언어), 243-247(대론), 248-250
나의 것[我所] 121, 128, 176
나카무라 하지메[中村元] 222, 232
냐나띨로까(Nyanatiloka, 학승) 120
냐나뽀니까(Nyanaponika, 학승) 134
「노경(蘆經)」(『잡아함』, 제288경) 109 (연기법을 위한 비유)

니르그란타(Nirgrantha, 자이나교
  창시자) 134

[ㄷ]

답바 말라뿟따(Dabba Malaputta,
  제자) 186
데와닷따(Devadatta, 제자) 170
데이비스(R. Davids) 125, 193
독자부(犢子部, Vātsīputriya) 157, 345,
  347, 358, 405
드미에빌(P. Demiéville) 210, 215, 222,
  275
『디가니까야(Dīganikāya)』 105, 170
『따이띠리야 우빠니샤드(Taitirīya
  Upaniṣad)』 50
띳사(Tissa, 低舍, 제자) 131

[ㄹ]

『라따나 숫따(Ratana sutta)』 167
라모뜨(É. Lamotte) 222, 226, 230, 345
라훌라(W. Rahula, 학승) 111, 116, 125,
  145
레비(S. Lévi) 38, 46, 75
르누(L. Renou) 43, 52, 75, 88
『리그베다(Ṛgveda)』 36-38

[ㅁ]

『마누(Manu)법전』 79
마이뜨레이(Maitreyī, 여성 철학자) 49
『마이뜨리 우빠니샤드(Maitri Upaniṣad)』
  51
마우드갈랴야나(Maudgalyāyana, 제자)
  167-168, 184-185(죽음), 305
『마하와스뚜(Mahāvastu)』 20, 112
『만두끼야 우빠니샤드(Māṇḍūkya
  Upaniṣad)』 51
『맛지마니까야(Majjhimanikāya)』 105,
  120, 152
메난드로스(Menandros, 왕) 223-227
멸성제(滅聖諦) 200-201
멸진정(滅盡定) 360
명색(名色) 284-285
목샤(mokṣa, 解脫) 84, 101, 403-404
무기(無記, avyākṛta) 187, 193, 387
「무기설상응(無記說相應[經])」 194, 388
무기업(無記業, avyakṛta) 158, 179, 182,
  413
무상(無常) 110, 127, 144, 174, 206
무색계(無色界) 139, 159
무아(無我, anātman) 22, 108, 117, 125,
  126-131(실천), 252-254(문제 제기),
  255(육체 분해), 256-259(비유),
  353-357
무아·윤회(양립문제) 22-23, 145-147
  (학자들의 견해), 154-155(상속설),

155-156(비유들)
무여의열반(無餘依涅槃) 180-181, 315, 382-383, 387-391
『문다까 우빠니샤드(Muṇḍaka Upaniṣad)』 51, 81, 95, 97
미즈노 고겡[水野弘元] 233
믿음[信, saddhā] 331(의미, 註419 참조)
밀린다(Milinda, 왕) 208, 223, 227-229, 244
『밀린다빵하(Milindapañha)』 23, 208, 222, 234, 246, 342

[ㅂ]

『바가바드 기따(Bhagavad-Gītā)』 27
바로(A. Bareau) 22, 125, 133, 145, 352
바수반두(Vasubandhu, 世親, 論師) 23, 250
반열반(般涅槃) 192(아라한의 永住處), 197(학자들의 관점)
발레뿌쌩(L. de La Vallée-Poussin) 22, 34, 157
범아일여(梵我一如) 28, 48, 93, 94(비유들), 95, 97, 99, 404
『법구경(法句經)』 164, 177
『베다(Veda)』 36-38
베다구(Vedagū) 259-260(의미), 261-263(反論), 345-346, 406
부와예(A. Boyer) 44, 47

부정관(不淨觀) 131, 354
부파불교 147, 157, 248, 342, 358, 378, 388
분별설부(分別說部) 352, 359, 405
붓다고사(Buddhaghosa, 佛音, 論師) 23, 250
『브라흐마나(Brāhmaṇa, 梵書)』 36-37, 39
브라흐만(brahman, 梵) 48, 80-83, 93, 96, 403
『브리하다란야까 우빠니샤드(Bṛhadāraṇyaka Upaniṣad)』 50, 60, 62(윤회), 68(gati), 77(까르만), 91-92, 98-99(梵我一如)
비아(非我, anātman) 125, 127
비즉온비리온설(非卽蘊非離蘊說) 149, 150(연꽃 향기 비유)
뿟갈라(pudgala, 補特伽羅, 士夫) 148, 157, 343, 344-346, 347(비유들), 405(소속 부파)
쁘라세나짓(Prasenajit, 波斯匿, 왕) 165, 195, 388
『쁘라슈나 우빠니샤드(Praśna Upaniṣad)』 51
쁘라와하나 자이왈리(Pravāhana Jaivali, 왕) 54

[ㅅ]

사갈라(Sāgala, 도시) 213, 221, 226

4대(四大, catvāri mahābhūtāni) 118, 353
사띠(Sāti, 嗏帝, 제자) 152
『사마베다(Samaveda)』 36
4무색천(四無色天) 139
「사문과경(沙門果經)」 134
「사문바라문경(沙門婆羅門經)」 398
4선(四禪, catur-dhyāna) 204-205
4성제(四聖諦) 200-201
4아함(四阿含) 104-106
사화외도(事火外道, Jatila) 135
3계(三界) 138
3도(三道) 68
3업(三業) 159, 379(부파불교)
상(想, samjñā, 覺) 268, 270
상따나(samtāna, 相續原理) 147
상속개념(samtati) 156
상속설(相續說) 154-155, 155-156, 364, 365, 366-367, 367-368 (설일체유부), 368-369(경량부), 369-371(『나선비구경』), 371-372, 404
상온(想蘊, samjñāskhanda) 118
상케야(Saṅkheyya, 泄坻迦) 사(寺) 216
색계(色界) 138, 159
색온(色蘊, rūpaskhanda) 117
『샤따빠타 브라흐마나(Śatapatha Brahmaṇa)』 39, 41, 43
샤리뿌뜨라(Śāriputra, 제자) 129, 168, 184-185(죽음)
선업(善業) 78, 89, 140, 158, 160, 166, 307
설일체유부(說一切有部) 104, 157, 358, 360, 367, 373-374, 406
성신(誠信, saddhā) 331-332
「성읍경(城邑經)」 324(옛길의 비유), 391
수(受, vedanā, 樂) 268, 269
수레의 비유 356-357
「수성유경(手聲喩經)」 122
수식관(數息觀) 132
수온(受蘊, vedanāskhanda) 118
『숫따니빠따(Suttanipāta)』 175-176, 178, 188, 194
슈웨따께뚜 아루네야(Śvetaketu Aruneya, 바라문) 54, 57-58, 96
『슈웨따슈와뜨라 우빠니샤드(Śvetāsvatra Upaniṣad)』 51, 69, 79
시간(時間, kāla) 309-312, 374 (설일체유부설), 374-375(경량부설), 375(음광부설), 376(존재하는 시간, 존재하지 않는 시간)
시라(尸羅, Sīla 또는 Vajirā, 비구니) 256, 359
시알꼬뜨(Siālkot, 도시) 226
식(識, vijñāna) 122, 150-152(윤회의 주체), 348, 361
식온(識蘊, vijñānaskhanda) 119
신들의 세계(Devaloka, 神道) 41, 86
신업(身業) 159, 381(자이나교)
10선보(十善報) 169
10선업(十善業) 169

10업(十業) 159-161
12연기법(十二緣起法) 112
『쌍윳따니까야(Saṃyuttanikāya)』115

【ㅇ】

아(我) 129, 132, 143(윤회 주체), 364, 404-405
아가마(Āgama, 阿含) 104, 106
아귀도(餓鬼道) 140
아난다(Ānanda, 제자) 184-185
아뜨만(ātman,『우빠니샤드』) 28, 48, 66, 70-74, 71와 101(크기), 72, 73(성질), 93, 96, 101
아뜨만(ātman, 我) 121, 122(실체적 영혼), 125, 149-150, 266, 358
『아란야까(Āraṇyaka, 森林書)』47
아루니(Āruṇi, 바라문) 87
아루네야(Āruṇeya, 바라문) 96
아르타바가(Arthabhāga, 바라문) 55
아소(我所) 121, 128, 176
아슈와짓(Aśvajit, 제자) 355
아유빨라(Āyupāla, 野和羅, 사갈라의 고승) 326
『아이따레야 우빠니샤드(Aitareya Upaniṣad)』50
아자따샤뜨루(Ajātaśatru, BĀU의 왕) 49(註83 참조 – 同名異人)
아자따샤뜨루(Ajātaśatru, 阿闍世, 왕) 134
『아타르바베다(Atharvaveda)』36
『아함경(阿含經)』104, 168, 153
악업(惡業) 78, 89(『우빠니샤드』), 158, 166(초기경전)
앙굴리말라(Aṅgulimāla, 제자) 167
『앙굿따라니까야(Aṅguttaranikāya)』105, 155
「앵무경(鸚鵡經)」29, 237
야마까(Yamaka, 제자) 129
야바나(Yavana, 그리스) 244
야자왈끼야(Yājñavalkya, 바라문) 55, 94, 99
『야주르베다(Yajurveda)』36
「양의경(良醫經)」116
업(業, 까르만) 48, 63-64, 157-161, 297-299, 300-302
「업상응품(業相應品)」160(『중아함』제15경-17경)
연기법(緣起法) 108-110
열반(涅槃, nirvāṇa) 171-172, 174-175, 315, 319-320(상태), 383-385(인식)
열반의 길 324-325, 329-330, 391-392 391-392, 393-394(출가와 재가), 395-397
염선(念善, sati) 334-335
영혼의 문제 266-269
5도(五道) 139-140
5온(五蘊) 115, 117-120
5제화(五祭火) 86

올트라마르(P. Oltramare) 34, 145
와쯔지 데쯔로[和辻哲郎] 232
왁깔리(Vakkali, 拔迦梨, 비구) 151
　(죽음), 185-186(죽음)
왓사(Vatsa, 婆蹉, 外道) 188-189
요나카 인(Yonaka, 그리스인) 216, 254
욕계(欲界) 138, 140
욕망(欲望) 113-115, 176-177
『우다나(Udāna, 自說經)』192, 387
『우빠니샤드(Upaniṣad, 奧義書)』47, 50,
　51-52(연대)
유여의열반(有餘依涅槃) 174-175, 177,
　180-182, 313, 386-387
『유행경(遊行經)』191, 174-175
6경(六境) 122
6근(六根) 122
6식(六識) 122, 150-154(윤회의 주체)
윤회(輪廻, saṃsara) 26-27와 142(의미),
　31-35과 44(기원), 57-60, 64, 66,
　138-141, 143-146(주체),
　290-294(동일성)
음광부(飮光部, Kaśyapīya) 375-376
의도(意圖, cetanā) 159과 377-378,
　380-381『나선비구경』, 381(자이나교)
의도와 업(業) 378-379(부파불교)
의식(意識, manovijñāna) 267-268,
　359-360(정신적 주체), 360-361
　(설일체유부), 362-363(『나선비구경』)
의업(意業) 159, 378
『이샤 우빠니샤드(Īśa Upaniṣad)』51

「이십억이경(二十億耳經)」198(거문고
　비유)
인간도(人間道) 140

[ㅈ]

자나까(Janaka, 왕) 55, 77
자아(自我) 125, 143, 145, 147, 149
자이나교 28, 381
『잡아함(雜阿含, Saṃyuktāgama)』105,
　137와 155(제335경), 206, 355, 382,
　396
장로부(長老部, Theravādin) 352, 359,
　393, 406
『장아함(長阿含, Dīrghāgama)』105, 139,
　155, 365
정량부(正量部, Sammatīya) 157, 345,
　347, 358, 405
제사(祭祀) 41, 45
「제일의공경(第一義空經)」137, 143, 155
조상의 세계(pitṛloka, 祖道) 41, 62
존재 문제 283(육체의 32부분), 284
　(육체와 정신의 不分離, 닭과 달걀의
　비유), 285(생기의 원인 - 집과
　항아리의 비유), 286(상속 문제 -
　촛불의 비유)
『중담경(重擔經)』148, 344
중음중생(中陰衆生, gandharva) 153
중도(中道) 198

『중아함(中阿含, Madhyamāgama)』 29, 105, 113, 151, 160, 203
지옥도(地獄道) 139
지와(jīva, 靈魂) 28, 137, 149, 346
지와까(Jīvaka, 耆婆, 의사) 181
지혜(智慧, paññā) 337, 338-339(특성), 397
집성제(集聖諦) 200
찟따(Citta, 質多羅, 長子) 357
찌뜨라 강갸야니(Citra Gāṅgyāyani, 왕) 87

[ㅊ]

「차제경(嗏帝經)」 351
『찬도기야 우빠니샤드(Chāndogya Upaniṣad)』 50, 60, 95
천도(天道) 140
초기경전 104, 109, 198, 239
초기불교 186, 236, 309, 359, 366
촉(觸, sparśa, 沛) 268, 269, 358, 362
축생도(畜生道) 140
출가·재가의 길 392-394(부파불교), 396-397(『나선비구경』)

[ㅋ]

케른(H. Kern) 133

케마(Khema, 讖摩, 비구니) 195
케마까(Khemaka, 差摩, 비구) 150
『쿳다까니까야(Khuddakanikāya)』 106

[ㅌ]

탄(W. Tarn) 243
테라가타(Theragāthā, 長老偈) 183

[ㅍ]

8정도(八正道) 199-203, 395
포르미끼(C. Formichi) 56
푸쉐(A. Foucher) 31, 44, 133, 136, 231
피노(L. Finot) 223
필리오자(J. Filliozat) 51, 230

[ㅎ]

하야시마 교쇼[早島鏡正] 234, 248
해탈 28, 84-85(의미), 85-92(A형), 92-100(B형)
행(行, cetanā, 有所念) 268, 270-271
행온(行蘊, saṃskāraskhanda) 119
화지부(化地部) 352, 359, 379, 405

지은이_ 호진(浩眞)

1964년 직지사로 출가. 동국대학교 불교대학과 대학원에서 불교학 전공.
프랑스 소르본 대학교 철학과에서 초기불교 전공. 종교학 박사.
동국대학교 불교학과에서 2000년까지 초기·부파불교 강의.
저서로『무아·윤회 문제의 연구』와 Le problème de l'anātman et du saṃsara dans le sūtra du bhikṣu Nāgasena(韓·佛合本),『인도불적답사기』,『성지에서 쓴 편지』(공저)가,
역서로『인도불교사』(1-2),『아쇼까왕 비문』 등이 있다. 논문으로는
「불교의 노동문제」,「윤회이론의 기원」,「불멸연대고(佛滅年代考)」,「나선비구경 연구」(1),
「초기불전성립연구」(1-2),「Aśoka 왕과 불교」,「Menandros 왕의 불교 개종 문제」,
「불교의 죽음 이해」 외 다수가 있음.

무아·윤회 문제의 연구

ⓒ 윤호진, 2015

2015년 6월 26일 초판 1쇄 발행
2018년 6월 25일 초판 2쇄 발행

지은이 호진
발행인 박상근(至弘) • 편집인 류지호 • 상무 이영철
편집 김선경, 이상근, 양동민, 주성원, 김재호, 김소영
디자인 쿠담디자인 • 제작 김명환 • 마케팅 허성국, 김대현, 최창호, 양민호 • 관리 윤정안
펴낸 곳 불광출판사 (03150) 서울시 종로구 우정국로45-13, 3층
　　　 대표전화 02) 420-3200 편집부 02) 420-3300 팩시밀리 02) 420-3400
　　　 출판등록 제300-2009-130호(1979. 10. 10.)

ISBN 978-89-7479-265-7 (93220)

값 28,000원

이 도서의 국립중앙도서관 출판예정도서목록(CIP)은
서지정보유통지원시스템 홈페이지(http://seoji.nl.go.kr)와
국가자료공동목록시스템(http://www.nl.go.kr/kolisnet)에서 이용하실 수 있습니다.
(CIP제어번호: CIP2015014943)

잘못된 책은 구입하신 서점에서 바꾸어 드립니다.
독자의 의견을 기다립니다. www.bulkwang.co.kr
불광출판사는 (주)불광미디어의 단행본 브랜드입니다.